Klippert · Heterogenität im Klassenzimmer

Heinz Klippert

Heterogenität im Klassenzimmer

Wie Lehrkräfte effektiv und zeitsparend damit umgehen können

4. Auflage

Dr. Heinz Klippert, Diplom-Ökonom, Lehrerausbildung und Lehrertätigkeit in Hessen; Dozent am Lehrerfortbildungsinstitut der Evangelischen Kirchen (EFWI) in Landau/Pfalz; Verfasser zahlreicher Bücher zum Methodenlernen, zum handlungsorientierten Unterricht sowie zur systematischen Unterrichtsentwicklung; Trainer, Berater und Ausbilder für »Pädagogische Schulentwicklung«.

Das Werk und seine Teile sind urheberrechtlich geschützt.
Jede Nutzung in anderen als den gesetzlich zugelassenen Fällen
bedarf der vorherigen schriftlichen Einwilligung des Verlages.
Hinweis zu § 52a UrhG: Weder das Werk noch seine Teile dürfen
ohne eine solche Einwilligung eingescannt und in ein Netzwerk
eingestellt werden. Dies gilt auch für Intranets von Schulen
und sonstigen Bildungseinrichtungen.

4., unveränderte Auflage 2016

© 2010 Beltz Verlag · Weinheim und Basel
www.beltz.de
Herstellung: Uta Euler
Satz: Beltz Bad Langensalza GmbH, Bad Langensalza
Druck: Beltz Druckpartner GmbH & Co. KG, Hemsbach
Umschlaggestaltung: glas ag, Seeheim-Jugenheim
Umschlagabbildung: Florian Mitgutsch, München
Printed in Germany

ISBN 978-3-407-62683-7

Für meine Eltern

Sie haben mich gelehrt,
in anderen Menschen
das Positive zu sehen
und unterschiedliche
Entwicklungswege
wertzuschätzen.

Inhaltsverzeichnis

Vorwort 11

Einleitung 14

I. Homogenität versus Heterogenität – einige Anstöße

1. Die Tücken des gegliederten Schulwesens 24

   1.1 Heterogenität kennt viele Spielarten 24
   1.2 Sitzenbleiber und sonstige »Opfer« 26
   1.3 Elternwille und Schülerselektion 28
   1.4 Ernüchternde Forschungsbefunde 29
   1.5 Die Gesamtschule als Perspektive? 32
   1.6 Der Ruf nach neuen Schulstrukturen 35
   1.7 Die Expansion des Privatschulsektors 37
   1.8 Der missverstandene Fördergedanke 40

2. Von der Auslese zur Begabungsförderung 42

   2.1 Erinnerungen an die alte Volksschule 42
   2.2 Auch schwache Schüler haben Stärken 45
   2.3 Wie das Ausland Heterogenität meistert 47
   2.4 Der Enrichment-Ansatz als Perspektive 49
   2.5 Differenzierte Lernaufgaben und -wege 52
   2.6 Verstärkte Gewichtung der Lerntätigkeit 54
   2.7 Ausweitung des kooperativen Lernens 56
   2.8 Breit gefächerte Kompetenzförderung 57
   2.9 Vom trägen zum intelligenten Wissen 59

3. Heterogenität als Chance und Verpflichtung 62

   3.1 Zur anthropologischen Ausgangslage 62
   3.2 Warum Vielfalt genutzt werden muss 64
   3.3 Ermutigende Lernforschungsbefunde 66
   3.4 Die Kunst des Förderns und Forderns 68

3.5   Lernen durch Lehren als Perspektive 71
3.6   Konsequente Unterstützung tut not 72
3.7   Auf die Machbarkeit kommt es an! 74

II. Bewährte Ansätze und Methoden für die Praxis

1. Die neue Sicht des Lehrens und Lernens 78
   1.1   Wenn die Grundeinstellung stimmt 78
   1.2   Differenzierte Lernanforderungen 80
   1.3   Vom Segen des Arbeitsunterrichts 81
   1.4   Gute und schlechte Arbeitsblätter 84
   1.5   Erfolgreiches Lernen braucht Zeit 86
   1.6   Lernförderung und Lehrerlenkung 88
   1.7   Lernziel: Selbstgesteuertes Lernen 89
   1.8   Klarstellungen zur Förderaufgabe 92
   1.9   Wo man konkret ansetzen kann 94

2. Förderung individueller Wahlarbeiten 97
   2.1   Konzeptionelle Vorbemerkungen 97
   2.2   Freies Arbeiten als Perspektive 100
   2.3   Tages-, Wochen-, Monatspläne 103
   2.4   Werkstatt- und Stationenlernen 108
   2.5   Unterschiedliche Fachaufgaben 112
   2.6   Wahlweises Lernen in Projekten 115
   2.7   Fachreferate und Jahresarbeiten 117
   2.8   Portfoliobezogene Wahlarbeiten 119
   2.9   Problemfeld »Selbstlernmaterial« 122

3. Förderung des kooperativen Lernens 126
   3.1   Warum Gruppenarbeit wichtig ist 126
   3.2   Anregungen zur Gruppenbildung 128
   3.3   Teamentwicklung als Kernaufgabe 133
   3.4   Der Primat positiver Abhängigkeit 137
   3.5   Gute Teamarbeit braucht Fahrpläne 139
   3.6   Defensive Lehrerinnen und Lehrer 142
   3.7   Tipps zum Umgang mit Störungen 144
   3.8   Ausgewählte Partnerarrangements 148
   3.9   Ausgewählte Gruppenarrangements 152

4. Förderung vernetzter Lernaktivitäten 160

    4.1 Die Lernspirale als Handlungsrahmen 160
    4.2 Klare Lehrerinputs und -instruktionen 164
    4.3 Integrierte Differenzierungsmaßnahmen 167
    4.4 Die Schüler als Helfer und Miterzieher 172
    4.5 Vielschichtige Kompetenzförderung 177
    4.6 Regeln, Rituale und Routinebildung 180
    4.7 Regelmäßige Reflexionsaktivitäten 183
    4.8 Ermutigende Evaluationsergebnisse 187

5. Förderung basaler Lernkompetenzen 191

    5.1 Gezieltes Methodentraining tut not! 191
    5.2 Methodentraining und Methodenpflege 195
    5.3 Lernrückmeldungen von Lehrerseite 199
    5.4 Kompetenzchecks der Schülerschaft 202
    5.5 Fixierung individueller Förderpläne 206
    5.6 Lernbilanzbücher als Nachdenkanlässe 208
    5.7 Klassenratsarbeit als soziales Lernfeld 211
    5.8 Portfoliogestützte Entwicklungsimpulse 213
    5.9 Kompetenzen müssen bewertet werden! 215

6. Zusammenfassende Tipps für die Praxis 219

    6.1 Individualisierung hat viele Gesichter 219
    6.2 Auf die Systematik kommt es an! 222
    6.3 Klein anfangen und groß aufhören 224
    6.4 Wer zu viel hilft, ist selber schuld 226
    6.5 Lob des »Trial and Error«-Prinzips 228
    6.6 Lehrerlenkung ja, aber eben anders 230
    6.7 Entwarnung in Sachen »Stoffdruck« 232
    6.8 Der Klassenraum als Lernwerkstatt 235
    6.9 Wie man Elternängste mindern kann 239
    6.10 Lehrerentlastung als konkrete Utopie 241

III. Konsequenzen fürs schulpolitische Handeln

1. Neue Prioritäten im schulischen Bereich 248

    1.1 Lernförderung als Schulprogramm 248
    1.2 Korrespondierendes Lehrertraining 251

1.3	Konsequente Teamarbeit der Lehrer	254
1.4	Regelmäßige Workshop-Aktivitäten	257
1.5	Gezielte Lehrmittelbewirtschaftung	259
1.6	Unterstützendes Schulmanagement	263
1.7	Mut machende Rahmenregelungen	265
1.8	Vertrauensbildende Elternarbeit	268

2. Unterstützende Maßnahmen der Politik ... 272

2.1	Mehr Sprachtraining vor Schuleintritt	272
2.2	Einstellung zusätzlicher Förderkräfte	274
2.3	Kleinere Klassen und mehr Freiraum	276
2.4	Höhere Sachmitteletats für Schulen	279
2.5	Erleichterung der Lehrerfortbildung	280
2.6	Praxisgerechtere Lehrerausbildung	283
2.7	Innovative Evaluationsmaßnahmen	288
2.8	Fazit: Gute Bildung darf etwas kosten!	292

Glossar ... 297

Literaturverzeichnis ... 313

Vorwort

Ich bin in die heterogenste Schule gegangen, die man sich wohl vorstellen kann. Acht Jahre lang. Eine einklassige Volksschule in einem 200-Seelen-Dorf in Nordhessen. In einem größeren Raum eines gemeindeeigenen Gebäudes waren sie alle versammelt: die Jüngeren und die Älteren, die Leistungsstarken und die Leistungsschwachen, die Armen und die Reichen, die Motivierten und die Desinteressierten, die gut Erzogenen und die eher Vernachlässigten, die Braven und die Verhaltensgestörten. Und alle haben von der »chaotischen Situation« relativ viel profitiert: Die Cleveren haben ihre Selbstständigkeit entwickeln und sich immer wieder als Hilfslehrer und Miterzieher in der Klasse betätigen müssen und dadurch sowohl in der Sache als auch in puncto Schlüsselqualifikationen eine Menge lernen können. Und die Schwächeren? Sie sind nie wirklich alleingelassen worden, sondern konnten auf das organisierte Miteinander- und Voneinanderlernen im Klassenraum zählen. Das hat sie gestärkt und ermutigt. Sie waren nicht nur auf den Lehrer angewiesen, sondern erhielten Beratung und Unterstützung auch und nicht zuletzt vonseiten versierter Schülerinnen und Schüler.

Dieses konzertierte Arbeiten war ein Muss und eine Chance – für die Lehrer- wie für die Schülerseite. Ein Muss deshalb, weil sich unser Dorfschullehrer unmöglich persönlich um alle Schüler/innen kümmern konnte. Eine Chance insofern, als er durch die bestehende Heterogenität gezwungen war, die Schüler/innen stärker zur Geltung kommen und eigenverantwortlich arbeiten zu lassen. Die Folgen: Lehrerentlastung und Schüleraktivierung, Kompetenzerweiterung und Lernerfolgssteigerung. Warum soll das heute nicht gehen? Zwar haben wir heutzutage kaum noch unterschiedliche Jahrgangsstufen in einem Klassenraum, aber differierende Begabungen und Verhaltensmuster der Schüler/innen gibt es allerorten. Gleichwohl wird Heterogenität hierzulande eher als Handicap denn als Chance gesehen. Heterogene Schülergruppen werden eher als Bedrohung und »Leistungskiller« verstanden und nur selten als Bereicherung für Schule und Unterricht wahrgenommen. Schade.

Das war zu meiner Schulzeit deutlich anders. Niemand hat über die heterogene Schülerpopulation in unserer Dorfschule geklagt – weder die Eltern noch unser Lehrer noch gar wir Kinder. Verschiedenheit wurde als normale Gegebenheit und Herausforderung von allen Beteiligten an- und ernst genommen. Unser Lehrer war als sogenannter »Zehnkämpfer« recht universell ausgebildet und verstand es, die unterschiedlichen Schülerpotenziale geschickt zu mobilisieren. Er sah sich weniger als Anwalt seines Faches, sondern vorrangig als Lernbegleiter und Ermutiger seiner Kinder. Die Basis dieses Rollenverständnisses: Er war sehr konkret darauf vorbereitet worden, die unterschiedlichen Schüler/innen als Lerngemeinschaft zu betrachten und diese im

Unterrichtsverlauf so zu vernetzen, dass ein fruchtbares Miteinander- und Voneinanderlernen möglich wurde. Er war Moderator, Lernorganisator und Lernberater im besten Sinne des Wortes.

Schön wäre es, wenn wir einiges von dieser Lernkultur wiederbeleben könnten. Das täte nicht nur vielen Schüler/innen gut, sondern fraglos auch dem Gros der Lehrkräfte. Heterogenität wirkt produktiv und ist nur so lange ein Problem, wie Lehrkräfte davon träumen, dass homogene Schülergruppen alles besser und leichter machen. Dieses Wunschdenken führt nicht wirklich weiter. Die schulische Realität sieht de facto so aus, dass die Heterogenität in den Klassenzimmern weiter zunehmen wird. Das gilt keinesfalls nur für die Grund-, Haupt- und Gesamtschulen, sondern immer stärker auch für Gymnasien, Realschulen sowie die neu gegründeten Gemeinschafts-, Sekundar- und Regionalschulen. Das Verhaltens- und Begabungsspektrum der dort zu unterrichtenden Schüler/innen ist mittlerweile so groß, dass es unverantwortlich wäre, dieses Faktum zu ignorieren und die Suche nach geeigneten pädagogischen und methodischen Antworten auszuschlagen. Heterogenität im Klassenzimmer ist kein Fluch, sondern eher ein Segen. Dieses zu konkretisieren ist Ziel des Buches.

Natürlich setzt diese positive Sicht der Dinge einiges voraus: Zum Ersten muss sich das Berufs- und Rollenverständnis der Lehrkräfte anpassen. Zum Zweiten bedarf es einer verstärkten Qualifizierung der Schüler/innen in puncto selbstständiges und kooperatives Lernen: Die Älteren lernen mit den Jüngeren, die Schwächeren mit den Stärkeren, die Fleißigen mit den Trägen. *Organisierte Nachhilfe* kann man auch sagen. Das funktioniert freilich nur, wenn die Schüler/innen bereit und in der Lage sind, dieses konzertierte Arbeiten kompetent anzugehen. Dann werden die nötigen Unterstützungs- und Klärungsprozesse in Gang kommen. Von diesem wechselseitigen Lehren und Lernen profitieren letztlich alle: Die stärkeren Schüler/innen, indem sie den jeweiligen Lernstoff vertiefend wiederholen und darüber hinaus wichtige Schlüsselkompetenzen wie Selbstständigkeit, Verantwortungsbewusstsein, Kommunikationsfähigkeit, Einfühlungsvermögen, Problemlösungsvermögen, Frustrationstoleranz etc. einüben können. Die schwächeren Lerner, indem sie zeitnah Unterstützung bekommen, Zuwendung erleben, Selbstbewusstsein tanken und vermehrt Erfolgserlebnisse einfahren. So gesehen kennt das Lernen in heterogenen Gruppen eigentlich nur Gewinner.

Diese »Verheißung« wird im Buch näher konkretisiert. Dabei wird besonderer Wert darauf gelegt, dass machbare und alltagstaugliche Strategien in den Blick gerückt werden. Das betrifft die Vorbereitungsarbeit der Lehrkräfte genauso wie die Praktikabilität und Lernbarkeit dieser Strategien für die Gruppe der Schüler/innen. Was helfen denn die besten Individualisierungskonzepte, wenn sie unter den restriktiven Bedingungen des Lehreralltags kaum durchzuhalten sind? Wer tatsächlich weiterkommen will, der muss praktikabler und arbeitsökonomischer ansetzen. Im Klartext: Das Unterrichten in heterogenen Schülergruppen hat letztlich nur dann eine Chance, wenn sich der Vorbereitungs- und Betreuungsaufwand der Lehrkräfte in recht engen Grenzen hält und wenn zudem sichergestellt ist, dass die Leistungsschere zwischen den einzelnen Schüler/innen nicht immer weiter auseinandergeht. Von daher sind der besagten Individualisierung im Unterricht deutliche Grenzen gesetzt. Näheres dazu wird im vorliegenden Buch ausgeführt.

Danken möchte ich all denen, die mich im Zuge meiner Bildungsbiografie ermutigt und angeleitet haben, die Heterogenität von Schülergruppen offen und positiv zu sehen und zu nutzen. Das beginnt mit meinem einstigen Dorfschullehrer und reicht über die inspirierenden Erfahrungen im Rahmen des Zweiten Bildungsweges bis hin zu meiner Lehrertätigkeit an einer integrierten Gesamtschule in Hessen. Stets waren Heterogenität und Talentförderung an der Tagesordnung. Alle diese Stationen haben mich gelehrt, dass der Umgang mit heterogenen Schülergruppen nicht nur machbar, sondern auch höchst chancenreich ist – vorausgesetzt, das nötige Engagement ist da. Diese und andere Einsichten und Erkenntnisse durchziehen das vorliegende Buch. Viel Spaß und Erfolg beim Lesen und Umsetzen.

Heinz Klippert

Einleitung

Heterogenität ist eines der Schlüsselprobleme unserer Tage. Das gilt nicht nur für die Schule, sondern auch für andere Politikfelder. Kinder aus unterschiedlichen Schichten mit ebenso unterschiedlichen Begabungen, Interessen, Verhaltensmustern, Erwartungen, ethnischen Wurzeln etc. müssen gemeinsam unterrichtet werden. Nur, wie macht man das? Wie bewältigt man den Spagat zwischen den unterschiedlich disponierten und geprägten Kindern und Jugendlichen? Darauf gibt es im Buch praktikable Antworten. Die Politik reagiert bislang eher verhalten – mit relativ abstrakten Forderungen und Empfehlungen, Richtlinien und Grundsatzpapieren. Besonders zielführend ist das nicht. Was helfen die tollsten bildungspolitischen Optionen, wenn es nicht gelingt, die real existierende Heterogenität in den Klassenzimmern ganz praktisch in den Griff zu bekommen?

Mit halbherzigen Schulstrukturreformen ist diesbezüglich eher wenig zu machen. Ob es nun um Realschule Plus oder Regionalschule, um Gesamtschulen oder Gemeinschaftsschulen geht – im Kern wird das gegliederte Schulwesen lediglich fortgeschrieben. Was hierzulande bis heute fehlt, ist eine ausgereifte Förderkultur, die alle Schüler/innen gleichermaßen annimmt wie ernstnimmt. Weder die Lehrerausbildung noch die innerschulische Arbeit leisten den nötigen Beitrag dazu. Die Tatsache, dass in Deutschland Jahr für Jahr je eine Milliarde Euro für Nachhilfeunterricht sowie für die »Beschulung« von Sitzenbleibern ausgegeben wird, spricht Bände.

Trotz dieses Dilemmas perpetuieren die Bildungsverantwortlichen ihre traditionellen Kontroversen. Die »Traditionalisten« erinnern an die Urfunktion des gegliederten Schulwesens und plädieren in altbekannter Weise dafür, eine möglichst konsequente Auslese und Zuweisung der Kinder zu den ihnen gemäßen Schularten vorzunehmen. Die »Progressiven« dagegen stehen für mehr Förderung, Integration, Differenzierung und Miteinanderlernen und wollen die unterschiedlich begabten Kinder möglichst lange beisammen lassen und in integrativer Weise fordern und fördern. Dieser letztere Ansatz wird im vorliegenden Buch favorisiert und konkretisiert.

In den meisten OECD-Ländern ist das gemeinsame Lernen seit Langem eine Selbstverständlichkeit – zumindest bis zur neunten Klasse. Die PISA-Erfolge dieser Länder machen deutlich, dass der dort praktizierte integrative Ansatz offenbar weder zu Lasten der Kinder und ihrer Eltern noch zu Lasten des wirtschaftlichen und gesellschaftlichen Erfolgs geht. Die betreffenden Länder liefern vielfältige Belege dafür, dass Heterogenität höchst produktiv genutzt und bewältigt werden kann. Finnland z. B. hat bis Ende der 1960er-Jahre nahezu das gleiche dreigliedrige Schulwesen wie Deutschland gehabt, dann aber aus demografischen und innenpolitischen Gründen umgestellt und den Entschluss gefasst, die Grundschule auf zehn Jahre auszudehnen und verbindlich integrierte Gesamtschulen zu schaffen. Gleichzeitig wurden die Lehrerausbildung reformiert, die Eigenverantwortlichkeit der Schulen erweitert, die pädagogischen Konzepte der Lehrerkollegien überarbeitet und die individuellen Betreuungs- und Beratungsangebote für die Kinder ausgebaut – um nur einige strategische Eckpunkte zu nennen. Die Erfolge, die das finnische Schul- und Bildungswesen seither erzielt hat, sprechen für die Richtigkeit und Angemessenheit dieses Weges.

Heterogenität ist also offenbar kein leistungsminderndes Handicap, sondern eher eine Chance – vorausgesetzt, die pädagogischen Konzepte, Rahmenbedingungen und Fördermaßnahmen stimmen. Das beginnt bei der gekonnten Differenzierung der Lernangebote und reicht über die gezielte Förderung von Lernkompetenzen und Lernberatungen bis hin zum Ausbau des kooperativen und handlungsorientierten Lernens und Arbeitens in den Klassen. Dieser pädagogischen Handlungsperspektive wird in Deutschland bislang viel zu wenig Aufmerksamkeit geschenkt. Stattdessen wird von den meisten Bildungsverantwortlichen in ziemlich fragwürdiger Weise daran festgehalten, der schulartspezifischen Selektion der Kinder das Wort zu reden. Homogene Schülergruppen sind das Ziel. Dabei wird gänzlich übersehen, dass die anvisierte Homogenität schon seit Langem verfehlt wird und unter dem Strich eine ziemliche Fiktion ist. Das gilt nicht zuletzt für die Gymnasien. Gingen z.B. bis in die späten 1960er-Jahre hinein durchschnittlich sechs bis zehn Prozent eines Schülerjahrgangs ins Gymnasium, so sind es mittlerweile in vielen Städten und Regionen 40 und mehr Prozent. So gesehen ist das Gymnasium unter der Hand zur »Haupt-Schule« geworden – mit einem äußerst breiten Spektrum an Begabungen, Neigungen und familiären Hintergründen der Schüler/innen. Dieser Trend dürfte sich angesichts der Bedenken vieler Eltern gegenüber den aktuellen Schulstrukturreformen zukünftig vermutlich noch weiter verstärken. Im Notfall steuern die betreffenden Eltern eben spezielle Privatschulen an.

Die Frage ist nur, wem mit diesen Homogenisierungsbestrebungen tatsächlich gedient ist. Wie neuere Untersuchungen belegen, ist Heterogenität ein durchaus belebendes und leistungsförderndes Moment – auch für die »Höherbegabten«. Die unterschiedlichen Schüler/innen stimulieren und bereichern sich wechselseitig. Sie werden gebraucht und ermutigt, gefordert und eingebunden. Die Starken betätigen sich als »Hilfslehrer« und vertiefen auf diese Weise die jeweiligen Lerninhalte und Lernaufgaben. Außerdem erwerben sie ganz nebenbei wichtige fachübergreifende Schlüsselkompetenzen, wie sie von den neuen Bildungsplänen gefordert werden. Und die schwächeren Schüler/innen? Auch sie profitieren! Sie behalten ihre Wertigkeit, können besser Anschluss halten und werden durch das Zusammenwirken unterschiedlicher Talente und Differenzierungsverfahren relativ zeitnah und begabungsgerecht gefordert und gefördert. Diese Pluspunkte gelten sowohl für die bestehenden Schularten als auch für integrierte Systeme wie Gesamtschulen oder Gemeinschaftsschulen. Wird der Unterricht entsprechend gestaltet und werden die Schüler/innen entsprechend konsequent qualifiziert, so ist der Umgang mit Heterogenität kein wirkliches Problem, sondern eine eher lohnende Handlungsperspektive – für die Schüler/innen wie für die Lehrer/innen.

Die Verteilung der Schülerschaft auf »gute«, »mittlere« und »schlechte« Schulen ist und bleibt ein fragwürdiges Relikt aus vergangenen, ständestaatlich geprägten Zeiten. Zu einer lebendigen Demokratie passt sie ebenso wenig wie zur modernen Informations- und Wissensgesellschaft mit ihrem ausgeprägten Bedarf an anspruchsvollen Kompetenzen und Kompetenzförderungsmaßnahmen. Wie allseits bekannt ist, verlangt die moderne Lebens-, Berufs- und Arbeitswelt, dass die Heranwachsenden möglichst frühzeitig lernen, mit ganz unterschiedlichen Menschen und Talenten sensibel und konstruktiv umzugehen. Je zeitiger dieses geschieht, desto besser. Je konsequenter die vorhandenen Begabungen gefördert werden, desto nachhaltiger wird das Lernen. Wer dagegen von der Buntheit des realen Lebens ferngehalten wird, der wird diesem Qualifizierungsanspruch schwerlich gerecht werden können. Schade! Denn damit entfällt der Nährboden für das nachhaltige Erlernen von Solidarität und Einfühlungsvermögen, von Toleranz und Offenheit, von Integrationskraft und Respekt vor der Wertigkeit des jeweils Andersartigen. Die aktuellen Entsolidarisierungstendenzen in unserer Gesellschaft sind Indizien dafür, dass hier einiges schiefläuft.

Wenn jeder nur an sich denkt und nur mit seinesgleichen zusammenarbeiten will, dann sind der Ab- und Ausgrenzung Tür und Tor geöffnet. Von daher sind äußere und innere Differenzierungsmaßnahmen im Schulbereich eher mit Vorsicht zu genießen. Jeder Differenzierungsschritt führt beinahe zwangsläufig dazu, dass die betroffenen Schüler/innen unterschiedliche Signale erfahren – stimulierende oder entmutigende, stärkende oder schwächende. Die Regel ist, dass die eh schon cleveren Schüler-/innen durch knifflige und/oder zusätzliche Aufgaben weiter gefordert und bestätigt werden, während die schwächeren Lerner eher nachrangige Anforderungen erleben und damit Gefahr laufen, ihre eigenen »Minderwertigkeitsgefühle« immer weiter zu kultivieren. Die Motivierten bekommen Futter, die Unmotivierten werden eher links liegen gelassen; die Braven werden gelobt, die Eigenwilligen getadelt; die verbal-abstrakten Lerner erfahren Bestätigung, die praktisch-anschaulichen Lerner ernten eher Geringschätzung. Diese Aufzählung der Palette der »Ungerechtigkeiten« ließe sich fortführen. Das Gefährliche daran ist, dass die betreffenden Lehrkräfte diese potenziellen Effekte in der Regel weder sehen noch beabsichtigen. Sie meinen es eigentlich nur gut mit ihren Schüler/innen, senden de facto aber oft andere Signale.

Schuld an diesem Auseinanderdriften ist auch und nicht zuletzt die gängige Unterrichtsgestaltung. Mit ihren lehrerzentrierten Verfahren, ausgeprägten Einzelarbeiten, schülerfernen Aufgaben, abstrakten Paukereien, sterilen Klassenräumen, fragwürdigen Sitzordnungen etc. tragen zahlreiche Lehrkräfte dazu bei, dass viele Schüler-/innen weit hinter ihren Möglichkeiten zurückbleiben und viel zu selten Gelegenheiten finden, ihre unterschiedlichen Talente einzubringen. Die gängigen Anforderungen und Unterrichtsmethoden stehen den faktischen Schülerpotenzialen nur zu oft diametral gegenüber. Während ein Teil der Schülerschaft bestens bedient wird, schauen andere immer wieder in die Röhre. Letzteres gilt vor allem für die zahllosen praktisch-anschaulichen Lerner, die erwiesenermaßen eher Gruppenarbeit als Einzelarbeit, eher praktisches Tun als beflissenes Zuhören brauchen, wenn sie motiviert und erfolgreich lernen sollen. Stattdessen erleben sie über Gebühr Lehrerdarbietungen und Stillbeschäftigungen, Belehrungen und Zurechtweisungen. Die Folgen sind bekannt: Frustration und Überforderung, Desinteresse und Leistungsversagen, Disziplinprobleme und Schulverweigerung. Ein erfolgreicher Umgang mit Heterogenität sieht anders aus.

Viele Lehrkräfte tun sich nach wie vor schwer damit, die wachsende Heterogenität in den Klassenzimmern positiv anzunehmen und zu nutzen. Das gilt insbesondere für die Lehrkräfte an Gymnasien, Realschulen und berufsbildenden Schulen. Als Fachlehrer/innen ausgebildet, sind die meisten von ihnen viel zu wenig darauf vorbereitet, die unterschiedlichen Schülertalente und/oder Problemgruppen einfühlsam und methodisch geschickt einzubinden. Sie fühlen sich eher dazu berufen, ihrer Fachwissenschaft und Fachdidaktik zu folgen, anstatt die Schüler/innen dort abzuholen, wo sie begabungs- und neigungsmäßig stehen. Die meisten Sekundarstufenlehrkräfte sehen sich eher als Wissensvermittler denn als »Entwicklungshelfer« ihrer Schülerinnen und Schüler. Sie unterrichten Fächer – und das in der Regel mit hehren Ansprüchen und entsprechender Ungeduld. Das behutsame Fördern und Ermutigen der Kinder ist für viele von ihnen eine eher lästige Nebenaufgabe. Wohlgemerkt, das ist kein Vorwurf, sondern lediglich eine Feststellung aufgrund langjähriger Beobachtungen in Schule und Lehrerfortbildung. Ein angemessener Umgang mit heterogenen Lerngruppen fällt unter diesen Vorzeichen naturgemäß schwer. Hier sind Umdenken und Umorientierung angesagt!

Die Kultusministerkonferenz hat dieser Umorientierung in ihren neueren Verlautbarungen zu den Bildungsstandards unmissverständlich Ausdruck verliehen. Lehrkräfte sind danach in erster Linie *Vermittlungsexperten* und als solche müssen sie qualifiziert und eingesetzt werden. Sie sind eben nicht Physiker, Mathematiker, Chemiker oder Germanisten, wie das manche offenbar meinen. Ihre ureigenste Funktion ist die Potenzialförderung auf Schülerseite und nicht das Durchnehmen umfänglicher Wissenschaftsbefunde. Ihr vorrangiges Ziel sollte es sein, die Schüler/innen fachbezogen zum Denken und Arbeiten, zum Recherchieren und Konstruieren, zum Kommunizieren und Reflektieren, zum Kooperieren und Problemlösen zu bringen – so das unmissverständliche Credo der KMK. Dieses Berufsbild ist bisher alles andere als selbstverständlich. Damit jedoch keine Missverständnisse entstehen: Natürlich sollten Lehrkräfte auch fachwissenschaftlich und fachdidaktisch versiert und ambitioniert sein, aber eben nicht nur das! Ihr Kerngeschäft ist und bleibt das Unterrichten und Erziehen, das Beobachten und Beraten, das Ermutigen und Moderieren, das Integrieren und Inspirieren von Schülergruppen, die nicht von vornherein interessiert und gleichgesinnt in Erscheinung treten. Darauf müssen sich Lehrkräfte verstärkt einstellen und einlassen.

Stattdessen wird häufig geklagt. Geklagt darüber, dass die Schüler/innen nicht mehr so sind, wie sie früher vermeintlich einmal waren, nämlich relativ gut erzogen, engagiert und wissbegierig. Der Wunsch nach homogenen Schülergruppen ist und bleibt virulent – am besten im Sinne des oberen Leistungs- und Verhaltenssegments.

Kaum ein Elternabend, eine Lehrerkonferenz oder ein Lehrerverbandsmeeting vergeht, ohne dass über die unzumutbare Heterogenität in den Klassenzimmern geklagt wird. Dabei geht es gar nicht allein um Kinder mit klar diagnostizierten Beeinträchtigungen bzw. Lernproblemen wie z. B. ADS oder LRS, für die in der Tat spezielle Fördermaßnahmen notwendig sind. Nein, kritisiert wird meist sehr generell, dass das gemeinsame Lernen von Schwächeren und Stärkeren, von Ambitionierten und weniger Interessierten, von Fleißigen und Faulen, von Braven und Verhaltensschwierigen, von Langsamlernern und Schnelllernern eher unzumutbar sei und vor allem zu Lasten der cleveren Schülerinnen und Schüler in den Klassen gehe. Die Fragwürdigkeit dieser Klage wird im vorliegenden Buch noch näher belegt werden.

Die bisherigen Erfahrungen mit integrierten Schulsystemen zeigen, dass das Gros der Schüler/innen ein beträchtliches Maß an Lernbereitschaft und Integrationsfähigkeit mitbringt – vorausgesetzt, die bestehenden Unterschiede werden positiv aufgegriffen (vgl. die Abschnitte I.2.2 und I.2.3). Diese Positivversion wird hierzulande viel zu wenig gesehen und verfolgt. Dabei zeigt sich in praxi Tag für Tag, dass auch viele schwächere Schüler/innen über höchst bemerkenswerte Talente und lernrelevante Interessen verfügen. Man muss sie nur ansprechen und anerkennen, fordern und fördern. Dass dieses geht und wie man es effektiv und arbeitssparend angehen kann, wird im vorliegenden Buch ausführlich gezeigt.

Die meisten Schüler/innen können und wollen durchaus mehr als das, was sie uns im alltäglichen Schulbetrieb zeigen. Sie brauchen nur andere Lernverfahren und Lernaufgaben, Stützmaßnahmen und Förderangebote. Mit anderen Worten: Sie müssen anders angesprochen und eingebunden, bestätigt und bestärkt werden. Dann bestehen durchaus gute Chancen, dass sie im Unterricht pflegeleichter und erfolgreicher mitmachen werden. Integration statt Ausgrenzung, Fördern statt Verzagen, Innovieren statt Resignieren – das sind die Maximen, auf die im Schulalltag verstärkt gesetzt werden muss. Das alles muss gar nicht so aufwändig und belastend sein, wie das gerne kolportiert wird. Die Anregungen und Ansätze in diesem Buch zeigen, dass das erfolgreiche Arbeiten mit heterogenen Schülergruppen durchaus *alltagstauglich* gestaltet und bewältigt werden kann.

Natürlich gibt es dabei Grenzen. Grenzen, die sich vor allem dort zeigen, wo die Unterschiede und Problemlagen in einer Klasse so groß sind, dass eine einzelne Lehrkraft den daraus erwachsenden »Sonderbetreuungsbedarf« beim besten Willen nicht bewältigen kann. Solche Situationen sind gar nicht so selten, wie z. B. die wachsende Anzahl von Kindern mit ADS-, LRS- oder ADHS-Symptomatik zeigt. Gravierende Beeinträchtigungen dieser Art bedürfen zwingend des Einsatzes speziell ausgebildeter Förderlehrer/innen und/oder Sozialpädagog/innen. Das können Lehrkräfte nicht auch noch machen. OECD-Länder wie Finnland, Kanada oder Australien machen es vor: Dort stehen den Klassen- bzw. Fachlehrer/innen zahlreiche pädagogische Hilfs- und Spezialkräfte zur Seite, sofern spezieller Betreuungs- und/oder Differenzierungsbedarf bestehen sollte. Das schließt konkrete Fördermaßnahmen außerhalb des Klassenverbandes ebenso mit ein wie gezielte Doppelbesetzungen bzw. Assistenzlehrereinsätze im Unterricht selbst. Dafür wird auch richtig Geld in die Hand genommen. In dieser Hinsicht können Deutschlands Bildungspolitiker noch einiges lernen.

Zum Aufbau des Buches im Einzelnen: Teil I gewährt Einblicke in die laufende Kontroverse über die Bedeutung von Homogenität und Heterogenität im Schulwesen. Gestartet wird im ersten Kapitel mit einigen kritischen Betrachtungen zu den Chancen, Problemen und Entwicklungstendenzen des gegliederten Schulwesens. Dabei wird sowohl die Schulforschung bemüht als auch die aktuelle Debatte über neue Schulstrukturen, Privatschulen und Hochbegabtenförderung reflektiert. Das zweite Kapitel konzentriert sich auf das Aufgabenfeld Begabungsförderung unter den Bedingungen einer heterogenen Schülerschaft. Die Kernfrage dabei: Wie geht man mit heterogenen Schülergruppen angemessen um und welche Ansätze und Strategien haben sich bewährt? Dazu wird auf inländische wie auf ausländische Erfahrungen und Konzepte rekurriert, die unter dem Strich ganz deutlich zeigen, dass erfolgreiches Arbeiten mit heterogenen Schülergruppen sehr wohl möglich ist. Welche Ansatzpunkte dabei im Vordergrund stehen, wird überblickshaft skizziert. Im dritten Kapitel schließlich wird diese Perspektivklärung vertieft und ausgebaut. Unter der Überschrift »Heterogenität als Chance und Verpflichtung« wird in knappen Zügen verdeutlicht, dass Heterogenität im Klassenzimmer nicht nur normal, sondern auch höchst lernfördernd ist. Lernfördernd deshalb, weil die Unterschiedlichkeit der Lerner für alle Beteiligten recht stimulierend und motivierend sein kann. Das bestätigt die Lernforschung. Dies gilt für die lernschwächeren wie für die lernstärkeren Schülerinnen und Schüler.

Teil II bildet den Hauptteil des Buches. Auf mehr als 160 Seiten wird dargelegt, wie Lehrkräfte heterogene Lerngruppen effektiv und zeitsparend »managen« können. *Alltagstauglichkeit* ist dabei das Schlüsselwort. Kernpunkte sind kooperatives Lernen, Lernkompetenzförderung und konsequenter Arbeitsunterricht in den Klassen. Dazu werden bewährte Strategien, Ansätze, Materialien und Praxisbeispiele vorgestellt, die belegen, dass Heterogenität keine schweißtreibende Angelegenheit sein muss. Der Grundgedanke dabei: Die Schüler/innen müssen möglichst oft in wechselnder Zusammensetzung an gleichen oder ähnlichen Aufgaben arbeiten und sich wechselseitig helfen, kontrollieren und erziehen. Das sichert Lehrerentlastung und inspiriert und integriert die unterschiedlichen Schülertalente. Dies ist das Grundanliegen des Kapitels. Im zweiten Kapitel werden Möglichkeiten und Grenzen der gängigen Individualisierungsansätze (Freiarbeit, Wochenplan etc.) gewürdigt. Tenor: Eine exzessive Individualisierung und Differenzierung ist weder praktikabel noch pädagogisch sinnvoll. Das dritte Kapitel sondiert die Chancen und Anforderungen des kooperativen Lernens. Dieser Förderansatz mobilisiert die Selbsthilfekräfte in den Klassen. Gesetzt wird auf wechselseitiges Helfen und Kontrollieren, Beraten und Erziehen der Schülerinnen und Schüler. Dabei gehen Lehrerlenkung und Schüleraktivierung Hand in Hand. Gezeigt wird u. a., welche Aufgaben sich für Gruppenarbeit eignen und welche Lernarrangements zur Initiierung konstruktiver Partner- und Gruppenarbeit taugen. Im Mittelpunkt des vierten Kapitels steht das Lernspiralkonzept des Verfassers. Ein Integrationsansatz, der stärker auf themen- und materialgleiches Arbeiten und Lernen der Schülerinnen und Schüler abstellt und dadurch sowohl die Unterrichtsvorbereitung als auch die Lernorganisation der Lehrkräfte vereinfacht. Differenziert wird zwar auch, aber anders als bei den gängigen Individualisierungsansätzen. Abgestellt wird auf klare Lehrerlenkung und vielfältige Lerntätigkeiten der Schüler/innen, auf wechselnde Zufallsgruppen und differenzierte Aufgabenstellungen, auf gegenseitiges Helfen und regelgebundenes Erziehen, auf kleinschrittiges Vorgehen und konsequentes Reflektieren. Das alles trägt dazu bei, dass unterschiedlich begabte und disponierte Schüler/innen immer wieder Anschluss finden bzw. Anschluss halten können. Lernförderung und soziale Integration gehen also Hand in Hand. Das fünfte Kapitel widmet sich der Förderung basaler Lernkompetenzen auf Schülerseite. Methodentraining, Kompetenzchecks, Lehrerrückmeldungen, Förderplanerstellung, Lerntagebücher etc. bieten Anlässe und Gewähr dafür, dass die Schüler/innen zu einer verbesserten Selbstlernkompetenz gelangen – eine wichtige Voraussetzung für Lehrerentlastung und gedeihliches Arbeiten in heterogenen Gruppen. Das sechste Kapitel schließlich liefert eine Zusammenfassung zentraler Tipps und Handlungsmaximen für den Pädagogenalltag.

Teil III des Buches ist den schul- und bildungspolitischen Konsequenzen gewidmet, die sich aus den dargelegten Ansatzpunkten und Strategien ableiten lassen. Fest steht: Wer heterogene Lerngruppen systematisch fördern und fordern möchte, der muss sowohl auf einzelschulischer als auch auf bildungspolitischer Ebene flankierende Maßnahmen ergreifen. Welche das sind, wird in zwei getrennten Abschnitten dargelegt. Im ersten Kapitel werden einige zentrale Handlungsstränge der Schulleitungen umrissen, die deutlich machen, dass die betreffenden Führungskräfte neue Prioritäten setzen müssen, wenn die anvisierte Lern- und Förderkultur erfolgreich implementiert werden soll. Das betrifft die Schulprogrammarbeit wie die Lehrerfortbildung, die Konferenzarbeit wie die Lehrmittelbewirtschaftung, das Schulmanagement wie die Elternarbeit. Schulleitungen können zwar keine nachhaltigen Innovationserfolge erzwingen, wohl aber sind sie wichtige Motoren im Hinblick auf die Förderung des schulinternen Innovationselans. Das zweite Kapitel erweitert diese Überlegungen um einige gezielte Empfehlungen zum Innovationsmanagement der Bildungspolitik. Denn die besten Absichten und Strategien der Lehrkräfte helfen nur begrenzt, wenn die bildungspolitischen Instanzen nicht gutwillig mitspielen und Unterstützung leisten. Ob und inwieweit die Lehrkräfte die anstehende Förder- und Integrationsarbeit in den Schulen voranbringen, das entscheidet sich nicht zuletzt in Abhängigkeit von den bildungspolitischen Rahmenbedingungen und Stützmaßnahmen. Wenn einzelne Schüler/innen etwa kaum Deutsch können, dann können ihnen ihre Fachlehrer/innen natürlich auch nicht recht weiterhelfen. Von daher sind z. B. mehr Sprachtraining vor Schuleintritt, zusätzliche Förderkräfte, kleinere Klassen, praxisgerechtere Lehrerausbildung, höhere Sachmitteletats, innovative Evaluationsmaßnahmen u. a. m. wichtige und hilfreiche flankierende Maßnahmen des Staates. Gute Bildung darf und muss eben auch etwas kosten. Aufgestockte Bildungsetats garantieren zwar noch keine Reformdurchbrüche, aber sie begünstigen sie. Das ist der Tenor in diesem Abschnitt.

Abgeschlossen wird das Buch mit einem Glossar, in dem wichtige Begrifflichkeiten des Bandes kurz und bündig erläutert werden. Diese »Schlüsselbegriffe« sind Eckpunkte des vorgestellten Förder- und Integrationsprogramms und sollen daher zur Erleichterung für die Leser/innen nochmals knapp definiert werden. Ein Anspruch auf Vollständigkeit verbindet sich damit indes nicht. Nötigenfalls empfiehlt es sich, die ausführlichen Erläuterungen im Buch selbst nachzulesen und/oder vertiefend in den im Literaturverzeichnis (Seite 313 ff.) angeführten Büchern und Aufsätzen zu »schmökern«.

I. Homogenität versus Heterogenität – einige Anstöße

Zu den zentralen Markenzeichen des deutschen Schulwesens zählen Selektion und äußere Differenzierung. Das betrifft die Dreigliedrigkeit genauso wie die Bildung spezifischer Niveauklassen und -kurse in den einzelnen Schularten. Die Grundannahme: Je homogener die Lern- und Leistungsvoraussetzungen in einer Klasse sind, desto besser. Im ersten Kapitel werden die Tücken und Entwicklungstendenzen dieses Bildungsverständnisses skizziert. Im zweiten Kapitel folgen Überlegungen zur verstärkten Begabungsförderung im Schulalltag, die in ersten Ansätzen zeigen werden, wie eine erfolgreiche Förder- und Integrationsarbeit im Schulalltag angelegt werden kann. Das dritte Kapitel vertieft diese Option, indem im Rückgriff auf aktuelle Lernforschungsbefunde sowie grundlegende politisch-ethische Argumente belegt wird, dass der offene und positive Umgang mit heterogenen Schülergruppen gleichermaßen Chance wie Verpflichtung ist. Diese Handlungsperspektive wird in den weiteren Kapiteln des Buches näher konkretisiert.

1. Die Tücken des gegliederten Schulwesens

Deutschlands Bürger haben sich seit Generationen daran gewöhnt, dass die Schülerpopulation der Einteilung bedarf. Unterschieden wird zwischen Hauptschülern, Realschülern und Gymnasiasten oder – in früherer Lesart – zwischen Volksschulen und Höheren Schulen. Diese Hierarchisierung und Differenzierung wurde seit den 1970er-Jahren sogar noch zusätzlich vorangetrieben, indem immer weitere Schularten wie Gesamtschulen, Regionalschulen, Gemeinschaftsschulen oder Duale Oberschulen eingeführt wurden. Es gibt aber auch den gegenläufigen Trend, nämlich den, auf ein zweigliedriges Schulsystem zuzusteuern – mit Gemeinschafts-, Gesamt- oder Regionalschulen auf der einen und klassischen Gymnasien auf der anderen Seite. So gesehen ist in Deutschlands Bildungswesen einiges im Fluss. Wie sinnvoll und Erfolg versprechend das alles ist, wird in diesem ersten Kapitel beleuchtet.

1.1 Heterogenität kennt viele Spielarten

Typisch für das gegliederte Schulwesen ist das Bemühen um eine möglichst ausgeprägte »Homogenisierung« der Schülerschaft. Die Verschiedenheit der Schüler/innen wird als Belastung gesehen, die es zu minimieren gilt. Dass dieses Unterfangen ebenso schwierig wie fragwürdig ist, wird deutlich, wenn man sich die unterschiedlichen Facetten des Heterogenitätsbegriffs vor Augen führt. »Heterogenität im Klassenzimmer« kann vieles bedeuten: Leistungs-, Verhaltens- oder Altersheterogenität ebenso wie geschlechterspezifische, sozialkulturelle, sprachliche, gesundheitliche oder migrationsbedingte Heterogenität (vgl. Wenning 2007, S. 25 f.). Was also soll reduziert werden? Die Unterschiedlichkeit von Kindern ist derart facettenreich, dass das Streben nach Homogenität nachgerade utopisch anmutet. Hinzu kommt, dass Heterogenität ja nichts Statisches ist, sondern selbst wiederum der Entwicklung unterliegt. Sortiert man die Schüler/innen z. B. nach ihren aktuellen Leistungsständen, dann ist das lediglich eine eng definierte Momentaufnahme, nicht aber eine verlässliche Aussage darüber, welche Lernleistungen die betreffenden Schüler/innen auf längere Sicht freisetzen werden. Schülerleistungen sind bekanntlich höchst dynamisch und veränderbar. Das ist einer der Gründe, warum die Aufteilung der Kinder nach der vierten Klasse so viel Kritik erfährt.

Außerdem besagen homogene Schülerleistungen noch lange nicht, dass auch andere Schülermerkmale übereinstimmen. So können kognitiv starke Schüler/innen z. B. sehr verhaltensschwierig sein, oder leistungsschwache Kinder können sich unter Umständen als sehr kreativ oder sozial erweisen. So gesehen ist das gängige Streben nach homogenen Schülergruppen ein höchst zweifelhaftes Unterfangen. Genügt man dem einen Kriterium, verletzt man oft ein anderes. Von daher stellt sich die Frage, ob es unter dem Strich nicht sehr viel besser wäre, die Schüler/innen so lange wie möglich beisammen zu lassen, damit sie ihre unterschiedlichen Talente zeitgleich und in möglichst stimulierenden Lerngemeinschaften entwickeln können. Die meisten OECD-Länder tun genau dieses. Andernfalls nämlich besteht die Gefahr, dass die Schüler/innen in ihrer jeweiligen Lernumgebung nur so gut abschneiden, wie das die bestehenden Rahmengegebenheiten jeweils zulassen. Die Gefahr der »Self-fulfilling Prophecy« ist groß. Will sagen: Wer z. B. am Ende der vierten Klassenstufe als leistungsfähig eingeschätzt und für das Gymnasium empfohlen wird, wird in der Regel alles daransetzen, dieses »Vor-Urteil« seiner Lehrer (und Eltern) zu bestätigen und gerät daher fast zwangsläufig in einen Aufwärtssog. Wer dagegen der Haupt- oder Förderschule zugeordnet wird, wird in der Regel ebenfalls geneigt sein, die entsprechende Negativ-Prognose zu bestätigen und gerät eher in einen Abwärtssog. Das sind fatale Wechselwirkungen.

Angesichts dieser Unsicherheiten und Ungerechtigkeiten spricht vieles dafür, die bestehenden Klassifizierungsbemühungen zurückzunehmen und heterogene Schülergruppen als Grundphänomen von Schule ganz einfach zu akzeptieren und positiv zu nutzen. Inklusion statt Ausgrenzung, Ermutigung statt Auslese – das ist die Perspektive, für die hier plädiert wird. Warum? Weil überzeugende Alternativen fehlen. Das wird im weiteren Verlauf des Buches noch näher zu belegen sein. Heterogenität ist schlicht und einfach ein Faktum – und eine Herausforderung. Beides zu ignorieren oder zu unterdrücken hilft ebenso wenig weiter wie das krampfhafte Bemühen, die Schülerinnen und Schüler partout in unterschiedliche Schubladen zu stecken und entsprechend zu behandeln. Der Fehler, den viele Bildungspolitiker, Eltern und Lehrer von alters her machen, ist der, dass sie eine bestimmte Definition von *Normalität* vornehmen, die per se all jene als defizitär erscheinen lässt, die in puncto Sprache, Kultur, Intellekt, Migrationserfahrung, Leistungsfähigkeit oder Geschlecht irgendwie davon abweichen (vgl. Wenning 2007, S. 28). Dieses Deutungsmuster ist falsch und fatal zugleich. Falsch, weil es einer unrealistischen Version von Normalität hinterherläuft, die eher lähmt als inspiriert. Und fatal, weil es suggeriert, dass die bestehenden Einstellungen, Leistungsstände und Verhaltensweisen der Schülerinnen und Schüler fest programmiert seien.

Hier muss umgedacht werden. Heterogene Lerngruppen sind nicht nur normal; sie sind auch chancenreich. Daran ändern auch die bildungsideologischen »Klimmzüge« der Selektionsbefürworter nur wenig. Es ist längst an der Zeit, Heterogenität im Klassenzimmer als produktive Ressource für Bildung und Erziehung aufzufassen und zu nutzen. Das wäre gleichermaßen gerecht wie zukunftsorientiert. Dieses gilt sowohl für die Schule als Gesamtsystem als auch für die einzelnen Klassen. Je bunter das Spektrum der Schülerbegabungen und -interessen ist, desto größer sind in der Regel auch die daraus erwachsenden Synergieeffekte – vorausgesetzt, die einzelnen Unterrichtsstunden werden entsprechend anregend, handlungsbetont und kooperationsfördernd gestaltet. Und vorausgesetzt auch, dass die Schüler/innen hinreichend gefördert und gefordert werden, möglichst oft und kompetent in eigener Regie zu arbeiten. Die Schüler/innen aller Couleurs verdienen es, einen Unterricht der Vielfalt, der Ermutigung und des konstruktiven Miteinanders zu erleben – einen Unterricht, der ihnen in überzeugender Weise Gelegenheit gibt, ihre unterschiedlichen Begabungen und Fähigkeiten einzubringen. Die Einlösung dieses Anspruchs steht noch aus.

1.2 Sitzenbleiber und sonstige »Opfer«

Die Logik des gegliederten Schulwesens ist bekannt: Nach Abschluss der Grundschule werden die Kinder auf verschiedene Schularten aufgeteilt, obgleich die Prognosesicherheit in diesem Alter alles andere als überzeugend ist. Besonders lernschwache Kinder werden in die Förderschule für Lernbehinderte überwiesen; die übrigen gehen zur Hauptschule, Realschule, Gesamtschule oder zum Gymnasium. Darüber hinaus werden innerhalb der einzelnen Schularten nochmals äußere Differenzierungsmaßnahmen vorgenommen, indem z. B. unterschiedliche Niveaukurse oder Schulzweige gebildet werden. Die Spitze dieses Selektionsbemühens: das *Sitzenbleiben*. Schüler/innen, die bestimmte Leistungsnormen nicht erfüllen, werden mittels dieses Instruments dorthin verschoben, wo sie vermeintlich »ihresgleichen« finden werden. Das kann eine nachgeordnete Klasse oder auch eine nachgeordnete Schulart sein.

(Aus: Hecker 1989, S. 37)

Das Problematische dabei: Die gängigen Leistungsnormen werden in der Regel so stark kognitiv gefasst, dass Kinder mit anderen Begabungsschwerpunkten über Gebühr abgewertet werden. Leistungs- und entwicklungsfördernd ist das wohl kaum. Dadurch werden nicht nur Bildungschancen zerstört, sondern auch so manche persönliche und familiäre Dramen ausgelöst. In welchem Umfang dieses geschieht, verdeutlichen die gängigen Bildungsstatistiken. Danach gilt für die Gruppe der 15-Jährigen, dass erschreckende 24 Prozent von ihnen während ihrer Schulzeit mindestens einmal sitzenbleiben. In der Hauptschule gilt das sogar für 42 Prozent der Probanden (vgl. Krohne/Meier, 2004, S. 121). »Damit gehört Deutschland bei den Klassenwiederholungen zu den internationalen Spitzenreitern« (Tillmann 2004, S. 7; vgl. außerdem PISA 2000, S. 473 und S. 413).

Und was wird damit erreicht? Wenig! Außer der sozialen und emotionalen Demütigung und Abstrafung bleibt für die betreffenden Schüler/innen meist kaum etwas übrig. Die Annahme, dass jedes Sitzenbleiben und/oder jede Zurückstufung einzelner Schüler/innen in eine nachgeordnete Schulart neue Chancen eröffneten, ist mittlerweile deutlich widerlegt worden. Wie PISA 2000 und eine Reihe weiterer Untersuchungen nachgewiesen haben, wirkt das Sitzenbleiben alles andere als stimulierend auf die Betroffenen. Im Klartext: Der oft unterstellte Fördereffekt wird durch das Sitzenbleiben in der Regel nicht erreicht, sondern eher das Gegenteil davon, nämlich Entmutigung und Frustration für die betroffenen Schüler/innen (vgl. PISA 2000, S. 473 ff.). So gesehen sind die skizzierten Selektions- und Sanktionsmechanismen eher kontraproduktiv, wenn es darum geht, der Leistungsfähigkeit und -bereitschaft der Kinder nachzuhelfen. Die Aussicht auf eine mögliche Degradierung wirkt auf viele von ihnen offenbar eher belastend als motivierend.

Gleichzeitig verleiten die bestehenden »Abschiebemöglichkeiten« viele Lehrkräfte dazu, etwaige Problemschüler/innen vorschnell ins Abseits zu stellen. Die eigentlich notwendigen Förderbemühungen werden guten Gewissens minimiert. Die »Bringschuld« wird bei den Kindern gesehen. »Wer nicht spurt, gehört eben nicht hierher« – so die Einstellung der betreffenden Lehrkräfte, falls Kinder bestimmte Leistungsstandards nicht erfüllen. Das führt zu einer fatalen Rechtfertigungsspirale. Indem den schwächelnden Schüler/innen die Schuld für ihr schulisches Versagen selbst zugewiesen und die entsprechende »Abschiebung nach unten« verfügt wird, wähnen sich die betreffenden Lehrkräfte aus dem Schneider. Die Kehrseite dieses Handelns: Viele der abgeschobenen Schüler/innen sehen sich als »Opfer« und forcieren ihr Problemverhalten an anderer Stelle, nämlich in den je nachgeordneten Niveaukursen oder Schularten. Eine Behebung der bestehenden Lern- und Leistungsprobleme bringt das in aller Regel nicht. Im Gegenteil: Wer einmal als Versager abgestempelt ist, der wird meist eine Menge dazu tun, dem ramponierten Image gerecht zu werden.

»Opfer« des gegliederten Schulwesens sind aber nicht nur Schüler/innen, sondern immer wieder auch ambitionierte Lehrkräfte. Das gilt vor allem für den Hauptschulbereich, wo vielerorts mittlerweile eine Situation erreicht ist, dass selbst engagierte Pädagogen resignieren. Ihre pädagogischen Instrumente greifen kaum noch. Desinteresse, Mobbing, Absentismus, Aggressivität, Gewalt und andere Lern- und Verhaltensdefizite mehr sorgen zunehmend dafür, dass sich Frustrationen und Überforderungsgefühle breitmachen. Vor allem das geballte Auftreten derartiger Motivations- und Verhaltensdefizite ist es, was viele Lehrkräfte verunsichert und an den Chancen pädagogischer Interventionen zweifeln lässt. Das gilt zwar primär für den Hauptschulbereich, ist mit Abstrichen aber auch für andere Schularten zu konstatieren. Die Lernleistungen vieler Schüler/innen sinken, ihre Berufsaussichten ebenso. Nahezu ein Viertel der 15-Jährigen gilt heutzutage als nicht ausbildungsreif (vgl. PISA 2000; Schlotmann/Sprenger 2008, S. 19; Bildungsbericht 2006, S. 67). Das ist wahrlich alarmierend. Doch was geschieht? Es wird weiter selektiert und mehr oder weniger beharrlich darauf bestanden, dass Sitzenbleiben und Dreigliedrigkeit bewährte Eckpfeiler unseres Bildungswesens seien. Dieses Deutungsmuster beherrscht und lähmt das schulpolitische Denken und Handeln bis heute. Schade!

1.3 Elternwille und Schülerselektion

Die Beständigkeit des gegliederten Schulwesens ist u. a. eine Folge des Elternwillens. Das Gros der Erziehungsberechtigten neigt unverändert dazu, die eigenen beruflichen und privaten Erfolge den Besonderheiten und Angeboten der jeweils besuchten Schulart zuzuschreiben. Da niemand weiß, was unter anderen Vorzeichen möglich gewesen wäre, wirken viele Elternbekundungen und Elternentscheidungen höchst konservierend. Zwar gibt es Auf- und Umbrüche in manchen Elternköpfen; gleichwohl sind sie selten so handlungsbestimmend, dass sie grundlegende Umwälzungen im Schulbereich anstoßen bzw. legitimieren könnten. Im Gegenteil: Das Schulwahlverhalten der meisten Eltern ist nach wie vor höchst traditionell ausgerichtet. Der einzige Unterschied zu früher: Die Hauptschulen finden seit Jahren immer weniger Zuspruch, während die Gymnasien und Realschulen in den meisten Städten und Regionen einen beeindruckenden Boom erleben. Offenbar sorgt die Angst vieler Eltern vor dem »Imagekiller« Hauptschule dafür, dass das Schulwahlverhalten massiv in Richtung der »höheren Schulen« geht – Gesamtschulen eingeschlossen.

War das Gymnasium bis in die späten 1960er-Jahre hinein noch eine relativ exklusive Bildungseinrichtung für eine eng begrenzte »Oberschicht«, so hat sich das seither gravierend verändert. Während seinerzeit durchschnittlich sechs bis zehn Prozent eines Schülerjahrgangs zum Gymnasium gingen, sind es heute in vielen Bundesländern zwischen 40 und 50 Prozent. Wie der neueste Bildungsbericht für Deutschland zeigt, besuchten 2006/2007 bundesweit exakt 39,9 Prozent der Grundschulabsolventen ein Gymnasium. In den Hansestädten Hamburg und Bremen waren es sogar 48,8 Prozent bzw. 46,6 Prozent. Auch in Berlin, Brandenburg, Sachsen und Sachsen-Anhalt lagen die Übergangsquoten bei 45 Prozent und mehr (vgl. Bildungsbericht 2008, S. 253). So gesehen ist das Gymnasium mittlerweile die am häufigsten gewählte Schulart – gefolgt von der Realschule, für die sich deutschlandweit 2006/2007 immerhin noch 24,8 Prozent der Eltern entschieden. Allerdings: Die Attraktivität der Realschule ist aufgrund der aktuellen Schulstrukturdiskussionen und -veränderungen deutlich weniger gestiegen als die des Gymnasiums. Gleichwohl ist und bleibt die Realschule unverändert im Fokus vieler aufstiegsorientierter Eltern – insbesondere aus der Mittel- und Unterschicht.

Das alles bestätigt dreierlei, nämlich *erstens*, dass das Gros der Eltern nach wie vor mit dem gegliederten Schulwesen liebäugelt, allerdings sehr stark zum Gymnasium drängt. Das führt *zweitens* dazu, dass das Gymnasium zunehmend zur »Gesamtschule« wird – mit all den damit verbundenen pädagogischen und methodischen Herausforderungen. Und die *dritte* Konsequenz aus dem aktuellen Schulwahlverhalten der Eltern: Der Trend geht deutlich hin zur Zweigliedrigkeit, mit dem Gymnasium auf der einen und der stärker praxisbezogenen »Real-Schule« auf der anderen Seite. Diese Entwicklungstrends unterstreichen die wachsende Bedeutung heterogener Lerngruppen – nicht zuletzt in den Gymnasien.

Im Klartext: Wenn inzwischen rund zwei Drittel aller Schüler/innen Gymnasien und Realschulen besuchen, dann kann beim besten Willen nicht mehr so getan werden, als gäbe es dort die viel gepriesene Homogenität. Vielfalt beherrscht das Feld – keine Frage. Selbst in den »höheren Schularten« ist die Herkunfts- und Begabungspalette mittlerweile so groß, dass sich das traditionelle Streben nach homogenen Schülergruppen von selbst ad absurdum führt. Das zeigen die skizzierten Daten der neueren Bildungsstatistik.

Was folgt daraus? Die meisten Eltern sind durchaus bereit, heterogene Schülergruppen in moderater Form in Kauf zu nehmen – vorausgesetzt, die Lernmöglichkeiten der eigenen Kinder werden dadurch nicht über Gebühr beschnitten. Hinzu kommt, dass viele Eltern mittlerweile längst begriffen haben, dass Schule nicht mehr nur individuelle Wissensvermittlung zu betreiben hat, sondern zunehmend auch dafür sorgen muss, dass die Schüler/innen grundlegende überfachliche Fähigkeiten und Fertigkeiten entwickeln können. Fachwissen alleine reicht nicht. Soziale, methodische, sprachliche und andere Kompetenzen müssen zwingend hinzukommen. Dazu bieten heterogene Schülergruppen beste Lernchancen. Denn in abgeschotteten Schularten mit einheitlich geprägten und disponierten Kindern lassen sich die angedeuteten Kompetenzen nur sehr eingeschränkt vermitteln.

1.4 Ernüchternde Forschungsbefunde

Das gegliederte Schulwesen ist alles andere als ein Erfolgsgarant. Das zeigt die Schul- und Unterrichtsforschung der letzten Jahre. Wie sich aus den diversen PISA-Studien ersehen lässt, schneiden die meisten OECD-Länder mit integrierten Schulsystemen deutlich besser ab als die Deutschen mit ihrer Dreigliedrigkeit. Ein irritierender Befund. Wurde doch bis dahin stets unterstellt, dass die frühzeitige Aufteilung der Schüler/innen auf verschiedene Schularten die Gewähr für hohe Lerneffizienz biete. Diese Unterstellung ist in den letzten Jahren brüchig geworden. Ob Schweden oder Norwegen, Japan oder Finnland, England oder Kanada – in all diesen Ländern ist es seit Jahrzehnten üblich, dass die Kinder bis mindestens zum Ende der neunten Klasse integrierte Schulen besuchen. Und das Frappierende dabei: Die betreffenden Länder »[…] haben in den PISA-Leistungstests wesentlich besser abgeschnitten als Deutschland – und zwar vor allem bei den schwächeren Schülern, die bei uns immer wieder ausgesondert, in den genannten Ländern aber integriert gefördert werden« (Tillmann 2004, S. 9).

Lernen in heterogenen Lerngruppen ist somit gewiss kein »Leistungskiller«. Klaus Klemm bestätigt diesen Befund im Rückgriff auf PISA-, TIMSS- und andere Studien. Sein Fazit: »In Schulsystemen, die ihre Schülerinnen und Schüler länger als in Deutschland üblich gemeinsam lernen lassen und die dabei auch innerhalb der einzelnen Schule auf alle Formen äußerer Leistungsdifferenzierung verzichten, werden Leistungen erreicht, von denen das deutsche Schulsystem nur träumen kann […], und zwar insgesamt und gleichermaßen bei den Lernschwächeren und den Lernstärkeren […]. Das schwächste Viertel der deutschen Lernenden liegt ebenso wie das stärkste Viertel unterhalb des Leistungsniveaus der jeweiligen Vergleichsgruppen« (Klemm 2002, S. 15). So gesehen ist es dringend an der Zeit, mit einigen traditionellen Vorurteilen aufzuräumen und die Lernchancen heterogener Schülergruppen schlichtweg zur Kenntnis zu nehmen – einschließlich der damit verbundenen Förderarbeit.

Kritiker der Selektionsthese haben seit Langem darauf hingewiesen, dass einiges am Primat der Dreigliedrigkeit mehr als zweifelhaft ist. Das gilt vor allem für die Unterstellung, dass leistungsstarke und leistungsschwache Schüler/innen am erfolgreichsten lernen, wenn sie getrennt voneinander unterrichtet werden. Konsequent weitergedacht heißt das nämlich: »Setze einen ›schlechten‹ Schüler zu 25 anderen ›schlechten‹ Schülern – dann wird er besser! Bei dieser Form der ›Pädagogik‹ wird […] ein wesentlicher Bezugsgruppeneffekt vernachlässigt: Der ›schlechte‹ kann bei entsprechend ausgerichteter Didaktik vom ›guten‹ Schüler lernen, aber der ›gute‹ auch vom ›schlechten‹« (v. Saldern 2007, S. 47). Diese Wechselwirkung wird von den Verfechtern des gegliederten Schulwesens bislang viel zu wenig gesehen und gewürdigt. Von daher erklärt sich manche Fehleinschätzung, wie sie sich bis heute mit der Dreigliedrigkeit unseres Bildungswesens verbindet.

Schüler/innen zu sortieren und hin und wieder sitzenbleiben zu lassen ist alles andere als leistungsfördernd. Das zumindest ist das Fazit, das der ehemalige Max-Planck-Direktor und PISA-Verantwortliche für Deutschland, Jürgen Baumert, in einem Pressegespräch zieht. Seine provokante Feststellung: »Zugespitzt ließe sich formulieren, dass das Bemühen um eine leistungsorientierte Homogenisierung von Schulen umso bessere Fördereffekte hat, je weniger sie gelingt« (Baumert 2003). Das scheint paradox, ist es aber nicht! Das zumindest legen die zurückliegenden PISA-Befunde nahe. Danach sind gerade dort, wo die Schüler/innen gemeinsam unterrichtet werden – also die Homogenität misslingt – die Schülererfolge besonders gut. Begründet liegt das u. a. darin, dass in heterogenen Gruppen gemeinhin sehr viel gezielter und konsequenter gefördert wird als in vermeintlich homogenen Lerngemeinschaften. In heterogenen Systemen ist es für die Lehrkräfte beinahe selbstverständlich, dass sie differenziert fordern und fördern müssen. In gegliederten Systemen dagegen neigen viele eher dazu, die Förderaufgabe zugunsten der Selektion zurückzustellen.

Der OECD-Bericht 2005 bestätigt diese Deutung. Danach gehört es zu den Eigenheiten des deutschen Bildungswesens, dass die »institutionellen Differenzierungsmaßnahmen« zu einer gravierenden Vernachlässigung der Förder- und Differenzierungsarbeit im Unterricht selbst führen. Die Konsequenz sind mäßige Lernerfolge (vgl. OECD 2005, S. 458). Dazu heißt es in der Studie im Wortlaut: »Länder mit selektiven Bildungssystemen schnitten im Durchschnitt schlechter ab als Länder mit eher nichtselektiven Bildungssystemen. Je stärker die Schulen in Bezug auf den sozioökonomischen Hintergrund der Schülerschaft differenziert sind, desto geringer sind die durchschnittlichen Schülerleistungen im Bereich Lesekompetenz« (ebenda, S. 458). Dieser Befund besagt zwar nicht, dass integrierte Systeme generell bessere Gesamtleistungen erbringen als gegliederte Systeme. Eine Tendenz dahin besteht dennoch, da in der Regel sehr viel konsequenter gefördert und differenziert wird (vgl. ebenda, S. 458).

Ein weiterer ernüchternder Befund ist der, dass es das gegliederte Schulwesen offenbar nicht schafft, für die unterschiedlichen Kinder angemessene Chancengerechtigkeit zu gewährleisten. Die soziale Herkunft der Kinder determiniert nach wie vor in hohem Maße die Schulwahl und den Lernerfolg der Kinder. »In kaum einem anderen Land bestimmt die soziale Herkunft so sehr den Schulerfolg wie in Deutschland« (Prenzel 2005, S. 81; vgl. außerdem PISA 2000 sowie Ratzki 2007, S. 67). Das heißt: Kinder aus gehobenen Schichten gehen ganz überwiegend in gehobene Schulen, Kinder aus der Unterschicht und/oder aus Migrantenfamilien dagegen begnügen sich vorrangig mit Hauptschulen oder Förderschulen. Dementsprechend ungleich ist die Chancenverteilung. Vergleicht man z. B. den Gymnasialbesuch von Kindern aus Facharbeiterfamilien mit dem von Kindern aus der Oberschicht, so zeigen sich eklatante Unterschiede. Im Klartext: Oberschichtkinder haben eine mehr als viermal so hohe Chance, zum Gymnasium zu gelangen, als Arbeiterkinder (vgl. Bildungsbericht 2006, S. 49). Oder im anderen Leistungssegment: Bei gleich schwachen Schülerleistungen gelingt es Oberschichteltern signifikant häufiger, ihren Kindern den Besuch der Hauptschule zu ersparen, als den Eltern aus der Unterschicht (vgl. Bildungsbericht 2006, S. 50). Chancengerechtigkeit sieht anders aus.

Irritierend ist ferner, dass nur 12 Prozent der Arbeiterkinder, aber 70 Prozent der Beamtenkinder von der Grundschule zum Gymnasium wechseln. Eine ähnliche Unterrepräsentanz gilt für die Gruppe der Migrantenkinder. Nur neun Prozent von ihnen besuchen ein Gymnasium, aber 50 Prozent landen in einer Hauptschule (vgl. Tillmann 2004, S. 8; vgl. auch PISA 2000, S. 373). Die Gruppe der Migrantenkinder trifft es demnach besonders hart. Das bestätigen auch neuere Untersuchungen zu den Bildungswegen und -erfolgen dieser Schülergruppe (vgl. Prenzel u.a. 2004; Bildungsbericht 2006). Danach sind Migrantenkinder nachweislich »[...] doppelt so häufig wie deutsche Schülerinnen und Schüler von der Überweisung in die Sonderschule und von Schulversagen in der Hauptschule betroffen« (Ratzki 2007, S. 67). Letzteres hängt zwar sicherlich auch damit zusammen, dass es Sprachbarrieren, Traditionen und bildungsferne Elternhäuser gibt, die das skizzierte Bildungs- und Schulwahlverhalten begünstigen; eine hinreichende Erklärung für die erwähnten Benachteiligungen ist das aber nicht.

Dass es freilich auch anders geht, zeigen die positiven Erfahrungen mit sogenannten »Integrationsklassen«, wie sie seit vielen Jahren existieren. Diese Klassen sind trotz oder gerade *wegen* ihrer ausgeprägten Heterogenität nicht nur relativ erfolgreich, sondern sie werden von den Betroffenen auch durchweg gut bewertet (vgl. Dumke/Schäfer 1993 sowie Ratzki 2007, S. 67). Ähnlich positive Rückmeldungen erfährt der Grundschulbereich. Wie die Schulforschung zeigt, beweisen die Grundschulen seit Jahr und Tag, dass integrierte Systeme erfolgreich zu arbeiten vermögen. Von ihren Lern- und Leistungsergebnissen her liegen die deutschen Grundschulen im internationalen Leistungsvergleich im obersten Viertel (vgl. Spiwak 2008, S. 27). Das gilt auch für die in den IGLU-Studien ermittelte Lesefähigkeit. Hinzu kommt, dass es den Grundschullehrer/innen offenbar recht überzeugend gelingt, Lernfortschritt und soziale Herkunft der Schüler/innen wirksam zu entkoppeln und die unterschiedlichen Milieus und Kulturen zusammenzuhalten (vgl. ebenda). So gesehen bedarf die These von der Überlegenheit des gegliederten Schulwesens dringend der Revision.

Der Vorteil der Grundschullehrer/innen ist der, dass sie auf pädagogische Traditionen, Lernhilfen und Unterrichtsmethoden zurückgreifen können, die den unterschiedlichen Begabungen und Interessen der Kinder Rechnung tragen. Handlungsorientierung, Differenzierung und individuelle Förderung gehören seit Langem zum Standard im Primarbereich und tragen maßgeblich dazu bei, dass die unterschiedlichen Kinder zum Zug kommen können. An derartigen Traditionen und Lernhilfen mangelt es in den meisten Sekundarschulen noch ganz erheblich. Von daher besteht dringender Handlungsbedarf, soll die bestehende »kumulative Benachteiligung« im gegliederten Schulwesen wirksam reduziert werden (vgl. Baumert 2006, S. 42). Den Gipfel dieser kumulativen Benachteiligung erlebt man in vielen Hauptschulen, wo es kaum noch Zugpferde und Vorbilder gibt, die für eine stimulierende Lernatmosphäre sorgen können. Dafür dominieren Jugendliche mit teils extremen Lern- und Verhaltensdefiziten. Diese Konzentration von »Problemschüler/innen« spiegelt das Versagen des gegliederten Schulwesens. Je selbstverständlicher nämlich abgestuft wird, desto wahrscheinlicher wird es, dass am unteren Ende der Schulhierarchie nicht mehr viel geht.

1.5 Die Gesamtschule als Perspektive?

Die Errichtung integrierter Gesamtschulen ist eine mögliche Antwort auf die skizzierten Problemlagen und Ungerechtigkeiten. Die erfolgreichen PISA-Länder legen es eigentlich nahe, einen kräftigen Ausbau integrierter Systeme ins Auge zu fassen. Auch die überzeugenden Erfolge der deutschen Grundschulen bei IGLU und anderen nationalen und internationalen Leistungsstudien sprechen unmissverständlich dafür, dem gemeinsamen Lernen aller Kinder möglichst lange den Vorzug vor der institutionellen Selektion und Separierung zu geben. Die Ergebnisse von PISA und IGLU zeigen sehr klar, »[...] dass das Ziel der frühzeitigen Differenzierung, nämlich leistungsschwächere und leistungsstärkere Schüler durch Trennung in verschiedene Schulformen optimal zu fördern, verfehlt wird. Weder werden in den Hauptschulen leistungsschwächere Schüler besonders gut gefördert, noch ergibt die Auslese der vermeintlich leistungsstärksten Lerner für das Gymnasium eine zufriedenstellende Leistungsspitze« (Schleicher 2003). Warum also nicht vollintegrierte Systeme nach skandinavischem Vorbild bis Klasse neun oder zehn auch in Deutschland einrichten?

Man muss kein Prophet sein, um den Widerstand absehen zu können, den eine solche Option hierzulande auslösen würde. Der entschiedene Protest weiter Teile der Bevölkerung wie der Politikerschaft wäre sicher. Die Crux in Deutschland ist nämlich die, dass der Gesamtschulansatz eine höchst problematische und missverständliche Geschichte hat und von daher mehr negativ als positiv belegt ist. Das beginnt mit der »Einheitsschule« als Aushängeschild der ehemaligen DDR, die an Drill und Indoktrination denken lässt, und reicht bis hin zum vermeintlichen Versagen der westdeutschen Gesamtschulen während der letzten Jahrzehnte. Dabei mischen sich verschiedene Ebenen, Interpretationen, Ideologien und Vorurteile. Verwiesen wird auf die mangelhaften Lern- und Leistungsergebnisse der Gesamtschulen sowie darauf, dass die dahinterstehende Gleichmacherei letztlich allen schade – den Lehrern wie den Eltern, den guten wie den schwächeren Schüler/innen. Übersehen wird dabei, dass wir seit den 1970er-Jahren im Sekundarbereich eigentlich nie wirkliche Gesamtschulen hatten, da immer auch andere Schularten zur Auswahl standen.

Die Gesamtschulen in Westdeutschland waren nie vollintegrierte, sondern immer nur teilintegrierte Systeme. Dementsprechend fehlten die Leistungsspitzen aus ambitionierten Elternhäusern in hohem Maße. Die gleichzeitige Existenz von Realschulen und Gymnasien brachte es mit sich, dass das Gros der leistungsstarken Schüler/innen dorthin abwanderte. Das gilt bis heute. So gesehen finden sich in den betreffenden Gesamtschulen nur eingeschränkte Begabungs-, Leistungs- und Verhaltensspannen. Die Folge davon ist, dass es vielerorts an den nötigen Helfer/innen und Mitzieher-/innen mangelt, von denen eine Gesamtschule mit ihrem erweiterten Integrations- und Förderbedarf unweigerlich zehren muss. Die Lehrkräfte alleine können die bestehende Heterogenität schwerlich meistern. Wenn jedoch die nötigen »Schülerassistenten« fehlen, dann gerät die immanente Balance und Integrationskraft des Systems Gesamtschule beinahe zwangsläufig ins Wanken. Und genau das ist seit Jahr und Tag der Fall. Von daher ist es unredlich, die Leistungspotenziale der Gesamtschulen mit denen der Gymnasien unmittelbar gleichzusetzen. Und genauso unredlich ist es, die Leistungsabschlüsse und -ergebnisse beider Schularten so zu vergleichen, als seien sie auf der Basis gleicher Ausgangsbedingungen gewonnen. Solche Leistungsvergleiche müssen zwangsläufig zu Lasten der bestehenden Gesamtschulen gehen.

Die Perspektive müsste daher die *vollintegrierte Gesamtschule* sein. Denn nur diese hat bei PISA, IGLU und anderen Studien aufgrund der ihr eigenen Förder-, Differenzierungs- und Integrationsmaßnahmen beste Noten erhalten. Doch ein solcher »Quantensprung« ist hierzulande aufgrund der bestehenden Traditionen, Denkweisen und Schulstrukturen derzeit eher illusorisch. Trotzdem: Die Schülerschaft in ihrer ganzen sozialen, intellektuellen, habituellen und motivationalen Bandbreite in einer Schule zu haben und miteinander lernen zu lassen, das wäre sicherlich reizvoll und chancenreich. Doch genau das gilt für die deutschen Gesamtschulen eben nicht. Von daher »[…] darf man nicht den Fehler machen, den integrativen Ansatz und die individuelle Förderung, wie sie heute in den wirklich erfolgreichen Staaten praktiziert werden, mit der deutschen Gesamtschule gleichzusetzen […] Auch dort wird auf homogene Leistungsgruppen gesetzt, auch dort wird institutionell differenziert, auch dort übernehmen die Schulen nicht die Verantwortung für Leistungsunterschiede« (Schleicher 2003). Kein Wunder also, dass Deutschlands Gesamtschulen im Vergleich zu den Gymnasien weder in puncto Chancengerechtigkeit noch in Sachen Bildungs- und Berufserfolg ein Plus sicherzustellen vermögen (vgl. Kerstan 2008, S. 12). Wie sollten sie auch?!

Die deutschen Gesamtschulen sind von Anfang an eine ziemliche Mogelpackung. Sie werden als integrierte Systeme etikettiert, sind es letztlich aber nicht. Sie arbeiten nicht nur mit einer »ausgedünnten« Schülerschaft, sondern setzen in der Regel auch sehr stark darauf, institutionell zu differenzieren und zu selektieren. Das beginnt bei Niveaukursen oder -klassen in einzelnen Kernfächern und reicht über die Fortschreibung des Sitzenbleibens bis hin zu konsequenten Auf- und Abstufungsmaßnahmen bei Leistungsschwankungen der Schüler/innen. In diesen und anderen Punkten weichen deutsche Gesamtschulen deutlich von den vollintegrierten Systemen anderer OECD-Länder ab, in denen höchst professionelle Förderkulturen zum Standard gehören. Hinzu kommt die parallel zur institutionellen Differenzierung und Selektion laufende Lehrerbildung. Im Vordergrund der universitären Lehrerausbildung stehen nach wie vor Fächer und Fachdidaktiken, nicht aber das, was den Alltag in Gesamtschulen pädagogisch, methodisch und erzieherisch auszeichnet. Ausgebildet werden Fachlehrer/innen für Gymnasien, Realschulen oder Hauptschulen, nicht aber solche, die versiert mit der ausgeprägten Heterogenität in Gesamtschulen umzugehen verstehen.

Genau Letzteres aber wäre vonnöten, wenn integrierte Gesamtschulen überzeugend funktionieren sollen. Die erfolgreichen OECD-Länder machen es vor (vgl. Abschnitt I.2.3). Da diese Perspektive hierzulande jedoch verstellt ist, besteht wenig Anlass dazu, auf die deutsche Teil-Gesamtschule als wirksamen Rettungsanker im aktuellen Ringen um bessere Schülerleistungen und sensiblere Schülerintegration zu setzen. Da bestehen einfach zu viele Fragezeichen. Das ist keineswegs ein Affront gegen die bestehenden Gesamtschulen, in denen sich unzählige Lehrkräfte unter eher ungünstigen Bedingungen bemühen, dennoch gute Bildungs- und Erziehungsarbeit zu leisten. Nein, die Kritik richtet sich einzig und allein gegen die Unehrlichkeit und Halbherzigkeit, mit denen hierzulande Gesamtschulprogramme in die Welt gesetzt wurden und werden. Inwieweit sich daran in den nächsten Jahren etwas ändern wird, muss sich erst noch zeigen. Der dramatische Integrations- und Förderbedarf in den Schulen müsste eigentlich Anlass dazu sein, den Gesamtschulgedanken neu auf den Prüfstand zu stellen und ernsthaft weiterzuentwickeln. Allerdings lässt die aktuelle Schulstrukturdebatte eher vermuten, dass es bei der behutsamen Zusammenlegung von Haupt- und Realschulen bleiben wird. Die Angst vor dem großen Schritt ist (noch) zu groß.

1.6 Der Ruf nach neuen Schulstrukturen

Das Ende der Hauptschule naht. Das zumindest ist der Tenor in einigen Nachrufen, die während der letzten Jahre veröffentlicht wurden. Der Dortmunder Bildungsforscher Ernst Rösner spricht vom »Auslaufmodell Hauptschule« (vgl. Rösner 2007). Jeanette Goddar bezeichnet die Hauptschule als »Schule ohne Perspektive« oder auch als »Restschule«, der der Boden wegbricht (vgl. Goddar 2007, S. 14 f.). Für die Berechtigung dieser Kassandrarufe spricht, dass sich die Gruppe der Hauptschulbefürworter in der Tat zunehmend verflüchtigt. Seit Jahren verlieren viele Hauptschulen an Zuspruch und werden immer mehr zum Sammelbecken bildungsresistenter Jugendlicher mit ausgeprägten Lern-, Motivations- und Verhaltensproblemen. Das gilt für nahezu alle Bundesländer. Selbst in Bayern und Baden-Württemberg wird mittlerweile ernsthaft diskutiert, ob die Hauptschule tatsächlich noch in der Lage ist, die in sie gesetzten Erwartungen zu erfüllen. Hindergrund dieser Diskussion ist u.a. die zunehmende Kritik vonseiten der Wirtschaftsverbände und der Kammern, die sich um die nötige Ausbildungsreife der Jugendlichen sorgen – eine Sorge, die angesichts von aktuell rund 76 000 Schüler/innen ohne Schulabschluss nur zu verständlich ist (vgl. »Die Rheinpfalz« v. 4.7.2008).

»Kinder brauchen Lernanreize«, so heißt es in einem Positionspapier des Baden-Württembergischen Handwerkstags. Allerdings sei es »[...] mehr als fragwürdig, ob Selektion hierzu einen positiven Beitrag leistet. Beispiele anderer Länder zeigen, welche hohe Lernmotivation Kinder haben, wenn sie in Gruppen lernen, in denen es verschiedene Talente und Begabungen gibt, Gruppen, in denen die einen die anderen unterstützen und umgekehrt« (Baden-Württembergischer Handwerkstag 2002, S. 25). Dahinter steht die berechtigte Einsicht, dass es sich die moderne Informations- und Wissensgesellschaft schwerlich leisten kann, knapp ein Viertel der 15-Jährigen ohne hinreichende Ausbildungsreife ins Leben zu entlassen. Diese »Risikogruppe« kann nachweislich weder sinnentnehmend lesen noch oberhalb des Grundschulniveaus rechnen (vgl. Prenzel 2005, S. 81). Das ist angesichts der aktuellen Qualifikationsanforderungen in Wirtschaft und Verwaltung schlichtweg eine Katastrophe – eine Katastrophe, die zwingend nach bildungsstrukturellen und pädagogischen Konsequenzen und Verbesserungen verlangt.

Die Abschaffung der Hauptschule ist eine der ins Auge gefassten Konsequenzen. Der Baden-Württembergische Handelstag geht sogar noch weiter und plädiert unverblümt für eine neunjährige »Grundschule« mit breiten allgemeinbildenden Angeboten und ausgeprägter individueller Förderung (vgl. Prenzel 2005, S. 26) – ein ebenso mutiger wie umstrittener Vorschlag. Umstritten deshalb, weil die Grundauffassungen vieler Bildungspolitiker und Eltern nach wie vor in eine andere Richtung gehen (vgl. Abschnitt I.1.3). Die völlige Abschaffung des gegliederten Schulwesens ist und bleibt für die meisten von ihnen ein Tabu. Anders dagegen steht es um die erwähnte Überführung der Hauptschule in andere Schularten. Zwar wird auch dieser Transformationsprozess bis zum endgültigen Umbruch noch einige Zeit brauchen, doch die Anfänge sind längst gemacht. Ernst Rösner spricht von einer »Abstimmung mit den Füßen« und meint damit das Bestreben vieler Eltern, ihren Kindern möglichst anspruchsvolle Bildungsgänge zu eröffnen (vgl. Rösner 2007, S. 78). Da hat eine ausgedünnte, problemüberladene Hauptschule natürlich schlechte Karten.

Die meisten Bundesländer haben die Hauptschulvariante längst zu den Akten gelegt. Brandenburg hat sie im Jahre 1990 erst gar nicht eingeführt. Sachsen, Thüringen und Sachsen-Anhalt haben sich aus demografischen Gründen ganz schnell wieder davon gelöst und auf teilintegrierte Mittel-, Regel- oder Sekundarschulen umgestellt. Die Länder Saarland und Bremen nahmen Ende der 1990er-Jahre ebenfalls Abschied von ihren Hauptschultraditionen. Und Gleiches taten Hamburg und Schleswig-Holstein vor Kurzem mit dem Übergang zu spezifischen Stadtteil-, Gemeinschafts- oder Regionalschulen. Als vorerst letztes Bundesland hat Rheinland-Pfalz der Hauptschule abgeschworen und mit der »Realschule Plus« eine neue Mischform definiert, die gemeinsames Lernen von Haupt- und Realschülern gewährleisten soll – allerdings nur bis zum Ende der sechsten Jahrgangsstufe. Danach kann erneut ein Zwei-Säulen-System errichtet oder aber die »Realschule Plus« in integrierter Form weitergeführt werden. Vieles spricht dafür, dass dies die alte Selektions- und Abschiebeproblematik lediglich um zwei Jahre hinauszögern wird.

Ähnlich inkonsequent sind viele der Planungen und Ansätze, die während der letzten Jahre in Sachen Schulstrukturreform angestoßen wurden. Das gilt vor allem für die westlichen Bundesländer. In Sonntagsreden und auf dem Papier finden sich zwar immer wieder beeindruckende Optionen für ein zweigliedriges Schulwesen. Die faktischen »Übergangslösungen« der Politik weichen davon häufig jedoch deutlich ab. Teilweise wird die traditionelle Dreigliedrigkeit sogar noch weiter auf die Spitze getrieben. Beispiele dafür liefert u. a. Rheinland-Pfalz, wo es mittlerweile nicht nur drei, sondern de facto sogar vier bis fünf Schularten gibt – je nachdem, wie man zählt. Das beginnt mit dem traditionellen Gymnasium und reicht über Regionalschule, Duale Oberschule und Realschule Plus bis hin zur Integrierten Gesamtschule – von den noch existierenden Hauptschulen einmal ganz abgesehen. Was bringt da eine Teilzusammenlegung von Hauptschulen und Realschulen? Die Konfusion der Eltern und Schüler/innen lässt sich dadurch wohl kaum beseitigen.

Mag sein, dass die radikale Etablierung eines zweigliedrigen Schulsystems hierzulande noch nicht hinreichend konsensfähig und vermittelbar ist. Zumindest ist das die Angst vieler Politiker/innen, die die »Rache« der traditionsorientierten Wählerklientel fürchten, wenn sie sich zu weit vorwagen sollten. Daher wird mit eher fragwürdigen und/oder unsinnigen Zwischenlösungen laboriert, die eine wirksame Schulstrukturreform faktisch eher behindern als voranbringen. Das gilt nicht zuletzt für die bildungspolitisch hoch gehandelte Ganztagsschule. Schaut man sich die real existierenden Ganztagsschulen genauer an, so stellt man ernüchtert fest, dass die meisten von ihnen eine verbindliche, differenzierte und rhythmisierte Lern- und Förderarbeit vermissen lassen. Die betreffenden Kinder können zwar ganztags bleiben, sie müssen es aber nicht. Die Folge ist, dass der Ganztagsbetrieb in der Regel nur von einem Teil der Schüler/innen genutzt wird, von denen viele nach Beginn der Pubertät dann ganz wegbleiben. Diese Unverbindlichkeit führt beinahe zwangsläufig zu pädagogischer und schulorganisatorischer Halbherzigkeit. Die Schüler/innen erhalten ihr Mittagessen in der Schule. Sie erfahren eine gewisse Betreuung bei den Hausaufgaben und können an der einen oder anderen Arbeitsgemeinschaft oder Projektarbeit am Nachmittag teilnehmen. Eine professionell geführte und gestaltete Ganztagsschule sieht freilich anders aus. Vor allem müsste eine »echte Ganztagsschule« eine verbindliche Schülerteilnahme sowie ein Mehr an professioneller Differenzierung, Rhythmisierung, Qualifizierung und Förderung im Unterricht sicherstellen. Derartige Bedingungen sucht man bislang eher vergebens.

Fazit: Die aktuelle Schulstrukturdebatte weist zwar in die richtige Richtung; eine ernsthafte Verschlankung des gegliederten Schulwesens ist bisher aber bestenfalls in Ansätzen in Sicht. Die erwähnte Etablierung immer neuer Schularten deutet eher darauf hin, dass es bis zur Durchsetzung einer wirksamen Zweigliedrigkeit noch ziemlich lange dauern wird. Das gilt vor allem angesichts der nach wie vor virulenten Vorbehalte gegenüber integrierten Schulsystemen als solchen. Vieles spricht daher dafür, dass in Deutschland auf absehbare Zeit nicht viel mehr zu erreichen sein wird als die verbindliche Zusammenlegung von Hauptschulen, Realschulen und Gesamtschulen zu einer noch zu benennenden neuen Schulform – neben der zweiten Säule, dem Gymnasium (vgl. den entsprechenden Aufruf einflussreicher Bildungsverantwortlicher in: »Die Zeit« v. 22.11.2007, S. 89). Das Gymnasium ist und bleibt gesetzt, auch wenn es mittlerweile immer weniger mit dem zu tun hat, was ursprünglich mal als »elitäre Bildungsstätte für die deutsche Oberschicht« gedacht war. Das sich abzeichnende »Zwei-Wege-Modell« mit Gesamtschule bzw. Gemeinschaftsschule auf der einen und dem Gymnasium auf der anderen Seite dürfte wohl bei den meisten Lehrerverbänden und Bildungspolitikern als praktikable Kompromisslösung durchgehen. Mit diesem Kompromiss wird die skizzierte Selektionsproblematik zwar nicht wirklich behoben, wohl aber in ihrer Wirkung abgemildert. Das ist mehr als nichts, aber weniger als nötig.

1.7 Die Expansion des Privatschulsektors

Der skizzierte Schulstrukturwandel berührt nicht nur die Staatsschulen, sondern auch die Privatschulen. Viele Eltern sind irritiert und suchen nach Alternativen zur »Schule für jedermann«. Die Furcht vor den unberechenbaren Verhältnissen in den neuen Gemeinschafts-, Gesamt- oder Regionalschulen sowie das Unbehagen angesichts des Exklusivitätsverlusts vieler Gymnasien tragen unverkennbar dazu bei, dass eine wachsende Zahl von Eltern nach Privatschulen Ausschau hält. Zwar liegt der Anteil der privaten an den allgemeinbildenden Schulen in Deutschland bei gerade mal 7,5 Prozent (in Österreich sind es 11 Prozent, in Spanien 32 Prozent, in den Niederlanden sogar 70 Prozent), doch die Tendenz ist steigend. Besuchten z. B. 1991 gerade mal 445 000 deutsche Schüler/innen allgemeinbildende Privatschulen, so waren es 2006 immerhin schon 656 000 (vgl. Barthels 2007, S. 73). Infolge der aktuellen Schulstrukturreformen dürfte sich diese »Aufwärtsbewegung« weiter fortsetzen. Es muss ja nicht gleich die teure Internatsschule in England oder Australien sein, die zur Sicherung der gewünschten Exklusivität gewählt wird. Auch in Deutschland selbst gibt es mittlerweile eine Vielzahl von Angeboten, die das Geborgenheits- und Abschottungsbedürfnis der betreffenden Eltern befriedigen. Da sind zum einen die traditionellen kirchlichen oder reformpädagogisch ausgerichteten Privatschulen, zum Zweiten einige profilierte Schulneugründungen von Einzelpersonen oder auch von Privatunternehmen, z.B. die Phorms-Schulen.

Die »Phorms-Management-AG« hat inzwischen Schulen in Berlin, Köln, Frankfurt am Main und München eröffnet. Zahlreiche weitere Schulen sollen bundesweit folgen. In zehn Jahren will das Unternehmen mindestens 40 Schulen in Deutschland betreiben und sich als »Bildungsmarke« etabliert haben (vgl. Kahl/Otto 2007, S. 71). Das Ziel, mit dem geworben wird, lautet kurz und einfach: Die Phorms-Schüler/innen werden vielseitig und mit modernsten Methoden gefordert und gefördert, ihre unterschiedlichen Talente zu entwickeln und ihre Erfolgsgewissheit zu stärken. Niemand soll ausgebremst, aber auch niemand soll durchgeschleift werden (vgl. ebenda). Der Unterricht ist in der Regel zweisprachig. Die Kinder leben in einer englischsprachigen Umgebung. Es gibt pädagogische Assistentinnen und vergleichsweise kleine Klassen von ca. 20 Kindern (vgl. Heinemann 2007, S. 14). Willkommen sind grundsätzlich Kinder aus allen Milieus, vorausgesetzt, das Leistungspotenzial stimmt und das obligatorische Schulgeld kann gezahlt werden. Phorms verlangt derzeit Beiträge zwischen 200 und 900 Euro pro Monat – je nach Einkommen der Eltern (vgl. Kahl/Otto 2007, S. 71). Diese Staffelung soll eine gewisse Öffnung bringen und die Phorms-Schulen vor dem Vorwurf schützen, reine »Eliteanstalten« zu sein. Gleichwohl ändert diese Schulgeldstaffelung nichts daran, dass unter dem Strich eine recht ausgeprägte soziale und leistungsmäßige Auslese stattfindet, die von den Eltern potenzieller Schüler ja durchaus auch gewollt ist. Zur Schule gehen, wo nicht jeder hingeht, das ist für viele dieser Eltern ein durchaus ernstes Anliegen. Wenn dann noch ein innovatives pädagogisches Konzept hinzukommt, umso besser.

Diese Trends zeigen, dass Konventionen bröckeln und neue Handlungsperspektiven für ambitionierte und selektionsbedürftige Eltern entstehen. Gleichwohl befinden wir uns in Deutschland in Sachen Kommerzialisierung des Bildungsbereichs fraglos noch am Anfang. Zum Glück. Bisher dominieren die »Idealisten«. Rund 80 Prozent der deutschen Privatschulen sind von der katholischen oder evangelischen Kirche getragen und verfolgen keinerlei kommerzielle Zwecke. Ähnliches gilt für die Waldorfschulen (rund 10 Prozent) sowie die übrigen reformpädagogisch gepolten Privatschulen traditioneller Prägung – angefangen bei Montessori über Freie Alternativschulen bis hin zur Vereinigung Deutscher Landerziehungsheime (vgl. Barthels 2007, S. 73). Doch das Privatschulwesen ist im Umbruch. Wenn der Bundesverband Deutscher Privatschulen schätzt, dass etwa 20 Prozent aller Eltern ihr Kind lieber auf eine private als auf eine staatliche Schule geben würden (vgl. ebenda), dann ist das nurmehr ein Indiz dafür, dass einiges in Bewegung geraten ist. Vieles spricht dafür, dass die auf kohärente Schülergruppen bedachten Eltern ihre Kinder zunehmend dorthin schicken werden, wo renommierte Privatschulen ihre Tore öffnen.

Die Frage ist nur, ob die real existierenden Privatschulen die in sie gesetzten Erwartungen auch tatsächlich erfüllen können. Die bis dato vorliegenden Forschungsbefunde sprechen eher dagegen. Berücksichtigt man die soziale Herkunft der Privatschüler/innen, so gibt es offenbar keine großen Leistungsunterschiede zwischen Kindern an Privatschulen und anderen an staatlichen Schulen. Das zumindest ist das Fazit der beiden Schulforscher Manfred Weiß und Corinna Preuschoff nach Auswertung der vorliegenden PISA-Daten (vgl. Weiß/Preuschoff 2004, S. 62; vgl. ferner Barthels 2007, S. 73). Einen moderaten Leistungsvorteil gibt es lediglich für Schülerinnen an reinen Mädchenrealschulen, die offenbar erfolgreicher lernen, wenn sie unter sich sind. Für die Jungen an Realschulen und Gymnasien dagegen zeigen sich keine signifikanten Unterschiede bei den Schülerleistungen. »Die 15-Jährigen der privaten Realschulen und Gymnasien erzielen Leistungen […], wie sie in etwa auch von dieser Altersgruppe an den staatlichen Stichprobenschulen erreicht werden« (Weiß/Preuschoff 2004, S. 62).

Noch problematischer sieht es aus, wenn es um die Chancengerechtigkeit in Privatschulen geht. Was das staatliche Schulwesen schon nicht schafft, schafft der Privatschulsektor erst recht nicht, nämlich die Entkoppelung von sozialer Herkunft und Bildungschancen der Kinder. Der Degradierungs- und Ausgrenzungseffekt wird sogar noch vergrößert. Warum? Vor allem wegen des Schulgeldes, aber auch deshalb, weil von den betreffenden Eltern ausgeprägte Mitarbeit und Mitwirkung erwartet werden. Beides verstellt den Eltern und Kindern aus schwierigen Sozialmilieus in hohem Maße den Weg in (renommierte) Privatschulen – von den hochselektiven Aufnahmeprüfungen und Auswahlverfahren einmal ganz abgesehen. So gesehen werden Kinder aus Unterschicht und unterer Mittelschicht gleich mehrfach benachteiligt: Sie sind nicht nur vom Elternhaus und von ihren schulartspezifischen Bezugssystemen her gehandicapt, sondern ihnen werden im Falle der Privatschulen auch noch gravierende zusätzliche Hürden in den Weg gestellt (siehe Schulgeld), die die meisten von ihnen beim besten Willen nicht zu überwinden vermögen. Auch wenn die betreffenden Schulgeldbeiträge hierzulande meist gar nicht so hoch sind, so bilden sie für viele Kinder aus finanziell schwach gestellten Schichten doch ein kaum zu überwindendes Ausschlusskriterium.

Andererseits attestiert die Schulforschung den Privatschulen durchaus auch Pluspunkte – insbesondere im pädagogisch-erzieherischen Bereich (vgl. Weiß/Preuschoff 2004, S. 59 ff.). Diese Pluspunkte betreffen die Lehrerunterstützung wie die schulinterne Förderkultur, das Schülerverhalten wie das Lehrerengagement, die Elternarbeit wie die allgemeine Schulzufriedenheit der Eltern. In diesen Bereichen sind die Privatschulen den staatlichen Schulen häufig überlegen. Der Grund dafür: Diesbezüglich wird einfach mehr getan und investiert. Von daher spricht einiges dafür, dass die Privatschulen in den nächsten Jahren wichtige reformpädagogische Zeichen setzen werden. Das beginnt bei der systematischen Begabungsförderung und reicht über Schulklima und Schülerkooperation bis hin zur breit gefächerten Kompetenzvermittlung im Unterricht. Schließlich müssen anspruchsvolle Eltern überzeugt werden. Das verlangt nicht zuletzt nach neuen Methoden des Förderns und Forderns der Lehrkräfte.

Diese Trends sollten die Verantwortlichen der staatlichen Schulen nachdenklich machen. Nachdenklich deshalb, weil vieles davon auch in diesen Schulen möglich ist. Es müssen nur verstärkte pädagogische, finanzielle und schulorganisatorische Anstrengungen unternommen werden.

1.8 Der missverstandene Fördergedanke

Das Grundproblem hierzulande ist die recht einseitige Sicht des Bildungs- und Förderauftrags. Die Schüler/innen zu fördern und zu fordern wird vor allem als Angelegenheit gesehen, der mit institutioneller Selektion zu begegnen ist. Die Zuweisung zu unterschiedlichen Schularten und/oder Niveaukursen soll den Schüler/innen auf die Sprünge helfen. Die einen kommen in die Haupt-, die anderen in die Förderschule«, die einen in die Real-, die anderen in die Gesamtschule, die einen ins klassische Gymnasium, die anderen in die Fachoberschule, die einen in den A-Kurs, die anderen in den B- oder C-Kurs, die einen in die nächsthöhere Klasse, die anderen in die Riege der Sitzenbleiber, die einen in Privatschulen, die anderen in staatliche Schulen etc. Diese Auflistung der institutionellen Selektions- und Gruppierungsverfahren ließe sich fortsetzen. Die Unterstellung bei alledem: Die Kinder werden durch die Zusammenführung in tendenziell homogenen Lerngemeinschaften ebenso wirksam wie angemessen gefördert. Fördern in diesem Sinne heißt also, dass sich Gleiche zu Gleichen gesellen. Bestimmte Lehrer spezialisieren sich auf bestimmte Schülergruppen mit bestimmten Stärken oder Schwächen. So bekommt alles seine wohldefinierte Ordnung. Scheinbar!

Nur, der Schein trügt. Wie in den vorangehenden Abschnitten bereits angedeutet, bewirken die fortwährenden Homogenisierungsbemühungen nicht wirklich die Lösung der bestehenden Lern- und Leistungsprobleme in den Schulen, sondern sind eher deren Auslöser und/oder Verstärker. Wenn nämlich alle Schülerinnen und Schüler ähnlich lernschwach sind, dann werden sie in aller Regel nicht viel voneinander profitieren können. Wenn alle ähnlich verhaltensauffällig sind, dann werden sie sich wechselseitig kaum Orientierung und Erziehung bieten können. Und wenn alle Schüler/innen Überflieger und/oder fachliche Enthusiasten sind, dann werden sie vor lauter Einzelarbeit und Spezialistentum in der Regel kaum geneigt sein, die nötigen sozialen, kommunikativen, kreativen und emotionalen Kompetenzen aufzubauen. Wie immer man es also dreht und wendet: Der Fördergedanke ist fundamental missverstanden. Homogene Lerngruppen können bestenfalls durch den Lehrer gefordert und gefördert werden. Dagegen bieten sie relativ wenig, wenn es darum geht, das wechselseitige Fördern und Fordern im Unterricht zu entfachen. Gerade dieses Voneinander- und Miteinanderlernen aber ist der entscheidende Hebel für der Sicherstellung erfolgreichen Lernens (vgl. die Forschungsbefunde zum kooperativen Lernen bei Hänze 2008, S. 24 ff.).

Diese Überlegungen machen die ganze Absurdität des exzessiven Selektierens und Separierens in Deutschlands Schulen klar. Die Opfer dieses Schubladendenkens sind sowohl die lernstärkeren als auch die lernschwächeren Schüler/innen (vgl. Abschnitt I.1.4). Vor allem aber trifft es Letztere, die durch die laufenden Selektionsverfahren gleich doppelt benachteiligt werden. Konkret: »Schüler, die unter ungünstigen sozialen oder kulturellen Bedingungen aufwachsen und dementsprechend häufiger als andere Schulschwierigkeiten haben, werden noch einmal benachteiligt, wenn sie extrem ungünstig zusammengesetzten Schülerpopulationen angehören. Das heißt, durch die soziale Herkunft bedingte Nachteile werden institutionell verstärkt« (Schümer 2004, S. 102). Dieses Problem betrifft keineswegs nur die Hauptschulen. Auch in Realschulen und integrierten Gesamtschulen finden sich nicht selten ungünstig zusammengesetzte Schülerpopulationen mit relativ hohen Anteilen von Problemschülern, die das klasseninterne Lern- und Leistungsgefüge negativ beeinflussen (vgl. ebenda). Dieses Gruppierungsverfahren ist das Problem, nicht seine mangelhafte Perfektion.

Wirksame Förderarbeit muss anders ansetzen. Das wird in diesem Buch noch ausführlich gezeigt werden. Der herkömmliche Fördergedanke muss dringend pädagogisch gewendet und stärker talent- als defizitorientiert akzentuiert werden. Wer nachhaltige und schülergemäße Förderarbeit leisten will, der muss vor allem eines tun, nämlich die unterschiedlichen Potenziale und Talente der Schüler/innen positiv aufnehmen und nutzen, ihre Stärken betonen und ihr Miteinander- und Voneinanderlernen so ausbauen, dass ein Mehr an Selbstständigkeit und Selbstorganisation im Unterricht erreicht wird. Das setzt zwingend *heterogene Schülergruppen* voraus! Deshalb: So wenig institutionelle und äußere Differenzierung wie unbedingt nötig und so viel gemeinsames Lernen wie irgendwie möglich – das ist die Devise. Werden die unterschiedlichen Schülertalente konsequent beisammengehalten und systematisch gefördert, so steigen die Chancen, dass alle relativ gut bei der Stange bleiben. Das schließt gelegentliche Binnendifferenzierung natürlich nicht aus. Zugleich aber verlangt diese Option ein deutliches Mehr an Methodenvarianz und Handlungsorientierung, an Lehrerlenkung und systematischer Methodenschulung, an Teamarbeit und praktischer Kommunikationsförderung im Unterricht. Näheres dazu wird im anschließenden Kapitel dieses Buchs ausgeführt werden.

2. Von der Auslese zur Begabungsförderung

Die schulische Förderarbeit bedarf der Neuorientierung. Das zeigen die vorstehenden Problemanzeigen. Integration statt Selektion, Talentförderung statt Defizitorientierung, Mutmachen statt Abschieben – das sind zentrale Merkposten, auf die es in den nächsten Jahren verstärkt ankommen wird. Die Bertelsmann-Stiftung hat diese Option in die Worte gefasst: Eine Förderung aller Kinder und Jugendlichen setze voraus, »[...] dass jedes einzelne Kind möglichst frühzeitig und unabhängig von seiner sozialen Herkunft auf vielfältige Art und Weise angeregt und herausgefordert wird. Sie setzt weiterhin voraus, dass jedes Kind die Schule als einen Lern- und Lebensraum erlebt, in dem es sich mit seinen Fähigkeiten angenommen fühlt, in dem es Bestätigung erfährt und in dem ihm die Entwicklung seiner Fähigkeiten zugetraut wird« (Bertelsmann-Stiftung, o. J., S. 4). Dieser Anspruch wird in den nachfolgenden Abschnitten konkretisiert.

2.1 Erinnerungen an die alte Volksschule

Bis in die 1960er-Jahre hinein ging das Gros der Schüler/innen in die sogenannte Volksschule. Sie umfasste in der Regel die Jahrgangsstufen eins bis acht. Daneben gab es ab der vierten Klasse nur noch eine ernsthafte Alternative: das Gymnasium. Zum Gymnasium gingen meist weniger als zehn Prozent des Schülerjahrganges; die anderen blieben im Regelfall in der Volksschule. Das waren im ländlichen Bereich häufig sämtliche Kinder des Dorfes. So gesehen muss die »vollintegrierte Gesamtschule« hierzulande gar nicht neu erfunden werden; es gab sie bereits – zumindest in den kleinen Dörfern. Dort war gemeinsames Lernen auf Jahrgangsebene eine schlichte Selbstverständlichkeit. Häufig war es sogar so, dass die Kinder mehrerer Jahrgangsstufen in einem einzigen Raum zusammensaßen und entsprechend vernetzt und versetzt unterrichtet werden mussten – teils vom Lehrer, teils von älteren und/oder cleveren Mitschüler/innen. Eine Lernsituation, die heute eher Befremden auslöst. Allerdings gibt es Zeichen der Rückbesinnung – insbesondere im Grundschulbereich. Sinkende Schülerzahlen und drohende Schulschließungen führen zu einer zaghaften Renaissance ländlicher Zwergschulen und jahrgangsübergreifender Lerngruppen. Wenn die Alternative darin besteht, entweder die örtliche Schule zu schließen oder aber jahrgangsübergreifend weiterzumachen, dann ist Letzteres schnell wieder salonfähig – ganz wie zu alten Volksschulzeiten. Das gilt hier oder dort sogar für den Sekundarbereich.

Waren die früheren Volksschulen deshalb erfolglose Schulen? Auch wenn man in Rechnung stellt, dass es damals im Vergleich zu heute deutlich andere Ausgangsbedingungen und Anforderungen gab, so bleibt doch viel Positives. Vor allem die immense Integrations- und Förderleistung der alten Volksschullehrer/innen kann gar nicht hoch genug eingeschätzt werden. Davon könnten wir heutzutage einiges gebrauchen. Zwar ist bekannt, dass es unter den damaligen »pädagogischen Zehnkämpfern« auch so manche gab, die mit höchst autoritären und unpädagogischen Mitteln zu Werke gingen. Doch das kann schwerlich dem integrierten Volksschulsystems als solchem angelastet werden, sondern war schlicht und einfach Ausdruck eines tradierten Erziehungsverständnisses, in dem »Zucht und Ordnung« über alles andere gingen. Es gab unter den Volksschullehrern allerdings auch die vielen anderen sensiblen Lern- und Entwicklungshelfer, die es mit faszinierenden Methoden, Einstellungen, Differenzierungs- und Moderationsleistungen schafften, die breit gefächerte Kinderschar der dörflichen Einheitsschule zu relativ guten Lern- und Berufserfolgen hinzuführen.

Keiner wurde abgeschrieben oder abgeschoben. Dazu gab es glücklicherweise gar keine ernsthafte Möglichkeit – sieht man einmal von der höchst seltenen Überweisung zur sogenannten »Hilfs- oder Sonderschule« ab. Das war eine ebenso heilsame wie kreativitätsfördernde Grundsituation. Der einzelne Volksschullehrer musste sich ohne langes Lamentieren um jeden einzelnen Schüler kümmern. Wollte er Frieden und Erfolg in der Klasse haben, so musste er die Schüler/innen annehmen und ermutigen, vernetzen und trainieren, fordern und fördern. Das war Chance und Verpflichtung zugleich. Oberstes Gebot war es, die Schüler/innen möglichst zügig und wirksam dahin zu bringen, selbstständig und erfolgreich in eigener Regie zu arbeiten – alleine, zu zweit oder auch in größeren Gruppen. Sitzenbleiben machte schließlich keinen besonderen Sinn, da die fraglichen Schüler/innen meist im selben Klassenraum verblieben. Stattdessen galt es, die Selbstlernkompetenz der Kinder möglichst wirksam aufzubauen. Dazu mussten die Lehrkräfte im besten Sinne des Wortes Förderarbeit bzw. »Entwicklungshilfe« leisten – nicht zuletzt im genuinen Eigeninteresse. Entsprechend differenziert waren ihre Lernangebote und Förderverfahren.

Wenn heute Länder wie Finnland oder Schweden, Kanada oder Australien stolz darauf sind, dass es bei ihnen kein Abschieben bzw. Abschreiben einzelner Schüler-/innen gibt, sondern nur ein intensives Bemühen darum, die Anschlussfähigkeit der betreffenden Schüler/innen bestmöglich wiederherzustellen, dann hat dieses Denken in Deutschland durchaus seine Tradition. In der besagten Volksschule galt genau dieses. Die Lehrkräfte verstanden sich nicht in erster Linie als Anwälte ihrer Fächer, sondern vor allem als Lernermöglicher und Förderlehrer im Dienste ihrer Kinder. Dementsprechend wurden die Akzente im Unterricht gesetzt. Das gnadenlose Durchnehmen des Lernstoffes fehlte ebenso wie das vielstimmige Klagen darüber, dass bestimmte Kinder nicht hierher gehören. Wo hätten sie denn auch hingesollt? Es gab schlicht und einfach keine Alternative. Und das war gut so! Denn diese Grundsituation führte zwangsläufig dazu, dass sich die Lehrkräfte immer wieder etwas einfallen lassen mussten, um ihre »Problemkinder« möglichst frühzeitig aufzufangen und so zu fördern, dass sie zu einer gedeihlichen Mitarbeit im Unterricht finden konnten.

Diese anspruchsvolle Integrationsleistung wurde abgestützt durch entsprechende Formen und Vorleistungen der Lehrerausbildung. Dazu gehörte gleich mehrerlei:

erstens die stark pädagogisch-methodisch ausgerichtete Grundbildung der betreffenden Volksschullehrer, *zweitens* die Offenheit und Gestaltbarkeit der damaligen Rahmenlehrpläne, *drittens* die systematische Hinführung der Schüler/innen zum eigenverantwortlichen und kooperativen Arbeiten und Lernen, *viertens* die Vernetzung der Kinder in jahrgangsübergreifenden Lerngruppen und *fünftens* schließlich die Einführung fester Regeln und Rituale zum Arbeits- und Sozialverhalten in der jeweiligen Klasse. Je früher und konsequenter dieses anlief, desto besser. Das war die Devise. Die Lehrkräfte waren schlichtweg darauf angewiesen, dass die Schüler/innen möglichst zügig zur nötigen Selbstständigkeit gelangten – Kooperationsfähigkeit und Kooperationsbereitschaft mit eingeschlossen. Diese Qualifizierungsarbeit kam nicht nur den Kindern, sondern auch ihren Lehrkräften zugute. Und das über Jahre hinweg.

So gesehen war es nur klug, potenzielle Problemschüler/innen gar nicht erst scheitern zu lassen, sondern von Anfang an dafür zu sorgen, dass sie unter Einbindung der Mitschüler/innen möglichst verbindlich und wirksam bei der Stange gehalten werden. Daraus erwuchs Förder- bzw. Nachhilfeunterricht im besten Sinne des Wortes. Die Folge: Die Älteren lernten mit den Jüngeren, die Leistungsstärkeren mit den Leistungsschwächeren. Nachhilfe war gleichsam institutionalisiert. Wechselseitige Hilfe und Beratung gehörten ebenso zur Tagesordnung wie das arbeitsteilige Arbeiten an und mit unterschiedlichen Aufgaben. Und der Lehrer? Da die Kooperations- und Selbstlernkompetenz der Schüler/innen frühzeitig entwickelt wurden, fand die Lehrperson in der Regel recht flexibel Gelegenheit, sich um einzelne Problemschüler/innen zu kümmern – und sei es nur durch strenge Abfragen oder Belehrungen. Würde man diesem Grundsatz der konsequenten Frühförderung durch Lehrer- wie Mitschüler/innen heute verstärkt folgen, so ließen sich sicherlich so manche Lern- und Verhaltensprobleme in den Schulen mildern bzw. frühzeitig abfangen.

Damit jedoch keine Missverständnisse entstehen: Die alte Volksschule war weder ein Idealgebilde, noch bietet sie Patentrezepte für das Hier und Jetzt. Wohl aber ist sie ein interessantes und richtungsweisendes Lernfeld für alle, die den aktuellen Lern- und Leistungsproblemen in heterogenen Schülergruppen mit mehr Wirksamkeit begegnen möchten. Allein der Haltung und Einstellung der alten »pädagogischen Zehnkämpfer« ließe sich so manches abgewinnen, was für die derzeitige Integrations- und Förderarbeit hilfreich und wegweisend sein könnte. Niemand hat seinerzeit über die heterogene Schülerpopulation geklagt, so wie das heute nur zu oft geschieht. Im Gegenteil. Verschiedenheit wurde als normale Gegebenheit und Herausforderung an- und ernst genommen. Problemschüler/innen gab es damals zwar auch, aber sie konnten ihr »Störpotenzial« aufgrund der dichten Betreuung durch Schüler/innen wie Lehrer/innen vergleichsweise wenig entfalten. Zeitnahe Hilfe und Erziehung, Kontrolle und Beratung waren sichergestellt und gehörten zum pädagogischen Alltagsprogramm.

Das alles habe ich selbst acht Jahre lang in unserer kleinen *einklassigen Volksschule* in Nordhessen miterleben dürfen (vgl. Vorwort zu diesem Buch). Acht Jahrgänge mit insgesamt ca. 25 Schüler/innen saßen in einem einzigen Raum – heute kaum noch vorstellbar. Jeder Schülerjahrgang war in einer Bankreihe platziert. Die Kleinen ganz vorne, die Älteren weiter hinten. Sitzenbleiben gab's nicht, wohl aber ein höchst strenges und fruchtbares Voneinander- und Miteinanderlernen. Die älteren Jahrgänge bekamen immer wieder Vorbereitungs- und/oder Helferaufgaben mit Blick auf die Jüngeren zugewiesen. So verfasste z. B. der sechste Jahrgang ein spezielles Diktat für die Schüler/innen des dritten Jahrgangs. Oder der siebte Jahrgang entwickelte einfache Bruchrechen- oder Prozentaufgaben für die Schüler/innen der dritten bzw. der fünften Stufe. Wechselseitiges Helfen und Erziehen waren selbstverständlich. Diese naturwüchsige Integrations- und Förderarbeit habe ich selbst acht Jahre lang aktiv mitgemacht. Meine heutige Bilanz: Ich habe damals vielleicht manches an Stoff »versäumt«; ich habe im Gegenzug aber viele der »Schlüsselkompetenzen« erworben, auf die es im Rahmen meiner weiteren Bildungs- und Berufslaufbahn ganz entscheidend angekommen ist.

2.2 Auch schwache Schüler haben Stärken

Das Entscheidende am skizzierten Bildungsverständnis ist die konsequent positive Sicht des Schülers. Kinder und Jugendliche werden nicht vorschnell in irgendwelche Leistungsschubladen gesteckt, sondern sie werden ganz grundsätzlich als entwicklungsfähige und förderungsbedürftige Wesen gesehen – wenn auch mit unterschiedlichen Entwicklungspotenzialen ausgestattet. Wichtig ist ferner, dass die unterschiedlichen Entwicklungspotenziale der Kinder nicht gleich hierarchisiert und nach wertvollen oder weniger wertvollen Begabungen aufgeteilt werden. Die Grundhypothese ist vielmehr eine andere, nämlich die, dass es anthropologisch bedingt eine ziemliche Begabungsvielfalt gibt, die in ebenso behutsamer wie differenzierter Weise angesprochen werden sollte. In der Konsequenz bedeutet das mindestens zweierlei: erstens die Verpflichtung, den Schüler/innen eine möglichst breite Palette an Lernanforderungen, Aufgaben, Sozialformen und Lernmethoden zukommen zu lassen, sowie zweitens, ihre Lern- und Entwicklungsarbeit als relativ langfristige Angelegenheit zu sehen und zu managen. Lernen braucht nun einmal Zeit, Variabilität und vielfältige Formen des sozialen Miteinanders. Diese Sicht der pädagogischen Aufgabe verbietet vorschnelle Selektionsentscheidungen. Lernen ist entwicklungsoffen und muss daher entsprechend vielschichtig, konsequent und kleinschrittig angegangen und gefördert werden.

Wer sagt denn, dass jemand, der im logisch-mathematischen Bereich in einer bestimmten Altersphase Start- und/oder Abstraktionsschwierigkeiten hat, diese bei entsprechender Förderung nicht überwinden kann? Wer weiß denn zuverlässig vorauszusagen, dass Kinder, die phasenweise mehr Zeit brauchen und beim Lernen eher umständlich und eigenwillig vorgehen, am Ende nicht doch besser und kreativer abschneiden werden als jene, die windschnittig durch den Lernstoff segeln und zweckrational vor allem das lernen, was ihnen von Lehrerseite nahegelegt bzw. vorgekaut wird? Ist Letzteres eine Stärke und eine gute Note wert, während Ersteres auf

Unfähigkeit verweist und der schlechten Bewertung bedarf? Fragen über Fragen also. Sie zeigen vor allem eines: Lernpotenziale und Lernbiografien sind höchst unberechenbar. Was einige Lehrkräfte als Schwäche deuten, sehen andere womöglich als Stärke. Was in der vierten Klasse noch unzulänglich scheint, kann bei entsprechender Lernförderung und Lernumgebung in der sechsten Klasse völlig anders aussehen.

Das traditionelle deutsche Schulwesen lässt für derartige Entwicklungen viel zu wenig Gelegenheit. Einmal Hauptschule, immer Hauptschule; einmal Mathematikniete, immer Mathematikniete; einmal verhaltensauffällig, immer verhaltensauffällig – so oder ähnlich lauten die fatalen Festschreibungen von Begabungen und Lernentwicklungen, wie sie im Schulalltag immer wieder anzutreffen sind. Auch schwache Schüler/innen haben ihre Stärken! Und starke Schüler/innen haben ihrerseits in der Regel auch ihre Schwächen. Auffällig ist beispielsweise, dass viele Kinder mit ausgeprägter Rezeptionsfähigkeit, rascher Auffassungsgabe und untadeligem logisch-mathematischem Leistungsvermögen in Sachen Teamarbeit, Kommunikation, Präsentation, Empathie und Kreativität oft eher unambitioniert und daher auch vergleichsweise schwach sind. Wer sich dagegen im abstrakt-kognitiven Bereich schwertut, der muss deshalb noch lange nicht zu den Schlusslichtern in den sozialen, praktisch-anschaulichen und/oder sprachlich-linguistischen Kompetenzbereichen gehören. Die Wirkmechanismen sind eben unterschiedlich gepolt. Oder ein drittes Beispiel: Wer z. B. hyperaktiv oder in sonstiger Weise verhaltensauffällig ist, der kann sehr wohl beträchtliches soziales und intellektuelles Potenzial haben. Will sagen: Das einzig Sichere in der Schule ist die Unsicherheit darüber, was in den einzelnen Schüler-/innen so alles stecken könnte.

Weil das so ist, spricht vieles dafür, die Schüler/innen sehr viel konsequenter als bisher stärken- und potenzialorientiert zu betrachten und vor allem nach den in ihnen steckenden Talenten zu fahnden. Vorschnelle Zuschreibungen und Einordnungen werden der Kontingenz ihrer Begabungen nur selten gerecht und sollten daher so lange wie möglich vermieden werden. Jede Festschreibung produziert im Sinne der »Self-fulfilling Prophecy« mit hoher Wahrscheinlichkeit ihre eigene Bestätigung. Das ist das Fatale. Das lähmt all jene, die negative bzw. pessimistische Zuschreibungen ernten und stimuliert all die anderen, denen positive Einschätzungen und Prognosen zuteil werden. Will man aus diesem Teufelskreis von Vorurteilen und Leistungsentwicklung herauskommen, so muss der Unterricht atmosphärisch wie methodisch auf neue Füße gestellt werden. In atmosphärischer Hinsicht muss es insbesondere darum gehen, den Schüler/innen mehr zuzutrauen und abzufordern, mehr Mut zu machen und mehr soziale Einbettung und Akzeptanz zu gewährleisten. Das stärkt und motiviert. Und in methodischer Hinsicht ist es dringend an der Zeit, der Entwicklung zentraler Lern- und Kooperationskompetenzen auf Schülerseite sehr viel mehr Aufmerksamkeit zu widmen, als das bisher der Fall ist. Das hilft die vorhandenen Potenziale zu mobilisieren.

Je vielseitiger und handlungsbetonter die Schülerinnen und Schüler im Unterricht angesprochen werden und je mehr Zuspruch und Unterstützung sie von Lehrer- wie von Schülerseite erfahren, desto größer ist die Chance, dass sie ihre vorhandenen Stärken ausbauen und ihre potenziellen Fähigkeiten und Fertigkeiten zur Entfaltung bringen können. Kaum ein Schüler ist so universal begabt, dass er keine Schwächen mehr hat. Und kein schwacher Schüler ist so grottenschlecht, dass er keine Stärken mehr besitzt. Das lässt sich im Schulalltag immer wieder beobachten. Der Unterricht kann und muss auf diese vertrackte Situation antworten – und zwar so, dass möglichst vielseitig und variantenreich gefördert und gefordert, gearbeitet und gelernt wird, damit die unterschiedlichen Schülertalente zur Geltung kommen können. Je breiter die Schüler angesprochen und je vielseitiger sie zum kooperativen und tätigen Lernen veranlasst werden, desto eher wird es erfahrungsgemäß gelingen, dem Ziel der Begabungs- und Chancengerechtigkeit ein Stück weit näher zu kommen.

2.3 Wie das Ausland Heterogenität meistert

Wie bereits angedeutet, ist es für die meisten OECD-Länder selbstverständlich, dass die Kinder und Jugendlichen bis zur 9. oder 10. Klasse gemeinsam lernen. Vollintegrierte Systeme sind der Normalfall. Daneben gibt es in der Regel nur noch einige spezielle Sonderschulen sowie diverse Privatschulen, die aber wegen ihrer hohen Schulgebühren und ihrer strengen Eingangsprüfungen de facto nur für einen relativ kleinen Teil der Schülerschaft infrage kommen. Der ganz überwiegende Teil der Schülerinnen und Schüler geht zur obligatorischen »Einheitsschule«. Das Interessante dabei: Die PISA-Leistungen dieser Schulen und Länder liegen in der Regel deutlich über denen in Deutschland. Obwohl das nach deutscher Lesart gar nicht sein dürfte, tritt es aus irgendwelchen Gründen denn doch ein. Die Kinder und Jugendlichen in Finnland wie in Kanada, in Japan wie in Südkorea, in Schweden wie in Neuseeland schneiden trotz – oder gerade wegen – ihrer integrierten Schulsysteme sowohl in der Spitze als auch bei den leistungsschwächeren Schüler/innen vergleichsweise erfolgreich ab. Wie kommt das? Wie gelingt es diesen Ländern trotz der bestehenden Heterogenität derart eindrucksvolle Ergebnisse sowohl in der Breite als auch in der Spitze zu erzielen?

Der Schlüssel zum Geheimnis liegt u. a. darin, dass Heterogenität anders aufgefasst und genutzt wird als bei uns. Heterogenität an sich bietet nämlich auch dort noch keine Gewähr für bessere Schülerleistungen. Hinzu kommen müssen zwingend entsprechende Förderkulturen und Fördermentalitäten in den Schulen wie bei den Lehrkräften. Und genau in diesen Punkten unterscheiden sich Deutschland und andere erfolgreiche PISA-Länder. »Von allen bei PISA untersuchten Ländern hat Deutschland die am stärksten homogenisierten Schülergruppen – aber die deutschen Lehrer klagen am meisten über Probleme mit der Heterogenität« (Baumert/Lehmann 1997, S. 211). Diese Skepsis blockiert vieles. Blickt man dagegen ins Ausland, so zeigt sich, dass heterogene Lerngruppen vergleichsweise offen und konstruktiv angenommen und betreut werden. Das vorherrschende Selbst- und Aufgabenverständnis der Lehrkräfte ist sehr viel stärker als bei uns pädagogisch und entwicklungsbezogen ausgerichtet. Dementsprechend wird weniger geklagt und problematisiert, debattiert und resigniert. Stattdessen wird gehandelt und mit gezielten Förderangeboten reagiert, sofern Schüler/innen Schwierigkeiten signalisieren sollten. Dem entspricht eine großzügige Lehrerversorgung mit Doppelbesetzungen und pädagogischen Zusatzkräften. Fördern statt abschieben, beraten statt verzagen, vernetzen statt isolieren – das sind einige der Grundregeln, auf denen die pädagogische Arbeit in vielen dieser Länder basiert.

Die Unterrichtsmethodik selbst ist dort häufig noch konventionell. In Finnland wie in Japan stehen Frontalunterricht, Schulbücher und Stillarbeit nach wie vor recht hoch im Kurs. Da sind zahlreiche deutsche Schulen schon weiter. Was in Finnland, Japan und einigen weiteren OECD-Ländern jedoch deutlich besser als bei uns gelingt, das ist das Zusammenspiel von Wertschätzung und Loslassen, von Beraten und Begleiten, von Fördern und Fordern. Wertschätzung und Respekt zwischen Lehrenden und Lernenden sind weithin selbstverständlich. »Kein Kind wird beschämt, jedes erfährt sich wertgeschätzt als Lernender, Förderung ist Teil des individuellen Lernens. Die Schüler sagen: ›Die Schule sorgt für uns‹; ›wir haben gute Lehrer‹ – das prägt auch den Umgang zwischen den Lehrkräften« (Ratzki 2005, S. 43). Das gilt keineswegs nur für Finnlands Schulen. Besonderer Wert wird in den betreffenden OECD-Ländern auf die Entwicklung von Lernkompetenz und Schülerselbsttätigkeit gelegt. Unterstützt wird dies alles durch die Bereitstellung relativ günstiger Rahmenbedingungen seitens des Staates. Das beginnt bei der Lehrerversorgung und reicht über schöne Räumlichkeiten und gut ausgestattete Klassensäle bis hin zu vorzüglichen Büchern und Arbeitsmitteln, kostenlosen Mittagessen sowie differenzierten Verfahren der Leistungsbewertung. Sitzenbleiben gibt es nicht – auch das ist Teil der erwähnten Wertschätzung.

Ähnliches gilt z. B. für Schweden. Auch hier gibt es eine bemerkenswerte Wertschätzung gegenüber der vorhandenen Begabungs-, Verhaltens- und Interessenvielfalt der Kinder und Jugendlichen. Die Konsequenz für den Unterricht: Es wird vergleichsweise stark auf individuelles und kooperatives Lernen und Fördern abgestellt. Traditioneller Klassenunterricht ist eher die Ausnahme; eigenverantwortliches Arbeiten und Lernen sind die Regel. Das gilt für die Schüler- wie für die Lehrerseite. »In der Regel arbeiten Lehrkräfte unterschiedlicher Jahrgänge zusammen und unterrichten einen Teil der Stunden in altersgemischten Gruppen. Hier können ältere Schüler im Fachunterricht Verantwortung für jüngere übernehmen. Auch soziale Verantwortung wird gefördert, etwa wenn eine Schülergruppe von 13- bis 16-Jährigen sich besonders um stille Schüler, die keine Freunde haben, kümmert« (Ratzki 2005, S. 46). Eigenverantwortung, Unterstützung, Differenzierung und Individualisierung sind demnach zentrale pädagogische Markenzeichen, die den schwedischen Schulalltag durchziehen und das Lernen der Schüler/innen »beflügeln«.

Diese *Pädagogik der Vielfalt* fußt auf einer entsprechend ausgerichteten Lehrerausbildung. Für Schweden wie Finnland gilt Ähnliches: Die Lehrerausbildung ist einphasig und gliedert sich in unterschiedliche Module, die sehr stark praxisorientiert aufgebaut und ausgerichtet sind. Die unterrichtlichen Förder- und Differenzierungsaufgaben spielen dabei eine zentrale Rolle. Theorie und Praxis bilden keine getrennten

Welten, wie das für Deutschlands Hochschulen nach wie vor stark gilt, sondern sie werden ebenso konsequent wie berufsfeldbezogen verzahnt. Mentoren und Hochschullehrer arbeiten vergleichsweise intensiv und offen zusammen (vgl. ebenda). Das gilt ganz ähnlich für andere OECD-Länder, die auf vollintegrierte Schulsysteme abstellen. Im Vordergrund der dortigen Lehrerausbildung stehen der Lehrerberuf und die Lehrertätigkeit und weniger die Fachwissenschaften und Fachdidaktiken als solche. Handlungsleitend sind von daher vornehmlich Fragen und Aufgaben, die rund um die Kernbereiche »Begabungsförderung« und »Schülerintegration« angesiedelt sind. Das begünstigt ein schülerzentriertes Rollen- und Ausbildungsverständnis.

»We celebrate the difference«, so lautet eine der zentralen Maximen in Kanadas Schulen. Bereits in der Grundschule beginnt die systematische Förderarbeit. Förderbedarfe werden regelmäßig ermittelt und Fördermaßnahmen darauf abgestimmt. In jeder Schule gibt es sogenannte »Ressource Centres«, in denen speziell qualifizierte Sonderschullehrer/innen den »exceptional children« einzeln oder in Gruppen zur Verfügung stehen. »Exceptional children«, das sind Schüler/innen, die besondere Aufmerksamkeit brauchen. Das können Hochbegabte wie Behinderte, Leistungsschwache wie Verhaltensgestörte sein (vgl. Koch-Priewe 2004, S. 79 f.). Alle Schüler/innen werden in die allgemeine Schule integriert, wobei die schulinternen Integrationsmaßnahmen durchaus unterschiedlich sein können (vgl. ebenda). Im Unterricht selbst heißt das vor allem, dass vielfältige Lernwege und Lernmethoden vorgesehen werden müssen, damit die unterschiedliche Lerntypen Anschluss finden können. Sprachbegabte kommen ebenso zu ihrem Recht wie visuell Begabte. Praktisch Begabte werden genauso geschätzt wie logisch-mathematisch Begabte. Kritische Denker und Problemlöser kommen genauso zum Zug wie diejenigen, die gerne und gut in Gruppen arbeiten (vgl. Ratzki 2005, S. 49). Diese Ausdifferenzierung und Individualisierung der schulischen und unterrichtlichen Förderarbeit ist das Markenzeichen vieler OECD-Länder. Die Chancen und Grenzen dieses Ansatzes werden in Teil II näher thematisiert.

2.4 Der Enrichment-Ansatz als Perspektive

Begabungsförderung wird hierzulande meist sehr eindimensional verstanden. Wer eine gute Auffassungsgabe besitzt und das abstrakt-logische Denken beherrscht, der wird oft vorschnell als Leistungsträger eingestuft und mit entsprechenden Aufgaben und Anforderungen konfrontiert. Die Folge ist: Die vorhandenen Stärken werden ausgebaut, die latenten Schwächen eher unter den Teppich gekehrt. Dabei handelt es sich bei den besagten Fähigkeiten häufig um nichts anderes als um spezielle Teilbegabungen, die noch wenig darüber aussagen, wie es um die längerfristige Kompetenzentwicklung der betreffenden Schüler/innen tatsächlich bestellt sein wird. Warum? Begabungen sind sowohl in der Zeitachse als auch in der Breite veränderbar und entwicklungsbedürftig. Wenn ein Kind z. B. mit fünf Jahren bereits lesen, schreiben und/oder rechnen kann, dann besagt das noch lange nicht, dass dieses Kind »hochbegabt«

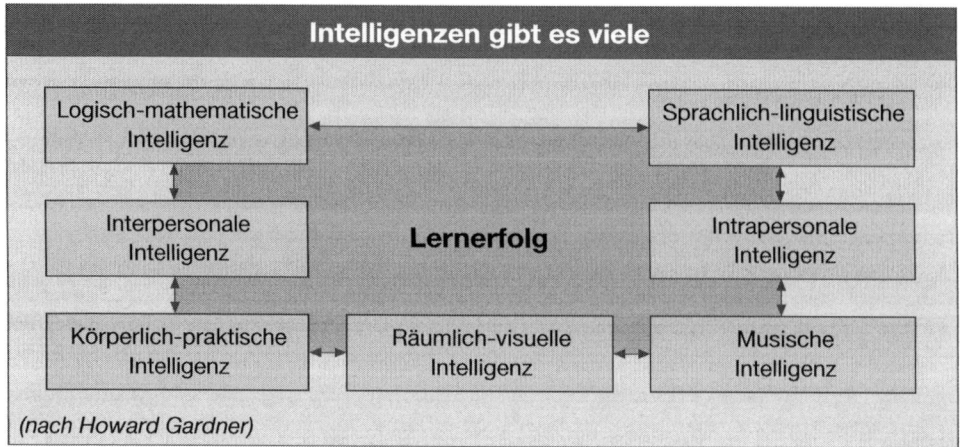

Abb. 1

ist. Hochbegabung ist derzeit ein noch recht schillernder Begriff. »Hochbegabte sind Kinder wie alle anderen auch«, so die relativierende Feststellung von Detlef Rost, Verfasser einer Langzeitstudie zum gleichnamigen Thema. »Einziger Unterschied: Sie denken besser und schneller« (zitiert nach Dietrich 2006, S. 87). Das heißt allerdings nicht, dass sie überall spitze sind. Viele von ihnen sind eher einseitig begabt und weisen in anderen Intelligenzbereichen oftmals erhebliche Schwächen auf. Das gilt sowohl für die praktisch-künstlerische Ebene als auch für die sozialen, emotionalen, kommunikativen und musischen Intelligenzen.

Von daher muss Begabungsförderung anders und breiter ansetzen. Vor allem muss darauf geachtet werden, »[…] dass sehr schnelle und schlaue Kinder mit ganz normalen Kindern zusammen sind. Reine Hochbegabtengruppen oder -klassen nehmen den Kindern wichtige Sozialisationschancen«, so die Warnung des erwähnten Psychologen und Begabungsforschers Detlef Rost (vgl. ebenda). Recht hat er! Lernen bedeutet mehr, als breit gestreutes Wissen anzuhäufen und/oder ausgeprägtes Auffassungs- bzw. Abstraktionsvermögen in Bezug auf die gängigen Lerngegenstände der Schule nachzuweisen. Schön für diejenigen, die diese Fähigkeiten in ausgeprägter Weise besitzen; aber hinreichend gebildet sind sie deswegen noch lange nicht. Viel wichtiger wäre es, dass ihnen die Schule verstärkt Gelegenheit gibt, die eher unterbelichteten Intelligenzbereiche zielgerichtet anzugehen und mithilfe der Lehrer/innen wie der Mitschüler/innen möglichst konsequent zu entwickeln. Das wäre »Enrichment« im besten Sinne des Wortes. Dagegen ist es eher fragwürdig, wenn etwaige Spezialbegabungen immer weiter verfeinert und getoppt werden, obwohl die betreffenden Schüler-/innen in anderen Kompetenzbereichen eher unterbelichtet sind.

Der renommierte amerikanische Intelligenzforscher Howard Gardner unterscheidet sieben menschliche Intelligenzbereiche und macht damit deutlich, dass schulisches Lehren und Lernen möglichst breit und vielgestaltig ansetzen muss (vgl. Abb. 1). Andernfalls bleiben viele Potenziale der Schüler/innen über Gebühr brachliegen. Multiple Intelligenz, so Gardner, stellt »[…] ein Erziehungssystem in Frage, das auf der Annahme aufbaut, alle Menschen könnten einen bestimmten Stoff auf dieselbe Art und Weise lernen« (Gardner 1996, S. 26). Ja, mehr noch: Die angedeutete Intelligenzpalette signalisiert Entwicklungspotenziale in ganz verschiedenen Lern- und Handlungsbereichen – nicht nur im kognitiven Feld. Von daher spricht vieles dafür, dass die unterschiedlichen Schüler/innen mit ganz verschiedenen Methoden und Aufgaben angesprochen werden müssen, sollen sie nachhaltig und vielseitig genug lernen (vgl. Gardner 1996, S. 28). Die traditionelle Dominanz des verbal-abstrakten und des logisch-mathematischen Lernens lässt zu dieser breit angelegten Bildungsarbeit viel zu wenig Gelegenheit. Im Gegenteil: Wer gut rezipieren und rasch und abstrakt denken kann, der schneidet in unserem Schulsystem meist viel zu positiv ab. Wer seine Stärken dagegen in anderen Intelligenzbereichen hat, der läuft eher Gefahr, auf den unteren Sprossen der Erfolgsleiter hängen zu bleiben. Das ist »Potenzialvernichtung« im schlimmsten Sinne des Wortes.

Das aus den USA kommende Schulische Enrichment Modell (SEM) greift diese Überlegungen auf (vgl. Renzulli u. a. 2001). Im Mittelpunkt dieses Modells stehen

a) die systematische Entwicklung des Talentpotenzials der Schüler/innen mittels gestufter Qualifizierungsmaßnahmen sowie breit gefächerter Aufgaben und Förderangebote,
b) die Akzeptanz und Nutzung ethnischer und kultureller Diversität nach bester demokratischer Manier sowie
c) die Schaffung und Pflege einer kooperativen Lern- und Schulkultur, die Schüler-/innen wie Eltern, Lehrkräften wie Schulleitungen nachdrückliche Partizipations- und Entscheidungsmöglichkeiten eröffnet.

Wichtig dabei ist: SEM setzt auf vielseitige Aktivierung der Schüler/innen und kommt dadurch allen Lernern zugute und nicht nur einigen wenigen Hochbegabten (vgl. Renzulli 2001, S. 11). Die besagte Schüleraktivierung reicht vom Einsatz unterschiedlicher Lern-, Arbeits- und Interaktionsmethoden im Fachunterricht über das systematische Einüben grundlegender fachübergreifender »Skills« im methodischen, kommunikativen und sozial-emotionalen Bereich bis hin zum eigenständigen Arbeiten und Lernen in Projekten – einschließlich Einzelarbeit, Partnerarbeit und Gruppenarbeit (vgl. Renzulli 2001, S. 85 ff.).

Typisch für dieses Enrichment-Programm ist die breite Ansprache und Nutzung der von Gardner explizierten Intelligenzen. Was dem einen liegt, ist für den anderen womöglich recht mühsam – und umgekehrt. Das ist die Grundsituation in heterogenen Schülergruppen. Damit knüpft SEM unmittelbar an die Befunde der neueren Intelligenz- und Begabungsforschung an (vgl. Gardner 1996, Sternberg 1998, Vester 2000). Plädiert wird für ein Lernen, das multiple Anforderungen stellt und unterschiedliche Begabungen der Schülerinnen und Schüler zur Geltung kommen lässt. Die Prämisse dabei: Nachhaltige Lernerfolge basieren vor allem auf drei Quellen: erstens auf der *kognitiven Leistungsfähigkeit* eines Schülers – angefangen bei der sprachlichen und numerischen Denkfähigkeit über das räumliche Denkvermögen bis hin zur Gedächtnisfähigkeit und Lesekompetenz. Die zweite Erfolgsquelle betrifft das persönliche *Engagement* der Schüler/innen, d. h. ihre Selbstmotivation, ihr Durchhaltevermögen, ihr Selbstvertrauen und ihre soziale Überzeugungskraft in den unterrichtlichen Lernprozessen. Und die dritte Erfolgsquelle schließlich betont die Bedeutung der *Kreativität* im Sinne von Ideenvielfalt und Problemlösungsvermögen. Alle drei Komponenten müssen zeitgleich erfüllt sein und möglichst wirksam ineinandergreifen, wenn Schüler/innen Höchstleistungen erzielen sollen (vgl. Renzulli u. a., S. 20 ff.). Kognitives Vermögen allein reicht also nicht. Diese Erkenntnis ist nicht nur plausibel und wissenschaftlich belegt; sie ist auch richtungweisend für das Arbeiten mit heterogenen Gruppen.

2.5 Differenzierte Lernaufgaben und -wege

Die Schlussfolgerungen, die sich aus den skizzierten Forschungsbefunden ergeben, sind recht eindeutig. Die Schüler/innen müssen möglichst differenziert angesprochen werden, sollen sie ihre unterschiedlichen Begabungen und Interessen angemessen einbringen können. Dementsprechend ist dafür zu sorgen, dass für jeden Lerntyp etwas dabei ist, was er potenziell zu leisten vermag und was ihn von daher auch relativ ernsthafte Lernanstrengungen unternehmen lässt. Das betrifft sowohl die Lernaufgaben als auch die vorgesehenen Lernwege. Andernfalls sind Desinteresse, Leistungsverweigerung und/oder Disziplinprobleme in den Klassen vorprogrammiert. Wenn Schüler/innen, die sich mit dem rezeptiven Lernen eher schwertun, ganz vorrangig auf genau dieser Ebene gefordert werden, dann ist das für viele von ihnen nicht nur frustrierend, sondern auch hochgradig ungerecht. Und genau diese Ungerechtigkeit passiert in unseren Schulen Tag für Tag, Stunde für Stunde. Kein Wunder also, dass viele Schülerinnen und Schüler über Gebühr zu Lernversagern mutieren, obwohl sie ihre Lern- und Leistungspotenziale noch gar nicht ausgeschöpft haben. Was tun? Die Lerner müssen deutlich vielseitiger und handlungsorientierter angesprochen werden. Wie das geschehen kann, wird in den Kapiteln II.2 bis II.5 näher ausgeführt werden.

Grundsätzlich gilt: Je breiter die Lernangebote sind, desto größer ist die Chance, dass die unterschiedlichen Schüler/innen Anschluss finden bzw. Anschluss halten können. Das muss gar keine exzessive Individualisierung und Differenzierung bedeuten. Die Schüler/innen können sehr wohl an ein und demselben Thema oder an ein und derselben Rahmenaufgabe arbeiten. Nötig ist nur, dass ihnen unterschiedliche Zugänge zum jeweiligen Lerngegenstand eröffnet werden. Das können unterschiedliche Lerntätigkeiten oder Lernprodukte sein, das können aber auch differenzierte Teilaufgaben sein, die unterschiedliche Möglichkeiten bieten, individuelle Stärken und/ oder Interessen einzubringen. Der eine ist vielleicht besser beim Erlesen und Erfassen von Texten, der Zweite mag seine besonderen Stärken eher beim kreativen Zeichnen oder Gestalten von Lernprodukten haben, der Dritte schätzt es womöglich, Versuche aufzubauen oder irgendwelche Experimente durchzuführen, der Vierte mag es unter

Differenzierungsansätze im Überblick		
Aufgaben	**Methoden**	**Lernprodukte**
■ Leseaufgaben	■ Einzelarbeit	■ Text/Aufsatz
■ Knobelaufgaben	■ Partnerarbeit	■ Gedicht
■ Paukaufgaben	■ Gruppenarbeit	■ Schaubild
■ Ordnungsaufgaben	■ Unterrichtsgespräch	■ Spickzettel
■ Rechercheaufgaben	■ Stuhlkreis	■ Mindmap
■ Visualisierungsaufgaben	■ Lernzirkel	■ Karteikarte
■ Kommunikationsaufgaben	■ Wochenplanarbeit	■ Diagramm
■ Kooperationsaufgaben	■ Werkstattarbeit	■ Tabelle
■ Strukturierungsaufgaben	■ Projektarbeit	■ Zeichnung
■ Produktionsaufgaben	■ Rollenspiel	■ Plakat
■ Präsentationsaufgaben	■ Planspiel	■ Fragebogen
■ Entscheidungsaufgaben	■ Talkshow	■ Werkstück
■ Problemlöseaufgaben	■ Debatte	■ Protokoll
■ Planungsaufgaben	■ Reportage	■ Referat
■ Projektaufgaben	■ Befragung	■ Wandzeitung
■ Vortragsaufgaben	■ Erkundung	■ Folie (ppt)
etc.	etc.	etc.

Abb. 2

Umständen, wenn diffizile Rechenaufgaben zu lösen oder irgendwelche Statistiken bzw. Tabellen zu erstellen sind, und der Fünfte ist vielleicht ein Sprachtalent, das es bestens versteht, vor der Klasse Vorträge zu halten und/oder mediengestützt zu präsentieren. Diese Auflistung möglicher Teilbegabungen bzw. Präferenzen ließe sich fortführen.

Unterrichten in heterogenen Gruppen muss daher vor allem eines heißen: den Schüler/innen eine breite Palette unterschiedlicher Lernanforderungen und Lernaktivitäten zu bieten. Das beginnt mit differenzierten Aufgabenstellungen und Arbeitsmaterialien und reicht über das Erstellen unterschiedlicher Lernprodukte bis hin zu möglichst vielseitigen Lerntätigkeiten im kognitiven, sozialen, kommunikativen und/oder psychomotorischen Bereich. Nähere Beispiele dazu lassen sich aus Abbildung 2 ersehen. Je vielseitiger die Schüler/innen tätig werden können und je unterschiedlicher die an sie gestellten Anforderungen und Aufgaben ausfallen, desto chancenreicher sind gemeinhin die entsprechenden Lernprozesse für alle Beteiligten: für die Schüler/innen, da sie ihre individuellen Präferenzen und Stärken gezielt zur Geltung bringen können, und für ihre Lehrkräfte, da sie weniger Ärger mit lernunwilligen und/oder überforderten Kindern und Jugendlichen haben. So gesehen liegt der Nutzen der Differenzierungsbemühungen auf der Hand. Differenzierte Aufgabenstellungen und Lernwege sind nicht nur ein Hebel zur Effektivierung des Lehrens und Lernens im Unterricht; sie bieten auch und zugleich die Gewähr dafür, dass der Umgang mit heterogenen Schülergruppen für die Lehrerseite leichter und produktiver wird (vgl. dazu auch Abschnitt II.4.3).

2.6 Verstärkte Gewichtung der Lerntätigkeit

Rund 90 Prozent der Schüler/innen gehören zur Gruppe der *praktisch-anschaulichen Lerner*. Das wird oft übersehen. Als solche brauchen sie zwingend die praktische Lerntätigkeit, wenn sie motiviert, konzentriert und nachhaltig lernen sollen. Lernen durch Tun und Handeln, Lernen mit allen Sinnen – das ist ihr Metier (vgl. Gemmer u.a. 2004, S. 74). Diese Schülergruppe ist in den Haupt- und Realschulen fast ganz unter sich und in den meisten Gymnasien mittlerweile ebenfalls deutlich in der Mehrheit. Im Unterschied zu dieser Kerngruppe verfügen nur etwa zehn Prozent der Schüler-/innen über ausgeprägte Begabungen im Bereich des *verbal-abstrakten Lernens*. Ihre Besonderheit: Sie besitzen ein ausgeprägtes Hör- und Sehgedächtnis und sind daher recht gut in der Lage, die Vorträge, Tafelbilder und sonstigen Instruktionen ihrer Lehrkräfte recht wirksam abzuspeichern und zu nutzen. Dieser Lerntyp findet sich ganz überwiegend in den Gymnasien. Allerdings ist der Anteil der verbal-abstrakten Lerner auch dort seit vielen Jahren rückläufig und liegt mittlerweile bei rund einem Drittel der Schülerschaft. Dieses Faktum stellt völlig neue Anforderungen an die gymnasiale Lehr- und Lernmethodik. Das gilt erst recht für die Realschulen und Gesamtschulen.

Die Folge dieser veränderten Begabungsverteilung ist, dass die spezifischen Belange und Begabungen der praktisch-anschaulichen Lerner sehr viel stärker gewichtet und gewürdigt werden müssen. Doch die Realität sieht anders aus. Nach wie vor dominieren Lehrerdarbietungen und lehrergelenkte Unterrichtsgespräche. Das ist Gift für viele praktisch-anschauliche Lerner. Die Folgen sind verbreitetes Lernversagen und Desinteresse, Motivationsprobleme und Verhaltensauffälligkeiten. Das Fatale daran ist, dass sich viele Lehrkräfte dieses Teufelskreises durchaus bewusst sind, trotzdem aber nur wenig dagegen tun. Der gelegentliche Einsatz von Arbeitsblättern oder handlungsorientierten Lernmethoden reicht eben nicht aus. Er bildet bestenfalls den berühmten Tropfen auf den heißen Stein. Was stattdessen gebraucht wird, ist eine möglichst systematische Umstellung der schulischen Lehr- und Lernkultur – weg vom lehrerzentrierten verbal-abstrakten Unterricht hin zur kräftigen Ausweitung des aktiv-produktiven Lernens der Schülerinnen und Schüler. Wer vorrangig praktisch-anschaulich begabt ist, dem müssen eben auch entsprechende Lernverfahren eröffnet werden.

Lernen statt Belehren, Produktion statt Reproduktion, Kooperation statt Einzelkämpfertum, Knobelaufgaben statt Schema-F-Arbeit, Prozessorientierung statt einseitiger Ergebnisfixierung – das sind einige der Weichenstellungen, wie sie zur verbesserten Förderung und Integration der unterschiedlichen Schülertalente benötigt werden. Im Zentrum dieses Paradigmenwechsels steht die forcierte Lerntätigkeit der Schüler/innen. Das beginnt mit relativ einfachen Operationen wie dem Suchen bestimmter Sachinformationen in vorliegenden Texten, Schaubildern, Lexika oder Schulbüchern und reicht über das Erstellen themenzentrierter Berichte, Kommentare, Lernkarteien, Tabellen, Aufsätze, Bilder, Folien, Plakate und Wandzeitungen bis hin zu anspruchsvolleren Forschungs-, Interaktions-, Produktions-, Präsentations-

Was die KMK fordert
Den neuen Bildungsstandards zufolge sollen die Schüler möglichst oft und kompetent …
… **recherchieren** (lesen, nachschlagen, exzerpieren …)
… **konstruieren** (schreiben, strukturieren, modellieren …)
… **kommunizieren** (sprechen, zuhören, fragen, diskutieren …)
… **präsentieren** (visualisieren, vortragen, inszenieren …)
… **kooperieren** (unterstützen, regeln, mitarbeiten …)
… **problemlösen** (brainstormen, planen, entscheiden …)
… **reflektieren** (bilanzieren, beurteilen, kritisieren …)
etc.

Abb. 3

und Planungsaktivitäten. So gesehen haben natürlich auch Gruppenarbeiten, Versuche, Wochenplanarbeiten, PC-Recherchen, Präsentationen, Rollenspiele, Planspiele, Theaterstücke, Erkundungen, Praktika und Projekte ihren Platz (vgl. auch Abb. 2).

Die Kultusministerkonferenz (KMK) hat diese Betonung des tätigen Lernens in ihren neueren Veröffentlichungen zu den Bildungsstandards nachdrücklich herausgestellt. Die Zielrichtung dabei: Die Schüler/innen sollen zu den je anstehenden inhaltlichen Kernthemen bzw. Kernideen möglichst oft und konsequent aktiv, produktiv und kooperativ arbeiten (vgl. Abb. 3). Diese pädagogische Neuorientierung findet ihren Niederschlag u. a. in kompetenzorientierten Bildungsplänen, Testverfahren und Prüfungsszenarien (Präsentations- und Projektprüfungen), aber auch in entsprechend akzentuierten Schulinspektionen bzw. -evaluationen. Dem selbsttätigen und selbstgesteuerten Lernen der Schüler/innen wird bei alledem großes Gewicht beigemessen. Das gilt sowohl für das individuelle Arbeiten als auch für Partner- und Gruppenarbeit. Diese Weichenstellung der Kultusministerkonferenz ist höchst begrüßenswert und wegweisend.

Je vielseitiger die Lernaktivitäten der Schüler/innen sind, desto effektiver und zeitgemäßer wird ihr Lernen, und desto stärker werden sie in der Regel auch eingebunden und motiviert. Das ist eine tröstliche Perspektive für alle Schulen und Lehrkräfte, die mit der wachsenden Heterogenität in den Klassenzimmern zu kämpfen haben. Die produktive Nutzung von Vielfalt ist ein höchst chancenreiches Unterfangen. Wichtig nur: Die besagten Lerntätigkeiten müssen ebenso variantenreich wie flexibel gestaltet werden. Sie sind nichts Statisches, sondern müssen mit steigendem Alter und wachsender Versiertheit der Schüler/innen zunehmend anspruchsvoller und komplexer werden. Je versierter die Schüler/innen sind, desto mehr müssen sie selbst organisieren, recherchieren, konzipieren, entscheiden, planen, problematisieren, konstruieren, präsentieren, reflektieren, kooperieren oder in anderer Weise tätig werden. Diese Progression muss mitgedacht werden, wenn die Tauglichkeit des skizzierten Förderansatzes angemessen gewürdigt werden soll. Differenzierung ja, aber auch wachsende fachliche und methodische Anforderungen. Das ist der Grundsatz.

2.7 Ausweitung des kooperativen Lernens

Wirksame Förder- und Integrationsarbeit gelingt am besten dort, wo konsequent kooperiert wird. Das wird in Kapitel II.3 noch näher auszuführen sein. Schüler/innen, die überwiegend auf sich alleine gestellt arbeiten und lernen müssen, tun sich häufig über Gebühr schwer damit, anspruchsvolle Aufgaben zu lösen. Das gilt insbesondere für diejenigen, die eher unsicher, leistungsschwach, phlegmatisch, konzentrationsgestört oder in anderer Weise gehandicapt sind. Wenn diese Schüler/innen keine wirksamen Kontrollen, Hilfestellungen und/oder Erziehungsimpulse vonseiten der Mitschüler/innen erfahren, stehen sie stark in der Gefahr, in destruktives Lern- und Sozialverhalten abzugleiten. Da die Lehrpersonen den daraus resultierenden Interventions- und Nachhilfebedarf unmöglich allein befriedigen können, ist es hilfreich, wenn sich die Schüler/innen wechselseitig kontrollieren, helfen und erziehen. So gesehen hat das kooperative Lernen und Arbeiten einen höchst wichtigen Stellenwert beim Bewältigen von Heterogenität im Klassenzimmer – vorausgesetzt, es wird konstruktiv und regelgebunden zusammengearbeitet.

Folgt man den Befunden der Unterrichtsforschung, so hat konstruktive Kooperation im Unterricht eher Seltenheitswert. Weder sind die Schüler/innen hinreichend teamfähig, noch kommen Gruppen- und Partnerarbeit im Schulalltag ausreichend vor. Die Fakten sind ernüchternd: Während das lehrergelenkte Unterrichtsgespräch im Sekundarbereich rund die Hälfte des Unterrichts ausfüllt, machen Partner- und Gruppenarbeit vielerorts kaum mehr als zehn Prozent aus (vgl. Hage u. a. 1985, S. 46 ff. sowie Meyer 1989, S. 60 ff.). Das ist angesichts der bestehenden Lern- und Leistungsvoraussetzungen in den Klassen ein fatales Missverhältnis. Wie nämlich sollen Schüler/innen, die alleine kaum oder gar nicht zurechtkommen, den lehrerzentrierten Angeboten und Gesprächen im Klassenverband mit Konzentration, Motivation und Gewinn folgen können? Die Integrationsleistung des lehrerzentrierten Unterrichts ist zwangsläufig gering. Warum? Weil die betreffenden Schüler/innen meist schneller abschalten bzw. aufgeben, als das einem Lehrer oder einer Lehrerin lieb sein kann. Die verstärkte Einbindung in Gruppen kann der allgemeinen Hilflosigkeit und/oder Lernresistenz dieser Schüler/innen in wohltuender Weise entgegenwirken.

Allerdings setzt dieses einiges voraus: Das beginnt mit der Einführung klarer Gruppenregeln und reicht über das vorrangige Bilden von Zufallsgruppen sowie die Sicherstellung präziser Instruktionen bzw. Strukturvorgaben durch den Lehrer bis hin zur Förderung positiver Abhängigkeiten in den Gruppen selbst, und zwar mittels entsprechender Aufgabenstellungen. »Bei positiver Abhängigkeit unterstützen und ermutigen sich die Gruppenmitglieder gegenseitig, und es kommt zu günstigen Interaktionsmustern und Verhaltensweisen [...]. Negative Abhängigkeit dagegen bedeutet, dass die Gruppenmitglieder ihre Ziele individuell bzw. in Konkurrenz zueinander zu erreichen versuchen. Sie be- oder verhindern gemeinsames Denken und Handeln« (Meyer, M. 2008, S. 9; vgl. auch Johnson/Johnson 2008). So gesehen ist Schülerkooperation kein Selbstläufer, sondern ein höchst diffiziles Lehr- und Lernverfahren, das der gründlichen Vorbereitung, Regelung, Reflexion und Einübung bedarf. Nur dann wird es gelingen, die angedeuteten Lern- und Integrationseffekte zu erreichen, auf die viele heterogenitätsgeplagte Lehrkräfte so dringlich hoffen und angewiesen sind.

Gedeihliches Miteinander- und Voneinanderlernen bedarf des gezielten Teamtrainings. Dieses Training betrifft sowohl die Binnenorganisation der Gruppenprozesse als auch die spezifischen Verhaltens-, Arbeits- und Interaktionsweisen der einzelnen Gruppenmitglieder. Je breiter das Methodeninventar der Schüler/innen ist, desto sensibler und konstruktiver wird in aller Regel auch kooperiert, und desto besser gelingt es auch, die unterschiedlichen Schülertalente zu integrieren (vgl. Meyer, M. 2008, S. 9). Die nähere Konkretisierung dieses Teamgedankens erfolgt in Kapitel II.3 dieses Buches. Fehlt den Schüler/innen dagegen die erforderliche Kooperationsfähigkeit und -bereitschaft, so kann Gruppenarbeit durchaus auch in die Gegenrichtung wirken und ernsthafte Ausgrenzung, Konflikte und/oder Leistungsminderung induzieren – vor allem in Bezug auf leistungsschwächere und/oder unbeliebte Kinder. Das gilt auch und nicht zuletzt unter den Vorzeichen von Neigungs- bzw. Freundschaftsgruppen, die Ausgrenzungstendenzen oftmals verstärken. Wer beliebt ist, wird eingebunden, bestätigt und unterstützt. Wer eher unbeliebt ist, gerät schnell an den Rand oder wird gar offen diskreditiert. Soziale Verwerfungen dieser und anderer Art kennt jeder, der mal sporadisch Gruppenarbeit in seinen Unterricht eingebaut hat. Fazit also: Kooperatives Lernen funktioniert nicht aus sich selbst heraus, sondern bedarf gründlicher Regelungen und Klärungen.

Die integrationsfördernde Wirkung der Schülerkooperation ist belegt (vgl. u. a. Meyer 1989, S. 245). Gruppenunterricht fördert *erstens* das aktive und interaktive Lernen und begünstigt damit die Vielzahl der praktisch-anschaulichen Lerner. *Zweitens* stärkt und festigt kooperatives Lernen die soziale Einbettung und Akzeptanz in den Klassen – vorausgesetzt, es gibt die erwähnte positive Abhängigkeit und Regelungskompetenz der Schüler/innen. *Drittens* lässt die forcierte Schülerkooperation Helfer-, Beratungs-, Kontroll- und Disziplinierungsmechanismen entstehen, die alle Schüler-/innen vergleichsweise gut bei der Stange halten. *Viertens* eröffnet verstärkter Gruppenunterricht gruppeninterne Differenzierungsmöglichkeiten, die das Einbringen unterschiedlicher Talente und Strategien ermöglichen. Und *fünftens* kommen Kreativität, Neugierde, Kommunikation, Empathie und andere sozio-emotionale Anforderungen in einem Ausmaß ins Spiel, dass sich eigentlich alle Schüler/innen an der einen oder anderen Stelle als würdige Gruppenmitglieder in Szene setzen können. So gesehen ist kooperatives Lernen Förder- und Integrationsarbeit in einem.

2.8 Breit gefächerte Kompetenzförderung

Je breiter die Kompetenzförderung im Unterricht angelegt ist, desto leichter wird es, die unterschiedlichen Begabungen, Neigungen und Interessen der verschiedenen Schüler/innen angemessen zu erfassen. Die neuen Bildungsstandards unterstreichen diese breit gefächerte Kompetenzorientierung des Unterrichts und wirken damit dem traditionellen Zwang entgegen, umfängliche Stoffmengen durchnehmen zu müssen, nur damit der jeweilige Lehrplan erfüllt ist. Dieses Primat des Stoffes induziert seit eh und je einen drängenden stoff- und lehrerzentrierten Unterricht mit ausgeprägter verbal-abstrakter Ausrichtung. Diese »Stoffhuberei« ist bereits problematisiert worden. Mittlerweile wird davon aber längst abgerückt. Unter dem Motto »Auf den Output kommt es an!« werden die Lehrkräfte inzwischen sogar ausdrücklich ermutigt, ihren Unterricht bunter, differenzierter, exemplarischer und eben *output-orientierter* zu gestalten. Das kommt der heterogenen Lernerpopulation in den Klassen entgegen. Im Klartext: Nicht die behandelte Stoffmenge ist der Maßstab, an dem sich guter Unterricht bemisst, sondern das, was die Schülerinnen und Schüler am Ende bestimmter Bildungsabschnitte an faktischem Kompetenzerwerb nachzuweisen vermögen. Dabei geht es nicht nur um Kognitives, sondern auch und zugleich um soziale, kreative, emotionale, praktisch-handwerkliche und sonstige Kompetenzen. Diese erweiterte Sichtweise eröffnet für viele Schüler/innen neue Erfolgs- und Integrationschancen.

Die Palette der zu vermittelnden Kompetenzen ist breit abgesteckt. Die neuen Bildungsstandards verlangen nach »[...] einem Unterricht, der selbstständiges Lernen, die Entwicklung von kommunikativen Fähigkeiten und Kooperationsbereitschaft sowie eine zeitgemäße Informationsbeschaffung, Dokumentation und Präsentation von Lernergebnissen zum Ziel hat« (KMK 2004, S. 6). Dieser für das Fach Mathematik formulierte Anspruch ist bislang eher ungewöhnlich, wohl aber richtungweisend und seit 2008 in den meisten Bundesländern auch verpflichtend. Das gilt nicht minder für Fächer wie Deutsch, Englisch oder einzelne Naturwissenschaften, für die ebenfalls Bildungsstandards verabschiedet wurden. Grundsätzlich gilt: Gefragt sind nicht nur fachspezifische, sondern auch und zugleich fächerübergreifende Kompetenzen wie Methodenbeherrschung, Kommunikationsfähigkeit, Lesekompetenz, Teamfähigkeit, Problemlösungsfähigkeit, Präsentationskompetenz, Planungsfähigkeit und anderes mehr. Als kompetent gilt demnach derjenige, der über breit gefächertes inhaltliches wie prozedurales Wissen und Können verfügt. Die entsprechenden »Kernkompetenzen« werden über Jahre hinweg aufgebaut, und zwar in Verbindung mit den jeweils lernrelevanten Kernthemen bzw. Leitideen der einzelnen Fächer. Die Kompetenzvermittlung selbst erfolgt auf verschiedenen Niveaus. Das lässt sich zum Beispiel aus Abbildung 4 ersehen:

- ■ Die unterste Stufe (A) ist die Stufe der *elementaren Sprachverwendung* und bietet allen Schüler/innen gute Anschlussmöglichkeiten.

- ■ Die zweite Stufe (B) meint die *selbstständige Sprachverwendung* und ist bereits deutlich anspruchsvoller.

- ■ Und die dritte Stufe (C) schließlich setzt voraus, dass die Schüler/innen zu wahrhaft *kompetenter Sprachverwendung* in der Lage sein müssen, was vor allem eine Herausforderung für die Topleute ist (vgl. Klieme u. a. 2003, S. 126 ff.).

Da der Unterricht zeitgleich verschiedene Niveaus ansprechen sollte, ist klar, dass sich unterschiedlich begabte Schüler/innen vergleichsweise gut und erfolgreich in den Lernprozess einbringen können.

	Kompetenzstufen im Bereich der Fremdsprachen
hier: »Mündliche Produktion allgemein«	
C 2	Kann klar, flüssig und gut strukturiert sprechen und seinen Beitrag so logisch aufbauen, dass es den Zuhörern erleichtert wird, wichtige Punkte wahrzunehmen und zu behalten.
C 1	Kann komplexe Sachverhalte klar und detailliert beschreiben und darstellen und dabei untergeordnete Themen integrieren, bestimmte Punkte genauer ausführen und alles mit einem angemessenen Schluss abrunden.
B 2	Kann zu einer großen Bandbreite von Themen aus seinen/ihren Interessengebieten klare und detaillierte Beschreibungen und Darstellungen geben, Ideen ausführen und durch untergeordnete Punkte und relevante Beispiele abstützen.
B 1	Kann relativ flüssig eine unkomplizierte, aber zusammenhängende Beschreibung zu Themen aus ihren/seinen Interessengebieten geben, wobei die einzelnen Punkte linear aneinandergereiht werden.
A 2	Kann eine einfache Beschreibung von Menschen, Lebens- oder Arbeitsbedingungen, Alltagsroutinen, Vorlieben oder Abneigungen usw. geben, und zwar in kurzen listenhaften Abfolgen aus einfachen Wendungen und Sätzen.
A 1	Kann sich mit einfachen, überwiegend isolierten Wendungen über Menschen und Orte äußern.
(Quelle: Klieme u. a. 2003, S. 152)	

Abb. 4

So gesehen zielt die angedeutete Kompetenzorientierung in die richtige Richtung. Egal, welcher Kompetenzbereich betroffen ist, die Schüler/innen müssen die Möglichkeit erhalten, sich in unterschiedlichen Leistungssegmenten einzubringen und kundig zu machen. Das trägt zur Mobilisierung ihrer Talente und Interessen bei. Indem unterschiedliche Lernarbeiten und -aufgaben vorgesehen werden, können sich die Schüler/innen mit ihren unterschiedlichen Sinnen und Begabungen einklinken. Das können konkrete oder abstrakte, logische oder kreative, kommunikative oder kooperative, forschende oder experimentelle Aufgaben sein – um nur einige der möglichen Varianten zu nennen. Damit wird den bestehenden Talenten in den Klassenzimmern ganz praktisch Rechnung getragen und Raum gegeben.

2.9 Vom trägen zum intelligenten Wissen

Nachhaltige Förder- und Integrationsarbeit verlangt mehr als rezeptives Lernen. Das beflissene Pauken des vom Lehrer eingebrachten Lernstoffs setzt viel zu einseitig an und vernachlässigt wesentliche Potenziale der Schüler/innen – und zwar auf fachlicher wie überfachlicher Ebene. Franz E. Weinert, ehemals führender Lernforscher am Max-Planck-Institut in München, moniert daher völlig zu Recht, dass in Deutschlands Schulen viel zu sehr auf das Durchnehmen und Wiederkäuen des jeweils anstehenden Lernstoffs und viel zu wenig auf dessen durchdachte Verarbeitung und Anwendung geachtet werde. Die Folge: Das träge Wissens dominiert. Passiv verfügbare Fakten und mechanisch anwendbare Kenntnisse und Fertigkeiten werden mehr oder weniger gedankenlos eingepaukt und verhindern, dass nachhaltige Einblicke und Anwendungskompetenzen entstehen (vgl. Weinert 1999, S. 16). Dieses träge Wissen wird von den Schüler/innen oft schneller vergessen, als es gelernt wurde.

Dem steht der vielschichtige Aufbau intelligenten Wissens gegenüber. *Intelligentes Wissen* zeichnet sich Weinert zufolge dadurch aus, dass es aktiv erschlossen wird. Es ist vernetzt, wohlorganisiert, interdisziplinär ausgerichtet und lebenspraktisch verortet und umfasst sowohl fachspezifische Kenntnisse und Fertigkeiten als auch fachübergreifende Kompetenzen im methodischen und sozialen Bereich (vgl. Weinert 2000, S. 5). Der Aufbau derartigen Wissens ist das Ziel guten Unterrichts und verlangt von den Schüler/innen eine möglichst breit gefächerte Lernarbeit. Im Klartext: Die Schülerinnen und Schüler müssen im Unterricht möglichst oft und konsequent zum eigenständigen Denken und Konstruieren, Entdecken und Gestalten, Kommunizieren und Kooperieren, Planen und Entscheiden, Recherchieren und Experimentieren, Präsentieren und Reflektieren, Üben und Wiederholen des betreffenden Lernstoffs veranlasst werden. Das fördert den inhaltlichen Durchblick, induziert vernetztes Wissen, stärkt die fachliche Souveränität, steigert die längerfristigen Behaltenseffekte und trägt nicht zuletzt zur Mobilisierung der unterschiedlichen Schülerbegabungen bei.

Dieser Aufbau intelligenten Wissens betrifft nicht nur das inhaltlich-fachliche Wissen. Er betrifft auch und zugleich den Erwerb prozeduraler Kenntnisse und Fertigkeiten im methodischen, kommunikativen und kooperativen Bereich. Je vielseitiger der Wissensaufbau der Lerner ist, desto besser; je handlungsbetonter er erfolgt, desto nachhaltiger wird gelernt (vgl. auch den vorangehenden Abschnitt I.2.6). Diese Erkenntnis verweist auf die grundsätzliche Bedeutung der Konstruktionsarbeit der Schülerinnen und Schüler für begabungsgerechtes und nachhaltiges Lernen. »Wenn man das Entdecken beim Lernen betont«, so schreibt der Lernforscher Jerome S. Bruner, »so wirkt sich das auf den Lernenden gerade so aus, dass aus ihm ein Konstrukteur wird. Was er antrifft, wird … so organisiert, dass er Ordnungen und Beziehungen entdeckt« (Bruner 1981, S. 21). Dabei kommen unterschiedliche Sinne ins Spiel. Hinzu kommt, dass das wiederholte Praktizieren elementarer Konstruktionsaktivitäten dazu beiträgt, dass die Lernmotivation der Schüler/innen stimuliert wird. Bruner spricht diesbezüglich von der »Kompetenzmotivation« der Lerner und meint damit die Tatsache, dass die Schüler/innen aufgrund ihres wiederholten Tuns und Besprechens, Probierens und Reflektierens ausgeprägte Kompetenzerfahrungen und -gefühle entwickeln. Das motiviert.

Diese konstruktivistische Sichtweise wird durch eine Reihe weiterer Studien untermauert (vgl. Glasersfeld 2002, Siebert 2003, Reich 2002). Lernen ist danach vor allem Konstruktion und/oder Rekonstruktion von Faktenwissen und Erkenntnissen, von Begriffen und Strukturen, von Handlungen und Problemlösungen, von Haltungen und Theorien durch die Schüler/innen selbst. Von daher ist es eher abwegig, wenn das Gros der Lehrkräfte nach wie vor dahin tendiert, die einkanalige, stoffzentrierte Belehrung zu betonen, anstatt die Schüler/innen möglichst oft und variantenreich zu veranlassen, Dinge selbst zu entdecken bzw. zu konstruieren. Vorsagen und Nachplappern von Lehrerwissen führen nicht wirklich weiter, sondern wirken eher blockierend. »Wissen muss vielmehr intern (im kognitiven System) erzeugt werden« (Aufschnaiter 1998, S. 55). Dieser Konstruktionsarbeit wird in unseren Schulen viel zu wenig Aufmerksamkeit geschenkt.

Wer also *intelligentes Wissen* in den Köpfen der Schüler/innen mit aufbauen helfen möchte, der muss sehr viel stärker als bisher darauf achten, dass die Lerner in möglichst differenzierte Konstruktions- und Rekonstruktionsarbeiten verstrickt werden. Das betrifft die Rekonstruktion bzw. Reverbalisierung von Texten, Tafelbildern, Lehrervorträgen, Interpretationen, Filmbeiträgen, Erzählungen etc. genauso wie die möglichst genuine Konstruktion von Lernprodukten der verschiedensten Art (Referate, Plakate, Thesen, Fragen, Kommentare etc.). Dieser konstruktive bzw. rekonstruktive Umgang mit Inhalten und Aufgaben ist nicht nur der effektivste Weg des Lernens (vgl. Reich 1998, S. 44). Er hat auch und zugleich den Vorzug, dass er das Lernen mit vielen Sinnen unterstützt und damit natürlich auch die Integration ganz unterschiedlicher Schülertalente begünstigt.

Dieser Befund hat natürlich Folgen: Er verlangt zwingend nach einer veränderten Lernkultur – einer Lernkultur, die Lernen über Lehren, Konstruktion über Instruktion, Produktion über Reproduktion, Kooperation über Isolation, Diskussion über Rezeption, Expression über Impression stellt. In dieser Richtung voranzuschreiten wäre ein Beitrag sowohl zur Begabungsförderung als auch zum Erreichen von mehr Chancengerechtigkeit und Schülerintegration im Schulalltag.

3. Heterogenität als Chance und Verpflichtung

Man kann es drehen und wenden, wie man will: Die ausgeprägte Begabungs-, Interessen- und Verhaltensvielfalt, die sich in den Klassenzimmern findet, wird uns in den nächsten Jahren nicht nur erhalten bleiben, sie dürfte sogar noch größer werden – und zwar in dem Maße, wie die traditionelle Vielgliedrigkeit des deutschen Schulwesens in Richtung Zweigliedrigkeit zurückgefahren wird. Das Gymnasium wird als eigenständige Schulart zwar auf absehbare Zeit erhalten bleiben, da der Elternwille unmissverständlich in diese Richtung zielt. Daneben jedoch dürfte es eine zunehmende Zusammenlegung von Haupt-, Real-, Regional- und Gesamtschulen zu einer neuen teilintegrierten Schulart geben. Die Folge davon ist, dass sich sowohl im Gymnasialbereich als auch in der neuen zweiten Säule ein Mehr an Heterogenität bzw. Begabungsvielfalt einstellen wird. Das ist Herausforderung, Chance und Verpflichtung zugleich – für die Lehrkräfte wie für die Schulleitungen, für die Bildungspolitiker wie für die Eltern, für die Schüler/innen wie für die Bildungsverlage.

3.1 Zur anthropologischen Ausgangslage

Begabungs-, Interessen- und Verhaltensvielfalt sind zu guten Teilen anthropologisch determiniert. Die Grundgesetze der Natur sorgen dafür, dass die Menschen unterschiedlich gepolt sind. Verschiedenheit ist die Regel, Ausstattungsgleichheit die Ausnahme. Wie sich aus der altehrwürdigen Illustration von Hans Traxler (vgl. Abb. 5) ersehen lässt, ist es schlicht und einfach weltfremd, zu unterstellen, dass allen Kreaturen gleiche Fähigkeiten und Fertigkeiten abverlangt werden können. Die einen können dieses besser, die anderen jenes. Menschen sind verschieden und deshalb auch unterschiedlich entwicklungsfähig und entwicklungsbedürftig. Gleichwohl wird in unseren Schulen unverändert so getan, als könne man alle Schüler/innen über einen Leisten scheren. Intelligenztests wie Abschlussprüfungen, Lehrverfahren wie Unterrichtsgestaltung gehen durchweg von Standards und Verfahren aus, die einen mehr oder weniger großen Teil der Schüler/innen per se benachteiligen. Viele von ihnen werden vorschnell als nicht »normgerecht« abqualifiziert und in die Schublade der Lern- und Leistungsversager gesteckt. Chancengerechtigkeit wird unter solchen Vorzeichen rasch zur Farce.

Dabei sind viele dieser Schüler/innen nur anders begabt und/oder disponiert, als das den landläufigen Vorstellungen vom guten, braven, abstraktionsfähigen und rezeptionswilligen Lerner entspricht. Sind Schüler/innen mit anderen Fähigkeits-, Verhaltens- und/oder Interessenprofilen nicht genauso wertvoll und förderungswürdig

»Im Sinne einer gerechten Auslese lautet die Prüfungsaufgabe für alle gleich: Klettern Sie auf den Baum!« (Zeichnung: Hans Traxler)

Abb. 5

wie die »kognitiven Überflieger«, die nur zu oft vom stimulierenden Bildungsmilieu in ihren Elternhäusern zehren? Die differierenden Start- und Entwicklungsbedingungen der Kinder sprechen eindeutig dafür, dass nicht vorschnell selektiert und/oder abgeschrieben werden darf. Viele der Schüler/innen, die heute als Lernversager abgestempelt werden, sind nicht wirklich »schlechter« als andere; sie sind nur anders disponiert, interessiert oder auch geprägt. Sie können häufig sehr viel mehr als das, was sie uns im einseitig standardisierten Schulbetrieb gemeinhin zeigen. Sie müssen nur anders angesprochen, wertgeschätzt, gefördert und gefordert werden. Dann mobilisieren sie nicht selten bemerkenswerte intellektuelle, kreative, soziale, affektive, sprachliche oder auch psychomotorische Potenziale, die ihnen gute Chancen auf eine angemessene Teilhabe im weiteren beruflichen, familiären und/oder gesellschaftlichen Leben eröffnen. Diese unterschiedlichen Potenziale entwickeln zu helfen ist das oberste Gebot für »gute« Lehrerinnen und Lehrer.

Intelligenzen und Begabungen gibt es viele. Das ist im vorangehenden Abschnitt I.2.4 unter Verweis auf Howard Gardner und andere Begabungsforscher bereits deutlich gemacht worden. Während die einen ihre besonderen Potenziale vielleicht im sprachlich-linguistischen Bereich haben, gilt das bei anderen z.B. für das logisch-mathematische Denken. Während sich die einen mit dem räumlichen Vorstellungsvermögen eher leichttun, haben die anderen ihre Stärken womöglich im musisch-ästhetischen Bereich oder aber dort, wo Kooperation, Interaktion, Einfühlungsvermögen oder andere Formen der Sozialkompetenz gefragt sind (vgl. Gardner 1996, S. 25 ff.).

Das engagierte Annehmen und Entwickeln dieser Begabungsvielfalt gehört gleichsam zu den elementaren Menschenrechten.

Dazu schreibt Annedore Prengel: »Die Perspektive der Menschenrechte bildet die Grundlage allen pädagogischen Handelns. Sie macht bewusst, dass die Würde jedes Kindes und Jugendlichen unantastbar ist. Jedes Kind gilt als gleich wertvoll, unabhängig von seiner sozialen Herkunft und Leistungsfähigkeit! Keine Schülerin und kein Schüler darf, aus welchen Gründen auch immer, herabgesetzt oder diskriminiert werden […]. Schon Kinder wissen häufig, dass Konkurrenz fair ausgetragen werden muss, wenn nicht von vornherein Sieger und Verlierer feststehen sollen […]. Pädagogik der Vielfalt kann darum als eine Form von Menschenrechtsbildung begriffen werden« (Prengel 2005, S. 30 f.; vgl. ferner Bielefeldt 1998).

Diesem Postulat kann hier nur beigepflichtet werden. Vielfalt zu schätzen und positiv entwickeln zu helfen ist ethisch nachgerade geboten. Auch ohne tiefere religiöse Herleitung kann mit Fug und Recht konstatiert werden, dass jedes Kind und jeder Jugendliche ein unverzichtbares Anrecht darauf hat, in seiner Eigenheit wie in seiner Vielschichtigkeit angenommen und gefördert zu werden. Das gilt für die Gesellschaft wie für die Schule, für die Lehrkräfte wie für die Eltern. Von daher verbietet sich jede vorschnelle Hierarchisierung und/oder Diskreditierung unterschiedlicher Begabungen und Interessen, Verhaltensweisen und Einstellungen, wie sie im Schulalltag immer wieder anzutreffen sind. Vielfalt ist ein Wert an sich! Das müssen viele Pädagogen erst noch realisieren.

3.2 Warum Vielfalt genutzt werden muss

Moderne Gesellschaften können es sich gar nicht leisten, die multiplen Begabungen ihrer jungen Leute unter den Tisch fallen zu lassen. Egal, ob man einen Blick in die Wirtschaft wirft oder aber die Grundmaximen der Demokratie näher studiert – stets ist der positive Umgang mit Heterogenität gefragt. Im Klartext: Nötig sind Schulen, »[…] die in der Lage sind, effektiv mit unterschiedlichem sprachlichem sowie familiärem und sozialem Hintergrund der Schülerinnen und Schüler umzugehen, sich sensibel mit kulturellen und geschlechtsspezifischen Fragen auseinanderzusetzen, für Toleranz und gesellschaftlichen Zusammenhalt einzutreten, effektiv auf die Anliegen von benachteiligten Schülerinnen und Schülern sowie von Schülerinnen und Schülern mit Lernschwierigkeiten oder Verhaltensproblemen einzugehen« (OECD-Lehrerbericht 2004, zitiert nach Lehberger/Sandfuchs 2008, S. 11).

Dieses produktive Eingehen auf die bestehende Vielfalt in den Schulen ist nötig und nützlich zugleich. Nötig deshalb, weil sich darin der Respekt vor der Würde des Einzelnen ausdrückt, wie er für moderne Demokratien konstitutiv ist. Und nützlich ist der produktive Umgang mit Heterogenität insofern, als er die erforderliche Integrations- und Förderarbeit gewährleistet, die vielen Schüler/innen erst die Chance eröffnet, den späteren Anforderungen in Gesellschaft, Wirtschaft und Beruf einigermaßen erfolgreich gerecht zu werden. Alles andere wäre nicht nur eine Vergeudung gesellschaftlicher Ressourcen, sondern auch und zugleich ein Grund für immense gesellschaftliche Folgekosten – verursacht durch das drohende Übermaß an Arbeitslosigkeit und Sozialtransfers für den Fall einer misslingenden Integrations- und Förderarbeit in Schule und Unterricht. Wie dramatisch die Situation hierzulande bereits jetzt ist, zeigt u. a. das Faktum, dass nahezu ein Viertel der 15-jährigen Schüler/innen als ernst zu nehmende »[...] Risikogruppe angesehen werden (muss), der es kaum gelingen kann, erfolgreich in eine weiterführende schulische oder berufliche Ausbildung einzutreten« (Bildungsbericht 2006, S. 67). Das gilt insbesondere für Jugendliche mit Migrationshintergrund sowie für solche, die aus bildungsfernen deutschen Elternhäusern stammen.

Wer daher politisch denkt, muss zwingend für eine verstärkte Integrations- und Förderarbeit in Schule und Unterricht plädieren. Nur wenn es gelingt, die genannte Risikogruppe wirksam zu verkleinern und die Durchschnittsleistungen der deutschen Schülerinnen und Schüler möglichst überzeugend anzuheben, wird das Florieren der modernen Wissens- und Informationsgesellschaft in der nötigen Weise unterstützt werden können. Die Wirtschaft klagt schon jetzt über Fachkräftemangel und eklatante Kompetenzdefizite vieler Schulabsolventen und mahnt eine stärkere Mobilisierung der vorhandenen Begabungsreserven an (vgl. Vereinigung der Bayerischen Wirtschaft 2003 sowie IHK Rheinland-Pfalz 2002). Zu Recht. Denn die volkswirtschaftlichen Schäden, die aus den zurückliegenden Versäumnissen der Bildungsarbeit erwachsen, sind immens. Was tun? Gefordert werden veränderte Formen des Lehrens und Lernens – einschließlich einer verstärkten Nutzung kooperativer Lern- und Arbeitsformen (vgl. Baden-Württembergischer Handwerkstag 2002). Die Zielrichtung stimmt!

Das gängige Abschieben der Problemschüler/innen in die Hauptschulen ist weder hilfreich noch zukunftsweisend. Trägt dieses doch beinahe zwangsläufig dazu bei, dass sich die bestehenden Lern-, Motivations- und Verhaltensprobleme der betreffenden Kinder in der Regel nur noch potenzieren. Viel wichtiger wäre es stattdessen, einer »produktiven Heterogenität« den Weg zu ebnen – und zwar in der Weise, dass unterschiedliche Begabungen und Interessen, Stärken und Schwächen ganz bewusst und gezielt zusammengeführt werden, damit tragfähige Helfer-, Kontroll- und Erziehungssysteme in den Klassen entstehen können, die wirksames Lernen in der Breite wie in der Tiefe gewährleisten. Alles andere fällt letztlich als Belastung auf die Lehrkräfte wie auf die Gesellschaft insgesamt zurück.

Vielfalt muss aber auch deshalb verstärkt genutzt werden, weil dieses zu den Grundmaximen der Demokratie zählt. Demokratie zielt auf Partizipation und Chancengerechtigkeit, auf Toleranz und Mitmenschlichkeit, auf Offenheit und Solidarität, auf Menschenwürde und soziale Integration im besten Sinne des Wortes. Indem Heterogenität im Klassenzimmer positiv besetzt und konstruktiv genutzt wird, werden demokratische Tugenden gelebt und verwirklicht (vgl. auch Prengel 2005, S. 31). Das unterstützt das Entstehen von Demokratiekompetenz und Partizipationsbereitschaft. Demokratie erschöpft sich schließlich nicht in institutionellen Prozeduren, sondern verlangt auch und nicht zuletzt ein Höchstmaß an Respekt vor den spezifischen Gaben und Begabungen des je Anderen. Von daher ist eine gedeihliche Förder- und Integrationsarbeit in der Schule zutiefst demokratisch.

Der konstruktive Umgang mit Heterogenität hat aber auch eine pädagogische Begründungsebene. Vielfalt stimuliert und irritiert, motiviert und inspiriert. Sie begünstigt vertiefendes Lernen und sichert vielfältige Herausforderungen und Chancen für die Lehrer- wie für die Schülerseite. Aber nicht nur das. Vielfalt gewährleistet auch und zugleich einen erweiterten Kompetenzerwerb dadurch, dass in den Lernprozessen unterschiedliche Talente und Vorbilder, Ideen und Argumente, Lernstile und Verhaltensweisen erfahrbar werden. Wenn alle Schüler/innen gleich wären, passierte vergleichsweise wenig. Die stimulierende Wirkung der Differenz würde fehlen. Kommen hingegen unterschiedlich gepolte und befähigte Schüler/innen zusammen, so kann ein recht fruchtbares Voneinander- und Miteinanderlernen beginnen. So gesehen ist Heterogenität im besten Sinne des Wortes lernfördernd – vorausgesetzt, das »Wir-Gefühl« in den Klassen stimmt und die Spielregeln konstruktiver Zusammenarbeit sind hinreichend entwickelt und verinnerlicht.

3.3 Ermutigende Lernforschungsbefunde

Die Lernchancen heterogener Gruppen sind durch die neuere Lern- und Unterrichtsforschung recht gut untermauert. Das gilt nicht nur für die zurückliegenden PISA-Studien, die beste Lern- und Leistungsergebnisse für eine Vielzahl von OECD-Ländern mit integrierten Schulsystemen nachgewiesen haben (vgl. Abschnitt I.1.4). Das gilt auch für die unterrichtliche Mikroforschung, wie sie seit Jahr und Tag vom Max-Planck-Institut und anderen renommierten Forschungseinrichtungen hierzulande betrieben wird.

Im Mittelpunkt dieser Forschungen steht das Herausarbeiten wichtiger Bedingungsfaktoren effektiven Lernens. Grundsätzlich lässt sich festhalten: Die Lern- und Leistungsergebnisse der Schüler/innen fallen umso besser aus, je mehr Sinne angesprochen, je klarer die Lernprozesse strukturiert und je vielseitiger die Schüler/innen zum aktiven und kooperativen Arbeiten veranlasst werden. Die Zusammenführung unterschiedlicher Schülertalente ist von daher also kein Leistungskiller, sondern eher ein Leistungsverstärker – vorausgesetzt, den aus Abbildung 6 ersichtlichen Kriterien effektiven Unterrichts wird hinreichend Rechnung getragen.

Wie die abgebildete Kriterienübersicht zeigt, braucht erfolgreiches Lernen sowohl vielseitige Lern- und Konstruktionsaktivitäten der Schüler/innen als auch klare Instruktionen, Regeln, Rituale und Hilfestellungen vonseiten der Lehrkräfte. Letzteres gilt vor allem für die eher unsicheren und/oder phlegmatischen Lerner. Lehrerlenkung und Schüleraktivierung müssen also zwingend zusammengedacht und in wohl abgestimmter Form praktiziert werden. Entscheidendes Moment dabei ist, dass es gelingt, in den Gehirnen der Lerner sinnstiftende Synapsen zwischen den unzähligen Nervenzellen entstehen zu lassen. Das setzt konstruktive Lernarbeiten der verschiedensten Art voraus. Hier treffen sich die Erkenntnisse der Neurobiologen und der

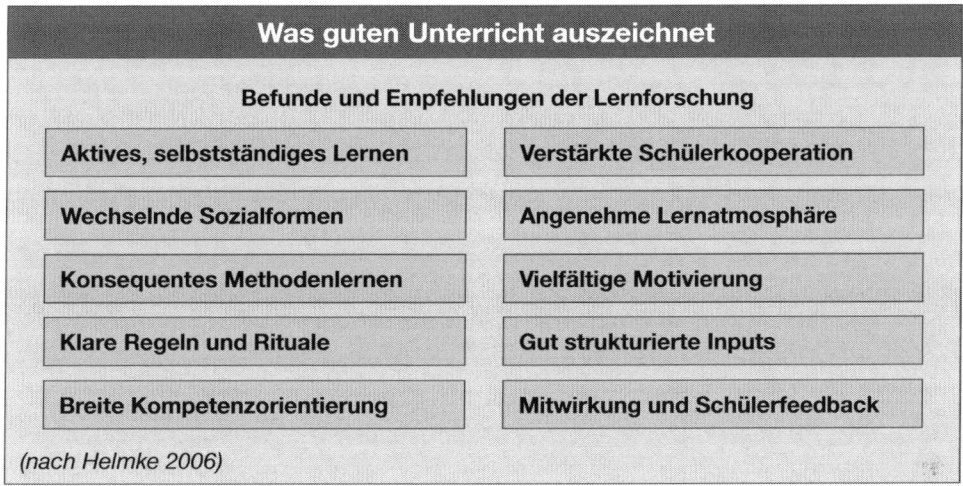

Abb. 6

Konstruktivisten (vgl. z. B. Spitzer 2003 und Siebert 2003). Lernen bedeutet danach zuallererst Konstruktion von Wissensdomänen und Wissensstrukturen in den Köpfen der Kinder. Wissen, das die Schüler/innen nicht zu guten Teilen selbst aufgebaut, verknüpft und angewendet haben, ist in der Regel höchst vergängliches Wissen.

Andreas Helmke erweitert diese Sichtweise, indem er die Frage nach den grundlegenden Bedingungsfaktoren guten Unterrichts ganz generell stellt und dazu die vorliegenden Lernforschungsbefunde bilanziert. Sein Resümee findet sich im oben skizzierten Zehn-Punkte-Programm (vgl. Abb. 6). Danach muss guter Unterricht die Schülerinnen und Schüler nicht nur vielseitig aktivieren, motivieren und qualifizieren; er muss ihnen auch und zugleich angemessene Inhalte sowie klare Regeln, Rituale, Strukturen und Instruktionen bieten, die für die nötige Klarheit und Sicherheit im Lernprozess sorgen. Lehrerlenkung und Schülerselbsttätigkeit gehen dabei Hand in Hand. Und guter Unterricht muss den Kindern und Jugendlichen selbstverständlich auch Gelegenheit geben, grundlegende Methoden des intelligenten Arbeitens und Übens zu erlernen – einschließlich gezielter Reflexions- und Feedbackverfahren (vgl. Helmke 2006, S. 42 ff.). Dies alles trägt zur Konsolidierung des jeweiligen Fach-, Sach- und/oder Verfahrenswissens bei.

Ein auf Integration und Lernförderung bedachter Unterricht muss diesen Erkenntnissen und Empfehlungen Rechnung tragen. Dann bestehen gute Chancen, dass die unterschiedlichen Schülertalente einigermaßen angemessen zur Geltung kommen können. Heterogenität ist also kein Leistungsgarant an sich, wohl aber ein stimulierendes Moment, sofern die unterschiedlichen Schülerbegabungen und -interessen in Mut machender Weise angesprochen und genutzt werden. Dabei spielen die Kommunikations- und Kooperationsaktivitäten der Schüler/innen eine recht zentrale Rolle. Schüler/innen, die alleine nicht zurechtkommen oder vielleicht auch nur keine Lust zu zielgerichteter geistiger Anstrengung haben, kommen in der Regel nur dann weiter, wenn sie Unterstützung und/oder Herausforderungen durch andere erfahren. Wer anderen zuliebe mitmacht, kann für sich letztlich nur profitieren. Wer Mitschüler/innen etwas erklärt oder mit ihnen über den einen oder anderen Sachverhalt diskutiert, der arbeitet damit an der Konsolidierung seines eigenen Wissens. Heinrich von Kleist hat diesen Nexus von Sprechen und Verstehen in seinem Essay »Über die allmähliche Verfertigung der Gedanken beim Reden« recht treffend zum Ausdruck gebracht (vgl. Kleist o. J., S. 897 ff.).

Sprech- und Kooperationsaktivitäten sind das A und O der Schülerintegration wie des Lernens. Was anderen erklärt wird, wird vergleichsweise gut durchdacht und begriffen; was mit anderen diskutiert wird, kann sich deutlich besser im Gedächtnis absetzen als das, was man lediglich hört oder liest. Die Behaltensforschung belegt, dass der Mensch nur etwa 10 bis 20 Prozent von dem behält, was er liest oder hört, aber 70 Prozent von dem, was mit eigenen Worten vorgetragen oder mit anderen Personen besprochen wird (vgl. Gemmer 2004, S. 74). Von daher ist das kommunikative und kooperative Arbeiten in heterogenen Gruppen ein Lernchance erster Güte – für die lernschwächeren wie für die lernstarken Schüler/innen. Näheres dazu findet sich in Kapitel II.3 dieses Buches.

Bestätigt wird die Lernwirksamkeit wechselseitigen Erklärens und Besprechens durch neuere Studien der amerikanischen Lernpsychologin Bethany Rittle-Johnson. Danach »[...] fördert das Formulieren der Lösungswege auch bei den kleinen Kindern das Nachdenken über die Aufgabe. Besonders bei einem (scheinbar) unwissenden Zuhörer sind die Erklärungen detaillierter und genauer. Je öfter die Kinder ihre Erklärungen wiederholen, desto besser prägen sie sich auch ein« (zitiert nach Knopf 2008, S. 17). So gesehen ist z. B. die Nachhilfearbeit, die gute Schüler/innen im Rahmen heterogener Lerngruppen immer wieder zu leisten haben, keineswegs von Nachteil für sie. Im Gegenteil: Sie fördert auch ihr Lernen – sowohl im fachlichen Bereich als auch in Bezug auf die Festigung überfachlicher Kompetenzen. Für die lernschwächeren Schüler/innen ist diese kommunikative und kooperative Auseinandersetzung ohnehin der einzige Weg, um Anschluss halten und schwierigere Sachverhalte möglichst zeitnah und flexibel nacharbeiten zu können.

3.4 Die Kunst des Förderns und Forderns

Die Forcierung der angedeuteten Lern- und Integrationsförderung setzt einiges voraus: *erstens* anspruchsvollere Aufgabenstellungen, die verstärkt auf fachspezifische Konstruktions- und Interaktionsaktivitäten der Schüler/innen abstellen; *zweitens* kleinschrittige Vorgehensweisen in den Fächern, die die Schüler/innen so fordern und fördern, dass sie mitkommen und ermutigende Erfolgserlebnisse erzielen können; *drittens* klare Instruktionen der Lehrkräfte in inhaltlicher wie in prozeduraler Hinsicht, damit die Schüler/innen möglichst präzise wissen, woran sie sind und wie die unterrichtlichen Abläufe und Anforderungen aussehen; *viertens* differenzierte Methodenschulung in der Absicht, die Schüler/innen in methodischer, kommunikativer

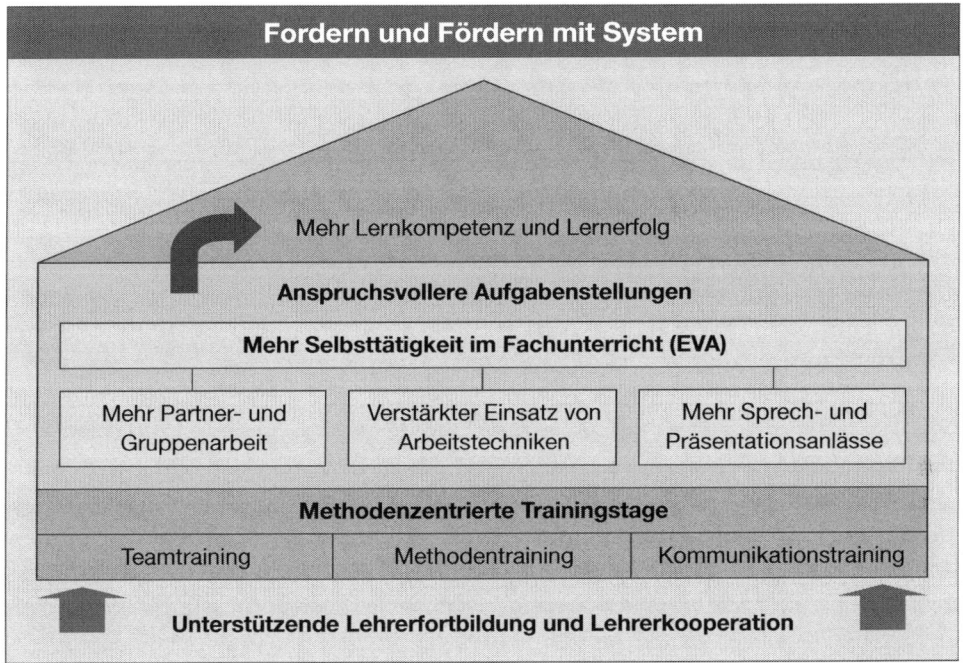

Abb. 7

und kooperativer Hinsicht möglichst fit zu machen; *fünftens* konsequente Schülerkooperation mit dem Ziel der wechselseitigen Hilfe, Kontrolle und Erziehung für den Fall, dass irgendwelche Lern- und/oder Verhaltensprobleme auftreten sollten; *sechstens* konzertiertes Lehrerverhalten, damit die Schüler/innen in unterschiedlichen Fächern und Stunden ähnlich gefordert und gefördert werden und nicht immer wieder in ihre Konsumentenrolle zurückfallen; und *siebtens* schließlich schulinterne Unterstützung der besagten Unterrichtsentwicklung von Schulleitungs- wie von Kollegiumsseite, damit eine möglichst nachhaltige Institutionalisierung der skizzierten »Spielregeln« erreicht wird.

Dieser Sieben-Punkte-Katalog geht weit über das hinaus, was im Schulalltag gemeinhin anzutreffen ist. Das gelegentliche Angebot von Freiarbeit, Wochenplanarbeit oder sonstigen Formen des offenen und/oder differenzierenden Lernens reicht nicht hin! Wenn Lernförderung und Schüleraktivierung tatsächlich nachhaltig ausgebaut werden sollen, dann bedarf es einer anderen Systematik und Programmatik. Welcher, das lässt sich überblickshaft aus Abbildung 7 ersehen.

Im Zentrum der dort vorgestellten Lernkultur steht die Forcierung des selbsttätigen Lernens im Fachunterricht – einschließlich des verstärkten Einsatzes von Partner- und Gruppenarbeit, vielfältigen Lern- und Arbeitstechniken sowie differenzierten Sprech- und Präsentationsanlässen. Gekoppelt ist das Ganze mit entsprechenden Aufgabenstellungen, die vergleichsweise anspruchsvoll sind und vielseitigen Lern- und

Interaktionsaktivitäten der Schüler/innen Raum geben. Diese fachspezifische Neuorientierung bildet den Kern der anvisierten Unterrichtsentwicklung. Hinzu kommen verstärkte Methodenschulungen. Wenn nämlich der Fachunterricht in der skizzierten Weise verändert und angereichert werden soll, dann müssen die Schüler/innen auch und zugleich über tragfähige methodische, kommunikative und kooperative Basiskompetenzen verfügen. Da sich Letztere erfahrungsgemäß nicht beiläufig im Fachunterricht einstellen, bedarf es dazu spezifischer methodenzentrierter Trainingstage, die Zeit und Raum bieten, dass die Schüler/innen tiefergehende methodische Einsichten, Überzeugungen und Verfahrenskenntnisse gewinnen können. Das sind die sogenannten Sockeltrainings (vgl. die vertiefenden Ausführungen in Kapitel II.5 dieses Buches).

Diese Qualifizierungsarbeit verlangt noch ein Weiteres, nämlich unterstützende Lehrerfortbildung und Lehrerkooperation. Das zeigen langjährige Erfahrungen in Hunderten von Schulen in verschiedenen Bundesländern. Wer den Unterricht nachhaltig verändern und möglichst viele Schüler/innen positiv einbinden und aktivieren möchte, der ist zwingend darauf angewiesen, dass die parallel unterrichtenden Kolleginnen und Kollegen ähnliche Standards und Verfahren verfolgen. Andernfalls besteht die Gefahr, dass die ganzen Bemühungen um Selbststeuerung und kooperatives Lernen zur frustrierenden Sisyphusarbeit verkommen. So gesehen genügt es nicht, dass hin und wieder mal einzelne Unterrichtsstunden in der skizzierten Art gestaltet werden, sondern nötig sind zwingend konzertierte Vorgehensweisen auf Fach- wie auf Klassenebene. Das beginnt bei der gemeinsamen Unterrichtsvorbereitung und Materialarchivierung und reicht über abgestimmte Unterrichtsrituale, Rahmensetzungen und Lernverfahren bis hin zur überzeugenden Konsensfindung in Sachen Sitzordnung, Klassenraumgestaltung, Methodentraining, Schülerkooperation und Leistungsbewertung. Das alles muss von Schulleitungsseite gutwillig und anregend unterstützt werden.

Nur wenn es gelingt, eine gewisse Synchronisation des Förderns und Forderns in den Schulen zu erreichen, besteht die Chance, dass sich ein effektives Voneinander- und Miteinanderlernen einstellt. Genau das aber ist eines der Kernprobleme in vielen unserer Schulen. Daran gewöhnt, dass jeder Pädagoge sein eigener Herr ist und seinen eigenen pädagogischen Leitvorstellungen folgen kann, stehen sich viele Lehrkräfte wechselseitig im Weg. Vorherrschend sind Einzelkämpfertum und individuelle Beliebigkeit. Was der eine an Lern-, Kooperations- und Integrationskompetenz bei den Schüler/innen aufbaut, reißt der andere in der nächsten Stunde womöglich schon wieder ein. Wodurch? Indem er zu anderen Einstellungen, Regeln und/oder Ritualen als der Vorgänger neigt. Diese Anspruchsdifferenzen sind nicht nur gängig; sie führen im Schulalltag auch immer wieder dazu, dass die Schüler/innen verwirrt werden und in eher destruktives Lern- und Arbeitsverhalten abgleiten. Unter solchen Vorzeichen ist es erfahrungsgemäß schwer, der bestehenden Heterogenität in den Klassenzimmern mit dem nötigen Nachdruck und Erfolg zu begegnen. Heterogenität beinhaltet viele Chancen, aber eben nur dann, wenn die erforderliche Lernkultur in konzertierter Weise aufgebaut und konsequent genug gepflegt und eingefordert wird.

3.5 Lernen durch Lehren als Perspektive

Was die Kooperation für die soziale Einbindung, ist das »Lernen durch Lehren« für den nachhaltigen Verständnisaufbau der Schüler/innen. Lernen durch Lehren verweist auf die Bedeutung des wechselseitigen Erklärens und Fragens, Helfens und Kontrollierens, Besprechens und Beratens. Die Schülerinnen und Schüler übernehmen in wechselnden Konstellationen Hilfslehrerfunktionen und stehen ihren jeweiligen Lernpartner/innen im Rahmen ihrer Möglichkeiten Rede und Antwort. Dabei aktivieren sie ihr Können, entdecken ihre Unsicherheiten, stellen Fragen, präzisieren ihre Vorstellungen und klären in Berichts- oder Dialogform, was jeweils Sache ist. Dieses wechselseitige Lehren und Lernen hilft beiden Seiten – den schwächeren wie den stärkeren Schüler/innen. Macht z. B. ein Schüler bei einem Erklärungsversuch Fehler, so kann der jeweilige Gesprächspartner korrigieren bzw. ergänzen. Ist jemand unsicher oder unkonzentriert, so kann er ohne nennenswerten Gesichtsverlust nochmals nachfragen. Wichtig ist nur, dass die betreffenden Lernpartner/innen nicht gleichermaßen leistungsschwach oder desinteressiert sind. Denn dann passiert in der Regel wenig Positives.

Von daher ist bei der Partnerzuordnung unbedingt darauf zu achten, dass über geeignete Zufalls- bzw. Setzverfahren dafür gesorgt wird, dass die besagte »produktive Heterogenität« entsteht. Das gilt für Tandems genauso wie für Gruppen. Lernen durch Lehren funktioniert nun einmal umso besser, je produktiver die Spannung zwischen den einzelnen Lernpartnern ist und je stärker sich deren Kenntnisse, Erfahrungen und Fähigkeiten ergänzen. »Indem die Schüler den Stoff selbst (unter Anleitung der Lehrkraft) erarbeiten und sich gegenseitig vorstellen, entsteht über die reine Stoffvermittlung hinaus Gelegenheit, das Lernen zu lernen, rücksichtsvolles und höfliches Verhalten zu zeigen [...], im Klassenraumdiskurs soziale Interaktion zu üben, Verantwortung gegenüber den Inhalten und der Gruppe zu übernehmen und dabei Fähigkeiten zu erlernen, die in unserer komplexer werdenden Welt immer notwendiger werden, wie z. B. die Fähigkeit zur Empathie oder die Bereitschaft, sich verantwortlich mit komplexeren Problemen auseinanderzusetzen und dabei exploratives Verhalten zu lernen und einzuüben« (Fischer/Graef 1994, S. 9).

Das alles dient zur besseren Bewältigung der bestehenden Heterogenität in den Klassenzimmern. Jeder Schüler und jede Schülerin erhält Gelegenheit, begabungsgemäß zu agieren sowie eigene Stärken und Interessen einzubringen. Niemand wird ausgegrenzt, sondern alle werden über spezifische Setz- und Zufallsverfahren zuverlässig eingebunden (vgl. Abschnitt II.3.2). Wechselseitige Konsultationen sind an der Tagesordnung. Die Schüler/innen fragen und erklären, diskutieren und beraten. Jeder bringt das ein, was er kann oder was er womöglich nicht versteht. So gesehen sind relativ ausgeprägte Anstrengungen aller Beteiligten gewährleistet. Dafür sorgen wechselseitiges Aufeinanderangewiesensein und wechselseitiges Fordern und Fördern der Schüler/innen im Arbeitsprozess. Im Unterricht selbst gibt es ein konsequentes Wechselspiel zwischen kollektiven, individuellen und partnerschaftlichen Lern- und Arbeitsphasen. Hinter dieser Lernorganisation steht u. a. der Forschungsbefund, »[...]

dass die Behaltensfähigkeit beim Schüler dann am höchsten [...] ist, wenn Schüler sich gegenseitig Informationen austauschen, also Sachverhalte erklären und Fragen des Mitschülers beantworten« (vgl. Hepting 2008, S. 204 f.; vgl. ferner Huber/Konrad/Wahl 2001).

Die *kollektiven* Arbeitsphasen erfolgen im Klassenverband und sind durch möglichst klare Instruktionen und Inputs der zuständigen Lehrpersonen gekennzeichnet. Die *individuellen* Arbeitsphasen dagegen zielen auf persönliches Nachdenken, Ordnen, Zeichnen, Verschriftlichen und/oder Klären der Schüler/innen. Die *partnerschaftlichen* Lern- und Arbeitsphasen schließlich haben vorrangig die Funktion, dass wechselseitig berichtet, gefragt, erklärt, kritisiert oder auch gemeinsames Brainstorming betrieben wird. Diese letztgenannten Aktivitäten tragen zur wirksamen Vertiefung, Verarbeitung und Festigung des Lernstoffs bei (vgl. Hepting 2008, S. 206). Gleichzeitig bieten sie die Gewähr dafür, dass kein Schüler verloren geht oder als »Versager« an den Rand gedrängt wird. Jeder wird auf seine Weise gebraucht und mit seinen spezifischen Stärken und Schwächen eingebunden. So gesehen dient das wechselseitige Lehren und Lernen der Lernförderung wie der gezielten Schülerintegration.

Voraussetzung für das Funktionieren dieses Integrations- und Föderansatzes ist, dass die Lehrkräfte die entsprechenden Grundlagen schaffen. Das beginnt bei den methodischen und kommunikativen »skills« der Schüler/innen und reicht bis hin zur Kultivierung einer verhältnismäßig defensiven Lehrerrolle. Lehrkräfte, die sich Lernen durch Lehren auf die Fahnen schreiben, müssen zwingend bereit sein, »[...] sich zurückzunehmen, die Stunden teilweise oder ganz in die Hand der Schüler zu legen und dabei möglichst wenig einzugreifen. Der Lehrer wird vom alleinigen Wissensvermittler zum Berater, Lenker und Helfer, was ihn zwar in den Stunden deutlich entlastet, aber im Vorfeld genauer Vorbereitung und im Unterricht gezielter Beratung der Gruppen und einzelner bedarf« (Fischer/Graef 1994, S. 9 f.). Dieser Rollenwechsel fällt vielen Lehrkräften bis dato noch eher schwer. Dennoch: Beides muss erreicht werden, wenn »Lernen durch Lehren« funktionieren soll: Qualifizierung der Schüler-/innen und bewusst defensives Betreuungs- und Beratungsverhalten der Lehrkräfte.

3.6 Konsequente Unterstützung tut not

Die Realisierung der skizzierten Förder- und Integrationsarbeit ist mit gutem Willen alleine nicht zu machen. Zwar neigt die Bildungspolitik seit Jahr und Tag dazu, den bestehenden Reformbedarf ganz vorrangig mit politischen Appellen, Rundschreiben, Gutachten, Empfehlungen, Erlassen oder sonstigen mehr oder weniger abstrakten »Druckmitteln« zu unterstreichen. Nur Druck alleine hilft nicht wirklich weiter. Das kann jeder erkennen, der die Entwicklung des deutschen Bildungswesens seit den 1960er-Jahren verfolgt. Neue Erlasse, Rahmenrichtlinien, Lehrpläne, Bildungsratsgutachten u. a. m. durchziehen diesen Entwicklungszeitraum, ohne dass sich tatsächlich viel verändert hätte. Weder haben sich die Schulstrukturen gravierend gewandelt, noch konnte eine grundlegende Erneuerung der innerschulischen Lehr- und Lernkultur durchgesetzt werden. Vieles ist diskutiert und reflektiert worden; viele richtige und wichtige Einsichten sind produziert und veröffentlicht worden. Nur die Praxis ist nicht wirklich nachgekommen. Das zumindest lässt sich aus den neueren Befunden der Schul- und Unterrichtsforschung schließen.

Politischer Druck schafft noch lange keine Kompetenz aufseiten der Lehrkräfte. Das wird von den Bildungsverantwortlichen hierzulande leider immer wieder übersehen. Auf neue Lehr- und Lernkompetenzen aber kommt es an, wenn die skizzierte Förder- und Integrationsarbeit gelingen soll. Soll den bestehenden Lern- und Integrationsproblemen in den Schulen wirksam begegnet werden, dann muss vor allem eines sichergestellt werden: einschlägige Unterstützung der Lehrerinnen und Lehrer von oben und außen. Das betrifft die Lehrerfortbildung genauso wie die schulinterne Kooperations- und Innovationsarbeit. Erst wenn die Lehrkräfte im besten Sinne des Wortes bereit und in der Lage sind, Heterogenität als Chance und Herausforderung zu nutzen, wird sich de facto etwas ändern. Das bestätigt ein Blick ins Ausland. Heterogenität wird überall dort relativ erfolgreich gemanagt, wo praxisnahe Unterstützungs- und Qualifizierungssysteme zur Verfügung stehen, die den Lehrkräften Mut machen und Methoden an die Hand geben, wie man mit der Unterschiedlichkeit der Kinder »pädagogisch klug umgehen kann« (vgl. Volkholz 2008, S. 87).

Dieses *Können* ist die Schlüsselgröße im Ringen um ein angemessenes und erfolgreiches Arbeiten in und mit heterogenen Schülergruppen. Dass man Kinder differenziert fördern, fordern und sozial integrieren sollte, unterschreiben mittlerweile fast alle, die im schulischen Feld Dienst tun. Solange ihnen jedoch die entsprechenden Ressourcen, Strategien, Methoden und sonstigen unterrichtlichen Rahmenbedingungen fehlen, werden sich immer wieder unzählige Gründe finden, warum nichts geht. Die Folge: Es wird im Übermaß geklagt, aber viel zu wenig dafür getan, die bestehende Heterogenität konstruktiv zu nutzen. Diese Defensive ist einer der Knackpunkte, unter denen das deutsche Schulwesen seit Jahr und Tag leidet. Wer daran etwas ändern will, muss dringend darangehen, neue Kompetenzen und Einstellungen auf Lehrerseite aufbauen zu helfen, die zu einem positiven Umgang mit Heterogenität beitragen und ermutigen. Das aber wird erfahrungsgemäß nur dann gelingen, wenn die betreffenden Lehrkräfte einschlägig unterstützt und qualifiziert werden, mit der Verschiedenartigkeit der Kinder anders und erfolgreicher umzugehen, als das traditionell der Fall ist. Die Unsicherheit vieler Lehrkräfte ist groß:

- Wie organisiert man Lernen durch Lehren?
- Wie vermittelt man den Schüler/innen die nötigen Basiskompetenzen und Einstellungen, die sie für ein gedeihliches Miteinander in den Klassen brauchen?
- Welche Formen des kooperativen Lernens sind geeignet, tragfähige »positive Abhängigkeiten« zwischen den Schülerinnen und Schülern zu schaffen?
- Welche Medien und Materialien unterstützen differenziertes, begabungsgerechtes Lehren und Lernen?
- Wo liegen die Chancen und wo die Grenzen der Individualisierung im Unterricht?

- Wie lassen sich Individualisierung, Differenzierung und Zeitökonomie unter einen Hut bringen?
- Wie gewinnt man die Eltern leistungsstarker Schüler/innen für integrative Lehr- und Lernverfahren?
- Wie bringt man Kolleg/innen auf Klassen- wie Fachebene dazu, eine konzertierte Förder- und Integrationsarbeit zu leisten?
- Welche Rahmensetzungen der Schulleitungen können diese Arbeit erleichtern?

Diese und andere Fragen werden in den nachfolgenden Kapiteln thematisiert werden. Zugleich bestätigen sie die Notwendigkeit überzeugender Unterstützungssysteme auf Schul- und Landesebene.

Nur wenn es gelingt, die Lehrkräfte in emotionaler, instrumenteller, organisatorischer und sozialer Hinsicht so weiterzubilden und zu unterstützen, dass sie mit dem Problemfeld »Heterogenität« kompetent umgehen können, wird es vorangehen. Das ist das kleine Einmaleins der Schul- und Unterrichtsentwicklung. Was Lehrkräfte sich nicht zutrauen, wird auch nicht geschehen. Was sie absehbar frustriert, werden sie in aller Regel auch nicht tun. Was ihnen Angst macht, werden sie mit hoher Wahrscheinlichkeit ignorieren oder in anderer Weise aussitzen. Man kann es drehen und wenden, wie man will: Konstruktive pädagogische Strategien sind unter solchen Vorzeichen nicht wirklich zu erwarten. Deshalb bedarf es des Umdenkens und der Ermutigung – im Unterricht wie in den Lehrerzimmern. Ermutigung aber beruht in erster Linie auf Kompetenz und Know-how. Und genau dort müssen die hier in Rede stehenden Unterstützungssysteme ansetzen. Näheres dazu wird im abschließenden Teil III ausgeführt.

3.7 Auf die Machbarkeit kommt es an!

Das Manko der meisten Reformansätze ist ihre mangelnde Praktikabilität. Das gilt nicht zuletzt für vieles, was im Zusammenhang mit dem Problemfeld »Heterogenität im Klassenzimmer« veröffentlicht wurde und wird. Natürlich ist jeder Pädagoge dafür, dass kein Schüler ausgegrenzt oder in anderer Weise diskreditiert wird. Auch lässt sich in Lehrerkreisen schnell Konsens darüber erzielen, dass differenzierte Lernangebote und Lernwege im Unterricht unterbreitet werden sollten, damit die anvisierte Förder- und Integrationsarbeit einigermaßen wirksam gelingen können. Die eigentliche Schwierigkeit beginnt erst unterhalb dieser Bekenntnis- bzw. Vorsatzebene, wenn es z.B. um Fragen geht wie: Welche konkreten Schritte und Methoden sind vorzusehen? Wie kann die fällige Förder- und Integrationsarbeit so gestaltet werden, dass das Ganze zeit- und arbeitsökonomisch zu bewältigen ist? Wo liegen die Chancen und wo die Grenzen der propagierten Individualisierung und Differenzierung? Erst wenn überzeugende Antworten auf derartige Fragen absehbar sind, setzt bei vielen Lehrkräften die erforderliche Aufbruchstimmung ein. Diese Zurückhaltung ist durchaus verständlich.

Grundsätzlich lässt sich feststellen, dass die Innovationsbereitschaft der Lehrerschaft keineswegs gegen null tendiert, wie das gelegentlich kolportiert wird. Das Gros der Lehrkräfte möchte durchaus etwas verändern, nur machbar und nützlich sollte es sein – und zwar im Hier und Jetzt. Diesen Pragmatismus mag mancher bedauern; gleichwohl ist und bleibt er eine handlungsbestimmende Größe im Schulalltag. Von daher macht es wenig Sinn, den Lehrer/innen ihre Verweigerungshaltung vorzuwerfen, wenn sie die wachsende Heterogenität in den Klassenzimmern mit einer Mischung aus Ohnmacht und Verbitterung betrachten. Eine aufbauende Reaktion sieht anders aus. Viel wichtiger wäre es, den besagten Machbarkeits- und Nützlichkeitserwartungen in ehrlicher Weise Rechnung zu tragen. Das alleine führt nach vorne. Alles andere wäre nicht nur fatalistisch, sondern auch zynisch.

Die deutsche Schulgeschichte ist gepflastert mit realitätsfernen Reformansprüchen und -vorhaben (Mengenlehre, Sprachlabor, emanzipatorische Didaktik, Lernzielfetischismus, wissenschaftsorientierter Unterricht, Freiarbeit, Individualisierung etc.). Das gilt für die Vergangenheit wie für die Gegenwart. Die meisten dieser Ansprüche und Vorhaben kranken daran, dass sie viel zu wenig mit dem vermittelt sind, was unter den restriktiven Bedingungen des Lehreralltags machbar und zumutbar ist. Was helfen denn die besten Absichten, wenn die Lehrkräfte sie nicht in die Tat umsetzen können? Letztlich ist damit niemandem gedient. Bezogen auf die hier in Rede stehende Förder- und Integrationsarbeit heißt dieses, dass die Machbarkeit der anvisierten Maßnahmen mit hoher Priorität geprüft und bedacht werden muss. Das betrifft sowohl die Umsetzungskompetenz der Lehrkräfte als auch die schulischen Rahmenbedingungen, unter denen Förder- und Integrationsarbeit geleistet werden soll.

Natürlich ist der produktive Umgang mit heterogenen Schülergruppen sehr viel einfacher, wenn Sonderpädagogen und andere Hilfskräfte für gezielte Differenzierungs- und Betreuungsmaßnahmen zur Verfügung stehen. Das kann man in vielen OECD-Staaten bestens studieren. In Finnland z. B. erhalten 25 Prozent aller Schüler-/innen der Sekundarstufe I individuellen Förderunterricht (vgl. Tenorth 2008, S. 12). Hinzu kommen Assistenzlehrer, Schulpsychologen, Schulsozialarbeiter sowie gelegentliche Doppelbesetzungen in den Klassen. Dazu stehen nicht nur Gelder, sondern auch und vor allem qualifizierte Personen zur Verfügung. Von dieser Luxussituation sind wir in Deutschland noch weit entfernt. Von daher ist es unfair, wenn hierzulande ähnliche Förderdiagnosen und -maßnahmen wie in Finnland propagiert werden, obgleich doch jedermann weiß, dass solches bei der gegenwärtigen Lehrer-Schüler-Relation in unseren Schulen beim besten Willen nicht zu machen ist.

Von daher ist es das Anliegen dieses Buches, dem verständlichen Wunsch der Lehrerschaft nach Machbarkeit und Alltagstauglichkeit Rechnung zu tragen. Diese Vorentscheidung führt u. a. dazu, dass nicht einfach blauäugig einer exzessiven Individualisierung und Binnendifferenzierung das Wort geredet wird, wie das seit geraumer Zeit in Mode gekommen ist. Kritische Distanz ist angezeigt. Je ausgefeilter nämlich die Individualisierung angegangen wird und je aufwändiger die individuellen Förderpläne und Fördermaßnahmen ausfallen, desto größer ist die Wahrscheinlichkeit, dass viele Lehrkräfte in die klassische Überforderungsfalle hineingeraten. Sie sind nicht nur gehalten, 25 und mehr Schüler/innen im Alleingang zu unterrichten, zu beobachten, einzuschätzen und immer wieder auch individuell zu beraten. Zu ihren Obliegenheiten gehören auch und zugleich das zeitraubende Entwickeln und Erstellen anforderungsdifferenzierter Aufgaben und Materialien für die unterschiedlichsten Schülerinnen und Schüler. Alltagstaugliche Anforderungen sehen anders aus. Von daher ist es dringend an der Zeit, dass die restriktiven Gegebenheiten in den Schulen verstärkt zur Kenntnis genommen und gangbare Verfahrensweisen für den Umgang mit heterogenen Lerngruppen gesucht und gefunden werden. Im nachfolgenden (Haupt-)Teil II des Buches wird dezidiert darauf geachtet, dass das Moment der Machbarkeit und Nützlichkeit gebührend im Fokus steht.

II. Bewährte Ansätze und Methoden für die Praxis

Dieser zweite Teil bildet den Schwerpunkt des Buches. In den nachfolgenden Kapiteln 1 bis 6 werden bewährte Anregungen und Methoden vorgestellt, die zeigen, wie man der bestehenden Heterogenität in den Klassenzimmern mit recht praktikablen Mitteln begegnen kann. In Kapitel 1 wird zunächst auf die grundlegenden Voraussetzungen und Maximen der anvisierten Lehr- und Lernkultur eingegangen. Dieser Vorschau folgen in Kapitel 2 nähere Überlegungen zu den Chancen und Grenzen des individualisierenden Arbeitens im Unterricht (Freiarbeit, Wochenplan etc.). In Kapitel 3 werden bewährte Ansätze des kooperativen Lernens vorgestellt, mit deren Hilfe sich die unterschiedlichen Schülerbegabungen und -interessen einbinden und mobilisieren lassen. In den Kapiteln 4 und 5 steht das über viele Jahre entwickelte Lern- und Trainingsprogramm des Verfassers im Vordergrund, das beste Möglichkeiten eröffnet, Kompetenzförderung, Schülerintegration, Schüleraktivierung, Schülerkooperation und Lehrerentlastung höchst wirksam zu verbinden. Dabei gehen Machbarkeit und Lerneffizienz Hand in Hand. Im abschließenden sechsten Kapitel erfolgt eine Zusammenfassung wichtiger Tipps und Anregungen für die praktische Umsetzungsarbeit in der Schule.

1. Die neue Sicht des Lehrens und Lernens

Dieses erste Kapitel des zweiten Teils dient der Grundlegung. Es zielt darauf, einige zentrale Prämissen und Eckpunkte des Arbeitens mit heterogenen Lerngruppen zu explizieren und zu begründen. Das beginnt bei der Einstellung der Lehrpersonen gegenüber ihrer begabungs- und verhaltensdifferenten Schülerschar und reicht über die Klärung grundlegender didaktischer, methodischer und pädagogischer Prämissen erfolgreicher Lernförderung bis hin zu einigen pragmatischen Überlegungen zum Nutzen von Arbeitsblättern, zum Umgang mit Zeitknappheit im Unterricht sowie zur Bedeutung von Lehrerlenkung, selbstgesteuertem Lernen und methodenzentrierten Basisschulungen für die Einbindung unterschiedlicher Schülertalente. Dieses erste Kapitel soll Orientierung bieten und Gelingensbedingungen für das Arbeiten in und mit heterogenen Lerngruppen umreißen.

1.1 Wenn die Grundeinstellung stimmt

Eine der wichtigsten Gelingensbedingungen für den Umgang mit heterogenen Schülergruppen ist die positive Einstellung der Lehrkräfte. Wenn Lehrerinnen und Lehrer der bestehenden Begabungs-, Interessen- und Verhaltensvielfalt in den Klassen mit innerer Distanz oder gar Abwehr gegenüberstehen, dann ist das eine zuverlässige Quelle für das Misslingen der anstehenden Förder- und Integrationsarbeit. Die betreffenden »Problemschüler/innen« merken in der Regel sehr rasch, was Sache ist, und gleiten über kurz oder lang in entsprechende Abwehrstrategien oder Verhaltensauffälligkeiten ab. Wer nicht »geliebt« wird, der »revanchiert« sich am besten dadurch, dass er den verantwortlichen Lehrpersonen das Leben schwer macht (vgl. Bueb 2008, S. 145). Viele Formen der Leistungsverweigerung und der Disziplinlosigkeit haben ihre Ursachen genau in dieser Grundkonstellation. Diesen Teufelskreis zu durchbrechen ist Aufgabe und Herausforderung einer auf Inklusion und Chancengerechtigkeit ausgerichteten Schule, egal um welche Schulart es sich dabei auch immer handelt.

Die Crux ist, dass viele Lehrkräfte den Lehrerberuf unter eher traditionellen Vorzeichen gewählt haben. Dementsprechend verstehen sie sich in erster Linie als Fachvertreter/innen und weniger als Anwälte ihrer Schüler/innen. Sie haben *Fächer* gewählt und studiert und weniger die pädagogische und methodische Vermittleraufgabe gesehen. Aus diesem Rollenverständnis resultieren zahlreiche Probleme und Verwerfungen, die den Schulalltag bis heute überschatten. Das gilt vor allem für heterogene Lerngruppen. In diesen Gruppen ist weniger der Fachexperte gefragt, sondern vor allem der Entwicklungshelfer und Lernorganisator, der pädagogische Problemlöser und Berater. Die Dispositionen der meisten Schüler/innen sind so, dass die betreffenden Lehrkräfte ihre fachspezifischen Ambitionen oft deutlich zurückstecken müssen. Das induziert Enttäuschungen, Konflikte, Schuldzuweisungen, Distanz und anderes mehr. Die Folge sind atmosphärische Störungen, die sowohl die Berufszufriedenheit der Lehrkräfte als auch die Lern- und Arbeitsbereitschaft vieler Schülerinnen und Schüler beeinträchtigen (können). Das lähmt die anstehende Lern- und Integrationsförderung.

Wer daran etwas ändern will, muss auf der Einstellungsebene ansetzen. Die Haltung der Lehrkräfte gegenüber der Verschiedenheit der Schüler/innen muss deutlich positiver werden, soll eine verstärkte Lernmotivation Platz greifen. Was hilft es denn, wenn man sich andere Kinder wünscht als die, die man im Klassenraum sitzen hat? Das frustriert und entmutigt lediglich. Die ureigenste Aufgabe guter Pädagogen ist es doch gerade, Kinder so anzunehmen, wie sie sind, und in möglichst ermutigender Weise darauf hinzuwirken, dass sie leistungs- wie verhaltensmäßig besser werden. So gesehen ist die Grundeinstellung der Lehrerinnen und Lehrer eine der Schlüsselgrößen im Prozess der Bewältigung von Heterogenität im Klassenzimmer (vgl. Wischer 2007, S. 33). Solange Lehrkräfte heterogene Schülergruppen primär als Belastung und nicht auch als Chance und Herausforderung sehen (vgl. Graumann 2002, S. 29), so lange wird es schwierig bleiben, die sogenannten »Problemschüler/innen« erfolgreich zu motivieren und zu integrieren. Mit der »richtigen« Einstellung gegenüber den bestehenden Verschiedenheiten und Widrigkeiten lässt sich vieles besser meistern als mit dem inflationären Klagen darüber, dass die Schüler/innen nicht so sind, wie man sie gerne hätte.

Unterschiedlichkeit muss emotional bejaht werden und als Bereicherung für das Zusammenlernen in der Klasse angesehen und genutzt werden. Das spüren die Schüler/innen. Das stärkt und stimuliert vor allem all jene, die sich ansonsten wie das fünfte Rad am Wagen fühlen. Beate Wischer plädiert daher völlig zu Recht für »[…] eine Haltung, die Verschiedenheit und Andersartigkeit der Lernenden im Sinne eines ›egalitären Differenzbegriffs‹ als gleichwertig anerkennt und dem Einzelnen mit Respekt und Wertschätzung begegnet. Dies setzt allerdings eine grundsätzliche Revision bisheriger Denk- und Sichtweisen voraus, weil damit auch das Menschenbild, der Lern- und Entwicklungsbegriff, das Leistungsverständnis, die Funktionen der Schule sowie das eigene Rollenverständnis berührt werden« (Wischer 2007, S. 33). So gesehen muss das tradierte Rollen- und Unterrichtsverständnis auf den Prüfstand.

Nur wenn die Lehrkräfte ihre Schüler/innen vorbehaltlos akzeptieren und auch den »Problemkindern« unter ihnen spürbar etwas zutrauen, werden die angemahnten Integrations- und Förderversuche Fortschritte bringen. Lehrer/innen, die dieses nicht tun, werden mit hoher Wahrscheinlichkeit scheitern. Lehrkräfte hingegen, die Unterschiedlichkeit bejahen und diese Positiveinstellung sowohl emotional als auch verbal spiegeln, werden im besten Sinne des Wortes Berge versetzen können. Das heißt zwar nicht, dass aus schwachen Schüler/innen nun plötzlich gute, aus unsicheren nun plötzlich selbstbewusste oder aus verhaltensschwierigen nun plötzlich brave Kinder werden. Wohl aber bedeutet eine erwartungsfrohe, Mut machende Grundeinstellung der Lehrkräfte, dass die betreffenden Schüler/innen gestärkt werden und infolgedessen mit mehr Selbstbewusstsein und Ernsthaftigkeit ans Lernen herangehen. Das ist ein wichtiger Schritt hin zum konstruktiven Umfang mit heterogenen Lerngruppen.

1.2 Differenzierte Lernanforderungen

Die »richtige« Grundeinstellung allein reicht freilich nicht. Sollen die Schüler/innen tatsächlich nachhaltig motiviert und integriert werden, so muss noch einiges hinzukommen, was ihrem Lernen den nötigen Schwung verleiht. Dazu gehören an vorderster Stelle differenzierte Lernanforderungen und Lernaufgaben, die den unterschiedlichen Begabungen, Stärken und Interessen der Schülerschaft Rechnung tragen. Die Schüler/innen müssen möglichst differenziert angesprochen und so gefordert und gefördert werden, dass sie ihr eigenes Können in der einen oder anderen Weise einbringen und konkrete Erfolgserlebnisse absehen können. Andernfalls drohen Rückzug und Ausgrenzung, Langeweile und Demotivierung, Verweigerung und chronisches Leistungsversagen.

Infrage kommen Pflichtaufgaben und Wahlaufgaben, Einzelarbeit und Gruppenarbeit, abstraktere Lernwege oder konkretere Lernverfahren, spielerische Zugänge oder eher trockene Lernaktivitäten. Die Hauptsache ist, dass die Schüler/innen ihre unterschiedlichen Stärken und Affinitäten einbringen können. Sollen nämlich alle Schüler/innen stets in gleicher Weise lernen, so führt das beinahe zwangsläufig dazu, dass einige besser und andere schlechter angesprochen werden. Einige werden vielleicht überfordert sein, während andere gut zurechtkommen. Einige werden sich gelangweilt fühlen, während andere bestens motiviert zu Werke gehen. Die Lernpotenziale und -dispositionen der Schüler/innen sind nun einmal unterschiedlich verteilt. Von daher ist es wichtig, dass ihnen unterschiedliche Zugänge zum Lernen und Arbeiten im Unterricht eröffnet werden. Fehlen derartige Differenzierungsvarianten, so wird die Kompetenzentwicklung vieler Schülerinnen und Schüler über Gebühr beeinträchtigt.

Andererseits hat die Anforderungsdifferenzierung natürlich auch ihre Grenzen. Je intensiver nämlich binnendifferenziert wird, desto größer ist die Gefahr, dass sich die Lern- und Leistungsstände der Schüler/innen zunehmend auseinanderentwickeln. Die zweite Crux: Das Vorbereiten unterschiedlicher Lern- und Arbeitsmaterialien übersteigt rasch die zeitlichen und sonstigen Möglichkeiten der Lehrerschaft. Konsequente Differenzierung und Individualisierung setzt nun einmal große Mengen an unterschiedlichen Materialien und Aufgaben voraus, die in der Regel aber weder vorhanden sind noch mit vertretbarem Zeit- und Arbeitsaufwand hergestellt werden können. Am ehesten geht das noch im Primarbereich, da dort verhältnismäßig viele Arbeitsblätter und sonstige Angebotsmaterialien der Verlage zur Verfügung stehen, die den Lehrkräften das Differenzieren erleichtern. In den Sekundarstufen I und II dagegen ist es um derartige Materialpools eher schlecht bestellt.

Fachspezifische Binnendifferenzierung hat aber auch deshalb Grenzen, weil schulische Bildung nicht nur auf die intellektuelle Entwicklung des Einzelnen zielt, sondern auch und zugleich darauf, dass grundlegende soziale, emotionale und sonstige personale Kompetenzen entwickelt werden. Exzessive Differenzierung geht aber meist in die erstgenannte Richtung. Die »guten« Schüler/innen werden immer besser und die Schwächeren eher schwächer; die verhaltensstabilen Kinder werden immer pflegeleichter und konstruktiver und die verhaltensauffälligen eher schwieriger und renitenter. Die Schere geht auseinander. Das kann ja nicht die Leitmaxime des pädagogischen Handelns sein. Im Gegenteil. Heterogenität bewältigt man am ehesten dadurch, dass man relativ behutsam differenziert und die Schüler/innen möglichst oft und konsequent miteinander und voneinander lernen lässt. Das hält die Kinder beisammen und sorgt dafür, dass ihre Leistungen anschlussfähig bleiben.

Praktikable Differenzierungsmöglichkeiten gibt es viele. Das beginnt bei Pflicht- und Küraufgaben und reicht über gezielte Maßnahmen zur sozialen Differenzierung bis hin zur Aufgaben- Material- und Produktdifferenzierung im Rahmen der gängigen Lernprozesse (vgl. die Abschnitte I.2.5 und II.4.3). Der Grundgedanke bei alledem: Den Schüler/innen werden *Wahlmöglichkeiten* eröffnet, die sie in der einen oder anderen Weise nutzen können. Das mindert die Überforderungsgefahr, begünstigt die soziale Harmonie und fördert die Erfolgsaussichten insbesondere der schwächeren Kinder und Jugendlichen. Die Kehrseite dieses Wahlverfahrens ist, dass sich die Klassenmitglieder natürlich auch in recht fragwürdiger Weise aus dem Weg gehen können, indem sie vorrangig jene Aufgaben und/oder Partner auswählen, die relativ wenig Mühe, Flexibilität und/oder Sozialkompetenz erfordern. Diese »Vermeidungsstrategie« kann unter Umständen dazu führen, dass schwierige »Restgruppen« übrig bleiben, die niemand haben will. So gesehen sollte wahldifferenziertes Arbeiten und Lernen eher behutsam entwickelt werden.

1.3 Vom Segen des Arbeitsunterrichts

Ein weiteres Merkmal der neuen Lernkultur ist die Betonung der Lernarbeit der Schüler/innen. Wie in Abschnitt I.2.6 bereits angedeutet wurde, steht und fällt der Lernerfolg vieler Schüler/innen mit ihrem praktischen Tun im Unterricht. »Was der Schüler sich nicht selbst erwirkt oder erarbeitet hat, das ist er nicht und das hat er nicht« – so der Altmeister der Pädagogik, Adolf Diesterweg (zitiert nach Witzenbacher 1985, S. 17). Diese Erkenntnis gilt bis heute. Handlungsarmut und Abstraktismus sind der Feind nachhaltigen Lernens und Begreifens. Das gilt insbesondere für die unzähligen praktisch-anschaulichen Lerner, die wir in unseren Schulen sitzen haben. Die meisten von ihnen sind zwingend darauf angewiesen, dass »Kopf, Herz und Hand« zusammengebracht werden (vgl. auch Fauser u.a. 1983, S. 183 ff.). Andernfalls ist es um Motivation, Konzentration und Lernerfolg eher schlecht bestellt.

Folgt man den Untersuchungen des französischen Lernforschers Jean Piaget, so steht fest, dass Kinder zumindest bis zum elften Lebensjahr ganz elementar auf praktisches Tun und konkrete Operationen angewiesen sind, wenn sie wirksam lernen sollen (vgl. Piaget 1976). Danach sind die Heranwachsenden aufgrund ihrer zunehmenden biologischen und intellektuellen Reife zwar grundsätzlich in der Lage, auch formal-abstrakt zu operieren und entsprechende Denk- und Abstraktionsleistungen zu erbringen. Die Bedeutung der Lerntätigkeit wird dadurch jedoch nicht geschmälert. Im Gegenteil. Auch vielen Erwachsenen tut es in der Regel recht gut, über anstehende Lerngegenstände nicht nur etwas zu hören bzw. zu lesen, sondern damit auch ganz praktisch zu hantieren. Daher die ausgeprägte Handlungsorientierung z.B. in der Erwachsenenbildung oder in der betrieblichen Aus- und Weiterbildung.

Unterstrichen wird diese Akzentsetzung durch die neuere Informations- und Medienforschung. Danach behalten Menschen vor allem das, was sie unter Zuhilfenahme unterschiedlicher Lern- und Sinneskanäle selbst tun – egal, ob es sich dabei um persönliche Vorträge oder Gespräche handelt oder ob es z.B. um das Erstellen spezifischer Zeichnungen, Texte oder sonstiger Werkstücke geht (vgl. Gemmer u.a. 2004, S. 74). Die Wirksamkeit derartiger Lerntätigkeiten ist deshalb gegeben, weil dadurch vielschichtiges »Be-Greifen« induziert wird. Lerntätigkeiten begünstigen differenzierte Synapsenbildung und tragen damit dazu bei, dass nachhaltige »kognitive Handlungsschemata« entstehen (vgl. Aebli 1983, S. 184 ff.). Damit meint Aebli strategische Handlungsmuster, die die Schüler/innen durch wiederholtes Tun und Reflektieren aufbauen und sukzessive verinnerlichen. Zwar können derartige Handlungsschemata im entsprechenden Alter auch durch abstraktes Nachdenken und Kombinieren gewonnen werden; das konkrete Tun bleibt jedoch die zentrale Stütze des nachhaltigen Begreifens und Beherrschens. Aeblis Schlussfolgerung: »Schulen sollten Orte des praktischen Tuns [...], aber zugleich (auch) Orte des Nachdenkens und der Reflexion sein« (Aebli 1983, S. 227).

Das Besondere an diesem Ansatz: Er trägt nicht nur zur Effektivierung des Lernens bei, sondern auch dazu, dass der Unterricht vielschichtiger und einladender für heterogene Lerngruppen wird. Je breiter die Lerntätigkeiten der Schüler/innen streuen und je vielschichtiger ihre unterschiedlichen Sinne angesprochen werden, desto größer ist die Chance, dass sich selbst die sogenannten »Problemschüler/innen« relativ erfolgreich in das laufende Lerngeschehen einklinken können. Die Palette der entsprechenden Schülerarbeiten reicht vom Schreiben, Zeichnen, Rechnen, Nachschlagen, Protokollieren und Markieren über das Planen, Gestalten, Archivieren, Organisieren und Dokumentieren bis hin zu vielfältigen Lerntätigkeiten im kommunikativen und kooperativen Bereich wie Vortragen, Nacherzählen, Argumentieren, Debattieren, Interviewen, Zusammenarbeiten, Kritisieren und Moderieren (vgl. Abbildung 8). Diese Tätigkeitspalette eröffnet vielfältige Lernzugänge.

Die Lernarbeiten selbst sind fach- und themenzentriert angelegt und münden in der Regel in das Erstellen unterschiedlicher Lernprodukte ein. Das können *zum einen* Werkstücke in Kunst oder anderen Fächern sein. Das können *zweitens* auch fachspezifische Texte, Kommentare, Schaubilder, Übungstests, Spickzettel, Kreuzworträtsel, Plakate, Protokolle, Gedichte, Briefe, Tabellen, Mindmaps, Diagramme oder Versuchsaufbauten mit unterschiedlicher thematischer Ausrichtung sein. Das kann *drit-*

Mögliche Lernaktivitäten der Schüler/innen		
Produktives Tun	**Kommunikatives Handeln**	**Exploratives Handeln**
■ Informationen nachschlagen/exzerpieren ■ Arbeitsblätter bearbeiten/herstellen ■ Struktogramme erstellen (Tabelle, Diagramm, Schaubild) ■ Rätsel lösen bzw. herstellen ■ Plakat/Wandzeitung/ Flugblatt gestalten ■ Referat/Wochenbericht verfassen ■ Lernspiele durchführen bzw. herstellen (Puzzle, Würfelspiel etc.) ■ Kommentar/Bericht/Brief schreiben ■ Assoziationsbilder zeichnen etc.	■ Gruppengespräch/ Partnergespräch ■ Kreis- bzw. Doppelkreisgespräch ■ Stationengespräch ■ Frage-Antwort-Spiel ■ Freies/fiktives Erzählen bzw. Berichten ■ Argumentationsspiel ■ Plenardiskussion ■ Talkshow ■ Rollenspiel/Planspiel ■ Fishbowl-Gespräch ■ Pro-und-Kontra-Debatte ■ Hearing/Tribunal ■ Vortrag/Rede halten ■ Mediengestützte Präsentation etc.	■ Erkundung/Beobachtung ■ Expertenbefragung/ Interview (z. B. in der Fußgängerzone) ■ Sozialstudie/Fallstudie/ Recherche/Reportage/ Film ■ Themenzentrierte Bibliotheksarbeit ■ Projektarbeit im kommunalen Umfeld der Schule ■ Betriebs-/Sozialpraktikum ■ Exkursionen (z. B. in Geografie) etc.

Abb. 8

tens aber auch das Vorbereiten und Ausgestalten von Reportagen, Vorträgen, Referaten, Interviews, Rollenspielen, Planspielen, Hearings, Talkshows oder anderen Kommunikations- und Interaktionsverfahren betreffen. Grundsätzlich gilt: Je vielseitiger die Lernaktivitäten der Schülerinnen und Schüler sind, desto größer sind in der Regel ihre Integrations- und Erfolgschancen in den Klassen.

Die Palette der Tätigkeitsfelder ist groß. Das lässt sich aus Abbildung 8 ersehen. Sie reicht vom produktiven über das kommunikative bis hin zum explorativen Tun. Während sich das explorative Handeln eher schwer realisieren lässt, da es in der Regel aus dem Klassenzimmer herausführt und spezielle Aufsichts-, Transport- und/oder Budgetfragen aufwirft, sind dem kommunikativen und produktiven Handeln kaum Grenzen gesetzt. Hier können die Lehrkräfte ihre Angebote kräftig ausweiten, ohne dass sie deshalb besondere Kapriolen schlagen müssten.

Wichtig dabei: Die Lerntätigkeiten der Schüler/innen werden mit steigendem Alter und wachsender Routine zunehmend anspruchsvoller und komplexer. Will sagen: Je versierter die Lerner sind, desto mehr müssen sie selbst organisieren, recherchieren, entscheiden, planen, verantworten, konstruieren, reflektieren, diskutieren, kooperieren oder präsentieren. Diese Progression reicht bis hin zu anspruchsvollen Referaten, Facharbeiten oder Projektaktivitäten. Vom Einfachen zum Komplizierten, vom

Überschaubaren zum Komplexen, vom lehrergelenkten zum selbstgesteuerten Lernen – das sind die Maximen, auf die es in heterogenen Lerngruppen besonders ankommt.

1.4 Gute und schlechte Arbeitsblätter

Viele Lehrkräfte setzen auf Arbeitsblätter, um die Schüler/innen differenziert zu beschäftigen. Arbeitsblätter sollen unterschiedliche Zugänge zum Lernen eröffnen und den Schüler/innen sowohl Wahlmöglichkeiten als auch begabungsgerechte Arbeitsanlässe bieten. So weit die Theorie. Die Praxis sieht häufig jedoch deutlich anders aus. Die meisten Arbeitsblätter, die in den Schulen eingesetzt werden, sind eher eindimensional auf das Rezipieren bzw. Memorieren bestimmter Fakten gerichtet. Sie sind eng gestrickt, inhaltlich stark normiert und von der ganzen Machart her eher dazu angetan, den Schüler/innen das eigenverantwortliche Arbeiten und Denken abzunehmen. Im Klartext: Viele Arbeitsblätter bieten nichts anderes als vordergründige Beschäftigungstherapie. Das gilt vor allem für die zahllosen Lückentexte, die in den Schulen kursieren. Auch Wochenplanarbeit, Lernzirkel und Werkstattarbeit stehen in der Gefahr, von fragwürdigen Arbeitsblättern entwertet zu werden, die mit verbindlicher Informationsgewinnung, -verarbeitung und -anwendung eher wenig zu tun haben.

Diese Problemanzeigen verdeutlichen, dass Arbeitsblätter für sich genommen noch längst keinen effektiven Unterricht gewährleisten. Viele von ihnen stehen weder für effektives Arbeiten noch für nachhaltiges Lernen noch für ernsthafte Kompetenzvermittlung noch für begabungsgerechtes Fördern und Fordern im Unterricht. Von daher ist der Integrations- und Motivationseffekt der meisten Arbeitsblätter eher gering. Sie bieten Beschäftigungsanlässe, viel zu selten aber hinreichend motivierende und inspirierende Arbeits-, Denk-, Recherche-, Produktions-, Kommunikations- oder Kooperationsanstöße. Kein Wunder also, dass ein Großteil der Schüler/innen der landläufigen Arbeitsblattpädagogik eher skeptisch bis ablehnend gegenübersteht (vgl. Klippert 1999, S. 10). Warum? Zum einen wegen der anspruchslosen Aufmachung vieler Arbeitsblätter, zum Zweiten wegen ihrer häufig recht flachen Arbeitsaufträge und zum Dritten wegen der inflationären Art, mit der sie vielerorts eingesetzt werden. Das gilt vor allem für den Grundschulbereich, wo die Lehrmittelverlage seit Jahr und Tag alles daransetzen, die Flut der Arbeitsblätter nicht abreißen zu lassen.

Um jedoch Missverständnissen vorzubeugen: Hier soll nicht gegen Arbeitsblätter schlechthin votiert werden, sondern nur gegen ihren mangelhaften und inflationären Einsatz. Arbeitsblätter können sehr wohl hilfreiche Lernanlässe bieten und zum gedeihlichen Arbeiten in heterogenen Lerngruppen beitragen. Allerdings nur dann, wenn sie im besten Sinne des Wortes Nachdenken und konstruktives Lernen auslösen. Gute Arbeitsblätter müssen *produktive Arbeitsblätter* sein, d. h.: Sie müssen so gestaltet werden, dass sie die Schüler/innen in möglichst vielschichtiger Weise zum Denken und Arbeiten, Recherchieren und Exzerpieren, Strukturieren und Visualisieren, Kommunizieren und Kooperieren, Experimentieren und Problemlösen veranlassen. Und sie müssen nicht zuletzt sicherstellen, dass griffige Erfolgserlebnisse in Aussicht stehen, die den Schüler/innen Stärke und Bestätigung vermitteln. Die nachfolgenden Kriterien zeigen, in welche Richtung die Arbeitsblattentwicklung gehen muss:

■ *Unvollständigkeit:* Ein gutes Arbeitsblatt hat Aufforderungs- und Rätselcharakter. Es ist unfertig in dem Sinne, dass die Schüler/innen etwas zu seiner Fertigstellung leisten müssen. Unfertige Arbeitsblätter in diesem Sinne können Rätsel, Suchaufgaben, Kombinationsaufgaben, Rechenaufgaben, Zuordnungsaufgaben, Entscheidungsaufgaben, Brainstormingaufgaben, Planungsaufgaben, Konstruktionsaufgaben und sonstige Produktions- und Problemlöseaufgaben sein. Wichtig ist, dass die Schüler-/innen produktiv tätig werden.

■ *Prozessorientierung:* Gute Arbeitsblätter müssen so konzipiert sein, dass die Schüler/innen genügend Zeit haben, um wirklich produktiv tätig werden zu können. Das schließt das Lesen, Durchdenken und Bearbeiten vorliegender Texte, Statistiken, Schaubilder, Hypothesen, Lernpuzzles oder sonstiger Arbeitsbausteine mit ein. Ein Arbeitsblatt, in dem z. B. in fünf Minuten verschiedene Lücken auszufüllen oder einzelne Elemente mit bestimmten Farben anzumalen sind, ist in diesem Sinne kein gutes Arbeitsblatt.

■ *Informationsdichte:* Ein gutes Arbeitsblatt sichert nicht nur Informations- und Aufgabenvielfalt; es gewährleistet auch, dass die zur Bearbeitung benötigten Informationen möglichst vollständig dokumentiert sind – entweder auf dem Arbeitsblatt selbst oder in einer dazugehörigen Anlage. Die gängigen PISA-Aufgaben genügen diesem Kriterium und geben nähere Aufschlüsse darüber, was damit gemeint ist. Auch eindeutig definierte Nachschlagewerke können die nötige Informationsbasis sicherstellen helfen.

■ *Überprüfbarkeit:* Gute Arbeitsblätter haben ferner die Eigenheit, dass sie die Schüler/innen anregen und in die Lage versetzen, sich selbst zu kontrollieren oder im Wechselspiel mit anderen die nötige Ergebnisüberprüfung vorzunehmen. Diese Überprüfbarkeit kann durch Lösungsblätter oder durch gezielte Lösungs- bzw. Kontrollhinweise auf den Arbeitsblättern sichergestellt werden. Je jünger die Schüler/innen sind und je einfacher von daher die Arbeitsblätter ausfallen dürfen, desto leichter fällt gemeinhin das Formulieren eindeutiger Kontroll- bzw. Lösungshinweise.

■ *Layout:* Ein gutes Arbeitsblatt muss nicht zuletzt durch ein übersichtliches und ansehnliches Layout glänzen. Viele lieblos zusammengestückelte Arbeitsblätter, wie sie vor allem in der Vor-PC-Zeit üblich waren, genüg(t)en diesem Kriterium nicht. Einseitige Textwüsten verbieten sich von daher genauso wie überfrachtete Arbeitsblätter, die man kaum entziffern kann. Klarer Aufbau, markante Überschriften, präzise Arbeitsaufträge, übersichtlich arrangierte Informationsbausteine, ausgewogenes Wechselspiel von Text, Bild und Grafik – auf all dieses kommt es an (vgl. Klippert 1999).

1.5 Erfolgreiches Lernen braucht Zeit

Heterogenität erfolgreich zu meistern verlangt auch und nicht zuletzt ein Mehr an Lernzeit – für die Schüler/innen wie für die Lehrer/innen. Wenn die Schüler/innen tatsächlich differenziert, produktiv und kompetenzorientiert arbeiten und lernen sollen, dann kann dieses unmöglich im Rahmen der traditionellen 45-Minuten-Einheiten geschehen. Nachhaltiges Verstehen braucht Zeit und Muße. Das wird von den Verfechtern eines straffen lehrer- und stoffzentrierten Unterrichts nur zu oft übersehen. Nachhaltige Synapsen und Motivationen bilden sich nun einmal nicht dadurch, dass der vorgesehene Lernstoff in möglichst kurzer Zeit vom Lehrer durchgenommen bzw. behandelt wird. Eingängiges Lernen sieht anders aus! Trotzdem herrscht in vielen Schulen nach wie vor die irrige Meinung vor, dass das Lernen der Schüler/innen umso wirksamer verläuft, je zügiger und komprimierter der obligatorische Lernstoff »durchgenudelt« wird. Nachhaltige Lern-, Motivations- und Integrationserfolge bleiben dabei ganz zwangsläufig auf der Strecke.

Letzteres bestätigt z. B. ein dem Verfasser vorliegender Lehrprobenentwurf, der im Stundenverlauf u. a. eine Gruppenarbeitsphase vorsieht, die den Schüler/innen gerade einmal acht Minuten Zeit für das Erledigen einer bestimmten Aufgabe lässt. Welch ein Unsinn! Jeder Praktiker weiß doch, dass die meisten Gruppen bereits so viel Zeit brauchen, bis sie sich an ihren Gruppentischen eingefunden, den Arbeitsauftrag gelesen und die weiteren Arbeitsschritte abgestimmt haben. Dann ist noch keinerlei erkenntnisbringende Arbeit geleistet. Was also soll diese Hektik? Solche Zeittakte können nur deshalb als vermeintlich »erfolgreich« verbucht werden, weil es Schüler/innen gibt, die auch ohne Gruppenarbeit passable Ergebnisse präsentieren können. Nur, wie viele sind das? Und wer blickt am Ende tatsächlich durch? Genau darauf aber käme es an, wenn möglichst viele Schülerinnen und Schüler Anschluss halten und ihre persönlichen Begabungen und Interessen einbringen sollen. Als Lehrer den Lernstoff einfach abzuhaken bedeutet noch lange nicht, dass von den Schülern Nennenswertes gelernt worden ist.

Viele Unterrichtsstunden verlaufen viel zu oberflächlich und zu hektisch. Die Folge ist, dass zahlreiche Schüler/innen erst gar nicht ernsthaft anfangen mitzudenken und mitzuarbeiten, da sie ohnehin wissen, dass sie dem Tempo der Lehrer und einiger Mitschüler/innen nicht gewachsen sein werden. Diese entmutigende Perspektive wirkt gleichermaßen irritierend wie frustrierend. Dabei zeigt die Lern- und Behaltensforschung seit Jahr und Tag, dass nachhaltiges Lernen und Verstehen genau das Gegenteil brauchen, nämlich vielschichtiges Nachdenken, Reden, Schreiben, Gestalten, Forschen, Kooperieren, Experimentieren, Wiederholen etc. Ohne derartige Verweilstrecken und einprägsame Redundanzen gibt es für die meisten Schüler/innen keine hinreichenden Lernerfolge. Das bestätigt u. a. Bethany Rittle-Johnson in einer aktuellen Studie zur Bedeutung des wiederholten Erzählens und Erklärens der Kinder zum jeweiligen Lernstoff (vgl. Knopf 2008, S. 17). Diese Strategie wird in den meisten Kinderzimmern intuitiv verfolgt. Viele Kinder hören z. B. dieselbe CD zigmal an oder variieren bestimmte Sprachmuster immer wieder. Warum eigentlich? Offenbar deshalb, weil sie spüren, dass ihnen das gelassene Wiederholen und Variieren gleicher Sachverhalte oder Geschehnisse ein hohes Maß an Sicherheit und Könnensgefühl beschert.

Von daher ist es schade, dass viele Lehrkräfte so wenig bereit sind, Langsamkeit zuzulassen und auszuhalten (vgl. Rumpf 1987, S. 17 ff.). Sie nehmen sich gemeinhin viel zu wenig Zeit, um Schüler/innen zu ernsthaftem Wahrnehmen, Nachdenken und Mitmachen anzuregen. Diese Ungeduld zeigt sich vor allem gegenüber schwächeren Schülerinnen und Schülern, die nur zu schnell im Verdacht stehen, den gedeihlichen Fortgang des Unterrichts über Gebühr aufzuhalten. Falschen Antworten dieser Schüler/innen wird nachweislich anders begegnet als vergleichbaren falschen Antworten leistungsstarker Lerner (vgl. Meyer, H. 1997, S. 256). Dementsprechend kommt es immer wieder zu einem fatalen Wechselspiel von Zeitdruck, Lehrerhektik, Schülerfrust und Lernversagen. Schade! Denn wissenschaftlich erwiesen ist, dass es »[…] eine produktive Form von Langsamkeit [gibt], die geeignet ist, dauerhafte Lernfortschritte auszulösen, Scheinklarheiten zu ersetzen und die emotionale Dimension des Lernens angemessen einzubeziehen […]. Wer langsam ist […], gewinnt auch etwas dabei. Er hat Zeit, genau hinzuschauen und Selbstverständliches infrage zu stellen – so wie dies der stille Held aus Sten Nadolnys Roman ›Die Entdeckung der Langsamkeit‹ vorgeführt hat« (Meyer, H. 1997, S. 257 f.). Das wäre Lern- und Integrationsförderung im besten Sinne des Wortes.

Von daher spricht vieles dafür, dass Schulen verstärkt zu Orten des *verweilenden Lernens* werden sollten. Das schließt Üben, Wiederholen und variantenreiches Anwenden des jeweiligen Lernstoffs genauso mit ein wie das Überwinden des gängigen 45-Minuten-Taktes in Richtung Doppelstunden oder größerer Blockphasen. Die neuen Schulordnungen, Bildungsstandards und Rahmenpläne lassen solches nicht nur zu; sie legen entsprechende Akzentverschiebungen sogar nahe. So gesehen liegt es lediglich an der Courage der Lehrerkollegien, ob und inwieweit diese Gestaltungsmöglichkeiten genutzt werden. Viele Lehrkräfte verschanzen sich nach wie vor hinter dem vermeintlichen Stoffdruck und halten lieber daran fest, den traditionellen »Häppchen-Unterricht« fortzuführen. Keine Wunder also, dass sie in Stress geraten und viele Schüler/innen bestenfalls oberflächlich erreichen.

Wer nachhaltiges Lernen und breit gefächerte Schülereinbindung und -aktivierung erreichen möchte, der muss anders ansetzen und besonderes Augenmerk darauf richten, dass die Lernzeit der Schüler/innen ausreicht, um intensives und motivierendes Lernen zu gewährleisten. Wenn das Gros der Schüler/innen Anschluss halten und die eigenen Möglichkeiten und Stärken gebührend erfahren soll, dann bedarf es dazu zwingend größerer Zeit- und Arbeitstakte im Unterricht. Im Klartext: Die Schüler/innen müssen häufiger und länger an einem Stück arbeiten. Und die Lehrkräfte? Sie müssen ihrerseits lernen, sich verstärkt zurückzunehmen und ihre Unterrichtsvorbereitung dahingehend umzustellen, dass zeitintensivere Lern- und Arbeitsprozesse der Schüler/innen möglich werden.

Hilbert Meyer spricht diesbezüglich vom »Verlangsamen der Lernerfahrungen« (vgl. Meyer, H. 1997, S. 258) und meint damit das Verzögern der Handlungs- und Erkenntnisgewinnungsprozesse der Schüler/innen durch das Vorbereiten arbeits- und interaktionsintensiver Lernprozesse. Das beginnt mit stimulierenden Rätseln und Arbeitsblättern und reicht über das Planen motivierender Produktionsanlässe für die Schüler/innen (Herstellen freier Texte, Werkstücke, Zeichnungen, Plakate, Cluster, Wandzeitungen, Referate, Mappen, Versuchsaufbauten etc.) bis hin zum Erstellen und Einbringen spezifischer Lern-, Konzentrations- und Interaktionsspiele wie Legespiele, Quizspiele, Würfelspiele, Rollenspiele, Planspiele, Debatten, Hearings oder auch Stille- und Konzentrationsübungen. Wichtig dabei: Die angebotenen Aufgaben müssen zeitlich großzügig genug bemessen sein, damit die breite Masse der Schüler/innen Anschluss halten und Erfolgserlebnisse einfahren kann. Wer schneller ist, muss gegebenenfalls anderen helfen oder vorbereitete Sonderaufgaben lösen.

1.6 Lernförderung und Lehrerlenkung

Gestützt wird die skizzierte Lern- und Förderkultur durch gezielte Lenkungs- und Moderationsmaßnahmen der Lehrkräfte. So gesehen sind Lernförderung und Lehrerlenkung zwei Seiten derselben Medaille. Selbstgesteuertes Lernen wird derzeit zwar gerne als Zielfigur für modernen Unterricht angeführt; die Realisierung dieses Anspruchs liegt vielerorts jedoch noch in weiter Ferne. Vor allem die leistungsschwächeren und/oder phlegmatischen Schüler/innen sind ohne die gezielte Unterstützung und Lenkung seitens der Lehrkräfte nur zu schnell überfordert. Selbstständigkeit und Selbststeuerung sind nun einmal keine Selbstläufer. Im Gegenteil: Das Gros der Schüler/innen muss an anspruchsvollere Verfahren des selbstständigen Lernens meist erst einmal behutsam und lehrerunterstützt herangeführt werden. Das wird von den Verfechtern des selbstgesteuerten Lernens oft übersehen. »Hilf mir, es selbst zu tun!«, so hat Maria Montessori diese Erkenntnis auf den Punkt gebracht. Recht hat sie!

Die Frage ist nur, wie man Lehrerlenkung versteht. Lehrerlenkung wird fälschlicherweise oft mit Lehrerzentrierung oder gar Lehrerdarbietung gleichgesetzt. Das ist nicht nur missverständlich, sondern auch irreführend. Lehrerlenkung – wie sie hier verstanden wird – meint Rahmenlenkung im Sinne der angesprochenen »Hilfe zur Selbsthilfe«. Die Schülerinnen und Schüler sind partiell selbst verantwortlich. Sie müssen die Rahmensetzungen ihrer Lehrkräfte ausfüllen. In welchem Maße, das hängt von ihrer eigenen inhaltlichen und methodischen Versiertheit ab: Klassen mit relativ geringer Selbststeuerungskompetenz brauchen natürlich umfänglichere Instruktionen und Hilfestellungen als solche Klassen, die in Sachen »eigenverantwortliches Arbeiten und Lernen« bereits sehr geübt sind. Gleichwohl: Das Gros der Schüler/innen braucht und wünscht Lehrerlenkung.

Die Schüler/innen behalten zwar die Prozess- und Ergebnisverantwortung; ihre Lehrkräfte helfen ihnen jedoch dabei. Sie steuern und beraten, kontrollieren und kritisieren – allerdings eher defensiv. Die besagte Lehrerlenkung beginnt bei der zeitlichen und inhaltlichen Taktung der vorgesehenen Arbeitsprozesse und reicht über die gezielte Bereitstellung von Materialien, Medien und sonstigen Arbeitshilfen bis hin zu unterschiedlichen Instruktions- und Kontrollaktivitäten während der Lernprozesse. So gesehen gewährleisten die Lehrkräfte einen mehr oder weniger weit abgesteckten *Lernkorridor*, der den Schüler/innen Halt und Orientierung gibt, damit sie nicht über Gebühr verunsichert bzw. überfordert werden. Wichtig dabei: Je versierter und methodenbewusster die Schülerinnen und Schüler zu arbeiten verstehen, desto breiter fällt der jeweilige Lernkorridor aus und desto anspruchsvoller und komplexer werden die zugehörigen Lernaufgaben. Dieser Progressionsgedanke ist konstitutiv für das hier vertretene Integrations- und Förderkonzept.

Auch wenn manchen Protagonisten des offenen, selbstgesteuerten Lernens diese Version nicht weit genug geht, so ist und bleibt sie dennoch angezeigt und realistisch. Was sollen denn die hehren Vorstellungen vom selbstbestimmten Lernen, wenn die meisten Schüler/innen weder von ihrer Mentalität noch von ihren Kompetenzen her ausreichend gewappnet sind, ihr unterrichtliches Lernen in die eigenen Hände zu nehmen? Natürlich gibt es Gegenbeispiele. Natürlich finden sich in jeder Klasse einige Schüler/innen, die von sich aus über ein tragfähiges Maß an Selbstvertrauen, Eigeninitiative, Verantwortungsbewusstsein, Zielstrebigkeit, Methodenbeherrschung und Selbststeuerungsbereitschaft verfügen und daher auch ohne ernsthafte Lehrerlenkung erfolgreich zu lernen vermögen. Nur, was ist denn mit all den anderen? Was passiert mit den vielen verunsicherten, phlegmatischen, leistungsschwachen, desinteressierten und/oder verhaltensauffälligen Kindern und Jugendlichen, die ohne gezielte Lehrerunterstützung nicht allzu weit kommen? Auch sie haben ein Recht auf Bildung!

Ihnen gegenüber sind die Lehrkräfte besonders in der Pflicht. Während sich die wenigen *autonomen Lerner* in der Regel auch ohne profilierte Lehrersteuerung und -hilfen »durchzuwursteln« verstehen, sind die meisten übrigen Schüler/innen stark darauf angewiesen, dass ihnen von Lehrerseite klärende Rahmenvorgaben und Hilfestellungen geboten werden, die der drohenden Überforderung entgegenwirken. Und Überforderung ist bei vielen dieser Schüler/innen nur zu schnell erreicht. Von daher ist es ein Gebot der Fairness und der Chancengerechtigkeit, dass die Lehrkräfte als Regisseure, Berater, Helfer und Prozessbegleiter im besten Sinne des Wortes zur Verfügung stehen. Heterogene Schülergruppen können von dieser dosierten »Hilfe zur Selbsthilfe« nur profitieren.

1.7 Lernziel: Selbstgesteuertes Lernen

Damit jedoch keine Missverständnisse entstehen: Die eingeforderte Lehrerlenkung bedeutet nicht, dass vom Ziel des selbstgesteuerten Lernens abgerückt wird. Der *autonome Lerner,* der selbstbestimmt, selbstbewusst und selbstorganisiert zu arbeiten und zu lernen versteht, ist und bleibt das Fernziel – auch unter den Vorzeichen heterogener Lerngruppen. Allerdings ist die Forderung nach selbstgesteuertem Lernen eine eher perspektivische Angelegenheit mit Prozesscharakter. Wie weit die Eigenverantwortlichkeit der Schüler/innen jeweils geht, ist offen und gestaltbar. Je nachdem, welche inhaltliche und methodische Souveränität sie besitzen, werden sie natürlich belastbarer oder weniger belastbar sein. Selbststeuerung muss von daher behutsam entfaltet werden. Sie beginnt bei der Übernahme ganz kleiner Verantwortungssegmente (Überschriften finden, Begriffe zuordnen, Lernpuzzle zusammensetzen, Arbeitsblatt bearbeiten etc.) und reicht bis hin zur autonomen Bewältigung diffiziler Projekte und/oder Forschungsarbeiten.

Diese Entwicklungsperspektive ist deshalb wichtig, weil ansonsten die Gefahr besteht, dass viele Schülerinnen und Schüler von vornherein abgeschrieben werden. Selbststeuerung darf daher keine idealistische Verabsolutierung erfahren, sondern muss als pädagogisches Fern- und Lernziel verstanden werden – als Lernziel, das der methodischen Grundlegung und Vorbereitung bedarf. Egal, ob es nun um Gruppenunterricht, Schülerdiskussionen oder Schülerpräsentationen geht; egal auch, ob die Schüler/innen zu recherchieren, zu markieren, zu konstruieren, zu experimentieren oder zu visualisieren haben – stets brauchen sie einschlägige »skills«, die ihnen helfen, mit den gestellten Anforderungen möglichst konstruktiv und effektiv zurechtzukommen. Sind diese Werkzeuge nicht oder nur unausgegoren verfügbar, so werden sich beinahe zwangsläufig Friktionen, Probleme und/oder Motivationsverluste einstellen, die den angestrebten Lernerfolg der Schüler/innen unnötig beeinträchtigen.

Einschlägige »Skill-Trainings« wirken diesen Schwachpunkten entgegen. Wie sie ablaufen können, wird in Abschnitt II.5.2 dieses Buches ausgeführt (vgl. dazu ferner die Trainingshandbücher Klippert 1994, 1995 und 1998). Im Zentrum der besagten Basisschulungen steht ein relativ weit gefasster Kompetenzbegriff, der von der Sachkompetenz über die Methoden- und Sozialkompetenz bis hin zur personalen Kompetenz reicht (vgl. Abb. 9). Diese Teilqualifikationen konstituieren zusammengenommen die *Lernkompetenz*. So gesehen umfasst Lernkompetenz nicht nur fachliche, methodische und soziale Kompetenzen, sondern auch und zugleich motivationale und mentale Dispositionen und Fähigkeiten, die die Schüler/innen brauchen, wenn sie engagiert und erfolgreich lernen sollen (vgl. Weinert 2001, S. 27 f.). Das schließt Selbstwertgefühl und Leistungsbereitschaft genauso mit ein wie Eigeninitiative, Durchhaltevermögen, Verantwortungsbewusstsein und andere Momente von »Selbstkompetenz« (vgl. Czerwanski u. a. 2002, S. 29 ff.).

Gelernt wird dies alles am besten dadurch, dass die Schüler/innen einschlägige *Erfahrungen* sammeln, die ihnen helfen, die entsprechenden Dispositionen und Fertigkeiten aufzubauen. »Learning by Doing« – das ist die Devise. Wenn die Schüler/innen ihre fachlichen, methodischen, sozialen, kommunikativen und emotionalen Potenziale tatsächlich hinreichend mobilisieren sollen, dann müssen sie möglichst oft und konsequent in sehr praktische Übungs- und Klärungsprozesse verstrickt werden. Dieses »Trial and Error« stellt sicher, dass die Schüler/innen zur nötigen strategischen Klarheit, Sicherheit und Anwendungsbereitschaft gelangen. Schaffen sie das nicht, so sind viele von ihnen weder bereit noch in der Lage, anspruchsvollere Formen des selbstgesteuerten Lernens in Angriff zu nehmen. Insofern hat die angedeutete Methodenschulung eine wichtige Stützfunktion im Hinblick auf das kompetente Bewältigen diffiziler fachlicher wie methodischer Herausforderungen. Im Klartext: Selbststeuerung und Methodenlernen sind zwei Seiten derselben Medaille.

Dimensionen von Lernkompetenz		
Sach- und Methodenkompetenz	**Soziale Kompetenz**	**Personale Kompetenz**
■ Informationen beschaffen, erfassen, bearbeiten und beurteilen (nachschlagen, markieren etc.) ■ Arbeits- und Sachstrukturen erkennen, entwickeln und gestalten (ordnen, gliedern etc.) ■ Wissen einprägen, vernetzen und behalten (memorieren, strukturieren, visualisieren etc.) ■ Arbeits- und Zeitpläne erstellen und nutzen ■ Problemlösungsstrategien erkennen und anwenden	■ Konstruktiv und regelgebunden im Team arbeiten (helfen, organisieren, moderieren etc.) ■ Konstruktiv und regelgebunden kommunizieren (zuhören, argumentieren, Blickkontakt halten etc.) ■ Vorträge in kleineren oder größeren Gruppen halten (laut und deutlich reden, Mimik und Gestik einsetzen, Zuhörer fesseln etc.) ■ Konflikte ansprechen und überzeugend beheben (Kritik üben, Kritik annehmen etc.)	■ Sich fürs eigene Lernen motivieren (Neugierde entfalten, Eigeninitiative entwickeln etc.) ■ Eigene Stärken und Schwächen erkennen (Lerntagebuch führen, Reflexionen anstellen etc.) ■ Frustrationstoleranz entwickeln (mit Misserfolgen umgehen lernen, Kritik annehmen lernen, flexibel sein etc.) ■ Eigene Lern- und Verhaltensziele setzen (Selbstdiagnosen anstellen, Ziele vereinbaren etc.)

(vgl. Czerwanski u. a., 2002, S. 33f.)

Abb. 9

»Je sicherer Schülerinnen und Schüler sind und je umfangreicher ihr Repertoire an Teilkompetenzen ist, umso eher kann der Lehrer oder die Lehrerin Entscheidungen den einzelnen Lernenden überlassen [...] Je nach Entwicklungsstand ist der Lehrer oder die Lehrerin dann stärker in der vorgebenden, aktivierenden oder begleitenden Rolle« (Höfer/Madelung 2006, S. 55). Diesem Plädoyer für eine behutsame Entwicklung der Selbststeuerungskompetenz der Kinder und Jugendlichen kann hier nur beigepflichtet werden. Wer zu viele Schüler/innen einer Klasse absehbar überfordert, der leistet sich und den betreffenden Lernern letztlich einen Bärendienst. Warum? Weil die Aufforderung zum selbstgesteuerten Lernen letztlich nur für jene stimulierend ist, die über die entsprechenden intellektuellen und instrumentellen Ressourcen verfügen. Verunsichert und/oder frustriert werden dagegen all jene, die der eingeforderten Selbstverantwortung und Selbststeuerung nicht oder nur unzureichend gewachsen sind. Von daher ist der sukzessive Aufbau von Selbststeuerungskompetenz und Selbststeuerungsbereitschaft zwingend geboten.

Dabei empfiehlt sich eine »Strategie der kleinen Schritte«, damit das Gros der Schüler/innen auch tatsächlich mitkommt. Diese Strategie sieht so aus, dass die Lern- und Verantwortungskorridore der Schüler/innen in dem Maße erweitert werden, wie sich ihre methodischen Basiskompetenzen entwickeln. Gleichzeitig wird das Instrument des wechselseitigen Lehrens und Lernens im Klassenverband mehr und mehr entwickelt und genutzt (vgl. Abschnitt I.3.5). Beide Strategien sind Stütze und Gewähr dafür, dass den Schüler/innen ein Mehr an Selbststeuerung und Eigenverantwortung abverlangt werden kann. Ein Beispiel dazu: Müssen die Schüler/innen in einer ersten Stufe z.B. eine einfache Tabelle zur Zusammenfassung eines gut strukturierten Sachtextes entwickeln, so kann ihre Aufgabe in Stufe zwei z.B. darin bestehen, dass sie eine komplexere Visualisierung zu mehreren vorliegenden Komplementärmaterialen zu kreieren haben, ehe ihnen in Stufe drei womöglich aufgetragen wird, zu einem bestimmten Thema zunächst selbst zu recherchieren, dann zu visualisieren und schließlich in einer möglichst überzeugenden Form zu präsentieren – im Tandem oder im Team.

Diese sukzessive Steigerung der Anforderungen ist im Regelfall unerlässlich. Das gilt vor allem dort, wo in einer Klasse verhältnismäßig viele leistungsschwächere, lerngeschädigte und/oder milieubedingt benachteiligte Schüler/innen beisammensitzen. Unter solchen Vorzeichen muss der Anspruch der Selbststeuerung ebenso behutsam wie zielstrebig entwickelt und umgesetzt werden, sollen die differierenden Lern- und Leistungspotenziale der unterschiedlichen Schüler/innen nicht ungenutzt unter dem Tisch bleiben. Selbstvertrauen und Selbststeuerung müssen nun einmal sukzessive gelernt und eingeübt werden. Sie vorschnell vorauszusetzen führt nicht wirklich weiter. Die meisten Schüler/innen können zwar potenziell deutlich mehr als das, was sie uns im alltäglichen Schulbetrieb zeigen. Sie rufen ihr Potenzial häufig jedoch nur unzulänglich ab – sei es nun, weil sie sich nicht trauen, oder sei es auch, weil ihnen der nötige methodische und fachliche Durchblick fehlt.

Selbstgesteuertes Lernen ist eine Entwicklungsaufgabe. Wer als Lehrer klein und beharrlich beginnt, hat gute Chancen, dass die Schüler/innen zunehmend selbstbewusster und erfolgreicher werden. Diese Entwicklungsperspektive ist tröstlich. Brauchen einzelne Schüler/innen anfangs vielleicht noch eine recht enge Lenkung und Reglementierung durch die Lehrperson, so sind viele von ihnen schon bald so weit, dass ihnen vergleichsweise weitmaschige Rahmenvorgaben des Lehrers genügen, um relativ sicher und effizient ans Werk zu gehen.

Fazit: Selbststeuerung muss gelernt und immer wieder geübt werden. Die Chancen, dass sich mit dieser »Strategie der kleinen Schritte« zunehmend mehr Schülerinnen und Schüler erreichen und motivieren lassen, stehen nicht schlecht. Das ist gerade für heterogene Lerngruppen eine nicht zu unterschätzende Erfolgsperspektive.

1.8 Klarstellungen zur Förderaufgabe

Die skizzierte Lern- und Integrationsförderung wird meist allein den Lehrkräften angelastet. Das ist gleichermaßen problematisch wie unrealistisch. Die Lehrkräfte sollen die einzelnen Schüler/innen intensiv beobachten, ihre Stärken und Schwächen diagnostizieren, individuelle Förderpläne erstellen, korrespondierende Lernmaterialien und Aufgaben entwickeln, aufwändige Portfolios nutzen sowie den einzelnen Schüler/innen eine möglichst differenzierte Lernberatung angedeihen lassen.

Wie bitteschön soll das bei laufendem Schulbetrieb gehen? Wer die unterrichtlichen Rahmenbedingungen in Deutschlands Schulen kennt, weiß um die Unmöglichkeit einer derartigen *lehrerzentrierten Förderarbeit*. Deshalb sind pragmatischere Förderkonzepte nötig. Wenn eine Lehrkraft durchschnittlich 25 bis 30 Schüler/innen zu unterrichten hat, dann mangelt es schlicht und einfach an Muße und Gelegenheit, die einzelnen Lerner gebührend wahrzunehmen, zu beobachten, einzuschätzen und zu beraten. Das mag in anderen OECD-Ländern durchaus möglich sein, wo Doppelbesetzungen und/oder pädagogische Assistent/innen zum Alltag gehören. In Deutschland hingegen ist eine derartige exzessive Individualförderung durch die allein zuständige Lehrperson eher illusorisch. Und an dieser Alleinzuständigkeit wird sich vermutlich auch so schnell nichts ändern. Von daher muss die Förderaufgabe hierzulande anders interpretiert und angegangen werden.

Wichtig dabei ist die Unterscheidung zwischen *direkter* und *indirekter* Förderung. Während der direkten Schülerförderung durch den einzelnen Lehrer im Regelfall enge Grenzen gesetzt sind, lässt sich indirekt eine ganze Menge an Unterstützung mobilisieren. Sei es nun, dass die Lehrkraft differenzierte Aufgaben, Materialien oder sonstige Lernhilfen vorbereitet, oder sei es auch, dass sie wirksame Kooperations-, Kontroll- und Helfersysteme in den Klassen aufbaut, die ein wechselseitiges Fördern und Fordern der Schüler/innen begünstigen. Auf die entsprechenden Kooperations-, Moderations- und Qualifizierungsstrategien wird in den Kapiteln II.3 bis II.5 noch näher eingegangen werden. Die Besonderheit dieser indirekten Förderung ist, dass den Lehrkräften die Alleinverantwortung für jedes einzelne Kind abgenommen wird. Andernfalls drohen einschneidende Überforderungseffekte. Wirksame Förderstrategien müssen machbar sein! Das gilt sowohl im Hinblick auf die persönliche Betreuungsaktivitäten der Lehrkräfte als auch in Bezug auf ihren förderspezifischen Vorbereitungsaufwand. Dieses Machbarkeitskalkül wird bei den bisherigen Empfehlungen zur Arbeit mit heterogenen Lerngruppen zu wenig berücksichtigt.

Die Mobilisierung heterogener Lerngruppen hat de facto nur dann eine Chance, wenn die entsprechenden Verfahren alltagstauglich sind, d.h.: Sie müssen unter den in der Regel recht restriktiven Bedingungen des Lehreralltags zu bewältigen sein. Das schließt pädagogische Machbarkeit und zeitökonomische Verfahren gleichermaßen mit ein. Gegen dieses Kriterium der Alltagstauglichkeit wird von vielen Schul- und Unterrichtsentwicklern seit Jahr und Tag nachgerade sträflich verstoßen. Viele Reformansprüche und -empfehlungen werden derart idealisiert ausgewiesen, dass sie auf das Gros der schulischen Akteure eher abschreckend wirken. Das gilt für die Schüler- wie für die Lehrerseite. Hilbert Meyer spricht diesbezüglich von der »Vorherrschaft der Feiertagsdidaktiken« (vgl. Meyer, H. 2001, S. 119) und meint damit u. a. die Studienseminare, wo es nach wie vor zum guten Ton gehört, eher abgehobene Ansprüche und Verfahrensweisen in den Mittelpunkt zu rücken. »Zu perfektionistisch, zu aufwändig, zu realitätsfern« – so die gängige Kritik der Betroffenen.

Die Geschichte der Schulpädagogik bietet zahllose Belege dafür, dass alltagsferne Reformoptionen der erwähnten Art mit hoher Wahrscheinlichkeit ignoriert bzw. ausgesessen werden. »Wer für den nächsten Schulvormittag vier oder fünf, vielleicht sogar sechs oder sieben Einzelstunden vorbereiten muss, wird neben der Hausaufgabenkontrolle, dem Vorbereiten und Kontrollieren von Klassenarbeiten, dem Herstellen von Lernmaterialien und anderem mehr kaum sehr viel länger als 50 bis 60 Minuten Zeit für die unmittelbare Planung der Einzelstunden aufwenden können« (Meyer, H. 2001, S. 123; vgl. ferner Haas 1998, S. 25 f.).

Wie soll ein solcher Lehrer zudem noch spezifische Förderpläne, -materialien und -beratungen für die einzelnen Schüler/innen sicherstellen können? Ein derartiger Aufwand mag anlässlich von Lehrproben und sonstigen Visitationen gelegentlich mal möglich sein. Alltagstauglich ist er deshalb jedoch noch lange nicht. Im Gegenteil, die Crux derartiger »Arbeitsbeschaffungsmaßnahmen« ist, dass sie nicht nur überfordernd wirken; sie tragen auch und zugleich dazu bei, dass viele Lehrkräfte ihre Reformbestrebungen vorschnell einstellen. Das ist insofern fatal, als heterogene Schülergruppen in besonderer Weise darauf angewiesen sind, dass sich ihre Lehrkräfte positiv und innovativ auf ihre spezifischen Belange und Talente einlassen.

Alltagstauglichkeit sieht anders aus. Alltagstauglichkeit muss vor allem darauf zielen, das breite Mittelfeld in den Kollegien zu gewinnen und mitzunehmen. Sie muss die vielen Zauderer und Bedenkenträger in den Kollegien möglichst so ansprechen und überzeugen, dass diese sich bereitfinden, die bestehende Heterogenität in den Klassen als persönliche Chance und Herausforderung anzunehmen und entsprechende innovative Vorkehrungen zu treffen. Andernfalls läuft nichts. Da dieses »Mittelfeld« in den meisten Kollegien jedoch leicht 60 bis 80 Prozent des jeweiligen Lehrkörpers ausmacht, wird deutlich, wie schwierig die damit verbundene Motivations- und Innovationsaufgabe ist. Von daher sind pragmatische und machbare Strategien nachgerade unerlässlich. Wer das breite Mittelfeld in den Kollegien nicht gewinnt, der hat den pädagogischen Aufbruch bereits verspielt, auf den es im Zusammenhang mit heterogenen Lerngruppen so dringlich ankommt. Von daher gehört es zu den ehernen Gesetzen eines erfolgreichen Innovationsmanagements, dass das besagte Mittelfeld durch möglichst überzeugende zeit- und arbeitsökonomische Verfahrensweisen zum Mitmachen veranlasst werden muss. Andernfalls bleibt die skizzierte Förderung heterogener Lerngruppen weitgehend Makulatur. Die Ausführungen und Ansätze in den nachfolgenden Kapiteln II.2 bis II.6 tragen diesem Primat der Alltagstauglichkeit Rechnung.

1.9 Wo man konkret ansetzen kann

Vor dem Hintergrund der skizzierten Überlegungen lassen sich vier zentrale Ansatzpunkte für das Arbeiten mit heterogenen Lerngruppen benennen (vgl. Abb. 10; vgl. auch Vollstädt 2009, S. 12).

- Der erste Ansatzpunkt betrifft das wahldifferenzierte individuelle Arbeiten und Lernen im Unterricht. Damit gemeint ist, dass den Schüler/innen unterschiedliche Aufgaben, Materialien und sonstige Arbeitsanlässe zur Wahl gestellt werden, die sie

Die vier Ebenen der Lern- und Integrationsförderung			
1. Förderung wahldifferenzierten Lernens	2. Förderung der Schülerkooperation	3. Förderung vernetzter Lerntätigkeiten	4. Förderung basaler Lernkompetenzen
■ Freiarbeit ■ Werkstattarbeit ■ Wochenplan ■ Lernzirkelarbeit ■ Projektarbeit ■ Portfolioarbeit	■ Partnerpuzzle ■ Partnerinterview ■ Lerntempoduett ■ Gruppenpuzzle ■ Gruppenrallye ■ Gruppenanalyse	■ Produktives Tun ■ Kommunizieren ■ Recherchieren ■ Konstruieren ■ Strukturieren ■ Präsentieren	■ Lerntagebuch ■ Methodentraining ■ Kompetenzchecks ■ Lernverträge ■ Förderpläne
etc.	etc.	etc.	etc.
⇩	⇩	⇩	⇩
Individualisierung und Differenzierung im Unterricht	Ausbau des kooperativen Arbeitens und Lernens	Vernetztes Lernen im Rahmen von »Lernspiralen«	Entwicklung von Methodenkompetenz und Methodenbewusstsein

Abb. 10

begabungs- und interessenabhängig bearbeiten können. Methodisch reicht dieser Ansatz von der fächerübergreifenden Freiarbeit über die Werkstatt-, Wochenplan-, Projekt- und Lernzirkelarbeit bis hin zum Aufbau individueller Portfolios. Näheres dazu wird im nachfolgenden Kapitel II.2 ausgeführt.

■ Der zweite zentrale Ansatzpunkt betrifft die Förderung kooperativer Lernabläufe im Fachunterricht. Der Grundgedanke dabei: Wer die Schüler/innen geschickt und konsequent anhält, miteinander und voneinander zu lernen, der kann die bestehenden Begabungs- und Interessendifferenzen in den Klassen sehr viel besser überbrücken, als das im Rahmen des herkömmlichen lehrerzentrierten Unterrichts möglich ist. Die korrespondierende methodische Palette reicht von diversen Formen der Partnerarbeit bis hin zu Gruppenpuzzle, Gruppenrallye und Gruppenanalyse. Gemeinsam ist allen diese Methoden, dass sie die Schüler/innen ebenso gezielt wie verbindlich zum kooperativen Arbeiten und Lernen im jeweiligen Fach veranlassen. Das stützt die Schwächeren und stärkt die Cleveren. Näheres zu diesem Ansatz wird in Kapitel II.3 dargelegt.

■ Der dritte zentrale Ansatzpunkt rückt die integrationsfördernde Wirkung handlungsbetonter Lernverfahren in den Vordergrund. Die Grundüberlegung dabei: Je vielschichtiger und vernetzter die Lerntätigkeiten der Schüler/innen sind, desto größer ist die Chance, dass sich alle irgendwo und irgendwie einklinken können. Unterschiedliche Begabungen, Neigungen und Interessen kommen zum Zug. Gearbeitet wird in der Regel am gleichen Thema und Leitmaterial, allerdings in durchaus differenzierter Weise. Diese Differenzierung betrifft sowohl das soziale Miteinander als auch die unterschiedlichen Lerntätigkeiten der Schüler/innen im Unterrichtsverlauf. Sozialformwechsel, Zwischenkontrollen und vielfältige Formen Wissensanwendung runden diesen tätigkeitsorientierten Unterricht ab. Das methodische Instrument, mit dem diese Förder- und Integrationsarbeit bewerkstelligt wird, ist die sogenannte *Lernspirale*. Damit gemeint ist das vielschichtige Sich-Hineinbohren der Schüler/innen in den jeweiligen Lerngegenstand. Näheres dazu findet sich in Kapitel II.4.

■ Der vierte zentrale Ansatzpunkt zur Verbesserung der Arbeit in heterogenen Gruppen betrifft die Stärkung der individuellen Lernkompetenz. Schüler/innen, die ihre Stärken und Schwächen kennen und über eine möglichst abgeklärte persönliche Lern- und Arbeitsmethodik verfügen, werden sich beim Lernen in der Regel deutlich leichter tun als diejenigen, die auf einschlägige Impulse und Hilfen ihrer Lehrkräfte angewiesen sind. Je reflektierter und versierter die Schüler/innen zu lernen und zu arbeiten verstehen, desto größer ist die Chance auf wirksame Selbstmotivation und Selbststeuerung. Von daher muss ein auf breit gefächerte Schülereinbindung ausgerichteter Unterricht möglichst konsequent darauf zielen, die Lernkompetenzen der Schülerinnen und Schüler zu verbessern. Dazu gehören auch spezielle Förder- und Beratungsangebote von Lehrerseite. Näheres zu diesem Förder- und Integrationsansatz wird in Kapitel II.5 dargelegt werden.

2. Förderung individueller Wahlarbeiten

Dieses Kapitel gibt Einblicke in die Chancen und Grenzen des individuellen Arbeitens auf der Basis individueller Wahlaufgaben. Individualisierung in diesem Sinne verlangt also Wahlmöglichkeiten und individuelle Zugänge zum jeweiligen Lernstoff. Zahlreiche Verlage bieten diesbezüglich Unmengen an Materialien und konkreten Kopiervorlagen für einen differenzierenden Unterricht an, der den Schüler/innen begabungs- und interessengerechte Arbeits- und Übungsmöglichkeiten eröffnen soll. Die entsprechenden Verfahrensvorschläge sind ebenso interessant wie problematisch. Interessant, weil sie konkrete Wege und Möglichkeiten aufzeigen, wie die Schüler/innen zur selbstständigen Lernarbeit veranlasst werden können. Problematisch, weil viele dieser Anregungen unübersehbar in der Gefahr stehen, zu fragwürdigen Beschäftigungsprogrammen für die Lehrer- wie für die Schülerseite zu werden. Diese Ambivalenz wird in den nachfolgenden Abschnitten deutlich werden.

2.1 Konzeptionelle Vorbemerkungen

Individualisiertes Arbeiten und Üben setzt differenzierte Aufgaben, Materialien und sonstige Lernangebote voraus, die von Lehrerseite entwickelt bzw. beschafft werden und die den Schüler/innen zur wahlweisen Nutzung und Bearbeitung zur Verfügung stehen. Dadurch entstehen differenzierte Vorgehensweisen der Schülerinnen und Schüler. Bei der Differenzierung selbst wird zwischen äußerer und innerer Differenzierung unterschieden. Die äußere Differenzierung beginnt bei den schulartspezifischen Lehrplänen und reicht bis hin zur schulinternen Bildung von Kursen und Niveaugruppen. Diese äußere Differenzierung ist in Teil I bereits hinreichend problematisiert worden und soll daher hier nicht weiter thematisiert werden. Im Folgenden geht es ausschließlich um die schulinterne *Binnendifferenzierung*, d.h. um das Einbringen unterschiedlicher Aufgaben, Arbeitsblätter, Methoden, Materialien, Sozialformen und Schwierigkeitsgrade in den alltäglichen Unterricht (vgl. Paradies 2003, S. 21 f.). Diese Binnendifferenzierung ist eine der zentralen Stellschrauben, mit denen Lehrkräfte der Heterogenität in den Klassenzimmern entgegentreten können.

Kern dieses Differenzierungs- und Individualisierungsansatzes ist, dass den Schüler/innen innerhalb gewisser Rahmengegebenheiten Wahlmöglichkeiten eröffnet werden, die das Nutzen persönlicher Begabungen, Neigungen und Interessen erlauben. Auf diese Weise sollen Motivation, soziale Integration und erweiterte Lernerfolge für möglichst alle Schüler/innen sichergestellt werden. Wichtige Kriterien bzw. Ansätze der Binnendifferenzierung sind:

■ *Aufgabendifferenzierung:* Damit ist gemeint, dass die Schüler/innen aus einem Kontingent an Aufgabenstellungen das auswählen können, was sie bearbeiten möchten. Die Auswahlmöglichkeiten betreffen sowohl die Art der Fachinhalte als auch den Typus und Schwierigkeitsgrad der einzelnen Aufgabenstellungen. Pflicht- und Küraufgaben gehören ebenso dazu wie Aufgaben mit unterschiedlichen Aufgabenniveaus (A-B-C-Aufgaben) oder spezifische Zusatzaufgaben, die u. a. für besonders schnelle Lerner zur Verfügung stehen. Der Vorteil der Aufgabendifferenzierung: Die Schüler-/innen können eigenen Präferenzen folgen. Ein möglicher Nachteil: Sie weichen ungeliebten Aufgabenstellungen aus oder hängen sich höchst vordergründig an befreundete Mitschüler/innen an.

■ *Lernmitteldifferenzierung:* Damit ist gemeint, dass sich die Schüler/innen wahlweise unterschiedlicher Lern- und Arbeitshilfen bedienen können. Das können z. B. unterschiedliche Bücher, Texte, Arbeitsblätter, Werkzeuge, Hörkassetten, Experimentierbaukästen oder Lernsoftware-Angebote sein. Auch hier können die Schüler/innen eigenen Neigungen, Begabungen und Präferenzen folgen. Der Nachteil: Die Lernmittelbeschaffung kann sehr aufwändig werden – und sie führt nicht selten dazu, dass das korrespondierende »freie Arbeiten« zu einer recht flachen Einzelarbeit verleitet.

■ *Soziale Differenzierung:* Diese Differenzierungsart zielt auf die Wahl der jeweiligen Lernpartner/innen durch die einzelnen Schüler/innen. Meist tendieren die Schüler-/innen dahin, befreundete bzw. ihnen sympathische Mitschüler/innen auszuwählen. Die dadurch entstehenden Neigungs- bzw. Sympathiegruppen sind positiv und fragwürdig zugleich. Positiv deshalb, weil die Lernmotivation vieler Schüler/innen nicht unwesentlich davon abhängt, mit wem sie zusammenarbeiten dürfen bzw. müssen. Können sich die Schüler/innen ihre Lernpartner selbst auswählen, so besteht die Chance auf ein relativ harmonisches Arbeiten und Lernen. Ob das allerdings auch effektiv ist, muss dahingestellt bleiben. Ausgeprägte Vertrautheit kann durchaus auch träge machen und lernverhindernd wirken. Warum? Weil Neigungspartner nur zu oft davor zurückschrecken, sich wechselseitig zu kritisieren und in die Pflicht zu nehmen. Von daher sollten Neigungsgruppen eher die Ausnahme sein und Zufallsgruppen eher die Regel bilden.

■ *Tätigkeitsdifferenzierung:* Damit ist gemeint, dass die Schüler/innen im Lernprozess unterschiedliche Lerntätigkeiten zur Auswahl haben, die sie in der einen oder anderen Weise nutzen können. Wer stärker praktisch begabt ist, findet ebenso etwas wie derjenige, der eher theoretisch arbeiten möchte oder aber vielleicht dahin tendiert, sich lieber der Sprache oder der Zusammenarbeit mit anderen zu bedienen. Je breiter das Tätigkeitsspektrum ist, welches in den einzelnen Unterrichtsstunden zur Verfügung steht, desto besser. Die Gefahr jedoch: Nicht wenige Schüler/innen tendieren dahin, immer gleiche Lerntätigkeiten zu wählen und ganz vorrangig das zu tun, was sie bereits relativ gut können.

■ *Produktdifferenzierung:* Dieser Ansatz stellt darauf ab, dass die Schüler/innen selbst festlegen können, welches Lernprodukt am Ende ihres Arbeitsprozesses stehen soll. Soll es ein Plakat, eine Folie, ein Text, eine Wandzeitung, eine Tabelle, ein Diagramm oder irgendein anderes Sachprodukt sein? Oder soll der betreffende Lernprozess vielleicht in einen Vortrag, ein Interview, ein Rollenspiel oder in eine Diskussion einmünden? Der Vorteil dieser Wahlmöglichkeiten: Die Schüler/innen können sich auf Produkte spezialisieren, die ihnen gut liegen und die sie deshalb auch am meisten zu motivieren vermögen. Die Kehrseite dieses Vorteils: Die Schüler/innen können über Gebühr auf Vertrautes ausweichen und ernsthafte neue Herausforderungen und Versuche meiden. Von daher sollten sich die Lehrkräfte im Schulalltag nicht scheuen, alternative Lernprodukte vorzugeben oder zumindest plausible Produktkontingente für die Schüler/innen zu definieren.

Die angedeuteten Wahlmöglichkeiten garantieren freilich noch keine effektive Schülerarbeit. Hinzukommen müssen zwingend tragfähige Lernkompetenzen, die die Schüler/innen zum durchdachten Arbeiten und Üben befähigen. Das gilt in intellektueller wie in methodischer, in sozialer wie in affektiver Hinsicht. Wie Peter M. Roeder in seiner Zusammenfassung verschiedener Studien zur Differenzierungsarbeit in Gesamtschulen feststellt, gewährleistet ein hohes Niveau an innerer Differenzierung noch lange nicht, dass auch die fachlichen Leistungen der Schülerinnen und Schüler erkennbar besser werden (vgl. Roeder 1997). Hinter diesem Befund stehen u. a. zwei Erklärungsansätze: *Erstens* mangelt es vielen Lehrkräften an der nötigen emotionalen Bejahung der skizzierten Differenzierungsarbeit, sodass den Schüler/innen nicht selten falsche Signale gegeben werden; und *zweitens* fehlen vielerorts geeignete Methoden, Aufgabenstellungen und Übungsmaterialien, die eine intensive fachbezogene Lern- und Differenzierungsarbeit gewährleisten (vgl. Meyer, H. 2004, S. 102).

So gesehen ist differenzierender Unterricht alles anderes als ein Selbstläufer. Binnendifferenzierung mag ein hilfreicher Ansatz für das Arbeiten in und mit heterogenen Lerngruppen sein; eine Erfolgsgarantie bietet sie indes nicht. Das wird von den Verfechtern des Differenzierungs- und Individualisierungsgedankens häufig übersehen. Vor allem der ausgeprägte Vorbereitungs-, Kontroll- und Bewertungsaufwand, der damit verbunden ist, ist für viele Lehrkräfte mehr als abschreckend. Hier ist angesichts der aktuellen Belastungen im Lehrerberuf höchste Vorsicht geboten, soll der gesamte Differenzierungsgedanke nicht über Gebühr in Misskredit geraten. Differenzierung und Individualisierung sind notwendig – kein Zweifel. Die Frage ist nur, unter welchen Prämissen und mit welchem Anspruch dieses geschieht. Will man möglichst allen Schüler/innen passgenaue Wahlmöglichkeiten eröffnen, so ist die Überforderung der meisten Lehrkräfte schnell programmiert. Die verbreitete Klage über die alltäglichen Materialschlachten in der Schule sollte Warnung genug sein.

Außerdem besteht bei den skizzierten Differenzierungs- und Individualisierungsverfahren die nicht zu unterschätzende Gefahr, dass das Wahlverhalten der Schüler-/innen genau das spiegelt, was eh schon da ist. Die Schwachen wählen einfache, die Starken schwierige Aufgaben; die Motivierten zeigen Eigeninitiative, die Phlegmatiker weichen eher aus; die Kreativen tendieren zu künstlerischen Tätigkeiten, die Mathematik-Freaks suchen eher die logisch-mathematischen Herausforderungen. Gewählt wird, was den Vordispositionen entspricht. Das begünstigt eher Desintegration als nachhaltige Integration und Förderung. Dieser »Wiederkehr des immer Gleichen« muss durch geeignete Steuerungs- und Reglementierungsmaßnahmen entgegengewirkt werden. Andernfalls bleibt der Anspruch auf Chancengerechtigkeit und wirksame Begabungsförderung noch lange eine leere Forderung. Wie diese Rahmensteuerung aussehen kann, wird in den Kapiteln II.3 und II.4 konkretisiert werden.

2.2 Freies Arbeiten als Perspektive

Das am weitesten gehende Wahlangebot betrifft das freie Arbeiten in ungebundener Form. Dieser Ansatz ist vor allem im Grundschulbereich und in den Orientierungsstufen verbreitet. Die Schüler/innen können in speziellen Freiarbeitsstunden unterschiedliche Lern- und Arbeitsfelder besetzen (vgl. Abb. 11) und wahlweise die eine oder andere Aufgabe bearbeiten. Dieses begabungs- und interessenabhängige Lernen kann fachspezifisch oder fachübergreifend angelegt sein, je nachdem, wie die verantwortlichen Lehrkräfte das zeitliche und inhaltliche Spektrum des freien Arbeitens abstecken. Voraussetzung dieser Arbeitsweise ist, dass den Schüler/innen entsprechend reichhaltige Materialien, Medien, Arbeitsblätter und sonstige Arbeitsmittel zur Verfügung stehen. Die Lerner entscheiden selbst, was sie wann, mit wem, in welcher Weise und mit welcher Zielsetzung angehen wollen. Die Hauptsache ist, dass sie etwas Lernrelevantes tun. Sie können Lernspiele nutzen, interessante Bücher lesen oder auch in anderer Weise freies Üben, Gestalten, Forschen, Lesen, Schreiben, Debattieren oder Recherchieren praktizieren (vgl. Abb.11).

Freies Arbeiten muss sich aber nicht nur auf spezielle Freiarbeitsstunden erstrecken, die in der Stundentafel explizit ausgewiesen werden. Freies Arbeiten kann durchaus auch innerhalb der obligatorischen Fachstunden erfolgen, sofern Schüler/innen, die schneller fertig sind, alternative »Pufferarbeiten« brauchen. Für diesen letzteren Fall müssen ebenfalls geeignete Aufgaben und Arbeitsmittel mit Selbstlerncharakter zur Verfügung stehen, die von den betreffenden Schnell-Lernern bei Bedarf genutzt werden können. Wichtig dabei: Die fachimmanenten Freiarbeitsangebote dürfen sich nicht nur auf das gerade behandelte Fachthema erstrecken, sondern sollten deutlich darüber hinausgehen – möglicherweise sogar Materialien und Aufgabenblätter aus anderen Fächern mit einbeziehen, die zum wiederholenden, vertiefenden oder weiterführenden Arbeiten und Lernen einladen. Diese Art der fachimmanenten Freiarbeit ist im Schulalltag allerdings eher die Ausnahme und nicht etwa die Regel.

Die Regel sind spezielle Freiarbeitsstunden mit ausgeprägten Wahlmöglichkeiten und Freiheitsgraden. Die damit verbundene Offenheit ist ungewöhnlich und riskant zugleich. Ungewöhnlich deshalb, weil die meisten Lehrkräfte bis heute eher dahin tendieren, ihrem Fachunterricht oberste Priorität beizumessen und die dort vorgesehenen Themen, Aufgaben und Materialien mit größtmöglicher Intensität und Exklusi-

Verschiedene Formen der Freiarbeit	
Freies Spielen	**Freies Üben**
Die Schüler/innen nutzen das eine oder andere vorliegende Lernspiel und spielen es durch. Sie folgen ihren eigenen Präferenzen, betreiben ihr eigenes Zeitmanagement und wählen sich ggf. interessierte Spielpartner aus.	Die Schüler/innen bedienen sich aus dem Pool der Übungsblätter bzw. Übungsaufgaben. Sie legen die Reihenfolge der Bearbeitung fest und teilen sich die Zeit ein. Sie können alleine oder zusammen arbeiten.
Freies Gestalten	**Freies Experimentieren**
Die Schüler/innen gestalten zu einem frei gewählten Thema ein sie interessierendes Produkt. Das kann ein künstlerisches Produkt, ein Plakat, ein Schaubild oder auch ein technisches Werkstück sein.	Die Schüler/innen wählen aus dem Pool möglicher Experimente etwas aus und führen das betreffende Experiment durch. Dabei können sie alleine oder mit anderen Schüler/innen zusammenarbeiten.
Freies Lesen	**Freies Schreiben**
Die Schüler/innen bedienen sich in der Leseecke und nutzen die Freiarbeitsphase zum interessengeleiteten Lesen. Sie können z. B. ein Buch, einen Text, eine Gedichtsammlung oder einen Comic auswählen.	Die Schüler/innen verfassen zu einem frei gewählten Thema ein persönliches »Schriftstück« – z. B. einen Kommentar, einen Brief, einen Erlebnisbericht, ein Referat, ein Märchen, ein Gedicht oder einen Zeitungsartikel.
Freies Diskutieren	**Freies Recherchieren**
Die Schüler/innen tun sich mit ausgewählten Partnern zusammen, mit denen sie das eine oder andere Thema/Problem diskutieren. Dabei kann es um fachliche Themen oder auch um aktuelle Jugendprobleme gehen.	Die Schüler/innen recherchieren zum einen oder anderen Thema in Büchern, Bibliotheken oder im Internet und halten ihre Ergebnisse fest. Die Recherchearbeit kann in der Schule erfolgen oder auch zu Hause erledigt werden.

Abb. 11

vität zu behandeln. Für das freie Arbeiten der Schüler/innen bleibt unter diesen Umständen wenig Zeit. Riskant ist das skizzierte freie Arbeiten insofern, als dabei natürlich immer die Gefahr besteht, dass die Schüler/innen in den zur Verfügung stehenden Freiarbeitsstunden über Gebühr herumtrödeln, von anderen abschreiben, sich vorschnell helfen lassen oder in anderer Weise Dinge tun, die vergleichsweise unwichtig bzw. unergiebig sind. Diese Ausweichmanöver sind kaum zu vermeiden – nicht zuletzt deshalb, weil die meisten Schüler/innen in puncto Selbstmotivation, Arbeitsverhalten, Entscheidungsfähigkeit und Methodenbeherrschung nur zu schnell überfordert sind, wenn es gilt, die zugestandenen Freiheitsgrade eigenverantwortlich auszufüllen. Von daher ist das freie Arbeiten ein relativ schwieriges Unterfangen.

Hinzu kommt, dass es in den meisten Schulen an den nötigen Wahlaufgaben und Angebotsmaterialien fehlt, die von den Schüler/innen wahlweise genutzt werden können. Die benötigten *Freiarbeitstheken* müssen in aller Regel erst einmal aufgebaut werden. Das verursacht eine Menge Such-, Anschaffungs-, Herstellungs- und Archivierungsaufwand. Darüber hinaus verlangt gelingende Freiarbeit gut zugängliche Arbeitsmittel in den Klassenzimmern, damit die Schüler/innen möglichst problemlos und störungsfrei darauf zurückgreifen können. Auch das ist eine Schwierigkeit, da viele Klassenräume derart dicht mit Stühlen, Tischen und Kindern ausgefüllt sind, dass kaum noch Platz für die Freiarbeitsmaterialien bleibt. Das gilt insbesondere für Klassen mit 28 und mehr Schüler/innen, wie sie sich im Schulalltag nach wie vor recht häufig finden. Von daher ist die Ermöglichung punktueller Freiarbeit vielerorts eher schwierig. Das gilt insbesondere für das beiläufige Nutzen von Freiarbeitsmaterialien im Rahmen des lehrergelenkten Fachunterrichts.

Platzieren lassen sich die Freiarbeitsmaterialien sowohl im Klassenraum selbst als auch auf dem vorgelagerten Flur. Die Flur-Lösung setzt allerdings voraus, dass der betreffende Bereich ausreichend Platz und Ruhe bietet und zudem gewährleistet, dass die Lehrkräfte ihrer obligatorischen Aufsichtspflicht nachkommen können – z. B. dadurch, dass die Verbindungstür zum Flur offen gelassen wird. Der Regelfall wird jedoch der sein, dass die Freiarbeitsmaterialien im jeweiligen Klassenraum deponiert werden. Sie liegen auf Fensterbänken, separaten Tischen, Regalen oder sonstigen Ablageflächen und können von den Schüler/innen begabungs- und interessenabhängig genutzt werden. Die Lehrkräfte sind bei alledem vorrangig Berater und gelegentlich auch Helfer – allerdings deutlich defensiv. Defensiv deshalb, damit die Schüler/innen zur nötigen Selbstständigkeit und Selbstverantwortung im Freiarbeitsprozess finden können. Andernfalls kann freies Arbeiten ganz schnell dazu führen, dass die traditionelle Lehrerdominanz und -bevormundung zurückkehren.

Die Frage ist nur, wie viel Selbstständigkeit und Selbstorganisation die real existierenden Schüler/innen ertragen, ohne überfordert zu sein. Vieles spricht dafür, dass sich die meisten von ihnen eher schwer damit tun, die nötige Selbststeuerung an den Tag zu legen. Das gilt nicht nur für die Grundschulen, sondern auch und besonders für die Schüler/innen der Sekundarstufen. Warum? Weil diese in ihren Realschulen, Hauptschulen oder Gymnasien oft eine gänzlich andere unterrichtliche Sozialisation erfahren als die, die im Rahmen des freien Arbeitens gebraucht wird. Eine Sozialisation nämlich, bei der es vornehmlich darum geht, den Lehrkräften zuzuhören, Anweisungen zu befolgen, Kontroll- und Hilfsangebote zu nutzen, beflissen Lernstoff zu pauken etc. Lernen in eigener Regie ist unter diesen Vorzeichen eher selten vorgesehen. Für das Gros dieser Schüler/innen ist daher das freie Arbeiten eine ebenso schwierige wie gewöhnungsbedürftige Angelegenheit.

Viele Schüler/innen sind nachweislich nicht in der Lage, »[…] einen Freiraum mit eigenen Lernvorstellungen zu füllen […] und reagieren zu Beginn häufig mit Lern- und Arbeitsverweigerung. Diese Erfahrung ist für Lehrkräfte bitter, da sie gerade durch die Bereitstellung von Entscheidungsfreiräumen der irrigen Meinung sind, dass ›alles jetzt besser wird‹. Die Konsequenz aus dieser Erkenntnis heißt also, dass auch in diesem Bereich des Unterrichts gemeinsam gelernt werden muss, wie und womit man diesen Freiraum füllen kann« (Schulze 1993, S. 50). Freiarbeit garantiert demnach noch lange keinen erfolgreichen, motivierenden Unterricht – weder in homogenen noch in heterogenen Lerngruppen. Die meisten Schüler/innen scheitern schlicht und einfach daran, dass es ihnen an den nötigen Einstellungen und Lernkompetenzen mangelt. Das beginnt bei der Bejahung des freien Arbeitens und reicht über Tugenden wie Selbstdisziplin, Verlässlichkeit und Eigeninitiative bis hin zur praktischen Entscheidungsfähigkeit und Methodenbeherrschung im Arbeitsprozess. Von daher muss das freie Arbeiten im Regelfall erst einmal behutsam entwickelt und grundgelegt werden (vgl. Kapitel II.5 dieses Buches).

Bemerkenswerte Entwicklungsarbeit leisten seit Jahr und Tag viele Grundschulen. Hier ist Freiarbeit nicht nur recht verbreitet, sondern auch gut akzeptiert. Dagegen ist die Situation im Sekundarbereich vielerorts eher unbefriedigend. Dort wird dem freien Arbeiten nach wie vor mit großer Skepsis begegnet. Verwiesen wird auf die Stoff-Fülle und die anspruchsvollen neuen Prüfungen, die kaum noch Freiheiten und Gestaltungsspielräume ließen. Zudem wird zu Recht darüber geklagt, dass es an geeigneten Lern- und Arbeitsmaterialien für einen didaktisch anspruchsvollen Fachunterricht mangele. Wenn dennoch Freiarbeit in den Stundentafeln so mancher Sekundarschulen auftaucht, dann in aller Regel deshalb, weil die betreffenden Lehrkräfte die Möglichkeit nutzen, ihre Schüler/innen anstehendes Fachwissen mittels einschlägiger Arbeitsblätter und Wahlpflichtaufgaben selbstorganisiert wiederholen und vertiefen zu lassen. Hier treffen sich Wahlunterricht und fachspezifische Ansprüche. Mit ungebundener Freiarbeit hat das freilich wenig zu tun. Das gilt nicht zuletzt für die nachfolgend vorgestellten Differenzierungsverfahren wie Werkstatt-, Wochenplan- und Stationenarbeit.

2.3 Tages-, Wochen-, Monatspläne

Diese Arbeitspläne lassen den Schüler/innen eher begrenzte Wahlfreiheiten. Im Mittelpunkt stehen die obligatorischen Inhalte und Aufgaben des jeweiligen Faches, die die Kinder und Jugendlichen in bestimmten Wochenstunden zu bearbeiten haben. Tages-, Wochen- und Monatspläne werden von den zuständigen Fachlehrer/innen entwickelt und mit geeigneten fachspezifischen Arbeits- und Übungsaufgaben bestückt. Sie unterscheiden sich lediglich durch die Anzahl der Unterrichtsstunden, die den Schüler/innen für das eigenverantwortliche Arbeiten und Üben zur Verfügung stehen. Von ihren Anforderungen und pädagogischen Grundüberlegungen her sind sie identisch konzipiert. Von daher wird im weiteren Verlauf dieses Abschnitts vorrangig die Wochenplanarbeit in den Blick genommen, die im Schulalltag mit Abstand am stärksten verbreitet ist und in den meisten Grundschulen und Orientierungsstufen mittlerweile zum pädagogischen Basisinventar gehört.

Wochenpläne sind vom Lehrer vorbereitete und vorgegebene *Schülerarbeitspläne*. Typisch für die Wochenplanarbeit ist, dass die Schüler/innen in den betreffenden Unterrichtsstunden bestimmte fachspezifische Pflicht- bzw. Wahlpflichtaufgaben zu bearbeiten haben. Darüber hinaus können sie zusätzliche Wahlaufgaben in Angriff nehmen, sofern sie ihr Pflichtpensum vorzeitig erledigt haben (vgl. Abb. 12). Im Vordergrund der Wochenplanarbeit stehen also das eigenverantwortliche Üben und Wiederholen der jeweiligen Fachinhalte. Im Regelfall fassen die Lehrkräfte die ansonsten eher verstreut liegenden fachspezifischen Stillarbeits- und Übungsphasen zu bestimmten Zeitblöcken zusammen, in denen die Schüler/innen Gelegenheit erhalten, gezielte Vertiefungsarbeiten anhand vorgegebener Arbeitsblätter, Karteikarten etc. zu leisten. Von einer selbstbestimmten Themen-, Verfahrens- und Aufgabenwahl kann unter diesen Umständen nur sehr eingeschränkt die Rede sein. Zu ausgeprägt sind die Lehrervorgaben. Das gilt vor allem für den Sekundarbereich.

Den Schüler/innen werden fachbezogene Arbeitspläne mit unterschiedlichen Aufgabenstellungen und Materialhinweisen an die Hand gegeben, die sie innerhalb der ausgewiesenen Unterrichtsstunden zu erledigen haben (vgl. Abb. 12). Die betreffenden Arbeitspensen können sich auf einzelne Stunden während des Schulvormittags erstrecken oder auch mehrere Unterrichtsstunden im Laufe der Schulwoche oder während eines ganzen Monats betreffen. Dementsprechend wird dann von Tages-, Wochen- oder Monatsplänen gesprochen. Die gängigen Stundenkontingente der Wochenplanarbeit bewegen sich in der Regel zwischen drei und sechs Stunden pro Woche – wobei es durchaus sein kann, dass sich zwei bis drei Fachlehrer/innen auf einen gemeinsamen Wochenplan verständigen, in den sie geeignete fachspezifische Arbeits- und Übungsmaterialien hineinnehmen. Für die Planerstellung selbst gilt ganz grundsätzlich: Je selbstständiger die Schüler/innen sind, desto stärker sollten sie von Lehrerseite in die Planentwicklung mit eingebunden werden und eigene Vorschläge und Präferenzen einbringen können. Doch das ist leichter gesagt als getan. Das weiß jeder, der mal mit der Gleichgültigkeit und/oder Arbeitsvermeidungsmentalität mancher Schüler/innen gekämpft hat. Viele Schüler/innen sind schlichtweg überfordert, wenn sie selbstständig und selbstorganisiert lernen sollen. Von daher ist es nur zu verständlich, dass die meisten Lehrkräfte nach wie vor dahin tendieren, die Arbeitsplanentwicklung selbst in die Hand zu nehmen.

Begonnen wird in der Regel mit überschaubaren *Tagesplänen*, da sich diese relativ klar strukturieren, bearbeiten und kontrollieren lassen. Letzteres ist vor allem für die eher unselbstständigen Kinder wichtig und hilfreich. Tagespläne umfassen in der Regel ein bis zwei Unterrichtsstunden, in denen die Schülerinnen und Schüler Arbeits- und Übungsaufgaben aus einem vorgegebenen fachspezifischen Aufgabenpool auswählen und in eigener Regie bearbeiten müssen. Dabei sind wechselseitige Hilfen und Beratungen im Schülerkreis nicht nur erlaubt, sondern sogar ausdrücklich erwünscht. Gleiches gilt für die zeitlich und inhaltlich erweiterten *Wochen-* und *Monatspläne*, die es gerade für die schwächeren Kinder unter Umständen recht schwer machen, den gestellten Anforderungen und Planungserfordernissen im Alleingang Rechnung zu tragen. Hier ist Schülerkooperation häufig die einzige und letzte Möglichkeit, um der drohenden Überforderung entgegenzuwirken.

Wochenpläne können offener oder geschlossener gehalten sein, je nachdem, wie selbstständig und methodisch versiert die Schüler/innen sind. Die gängigen Wochenpläne sind – wie erwähnt – eher geschlossen konzipiert und lassen den Schüler/innen

Wochenpläne für das Fach Mathematik

Wochen vom 4.–8. Mai und vom 11.–15. Mai

- Zur Bearbeitung der unten aufgeführten Mathematikaufgaben stehen dir pro Woche zwei Unterrichtsstunden zur Verfügung, und zwar jeweils die 3. Stunde am Montag und die 4. Stunde am Donnerstag.
- Bei den Aufgaben handelt es sich um Pflichtaufgaben und Wahlaufgaben. Die Pflichtaufgaben musst du bis zum 15. Mai auf jeden Fall erledigt haben. Bei den Wahlaufgaben kannst du deinen eigenen Vorlieben folgen. Bitte zügig arbeiten!
- Du kannst die Aufgaben alleine angehen oder auch mit anderen zusammenarbeiten. Entscheide selbst, wann sich das eine oder das andere anbietet. Merke: Die Zusammenarbeit mit anderen Schülern hilft dir, neue Ideen zu entwickeln, eigene Fehler zu entdecken und gezielt Hilfe zu erfragen, wenn du selbst nicht mehr weiterweißt.

Aufgaben zum Thema »Flächenberechnung« in Mathematik

Pflichtaufgaben	Wahlaufgaben
■ Bearbeite die Karteikarten 1 und 2 zum Thema »Rechteck«! ■ Bearbeite die Karteikarten 3 und 4 zum Thema »Dreieck«! ■ Bearbeite die Karteikarte Nr. 5 zum Thema »Quadrat«! ■ Bearbeite die Karteikarte Nr. 6 zum Thema »Trapez«! ■ Ermittle den Umfang des auf Karteikarte 6 gezeichneten Trapezes! ■ Bearbeite die Karteikarte Nr. 7 zum Thema »Parallelogramm«! ■ Finde den Fehler auf Karteikarte 8 und erkläre ihn einem Mitschüler!	■ Miss dein Zimmer zu Hause aus und berechne, wie viele Quadratmeter Teppichboden du benötigst, wenn das Zimmer neu ausgelegt werden soll! ■ Wie viele Quadratmeter brauchst du zusätzlich, wenn 15 Prozent Verschnitt zu erwarten sind? ■ Bearbeite die Karteikarten 1 bis 5 zum Thema »Prozentrechnung« ■ Male in dem Flächenpuzzle alle Rechtecke und Trapeze an und schneide sie sauber aus! ■ Bastle auf der Basis einer DIN-A4-Pappe einen möglichst großen Quader!

Abb. 12

vergleichsweise wenig Gestaltungsspielraum (vgl. Abb. 12; vgl. auch Claussen 1997, S. 108 f.). *Geschlossene Wochenpläne* können einzelne Fächer betreffen oder auch mehrere Fächer gleichzeitig einbeziehen. Sie weisen zumeist eine recht starke Bindung an die in der Schule eingeführten Schulbücher, Lernkarteien, Arbeitshefte und Arbeitsblätter auf – einschließlich der dazugehörigen Arbeitsaufträge. Die entsprechenden Aufgaben sind präzise definiert und dienen dem verbindlichen Üben und Wiederholen des obligatorischen Lernstoffs. Sie werden von der Lehrperson am häuslichen Schreibtisch als einheitliche Arbeitsprogramme für die ganze Klasse erstellt und strukturieren damit einen mehrstündigen Arbeitsprozess ohne nennenswerte Gestaltungs- und Entscheidungsspielräume. Was früher peu à peu mündlich angewiesen wurde, findet sich jetzt in einem detaillierten schriftlichen Gesamtplan.

Dieser geschlossenen Version stehen *halboffene Wochenpläne* gegenüber, die den Schüler/innen deutlich erweiterte Wahl- und Mitbestimmungsmöglichkeiten eröffnen. Die obligatorischen Pflichtaufgaben werden durch unterschiedliche Wahlaufgaben und Wahlmöglichkeiten ergänzt, die die Schüler/innen in Abhängigkeit von ihren zeitlichen, fachlichen, methodischen und motivationalen Präferenzen bearbeiten können – aber eben nicht müssen. Die eingeräumte Wahlfreiheit betrifft sowohl die Aufgaben- wie die Themenwahl, die Zeittakte wie die Verfahrenswahl. Den Schüler-/innen obliegt es, nach eigenen Erwägungen zu entscheiden, wann sie welche Aufgaben in welcher Weise und mit welcher Zielsetzung bearbeiten möchten. Sie können ihr individuelles Arbeitstempo selbst bestimmen, Anspannungs- und Entspannungsphasen abwechseln, Hilfen von Mitschüler/innen und Lehrer/innen anfordern, Arbeitsformen und Arbeitsmittel selbst wählen und eventuell auch über die Schwierigkeitsgrade der zu bearbeitenden Aufgaben mitentscheiden.

Je offener die Arbeitspläne sind, desto mehr müssen die Schüler/innen selbst initiativ werden und Verantwortung übernehmen. Sie müssen ihre eigenen Fähigkeiten, Interessen und Präferenzen erkennen, eigene Stärken und Neigungen einbringen, bestehende oder auftretende Probleme lösen, hin und wieder Kreativität an den Tag legen, unterschiedliche Hilfsmittel und Materialien beschaffen und nutzen, die anstehenden Arbeitsprozesse zielgerichtet steuern und dokumentieren und manches andere mehr (vgl. Vaupel 1995, S. 23 sowie Claussen 1997, S. 123). Diese Entscheidungs- und Gestaltungsaufgaben sind umso anspruchsvoller, je versierter die Schüler/innen in fachlicher wie methodischer Hinsicht sind und je länger die jeweilige Planperiode dauert. Wochen- und Monatspläne verlangen selbstverständlich ein höheres Maß an Lern- und Selbststeuerungskompetenz der Schüler/innen als die vergleichsweise überschaubaren Tagespläne mit vielleicht nur einer einzigen Unterrichtsstunde.

Von daher ist die Gefahr der Überforderung nicht zu unterschätzen. Wie diverse Feldstudien zur Wochenplanarbeit zeigen, fühlen sich viele Kinder insbesondere in der Anfangsphase der jeweiligen Planperiode ziemlich unsicher. Nicht wenige von ihnen tendieren deshalb dazu, eher lustlos herumzutrödeln, sich vorschnell von Mitschüler/innen helfen zu lassen oder gesuchte Lösungen von irgendwelchen Kontrollblättern einfach abzuschreiben, ohne ernsthafte eigene Anstrengungen zu unternehmen. Die Folge: Viele Wochenpläne enden für die betreffenden Schüler/innen mit der eher unangenehmen Erfahrung, dass die Minimalanforderungen nicht bewältigt werden konnten (vgl. Huschke 1996, S. 69 f. sowie Vaupel 1995, S. 97). So gesehen bedarf Wochenplanarbeit sowohl der behutsamen Entwicklung als auch der gezielten Lehrerlenkung, soll sie nicht zur vordergründigen Beschäftigungstherapie auf der Basis vorgefertigter Arbeitsblätter und Lückentexte verkommen. Die Gefahr der Verflachung ist groß – keine Frage. Deshalb muss alles darangesetzt werden, damit Wochenplanarbeit nicht zur »materialzentrierten Individualisierungspädagogik« verkommt (vgl. Vaupel 1995, S. 105). Verbindliche Schülerkooperation sowie regelmäßige Anwendungs-, Kontroll- und Besprechungssituationen wirken diesem Abdriften in belanglose Einzelarbeit entgegen. Das alles muss von Lehrerseite eingefädelt und moderiert werden (vgl. dazu die Ausführungen in den Kapiteln II.3 und II.4).

Wochenplanarbeit ist also eine ziemliche Herausforderung – für die Lehrer- wie für die Schülerseite. Während sich vielen Schüler/innen vornehmlich die angesprochenen Kompetenz-, Motivations- und Kooperationsprobleme in den Weg stellen, so sind es auf Lehrerseite vor allem die Zusatzbelastungen, die mit der gängigen Vorbereitung, Durchführung und Evaluation der einzelnen Wochenpläne verbunden sind. Besonders der Materialbedarf ist immens, sollen die Schüler/innen ausreichende Wahlmöglichkeiten erhalten. Sind allerdings die benötigten Arbeitsblätter, Arbeitshefte, Lernkarteien, Selbstkontrollblätter und sonstigen Arbeitsmittel und Arbeitshilfen für die Hand der Schüler/innen in ausreichender Zahl und Güte vorhanden, so ist Wochenplanarbeit eine vergleichsweise problemlose und zeitsparende Angelegenheit. Sind sie es dagegen nicht, so stellt sich die Situation für die betreffenden Lehrkräfte deutlich anders und belastender dar. Warum? Weil die zu leistenden Entwicklungs-, Kopier- und Kontrollarbeiten rasch Ausmaße annehmen können, die vielen Lehrkräften über die berühmte Hutschnur gehen. Daraus erklären sich einige der Vorbehalte, die insbesondere Sekundarstufenlehrer/innen gegenüber der Wochenplanarbeit ins Feld führen.

Fakt ist: Je stärker sich Lehrkräfte der Wochenplanarbeit zuwenden, desto aufwändiger und akribischer werden zumeist die anfallenden Vorbereitungsarbeiten. Das beginnt beim Erstellen der Arbeitsmaterialien, Aufgaben, Reader und Arbeitsblätter und reicht über das Vorbereiten einschlägiger Arbeitsmittel und Selbstkontrollmaterialien bis hin zur häuslichen Durchsicht und Bewertung der abgelieferten Lernprodukte. Nur wenn es gelingt, diesen Vorbereitungs- und Kontrollaufwand überzeugend zu minimieren, hat die skizzierte Wochenplanarbeit eine ernsthafte Chance, in größerem Stil Einzug in den Unterrichtsalltag zu halten. Das gilt insbesondere für den Sekundarbereich, wo es vergleichsweise wenig vorgefertigte Arbeitsmaterialien der Verlage gibt, die den Schüler/innen breit gefächerte Arbeits-, Übungs- und Selbstkontrollprozesse ermöglichen. Zwar stehen Wochenpläne mittlerweile auch in vielen Sekundarschulen auf der Tagesordnung, allerdings meist im Sinne geschlossener Übungs- und Wiederholungsaktivitäten auf der Basis vorliegender Schulbücher und sonstiger fachspezifischer Medien und Materialien.

Gleichwohl: Tages-, Wochen- und/oder Monatspläne bieten interessante Arbeits- und Differenzierungsperspektiven für heterogene Schülergruppen – vorausgesetzt, sie werden von den Lehrkräften nicht als bloße »Beaufsichtigungsstunden« missverstanden, in denen die Schüler/innen alles machen dürfen, »außer Quatsch« (vgl. Huschke 1996, S. 168). Bei entsprechender Aufgabenvarianz und Schülerkooperation, Anspruchsdifferenzierung und Lehrerlenkung können die besagten Arbeitspläne zumindest drei Effekte begünstigen. Sie können *erstens* das Selbstständigwerden der Kinder fördern und begleiten. Sie können *zweitens* das Miteinander- und Voneinanderlernen in den Klassen vorantreiben und dadurch ein Mehr an Kommunikation, Motivation und sozialer Integration bewirken. Und sie können *drittens* dazu beitragen, dass sich die Lehrkräfte stärker zurücknehmen und ihre gängigen Belehrungsaktivitäten zugunsten des selbsttätigen Lernens der Schüler/innen mehr und mehr reduzieren. Das wäre eine durchaus ermutigende Perspektive.

2.4 Werkstatt- und Stationenlernen

Die Werkstattarbeit setzt ebenfalls auf selbstgesteuertes Arbeiten und Üben mit fachlichem Zuschnitt. Wie bei der Wochenplanarbeit, so geht es auch hier um das wahlweise Arbeiten an und mit unterschiedlichen Angebotsmaterialien und -aufgaben. *Werkstattarbeit* ist demnach Wahlunterricht mit unterschiedlicher inhaltlicher und thematischer Ausrichtung. Die Besonderheit dieses Ansatzes: Die Schüler/innen arbeiten in einem möglichst üppig ausgestatteten Arbeitsraum – der Werkstatt – und erhalten bei Bedarf gezielte Unterstützung und Beratung durch die jeweilige Werkstattleitung. Das kann der/die Klassenlehrer/in sein; das kann aber auch eine spezielle Fachkraft sein, die für die Belange der betreffenden Werkstatt besonders qualifiziert ist. Besonders bekannt sind Werkstätten à la Schreibwerkstatt, Lesewerkstatt, Geschichtswerkstatt, Kunstwerkstatt, Musikwerkstatt oder auch die stärker strukturierte Werkstattarbeit in den Fächern Technik oder Arbeitslehre.

Werkstattarbeit ist lehrer- und materialgestützt. Sie hat eine klare Zielorientierung, lässt Wahlmöglichkeiten zu, gibt den Schüler/innen Raum zur gezielten Kommunikation und Kooperation und findet in der Regel in speziell eingerichteten Arbeitsräumen innerhalb der jeweiligen Schule statt. Das kann der Klassenraum sein, das kann aber auch ein gesonderter Fach- oder Themenraum sein. Den Schüler/innen stehen in diesem Raum fachspezifische Lernangebote und Arbeitsimpulse zur Verfügung – auch *Lernbüfett* genannt. Aus diesem Lernbüfett haben sie eine Auswahl zu treffen, die den persönlichen Präferenzen und Begabungen entspricht. Wichtig dabei: »Werkstattunterricht für Schülerinnen und Schüler mit unterschiedlichen Lernvoraussetzungen lebt vom Anregungsreichtum des Material- und Aufgabenfundus. Bei der Zusammenstellung der Lernarrangements sollte (daher) darauf geachtet werden, dass unterschiedliche Arbeitsformen möglich sind, entweder stärker theoretisch-reflektierend oder praktisch-handelnd, eher experimentell-erprobend oder kleinschrittig-erarbeitend« (Bosse 2004, S. 117).

Wie groß die Wahlfreiheit der Schüler/innen ist, das hängt zum einen von den Lernvoraussetzungen in der jeweiligen Klasse, zum anderen von den spezifischen Intentionen der zuständigen Werkstattleitung ab. Die unterbreiteten Lernangebote können enger oder weiter gefasst sein, je nachdem, was zumutbar ist. Die Arbeitsmaterialien können vielfältiger oder auch weniger vielfältig angeboten werden. Die Lehrerlenkung kann straffer oder auch defensiver erfolgen. Wie sehr, das hängt davon ab, inwieweit die Schüler/innen in der Lage sind, die eingeräumten Freiheitsgrade auszufüllen. Die Erfahrung zeigt: Reglementierungen und Hilfestellungen durch die Lehrkräfte sind im Regelfall unerlässlich, soll die relativ offene Werkstattsituation nicht aus dem Ruder laufen und ein Übermaß an Nichtstun oder vordergründiger Pseudobeschäftigung Einzug halten. Dementsprechend bedarf es sowohl präziser Lehrervorgaben und -hilfen als auch verbindlicher Arbeitsberichte der Schüler/innen zu ihren jeweiligen Arbeitsschritten – einschließlich Ergebnisdokumentation.

Diese Strukturierung der Werkstattarbeit trägt dazu bei, dass nahezu alle Schüler-/innen die Chance haben, einigermaßen gut mitzukommen – auch diejenigen, die eine eher unterdurchschnittliche Fach- und Prozesskompetenz besitzen. Das ist gerade für heterogene Lerngruppen wichtig. Die eingebauten Kooperations-, Kontroll- und Dokumentationsarbeiten stellen sicher, dass alle Beteiligten den nötigen Überblick behalten. Dazu gehören u. a. das Ausfüllen von Laufzetteln, das Fortschreiben von Übersichtsplänen im Klassenraum oder auch das gezielte Verfertigen mündlicher oder schriftlicher Arbeitsberichte. Diese Kontroll- und Dokumentationsarbeit muss abgesichert sein – zum einen durch wechselseitige Hilfen und Beratungen der Schüler/innen, zum anderen durch gezielte Hilfestellungen der Lehrpersonen. Dementsprechend muss der Lehrer beim Werkstattlernen »[…] ein Gespür dafür entwickeln, wann ein Schüler oder eine Kleingruppe Unterstützung benötigt. Neben dem richtigen Moment kommt es […] auch darauf an, ein lernförderliches Maß an Hilfestellung zu finden, das dem Lernenden noch möglichst viel Selbstständigkeit gewährt« (Bosse 2004, S. 118).

Die Lehrervorgaben und -angebote dürfen also nicht zu eng zugeschnitten sein. Andernfalls geht das Wesentliche der Werkstattarbeit verloren, nämlich die Freiheit der Schülerinnen und Schüler, aus einem gewissen Kontingent an Aufgaben, Medien und Arbeitsmaterialien interessen- und begabungsgeleitet auswählen zu können. Diese Freiheit wird durch Bildungspläne, Schulordnungen und andere bildungspolitische Handreichungen und Erlasse de facto zwar erheblich beschnitten; gleichwohl bieten gerade die neueren Bildungsstandards und Abschlussprüfungen mit ihrer dezidierten Kompetenzorientierung vielfältige Möglichkeiten dazu, die Schüler/innen stärker exemplarisch, handlungsbetont und interessengeleitet arbeiten und lernen zu lassen. Die Werkstattarbeit steht für diese Art des selbstgesteuerten, schüleraktiven Lernens – alleine, zu zweit oder in Gruppen.

Der gleiche Anspruch gilt für die *Stationenarbeit* – auch Lernzirkelarbeit genannt. Auch diese Lernmethodik setzt auf planvolles Arbeiten innerhalb einer speziell hergerichteten »Lernwerkstatt«. Auch sie trägt den Gegebenheiten in heterogenen Lerngruppen Rechnung, indem die Schüler/innen ihren individuellen Stärken und Präferenzen folgen können. Das Besondere am Stationenlernen: Im Klassenraum werden mehrere aufgaben- und materialdifferenzierte Lernstationen aufgebaut, die die Schüler/innen unter Beachtung bestimmter Zeitvorgaben und Spielregeln durchlaufen müssen. An jeder der Stationen gilt es, fachspezifische Lern- und Arbeitsaufgaben zu erledigen und zu diesem Zweck u. a. Unterlagen zu lesen, Arbeitsblätter auszufüllen, Fragen zu beantworten, Fehler zu finden, Experimente zu machen, Probleme zu lösen, Lernprodukte herzustellen, Lernspiele durchzuführen etc. (vgl. Abb. 13).

Die betreffenden Lernstationen werden von Lehrerseite vorbereitet und möglichst übersichtlich aufgebaut. Sie dienen vornehmlich der Erarbeitung, Übung, Wiederholung und/oder Vertiefung des jeweiligen Lernstoffs. Als Lernstationen können sowohl bestimmte Tische im Klassenraum als auch getrennte Arbeits- und Materialimpulse an den Wänden oder vor den Fenstern dienen (vgl. Müller 2004, S. 89 ff.). Wichtig ist nur, dass die einzelnen Stationen eindeutig gekennzeichnet und für die Schüler/innen gut zugänglich sind. Eine weitere Anforderung: Die verantwortlichen Lehrkräfte müssen den Lernern möglichst präzise Arbeitsaufträge, Zeitvorgaben und Gruppierungs-

Stationenlernen zum Thema »Jahreszeiten«

Stationen	Aufgabe	erledigt am	Mir hat gefallen	Mich hat gestört
Station 1	Vier Bäume im Jahreszeitengewand mit Wasserfarben malen (EA)			
Station 2	Vorliegenden Text lesen und zugehörige Fragen beantworten (EA/PA)			
Station 3	Quiz zu den Besonderheiten der vier Jahreszeiten durchführen (GA)			
Station 4	Zu Kalenderbildern eine Geschichte erfinden und aufschreiben (EA)			
Station 5	Texte über Jahreszeitenerfahrungen von Kindern lesen und besprechen (EA/GA)			
Station 6	Gedichte zu verschiedenen Jahreszeiten lesen und vergleichen (EA/PA)			
Station 7	Zu Auszügen aus Vivaldis »Vier Jahreszeiten« kreativ malen (EA/GA)			

(vgl. Hegele 1997, S. 46 ff.)

Abb. 13

hinweise geben, damit diese möglichst zügig und konstruktiv arbeiten und die bestehenden Aufgaben lösen können.

Die an den Stationen ausliegenden bzw. aushängenden Arbeitsimpulse und Materialien können sowohl in Einzelarbeit als auch in Partner- oder Gruppenarbeit angegangen werden. Sie können sehr eng definiert sein oder auch weiter gefasst werden. Der Regelfall ist der, dass die Schüler/innen gruppenweise von Station zu Station wandern und die dort ausliegenden Aufgaben bzw. Materialien bearbeiten. Diese straffe Ablauforganisation gilt insbesondere für die Sekundarschulen. Gewechselt wird immer dann, wenn die Lehrkraft das Signal dazu gibt. Dann muss die jeweilige Station verlassen werden – auch wenn eine Gruppe noch nicht ganz fertig sein sollte. Andernfalls entstünde ein Stau, der den ganzen Ablauf durcheinanderbringen würde. Zwar kann ein etwaiger Rückstand an der nächsten Station unter Umständen nachgearbeitet werden; ob dieses allerdings sinnvoll und machbar ist, muss die jeweilige Gruppe für sich entscheiden. Hilfen der Lehrperson sind grundsätzlich zulässig; etwaige Unterstützungsmaßnahmen sollten jedoch möglichst zurückhaltend offeriert werden.

Die Methode der Stationenarbeit findet sich insbesondere in den Grundschulen. Dort ist es durchaus üblich, dass den Schüler/innen ein relativ breites Spektrum an Lernstationen angeboten wird, die nur zum Teil Pflichtstationen sind. Hier schließt sich der Kreis zur Wochenplanarbeit. Die Schüler/innen können innerhalb des vorgegebenen Zeitrahmens und Aufgabenspektrums eigene Akzente setzen. Sie können entscheiden, mit welcher Station sie beginnen wollen und wie viel Zeit sie sich für die Bearbeitung der jeweiligen Aufgabe nehmen möchten. Sie können einzelne Wahlstationen weglassen, die eher uninteressant erscheinen oder womöglich zu viel Zeit in Anspruch nehmen würden. Sie können ferner geeignete Lernpartner ansprechen und flexibel zwischen Einzel-, Partner- und Gruppenarbeit wechseln – je nachdem, ob Hilfen und/oder Gesprächspartner benötigt werden oder nicht. Wichtig bei alledem: Den Schüler/innen müssen ausreichende Entscheidungs- und Handlungsspielräume gelassen werden, damit sie ihre eigenen Fähigkeiten und Interessen in die laufende Stationenarbeit einbringen können. Hierzu trägt nicht zuletzt das Einrichten spezifischer Zusatz- oder Jokerstationen bei, die z. B. von leistungsstärkeren Schüler/innen dazu genutzt werden können, unterschiedliche Arbeitstempi auszugleichen. Als Zusatzstation kann unter Umständen auch das eine oder andere Lernspiel eingesetzt werden (vgl. Müller 2004, S. 90).

Die Arbeiten an den einzelnen Stationen sind vielfältig und anspruchsdifferenziert. Damit wird den Besonderheiten heterogener Lerngruppen Rechnung getragen. Das beginnt beim Bearbeiten von Arbeitsblättern und sonstigen Arbeitsaufgaben und reicht über das handwerkliche Experimentieren, Recherchieren und/oder Produzieren zu bestimmten vorgegebenen Themen bis hin zu spielerischen, kreativen oder kommunikativen Aktivitäten mit unterschiedlicher fachlicher Ausrichtung. Auch das gezielte Besprechen alternativer Thesen, Fragen oder Karikaturen im Rahmen eines sogenannten »Stationengesprächs« ist eine der möglichen Ausformungen des Stationenlernens. Egal, welche Arbeitsimpulse im Einzelfall gewählt werden, die Schüler/innen sind auf jeden Fall gehalten, die aufgebauten Lernstationen möglichst selbstständig und selbstgesteuert zu durchlaufen und dabei ganz unterschiedliche Lernaktivitäten zu praktizieren – alleine oder auch in Gruppen.

Damit die Schüler/innen nicht die Übersicht verlieren, empfiehlt sich die Einführung spezieller »Laufzettel«. Diese machen die einzelnen Stationen durch fortlaufende Nummern oder Buchstaben kenntlich (vgl. Abb. 13, S. 110). Außerdem geben sie den Schüler/innen in der Regel konkrete Anstöße zur persönlichen Reflexion, Rechenschaftslegung und/oder Ergebnisdokumentation. Das wirkt dem drohenden vordergründigen Aktionismus entgegen. Was die Lehrerseite betrifft, so haben die Laufzettel neben der Steuerungs- und Kontrollfunktion noch eine weitere wichtige Funktion – nämlich eine Feedbackfunktion. Sie geben bei entsprechender Ausgestaltung Aufschlüsse darüber, was an den einzelnen Stationen gefallen hat, was eher ungünstig war und was bei einer Neuauflage der Stationenarbeit unter Umständen geändert werden sollte. Diese Rückmeldefunktion der Laufzettel ermöglicht die gezielte Korrektur bzw. Überarbeitung etwaiger Schwachpunkte an einzelnen Stationen.

Stationenarbeit hat freilich auch neuralgische Stellen. Das beginnt mit den organisatorischen Unwägbarkeiten und Anforderungen, die diese Arbeitsweise mit sich bringt, und reicht über den häufig sehr hohen Vorbereitungsaufwand für die betreffenden Lehrkräfte bis hin zur mangelnden Selbstständigkeit, Zielstrebigkeit, Methodenbeherrschung und Selbstkritikbereitschaft vieler Schüler/innen. Selbst wenn man den Kindern und Jugendlichen Lösungsblätter für die abschließende Selbstevaluation und Ergebnissicherung zur Verfügung stellt, so heißt das noch lange nicht, dass sie diese auch erst am Ende ihres Arbeitsprozesses benutzen. Vielmehr zeigt sich im Schulalltag immer wieder, dass nicht wenige Schüler/innen zum vorschnellen Abschreiben der richtigen Lösungen tendieren – auch wenn das ein nachhaltiges Begreifen bekanntermaßen verhindert. Auch vorschnelle Hilfegesuche an die Adresse einzelner Mitschüler/innen sind durchaus an der Tagesordnung. Hinzu kommt auf Lehrerseite noch ein weiterer Schwachpunkt, nämlich der ausgeprägte Vorbereitungsaufwand des Stationenlernens für die Pädagogen. Die Stationen müssen aufgebaut, die Laufzettel entwickelt und die nötigen organisatorischen Vorkehrungen im Klassenraum getroffen werden. Das alles bringt beträchtliche Mehrarbeit mit sich, die nicht wenige Lehrkräfte vor dem Instrument des Stationenlernens eher zurückschrecken als dazu greifen lässt.

2.5 Unterschiedliche Fachaufgaben

Eine weitere Form der Individualisierung ist die *Aufgabendifferenzierung* im ganz normalen Fachunterricht. Differenzierte Aufgabenstellungen gehören zwar auch zu den Eigenheiten von Wochenplan-, Werkstatt- und Stationenarbeit; die hier gemeinte Variante geht jedoch in eine deutlich konventionellere Richtung. Das heißt: Es wird der klassische lehrerzentrierte Fachunterricht durch die verstärkte Hereinnahme niveaudifferenzierter und bereichsdifferenzierter Arbeits- und Übungsaufgaben angereichert. Zunächst zur Niveaudifferenzierung: Die Schüler/innen erhalten im Rahmen des gängigen Fachunterrichts nicht nur Pflichtaufgaben auf gleichem Niveau, sondern auch und zugleich Aufgaben mit abgestuften Anforderungen – nämlich A-Aufgaben und B-Aufgaben oder Standardaufgaben und Sternchenaufgaben. Je nachdem, was sich die Schüler/innen zutrauen bzw. was sie interessiert, können sie die eine oder andere Aufgabe auswählen. Dadurch bekommen sie Gelegenheit, so zu disponieren, dass sie bessere Motivations- und Erfolgsaussichten haben. Die einen auf einem eher niedrigen Niveau, die anderen auf hohem oder höchstem Niveau. Die einen im stärker praktisch-anschaulichen Bereich, die anderen im mehr abstrakt-theoretischen Bereich. Diese Niveaudifferenzierung entspricht den unterschiedlichen Kompetenzstufen, wie sie sich im Rahmen der neuen Bildungsstandards finden. Der damit verbundene Differenzierungsgedanke ist der: Schüler/innen, die bestenfalls die Kompetenzstufen 1 oder 2 schaffen, sollten ebenso zu ihrem Recht kommen können wie jene, die gute Chancen auf das Erreichen der Kompetenzstufen 4 oder 5 haben. Dementsprechend müssen die fach- und themenspezifischen Aufgabenstellungen unterschiedliche Anforderungsniveaus aufweisen.

Diese Niveaudifferenzierung kann im Fall eines Sachtextes in Politik oder Geschichte z. B. so aussehen, dass einige Schüler/innen lediglich darangehen, einige relativ einfache Fragen zum betreffenden Text zu beantworten, während andere schon nach kurzer Zeit dazu übergehen, korrespondierende Anwendungs- und Transferaufgaben in Angriff zu nehmen. Dazu gehören z. B. das Schreiben eines kritischen Kommentars, das Formulieren eigener Schlüsselfragen oder -thesen oder auch das Erstellen eines textbezogenen Spickzettels für einen anschließenden Kurzvortrag. So gesehen wird den unterschiedlichen Präferenzen und Begabungen der Schüler/innen Raum gegeben. Geschwindigkeitsdifferenzen werden ebenso ausgeglichen wie Leistungsdifferenzen. Wer sich viel zutraut und schnell arbeitet, findet genauso seine Tätigkeitsfelder wie derjenige, der eher länger braucht oder aber schnell an seine intellektuellen Grenzen stößt. Keiner wird an den Rand gedrängt; allen Schüler/innen werden angemessene Anschlussmöglichkeiten geboten.

Gleiches gilt für die bereichsspezifische Aufgabendifferenzierung. Damit gemeint ist das Angebot unterschiedlicher inhaltlicher, methodischer und/oder sozialer Arbeitsanlässe im Rahmen des je anstehenden Fachthemas. Die Schüler können zum betreffenden Thema z. B. unterschiedliche Materialien bearbeiten oder variierende Lerntätigkeiten auswählen. Sie können Texte, Schaubilder, Zeichnungen, Arbeitsblätter, Hörkassetten oder andere Medien mehr erschließen. Sie können etwas schreiben, lesen oder rechnen, zeichnen, basteln oder gestalten, diskutieren, recherchieren oder visualisieren. Und sie können natürlich auch dazu übergehen, themenzentrierte Rätsel zu lösen, Sachverhalte zu besprechen, Interviews zu führen oder einschlägige Lernspiele durchzuspielen. Wichtig ist nur, dass die betreffenden Arbeitsweisen im Einklang mit dem jeweiligen Fachthema stehen. Je breiter die Palette der Lern- und Arbeitsalternativen der Schüler/innen ist, desto größer ist auch ihre Chance, dass sie sich irgendwo einklinken und nützlich machen können. Wer nicht gerne schreibt, kann zum gleichen Thema vielleicht etwas zeichnen oder basteln. Wer eine Abneigung gegenüber dem Alleinarbeiten hat, kann sich ohne schlechtes Gewissen mit dem einen oder anderen Lernpartner zusammenzutun, um in gemeinsamer Arbeit weiterzukommen etc.

Grundsätzlich lässt sich bei der besagten Aufgabendifferenzierung zwischen *Pflicht-* und *Küraufgaben* unterscheiden. Pflichtaufgaben sind solche, die alle Schüler/innen verbindlich zu bearbeiten haben. Die Küraufgaben dagegen richten sich vorrangig an jene Lerner, die schneller fertig sind und/oder anspruchsvollere Anforderungen brauchen, um das eigene Leistungspotenzial verstärkt abrufen zu können. Für alle Schüler/innen sollte möglichst Passendes geboten werden. Das betrifft die Aufgabenstellungen wie die Arbeits- und Übungsverfahren. Natürlich verursacht das zusätzlichen Vorbereitungsaufwand für die Lehrerseite. Die Lehrkräfte müssen nicht nur ihre traditionellen Inputs vorbereiten, sondern auch und zugleich daran arbeiten, dass den Schüler/innen hinreichend viele interessante und lehrreiche Aufgabenmenüs für das eigenverantwortliche Arbeiten zum jeweiligen Thema zur Verfügung stehen. Das setzt sowohl das Erstellen unterschiedlicher Aufgabenstellungen als auch das Vorbereiten differenzierter Materialien und Arbeitsarrangements voraus.

Dieser Vorbereitungsaufwand gilt in noch stärkerem Maße bei komplexen Themen (z. B. Thema »Arbeitslosigkeit« oder »Französische Revolution«), bei denen die Lehrkräfte unterschiedliche Teilthemen eingrenzen und vorbereiten müssen. Diese Vorbereitungsarbeit bedeutet, dass mehrere kleinere oder größere »Materialpakete« zu entwickeln und anzubieten sind, die die Schüler/innen wahlweise zu bearbeiten haben. Dabei können die Präferenzen der Schüler/innen durchaus berücksichtigt werden; allerdings liegt die didaktische und methodische Gesamtverantwortung stets bei den Lehrkräften – und damit natürlich auch die Verantwortung für die Benennung und Bearbeitung der vorgesehenen Unterthemen und Arbeitsmaterialien. Dieser Umstand sorgt u. a. dafür, dass die jeweilige Lehrkraft im Regelfall recht behutsam steuern und argumentieren muss, damit keines der Unterthemen vorschnell abgewählt wird. Auch die Sicherung passabler Gruppengrößen bedarf häufig der Lehrerintervention. Lehrerlenkung und Wahlunterricht gehen also Hand in Hand.

Ähnliches gilt für die Aufgabenentwicklung und Gruppenbildung z. B. bei Rollenspielen, Entscheidungsspielen, Konferenzspielen oder Planspielen zum einen oder anderen fachlichen Thema bzw. Problem. Auch in diesen Fällen sind geeignete Rollenkarten und sonstige Basismaterialien für die einzelnen Spieler bzw. Spielparteien zu entwickeln, die eine tragfähige Ausgestaltung der betreffenden Rollen bzw. Funktionen gewährleisten. Die Schüler/innen können sich zu Spielbeginn der einen oder anderen Rolle zuordnen und dabei ihren ganz persönlichen Neigungen und Fähigkeiten folgen – vorausgesetzt, die einzelnen Rollen sind nicht überbesetzt bzw. werden von den Klassenmitgliedern ausreichend oft gewählt. Wenn nicht, muss auch hier durch entsprechende Überzeugungsarbeit seitens des Lehrers bzw. der Lehrerin nachgesteuert werden. Eine andere Variante: Die Schüler/innen werden mittels Losverfahren auf die einzelnen Rollen verteilt. Das jedoch bedeutet, dass die individuelle Wahlfreiheit der Schüler/innen entscheidend eingeschränkt wird.

Fazit: Die Aufgabendifferenzierung im Fachunterricht ist ein recht pragmatischer Ansatz, der sich relativ problemlos realisieren lässt. Das gilt vor allem für das Entwickeln und Einbringen unterschiedlicher Aufgabenniveaus bzw. Kompetenzanforderungen. Das kann im einfachsten Fall z. B. heißen, dass zum gleichen Thema und Leitmaterial z. B. zwei Pflichtaufgaben (a) und (b) auf unterem und mittlerem Niveau sowie zwei weitere Küraufgaben (c) und (d) auf gehobenem und höchstem Niveau formuliert werden – möglichst mit unterschiedlichen methodischen Anforderungen verbunden. Diese niveaudifferenzierten Aufgabenstellungen durchziehen die PISA-Studien seit Jahren. Auch die neuen bundesweiten Vergleichsuntersuchungen und Abschlussarbeiten stellen in hohem Maße darauf ab. Die Entwicklung entsprechender Lern- und Arbeitsaufgaben für den alltäglichen Fachunterricht ist zwar kein ganz einfaches Unterfangen, wohl aber lässt sie sich mit der nötigen Portion Arbeitsteilung und Materialarchivierung recht gut bewerkstelligen.

2.6 Wahlweises Lernen in Projekten

Deutlich anspruchsvoller und schwieriger ist der mit dem *Projektlernen* einhergehende Differenzierungs- und Individualisierungsansatz. Typisch für das Projektlernen ist, dass sich die Schüler/innen einer Klasse interessen- und fähigkeitsabhängig für das eine oder andere Projektthema entscheiden können. Die zur Auswahl stehenden Projektarbeiten werden entweder vom Lehrer vorgegeben oder aber innerhalb der jeweiligen Klasse gemeinsam festgelegt. Sie können sowohl eng fachbezogen definiert sein als auch stärker fachübergreifend konzipiert werden. Der Bearbeitungszeitraum eines Projekts erstreckt sich in der Regel über zehn und mehr Stunden, verteilt auf mehrere Wochen. Innerhalb dieser Projektperiode müssen die Schüler/innen möglichst selbstständig und zielgerichtet planen, organisieren, recherchieren, produzieren, kooperieren, Probleme lösen, Zwischenbilanzen ziehen und manches andere mehr tun. So gesehen eröffnet das Projektlernen beträchtliche Handlungs- und Entscheidungsspielräume für die betreffenden Lerner. Die Schüler/innen können eigenen Präferenzen folgen, eigene Stärken einbringen, unterschiedliche Anforderungsniveaus anpeilen, mit ausgewählten Mitschüler/innen kooperieren etc. Das bietet gerade für heterogene Lerngruppen die nicht zu unterschätzende Chance, dass sich die unterschiedlichen Lerntypen an der einen oder anderen Stelle wiederfinden und einbringen können.

Zur Wahl steht grundsätzlich zweierlei: Inhaltliches und Prozedurales. Zum einen können die Schüler/innen alternative Projektthemen auswählen, zum anderen können sie unterschiedliche Verfahrensweisen nutzen, d. h. auf verschiedene Methoden, Medien, Arbeitsmittel, Produkte und Mitstreiter/innen zurückgreifen. Da die betreffenden Projekte meist recht komplex sind, wird den interessierten Schüler/innen im Regelfall die Möglichkeit eröffnet, weitere Binnendifferenzierungsmaßnahmen zu verabreden, d. h. gewünschte Teilaufgaben und Arbeitsverfahren gruppenintern abzustimmen. Wer macht was, mit wem, wann und in welcher Weise? Das sind die Schlüsselfragen, mit denen sich die jeweiligen Projektgruppenmitglieder möglichst schlüssig zu beschäftigen haben. So gesehen gehört das Projektlernen zu den absoluten Hochformen des *Offenen Unterrichts*. Es ermöglicht einerseits ein hohes Maß an Selbstorganisation und Selbststeuerung, an Schülerkooperation und eigenverantwortlichem Arbeiten und Lernen. Andererseits verlangt es aber auch und zugleich, dass die betreffenden Projektgruppenmitglieder methodisch höchst versiert sind, damit sie die fälligen Projektarbeiten und -abläufe angemessen zu steuern und zu bewältigen vermögen.

Projektarbeit kann – wie angedeutet – fachspezifisch oder auch fachübergreifend angesetzt werden. Typisch für fachspezifische Projekte ist z. B., dass die Schüler/innen aufgabendifferenziert und arbeitsteilig zu Rahmenthemen wie »Ägypten«, »Waldsterben«, »Klassenfahrt«, »London«, »Elektrizität«, »Werbung«, »Börse«, »Goethe« etc. arbeiten (vgl. u. a. Geist 2007, S. 18 ff.). Dabei gibt es grundsätzlich zwei Varianten: Entweder die Lehrperson gibt zum betreffenden Rahmenthema verschiedene Teilaufgaben mit unterschiedlichen Anforderungsniveaus und Arbeitsmöglichkeiten vor – mal schwieriger, mal leichter, mal kreativer, mal formaler, mal rezeptiver, mal produktiver. Oder aber – die zweite Variante – den Schüler/innen obliegt es selbst, ihre konkreten Projektarbeiten zu definieren und Teilaspekte herauszufiltern, an denen sie im weiteren Projektverlauf in unterschiedlich zusammengesetzten Neigungsgruppen arbeiten möchten. Die inhaltliche und gruppenspezifische Zuordnung erfolgt also nach eigenem Gusto. Für die Projektarbeit selbst gilt: *erstens* ihre klare Ausrichtung auf griffige Lernprodukte (Plakate, Berichte, Präsentationen, Ausstellungen, Werkstücke, Theateraufführungen etc.) sowie *zweitens* ein hohes Maß an Selbststeuerung und Selbstorganisation der betreffenden Projektgruppenmitglieder.

Dazu ein konkretes Beispiel aus dem Deutschunterricht (vgl. Paradies 2003, S. 23). Im Mittelpunkt des betreffenden Projekts steht der Roman »Homo Faber« von Max Frisch. Projektakteure sind die Schülerinnen und Schüler einer zehnten Gesamtschulklasse. Zum Projektverlauf selbst: Nach der Lektüre des Romans gehen die Schüler-/innen und ihre Lehrerin zunächst daran, korrespondierende Aufgabenstellungen mit zunehmenden Schwierigkeitsgraden und unterschiedlichen methodischen Anforderungen zu entwickeln. Dann beginnt die gemeinsame Planungsphase, die nach einiger Zeit dazu führt, dass die betreffenden Gesamtschüler/innen siebzehn alternative Arbeitsschwerpunkte in Sachen »Homo Faber« herausgefunden haben. Nun beginnen die Zuordnung und Arbeitsplanung. Die Schüler/innen ordnen sich dem einen oder anderen Arbeitsschwerpunkt zu und gruppieren sich entsprechend. Einige arbeiten zu zweit, andere zu dritt, wieder andere zu viert. Einige der Gruppen wählen mehr reproduktive Arbeitsschwerpunkte, andere präferieren ausgeprägt produktions- und handlungsorientierte Aufgaben, wieder andere entscheiden sich für eine szenischdarstellende Ausrichtung oder konzentrieren sich z. B. auf Arbeitsschwerpunkte mit interpretatorischem, literaturgeschichtlichem, psychoanalytischem, kulturkritischem oder literatursoziologischem Zuschnitt (vgl. ebenda). So kann jeder seinen individuellen Zugang finden.

Projektarbeiten dieser Art sind schwierig und praktikabel zugleich. Praktikabel sind sie immer dann, wenn sie sich auf ein ohnedies zu behandelndes Fachthema konzentrieren und damit im vorgegebenen fachlichen Rahmen bleiben. Das bietet die

Möglichkeit, dass schwerpunktmäßig auf bereits vorliegendes Material zurückgegriffen werden kann – mit der Folge, dass sich die projektspezifischen Vorbereitungsarbeiten der Lehrkräfte minimieren lassen. Für die Lehrpersonen selbst bleiben unter diesen Vorzeichen vornehmlich moderative, beratende und organisatorische Aufgaben im Rahmen des je abgesteckten Projektkorridors. Schwieriger dagegen wird das Projektlernen dann, wenn es über das konkrete Fachthema hinausreicht und den Schüler/innen die freie Wahl lässt. Gleiches gilt für den Fall, dass die Lehrkraft alternative Teilprojekte zur Auswahl stellen möchte, die erst vorbereitet werden müssen. Denn das bedeutet zwangsläufig ein Mehr an häuslichem Vorbereitungsaufwand. Die daraus resultierende Material-, Aufgaben- und Evaluationsvorbereitung ist nicht nur zeit- und arbeitsaufwändig; sie führt in vielen Kollegien auch sehr schnell dazu, dass der ganze Projektgedanke in Misskredit gerät. Die Tatsache, dass Projektarbeit in Deutschlands Schulen bislang einen eher geringen Stellenwert hat, belegt die abschreckende Wirkung des Projektansatzes.

2.7 Fachreferate und Jahresarbeiten

Ein weiterer Ansatz zur individuellen Ansprache und Förderung unterschiedlicher Schülertalente betrifft das Erstellen persönlicher Referate, Facharbeiten oder Jahresarbeiten zu spezifischen Fachthemen. Dieser Ansatz gilt vor allem für die höheren Klassen der Sekundarschulen. Den betreffenden Schüler/innen wird zu bestimmten Zeitpunkten des Schuljahres oder der Schulzeit die Gelegenheit geboten, zum einen oder anderen Thema ihrer Wahl intensiver zu »forschen« und dazu eine möglichst überzeugende schriftliche Ausarbeitung anzufertigen, die das eigene Leistungsvermögen und Forschungsinteresse spiegelt. Dabei sind zwei Themenfindungsvarianten zu unterscheiden: Die erste ist die, dass die Schüler/innen völlig autonom entscheiden können, zu welchem fachlichen Thema sie eine Ausarbeitung erstellen möchten. Die zweite Variante sieht so aus, dass sie aus einem von Lehrerseite vorgegebenen Themenpool auswählen müssen. Wichtig in beiden Fällen ist, dass die Schüler/innen zu möglichst verbindlicher Eigenarbeit und Eigenverantwortung angehalten werden. Das beginnt bei der Themenpräzisierung und Arbeitsplanung und reicht über das themenzentrierte Recherchieren in Bibliotheken, Fachbüchern und/oder Internet bis hin zum eigenständigen Gliedern, Formulieren und Gestalten der betreffenden Ausarbeitung – einschließlich der Vorbereitung einer korrespondierenden Präsentation vor der Klasse.

Die Anforderungen an die Selbstständigkeit und Selbststeuerung der Schüler/innen sind demnach recht hoch. Egal, ob es sich um ein punktuelles Referat im Rahmen des Fachunterrichts handelt oder ob es um eine umfänglichere Facharbeit oder Jahresarbeit gegen Ende der Schulzeit geht, stets wird den Schüler/innen eine Menge zugemutet und abverlangt. Zwar haben sie Wahlmöglichkeiten, die ihnen die Nutzung individueller Stärken und Interessen ermöglichen, gleichwohl sind die inhaltlichen wie methodischen Anforderungen beträchtlich. Die Schüler/innen brauchen nicht nur Selbstvertrauen und Eigeninitiative, sondern auch ein hohes Maß an Selbstdisziplin und Methodenbeherrschung. Sie müssen methodisch fit sein und wissenschaftspropädeutisch zu arbeiten verstehen. Das betrifft sowohl die obligatorische Recherche- und Quellenarbeit als auch das korrekte Schreiben, Gliedern, Zitieren und Layouten im Rahmen der jeweiligen Arbeit. Je früher die Schüler/innen die entsprechenden wissenschaftspropädeutischen Standards abgeklärt haben und je kleinschrittiger sie an deren Umsetzung herangeführt wurden, desto leichter fällt es ihnen gemeinhin, ihre unterschiedlichen Begabungen einzubringen. Schade nur, dass es in Deutschlands Bildungslandschaft immer noch viel zu viele Schulen gibt, die Referate und Facharbeiten eher nachrangig ansetzen. Eigentlich sollte niemand eine Fach- bzw. Jahresarbeit erstellen müssen, der nicht vorher mehrere kleinere oder größere Referate geschrieben und gehalten hat.

Die Volksweisheit »Übung macht den Meister« gilt auch hier. Wer sich beizeiten geübt hat, seine Interessen zu erkennen und seine Stärken und Schwächen auszuloten, der tut sich später selbstverständlich leichter damit, sein persönliches Potenzial abzurufen und seine spezifischen Anliegen und Fragen in den Unterricht einzubringen. Das ist eine der zentralen Voraussetzungen für das erfolgreiche Mitarbeiten in einer heterogenen Schülergruppe. Selbstständigkeit und wissenschaftspropädeutisches Arbeiten wollen eben gelernt und immer wieder geübt sein. Das betrifft nicht nur die formale Gestaltung von Referaten und komplexeren Facharbeiten, sondern auch und besonders das Recherchieren, Analysieren, Bewerten, Exzerpieren und Aufbereiten wissenschaftlicher Grundinformationen. Bereitet vielen Schüler/innen bereits das gezielte Nutzen einer Bibliothek beträchtliche Schwierigkeiten, so gilt diese Hilflosigkeit erst recht, wenn es um den seriösen Umgang mit dem Internet geht. Das Gros der Lehrkräfte weiß inzwischen ein Lied davon zu singen, wie trickreich und unverfroren manche Schüler/innen das Internet zu »missbrauchen« verstehen. Da werden nicht nur dubiose Quellen angezapft und ganze Passagen ohne Zitierzeichen übernommen; mittlerweile ist es sogar zur verbreiteten Gepflogenheit geworden, ganze Referate oder Facharbeiten aus dem Internet herunterzuladen und als eigene Leistung zu deklarieren.

Diese Praxis verdeutlicht die Gefahren, die sich mit dem hier in Rede stehenden Individualisierungs- und Differenzierungsansatz verbinden. Referate und Facharbeiten sind ein durchaus interessantes und chancenreiches Instrument, um die Schüler-/innen zum Einbringen persönlicher Präferenzen, Fähigkeiten und Fertigkeiten zu veranlassen. Sie sind aber auch ein problematischer Ansatz. Eine Garantie für motiviertes und konstruktives individuelles Arbeiten bieten sie auf jeden Fall nicht. Dies umso mehr nicht, als man im Ernstfall nie sicher sein kann, dass die einreichenden Schüler-/innen auch tatsächlich die originären Urheber der vorgelegten Ausarbeitungen sind. Viele von ihnen werden von ihren Eltern zu Hause derart stark unterstützt, dass ihre eigener Anteil unter Umständen gegen null geht. Das gilt für die Planungs- wie die Recherchearbeit, für die Gliederung wie für die Schreibarbeit. Die heutige Computerkultur lässt es nun einmal zu, dass Arbeiten abgeliefert werden, deren Urheber weder am Schriftbild noch an der Rechtschreibung noch an der Textkomposition als solcher zu erkennen sind. Am ehesten sind etwaige Mogeleien noch auszumachen, wenn Arbeiten einfach aus dem Internet heruntergeladen werden. Da genügt oft die Eingabe eines Halbsatzes in eine Suchmaschine, um den wahren Urhebern auf die Spur zu kommen. Schwieriger ist es dagegen bei Beiträgen, die von Eltern oder Freunden (mit) verfasst werden.

Um eventuellen Missverständnissen vorzubeugen: Referate und Facharbeiten sind wichtig und nötig – sowohl als Differenzierungsinstrument als auch als anspruchsvolle Lern- und Forschungsgelegenheiten. Daran ändern auch die skizzierten Problemanzeigen nichts. Voraussetzung ist allerdings, dass die betreffenden Schüler/innen einschlägig qualifiziert und kontrolliert werden. Kontrolle meint hierbei die konkrete Rechenschaftslegung gegenüber einzelnen Schülergruppen, der Gesamtklasse und/ oder der zuständigen Lehrperson. Mit Qualifizierung ist gemeint, dass die Schüler/innen beizeiten mit den grundlegenden Verfahren und Standards des wissenschaftspropädeutischen Arbeitens vertraut gemacht werden sollten. Dazu bedarf es praktischer Übungen, Reflexionen und Regelklärungen (vgl. dazu auch Kapitel II.5).

Gut gemeinte Lehrerappelle und/oder -instruktionen helfen erfahrungsgemäß nicht wirklich weiter. Training muss sein! Gleiches gilt für die angedeuteten Kontrollen. Auch wenn die meisten Schüler/innen durchaus ehrliche Arbeiten abliefern, so empfiehlt es sich doch, die Seriosität der vorgelegten Referate bzw. Facharbeiten mittels korrespondierender Präsentationen und/oder Kolloquien verbindlich zu überprüfen – zumindest stichprobenartig. Das unterstreicht die Wertschätzung, fördert die Sicherheit und Souveränität der betreffenden Schüler/innen, belohnt die »ehrlichen Arbeiter/innen« und sorgt nicht zuletzt dafür, dass sich immer mehr Kinder und Jugendliche trauen, persönliche Referate und/oder Facharbeiten zu übernehmen und als chancenreiche Förder- und Differenzierungsangebote zu begreifen.

2.8 Portfoliobezogene Wahlarbeiten

Die skizzierten Ansätze zur Förderung des individuellen Arbeitens gehen in vielen Schulen mit dem Aufbau persönlicher Portfolios einher. *Portfolios* unterstützen das individualisierte Lernen, indem sie den Schüler/innen Anreize und Möglichkeiten bieten, ihre zu Hause oder im Unterrichtsverlauf erstellten Lernprodukte übersichtlich und nachprüfbar zu archivieren. Dazu können sowohl spezielle Dokumentations- bzw. Berichtsmappen angelegt als auch eigens vorbereitete Präsentationen bzw. Ausstellungen der Klasse bzw. dem Lehrer gegenüber vorgestellt werden. Grundsätzlich lassen sich drei Arten der Portfolioarbeit unterscheiden (vgl. Abb. 14; vgl. außerdem Endres u. a. 2008).

■ *Veröffentlichungs- oder Präsentationsportfolio.* Diese Variante ist im schulischen Kontext recht verbreitet und steht deshalb auch im Mittelpunkt der weiteren Ausführungen in diesem Abschnitt. Beim Veröffentlichungs- und Präsentationsportfolio geht es um die übersichtliche Dokumentation und Vorstellung der in Phasen des in-

Das Portfolio als Produkt-Speicher		
Präsentationsportfolio	**Lernwegportfolio**	**Bewerbungsportfolio**
■ Erledigte Arbeitsblätter ■ Eigene Fragebögen ■ Selbst verfasste Texte ■ Gezielte Kommentare ■ Skizzen/Schaubilder ■ Bilder und Grafiken ■ Spezielle Arbeitspläne ■ Wichtige Protokolle ■ Diagramme/Tabellen ■ Werkstücke/Modelle ■ Spezielle Referate ■ Kunst-Mappe ■ Berichtsheft etc.	■ Stärken-Auflistung ■ Schwächen-Auflistung ■ Interessen-Auflistung ■ Lerntagebuch (Auszüge) ■ Lernfortschrittsbericht ■ What-to-do-Liste ■ Beratungsprotokoll ■ Vorsatz-Protokoll ■ Wochenbilanz ■ Tagesbilanz ■ Monatsbilanz ■ Kompetenzcheck ■ Lernvereinbarung etc.	■ Gelungene Arbeiten ■ Gelungene Produkte ■ Praktikumsbericht ■ Erkundungsprotokoll ■ Externes Gutachten ■ Berufswahlfahrplan ■ Forschungsarbeiten ■ Würdigungsberichte ■ Beratungsprotokoll ■ Kursbescheinigungen ■ Bewerbungsschreiben ■ Persönlicher Lebenslauf ■ Etwaige Auszeichnungen etc.

Abb. 14

dividuellen Lernens erstellten Lernprodukte. Dieser Portfolioansatz ist eine wichtige Begleitkomponente des skizzierten Wahlunterrichts.

■ *Lernwegportfolio.* Damit ist die Dokumentation der persönlichen Lernentwicklung eines Schülers gemeint, wie sie z. B. in Protokollen, Briefen, Erfolgsbilanzen, Lerntagebüchern, Vorsatzkatalogen, Lernverträgen und sonstigen ausgefüllten Reflexionsbögen ihren Ausdruck finden kann. Diese lernwegspezifischen Produkte spiegeln ausgewählte Unternehmungen, Erfolge und Reflexionen eines Schülers und geben damit gewisse Aufschlüsse darüber, was zur Verbesserung des eigenen Lernens so alles unternommen wurde. Diese lernprozessbezogene Dokumentationsarbeit wird gesonderter Gegenstand in Kapitel II.6 dieses Buches sein.

■ *Talent- oder Bewerbungsportfolio.* Als dritte Portfolioart, die eher am Rande des schulischen Kontextes steht, lässt sich das berufsorientierte Talent- oder Bewerbungsportfolio anführen. Diese Portfoliovariante stellt ebenfalls auf die Archivierung ausgewählter Lernprodukte ab, allerdings vorrangig auf solche, die bei späteren Bewerbungen von Interesse und Relevanz sein könnten. Das können Produkte aus dem Technikunterricht, aus Wirtschafts- und Sozialkunde oder aus dem Kunstunterricht sein. Das können aber auch Praktikumsberichte, Berufswahlunterlagen, Jugendforscht-Produkte oder Würdigungsberichte von externen Betreuern sein.

Zu den Vorteilen des Portfolios gehört, dass damit das individuelle Arbeiten der Schüler/innen Ziel und Berechtigung bekommt. Wozu nämlich werden die vielen Produkte in den besagten Frei- und Wahlarbeitsphasen entwickelt, wenn sie nicht irgendwo ihren Niederschlag finden und eine gewisse Anerkennung erfahren. Natürlich kann eine Präsentation vor der Klasse bereits Anerkennung und Würdigung genug sein – vor allem dann, wenn den Präsentatoren ein ernsthaftes Feedback gegeben wird. Nur, derartige Präsentationen sind im Schulalltag eher die Ausnahme und keinesfalls die Regel. Im Regelfall werden die erstellten Arbeitsblätter, Zeichnungen, Werkstücke und sonstigen Arbeitsprodukte irgendwo abgelegt und bedürfen daher der Kontrolle und Würdigung durch den Lehrer bzw. die Lehrerin. Das ist Verpflichtung und Problem zugleich. Verpflichtung deshalb, weil das Gros der Schüler/innen mit Fug und Recht erwarten kann, dass die eigenen unterrichtlichen Bemühungen von Pädagogenseite zur Kenntnis genommen und angemessen bewertet werden.

Zum Problem wird dieses Würdigungs- und Bewertungsanliegen insofern, als es in praxi leicht dazu führen kann, dass für die verantwortlichen Lehrkräfte ein höchst belastendes zusätzliches Arbeitsprogramm entsteht. Wer jemals die gängigen Berichtshefte zum Betriebspraktikum durchgesehen, korrigiert und bewertet hat, der weiß, mit welchen Schwierigkeiten und Belastungen diese Arbeit in der Regel verbunden ist. Die Zusatzbelastung für die Lehrkräfte ist zumeist genauso groß wie ihre Unsicherheit in puncto Korrektur und Bewertung. Wie bewertet man etwas, dessen Entstehung man nur unter großen Vorbehalten den abliefernden Schülern zuordnen kann? Oder: Wie verfährt man, wenn fünfzig und mehr Seiten mit Hochglanzmaterial abgeliefert werden – nur, weil der betreffende Betrieb die geeigneten Möglichkeiten und Hilfen dazu anbietet? Diese und andere Fragen machen deutlich, welche Tücken und Unwägbarkeiten mit dem Instrument des Schülerportfolios verbunden sind. Das gilt nicht minder für Kunst-Mappen oder sonstige Produktsammlungen in anderen Fächern.

Selbst die Arbeitsblätter, die während der gängigen Freiarbeits-, Wochenplan- oder Lernzirkelphasen ausgefüllt und anschließend in irgendwelchen Ordnern oder Fächern abgelegt werden, werfen die grundlegende Frage nach der Machbarkeit und Sinnhaftigkeit des besagten Berichts- und Dokumentationsverfahrens auf. Die korrespondierenden Kontrollaktivitäten der Lehrkräfte nehmen oft überhand. Wenn sich z.B. die Lehrkräfte eines rheinland-pfälzischen Gymnasiums genötigt sehen, die in mehreren Fächern und Wochenstunden erstellten Arbeitsblätter akribisch einzusammeln, zu Hause durchzusehen, bei nächster Gelegenheit an die Schüler/innen zurückzugeben und nach erfolgter Korrektur/Überarbeitung nochmals persönlich zu kontrollieren, dann ist das alles andere als zumutbar und alltagstauglich. Derartige Arbeits- und Kontrollexzesse führen komplett in die Irre. Individuelles Arbeiten und Lernen der Schüler/innen kann und darf doch nicht bedeuten, dass die Lehrkräfte durch die Hintertür wieder alles an sich ziehen, was die Lerner eigentlich selbst verantworten sollten. Der Forderung nach selbstständigem und selbstgesteuertem Lernen wird das gewiss nicht gerecht.

Nötig ist etwas anderes: Nötig ist vor allem ein Mehr an Selbstkontrolle und Selbstkritik der Schüler/innen. Das schließt die wechselseitige Kritik und Beratung in kleineren oder größeren Gruppen mit ein. Nur dann wird individualisiertes Arbeiten und Lernen durchzuhalten sein und zugleich sichergestellt werden können, dass die erforderlichen Auseinandersetzungen auf Schülerseite stattfinden. Wichtig sind Selbst-

und Fremdkritik der Schüler/innen allein deshalb, weil nur auf diese Weise erreichbar sein wird, dass sich die Schüler/innen auf ihrem Weg zu mehr Mündigkeit und Selbstverantwortung ernsthaft vorwärtsbewegen werden. Von daher spricht vieles dafür, einer verstärkten Delegation der angesprochenen Korrektur- und Kontrollverantwortung von der Lehrer- zur Schülerseite den Weg zu ebnen und das wechselseitige Sichten, Besprechen, Kritisieren und Beurteilen der erstellten Lernprodukte durch die betroffenen Schüler/innen gezielt voranzutreiben. Das wäre ein ebenso wichtiger wie wegweisender Beitrag zur Förderung der angemahnten Alltagstauglichkeit des Portfolioansatzes.

Nötig ist aber noch ein Weiteres, nämlich die klare Eingrenzung der portfoliorelevanten Lernprodukte auf ein aussagekräftiges Minimum an Unterlagen. Wie dieses Minimum aussehen sollte, muss nicht allein die Lehrkraft bestimmen, sondern das kann sehr wohl zusammen mit den Schülerinnen und Schülern geplant und verabredet werden. Die zentrale Devise dabei: »Weniger ist mehr!« Wenn den Lehrkräften die wahllos gefüllten Portfolios der Schüler/innen nicht über den Kopf wachsen sollen, dann muss rechtzeitig entgegengewirkt und so reglementiert werden, dass alle Beteiligten zu Schuljahresbeginn genau wissen, welche Produkttypen zu welchen Zeitpunkten in welchen Umfängen in das jeweilige Portfolio eingebracht werden können. Eine solche Reglementierung schützt nicht nur die Lehrkräfte vor überzogener Mehrarbeit. Sie zwingt auch die Schüler/innen, das eigene Wahlverhalten beizeiten zu fokussieren und so zu gestalten, dass einige wenige aussagekräftige Lernprodukte für das von Lehrerseite zu bewertende Portfolio übrig bleiben. Andernfalls wird der besagte Kontrollaufwand den Portfolioansatz ad absurdum führen.

2.9 Problemfeld »Selbstlernmaterial«

Das wiederholt angesprochene Kernproblem des individuellen Arbeitens und Übens ist das Entwickeln bzw. Beschaffen geeigneter Unterrichtsmaterialien und Aufgabenstellungen. Wie schaffen es die Lehrkräfte, unter den restriktiven Bedingungen des Schulalltags ausreichend viele alternative Arbeitsblätter, Arbeitsaufgaben und sonstige Arbeitsmittel für einen didaktisch und methodisch anspruchsvollen Fachunterricht bereitzustellen? Und wie stellen sie darüber hinaus sicher, dass sich die Schüler-/innen möglichst oft und verlässlich selbst kontrollieren? Da die Schüler/innen weitgehend selbstständig und selbstgesteuert arbeiten sollen, setzt dieses natürlich voraus, dass geeignete Lösungsblätter oder sonstige Kontrollvorlagen für die individuelle Evaluation und Ergebnissicherung vorhanden sind. Wo findet man diese? Wer stellt sie her? Und wer sichert die nötige Qualität und Kompetenzorientierung der betreffenden Selbstlernmaterialien? Fragen, an denen im Alltag niemand vorbeikommt.

Zugegeben, überall dort, wo die etablierten Lehrmittelverlage überzeugende Lern- und Arbeitsmittel anbieten, sind die skizzierten Individualisierungs- und Differenzierungsmaßnahmen weniger ein Problem. Schwieriger wird es dagegen dann, wenn dieses nicht der Fall ist. Fakt ist, dass die meisten Verlagsangebote viel zu sehr darauf ausgerichtet sind, die Schüler/innen zum vordergründigen Memorieren und Reproduzieren elementaren Fachwissens zu bewegen. Konstruktions-, Kommunikations-, Kooperations-, Recherche- und anspruchsvollere Problemlöseaufgaben finden sich eher selten bis gar nicht. Das lässt sich mit den neueren Bildungsstandards und Kompetenzanforderungen schwerlich vereinbaren. Die meisten Selbstlernmaterialien, die in Schulen oder Verlagen entwickelt wurden und werden, induzieren vor allem eines: flache Beschäftigungstherapie. Im Vordergrund stehen Einzelarbeit und rezeptives Ausfüllen von Lückentexten und sonstigen stark vorstrukturierten Arbeitsblättern. Kreatives, produktives, forschendes, kommunikatives und kooperatives Arbeiten und Lernen der Schüler/innen kommen dagegen viel zu selten vor.

Die Konsequenz daraus: Die Begabungspalette heterogener Lerngruppen wird viel zu wenig angesprochen und mobilisiert. Zwar arbeiten mittlerweile die meisten Verlage daran, dieser Flachheit der gängigen Selbstlernmaterialien anspruchsvollere Lernarrangements und Medien entgegenzustellen. Die Tendenz zur vordergründigen Beschäftigung der Schüler/innen ist und bleibt jedoch dominant. Hier sind die Verlage in der Pflicht, verbesserte Angebote zu entwickeln und zu unterbreiten. Am ehesten wird dieser Grundforderung noch im Primarschulbereich Rechnung getragen. Dort bieten mehrere Verlage durchaus differenzierte Lehr- und Lernmittel für das offene, individualisierte Arbeiten und Üben an. Die Palette der Angebote reicht von einfachen Arbeitsblättern bis hin zu anspruchsvollen Materialsets für die Wochenplan-, Stationen-, Werkstatt- oder Projektarbeit.

Die Kehrseite dieses breiten Angebots: Viele Lehrkräfte verlieren angesichts der Materialflut leicht den Überblick und tun sich zunehmend schwer damit, angemessene Auswahlentscheidungen zu treffen. Häufig wird mehr oder weniger wahllos angeschafft – und zwar frei nach dem Motto: Je einfacher, umso besser; je billiger, desto praktikabler. Letzteres wird nicht zuletzt durch die Geldknappheit vieler Schulträger und Eltern nahegelegt, die der Anschaffung anspruchsvoller Kopiervorlagen und Arbeitsmittel deutlich im Wege steht. Trotzdem: Der Material- und Arbeitsblattboom im Grundschulbereich ist ungebrochen. Allerdings: Nicht alles, was angeschafft und angeboten wird, ist auch tatsächlich geeignet, effektive Selbstlernprozesse der Schüler/innen anzustoßen und zu gewährleisten.

Diese Problemanzeige gilt nicht zuletzt für die gängigen Lösungsblätter. Diese Blätter werden gemeinhin als Stütze und Garant des selbstgesteuerten und selbstkontrollierten Lernens der Schüler/innen angesehen. Vieles spricht jedoch dafür, dass sie diesem Anspruch nur in den seltensten Fällen gerecht werden können. Zu den meisten Aufgaben gibt es nun einmal keine eindeutigen Lösungen, es sei denn, sie sind sehr einfach aufgebaut. Was ist denn z.B. mit Aufgaben, die kreatives, kommunikatives oder kooperatives Arbeiten der Schüler/innen anstoßen? Oder was ist mit Aufgabenstellungen, die offene Analysen verlangen und alternative Sichtweisen bzw. Lösungen zulassen? Die Praxis zeigt, dass eindeutig normierte Lösungsblätter eher die Ausnahme als die Regel sind. Das gilt vor allem für die höheren Jahrgangsstufen. Von daher sind andere Wege der Ergebnissicherung vonnöten. Das schließt die traditionell üblichen Lehrerkontrollen genauso mit ein wie die wechselseitigen Kontrollen, Feedbacks und Beratungen der Schüler/innen. Vor allem die Selbst- und Fremdkontrolle der Schüler/innen muss zwingend aufgewertet werden, soll das selbstgesteuerte Arbeiten und Üben in der nötigen Weise fundiert werden. Was in den unteren Klassen der Primarstufe vielleicht noch gut geht, da es dort verhältnismäßig einfach strukturierte Aufgaben mit eindeutigen Ergebnissen gibt, wird in den Sekundarstufen zunehmend unmöglich.

So gesehen sind die besagten Selbstlernmaterialien der etablierten Verlage eher mit Vorsicht zu genießen. Wer vielschichtige und tiefergehende Lern- und Arbeitsprozesse der Schüler/innen erreichen möchte, der kann schwerlich auf diese »Selbstläufer« setzen, sondern muss verstärkt nach pragmatischen Wegen und Ansätzen in der Schule selbst suchen. Im Klartext: Anspruchsvollere Formen des individualisierten Lernens erfordern die Entwicklung pfiffiger Aufgaben und Materialien in den schulinternen Fachschaften oder Jahrgangsteams – die Konkretisierung geeigneter Evaluationsverfahren mit eingeschlossen. Wenn diese schulinterne Entwicklungsarbeit nicht forciert wird, werden sich die hehren Ziele des individuellen Arbeitens und Lernens schwerlich einlösen lassen. Zu groß sind die Restriktionen, die sich mit den besagten Selbstlernmaterialien verbinden. Wer nachhaltige und zeitgemäße Kompetenzvermittlung betreiben möchte, der braucht entsprechend offen gestaltete Aufgaben, Materialsets, Interaktionsanstöße und Evaluationsverfahren. Das gilt insbesondere für den Sekundarbereich. Diese Lehr- und Lernmittel müssen vornehmlich in den Schulen selbst entwickelt werden. Von außen sind sie nur sehr begrenzt zu erwarten und zu beziehen.

Die damit verbundene Mehrarbeit der Lehrkräfte lässt sich dadurch minimieren, dass konsequent auf Arbeitsteilung und wechselseitige Hilfe und Unterstützung gesetzt wird. Gemeinsame Workshops, gezielte Lehrerfreistellung und geschickte schulinterne Archivierungsverfahren können in wohltuender Weise dazu beitragen, dass die besagten Vorbereitungsmaßnahmen einigermaßen zeit- und arbeitssparend über die Bühne gehen können. Zudem muss nicht alles selbst entwickelt werden. Der schulinterne Vorbereitungsaufwand lässt sich auch dadurch reduzieren, dass auf bereits vorliegende Medien und Aufgabenstellungen zurückgegriffen wird. Sei es nun, dass vorhandene Schulbücher genutzt, oder sei es auch, dass einschlägige Broschüren, Lexika, Fachbücher, Filme oder sonstige themenzentrierte Arbeitsmittel herangezogen werden, die für die Gesamtklasse zur Verfügung stehen. Ein Hinweis wie »Bearbeite die Aufgabe 4 auf Seite 22 des Schulbuchs und recherchiere dazu im Wirtschaftslexikon oder auch im Internet!«, ist nicht nur zulässig; er ist angesichts der hohen Belastung vieler Lehrkräfte sogar höchst naheliegend. Effektiver Unterrichts kommt ja nicht schon dadurch zustande, dass sich die Lehrkräfte besonders viel Arbeit machen. Das Aufwand-Ertrags-Verhältnis muss stimmen! Wer es daher schafft, die Schüler/innen mit minimaler zusätzlicher Vorbereitungszeit zum engagierten, konstruktiven Arbeiten und Lernen zu veranlassen, der betreibt im besten Sinne des Wortes »intelligente Unterrichtsvorbereitung«. In dieser Hinsicht gibt es in den meisten deutschen Schulen noch beträchtliche Handlungs- und Gestaltungsspielräume zu suchen und zu nutzen.

Geeignetes Selbstlernmaterial vorzubereiten, muss also gar nicht so viel Zeit und Mühe kosten, wie das viele Lehrkräfte unterstellen. Zeitsparend kann vor allem dadurch verfahren werden, dass auf Fachschafts-, Jahrgangs- und/oder Schulebene verstärkt *kooperiert* wird. Hier besteht in den meisten Schulen nicht nur großer Nachholbedarf, sondern auch ein riesiges Zeitsparpotenzial für die amtierenden Pädagogen. Deutschlands Lehrkräfte machen von den Möglichkeiten und Chancen gemeinsamer Unterrichtsvorbereitung bis dato viel zu wenig Gebrauch. Jeder entwickelt seine fach- und themenbezogenen Lehr- und Lernmittel auf seine ganz individuelle Art und wendet damit in der Regel viel zu viel Zeit auf. Hinzu kommt, dass das verbreitete »Einzelkämpfertum« in der Praxis immer wieder dazu führt, dass Lehrkräfte zu wenig Ideen und Rückendeckung bekommen, um ihre Vorbereitungs- und Unterrichtspraxis in wirksame neuen Bahnen zu lenken. Das wäre bei einer verstärkten Kooperation sehr viel leichter möglich – vorausgesetzt, die schulinterne Zusammenarbeit verläuft hinreichend konstruktiv und produktiv (vgl. dazu auch die Abschnitte III.1.3 und III.1.4).

Zu diesem Kooperationsplus heißt es z.B. in einem auf Schweden und Norwegen abstellenden Lagebericht: Die dortigen Lehrkräfte bewältigen »[…] das Problem der Binnendifferenzierung mit wesentlich weniger Aufwand und mehr Erfolg […], als dies in Deutschland geschieht […]. Die Lehrpersonen bereiten in ihrem Fach für eine Lerneinheit Aufgaben für zwei bis mehrere Wochen vor. Diese Aufgaben sind unterschiedlich lang und schwierig. Der Aufgabenpool wird am Anfang einer Lerneinheit vorgestellt« (Ratzki 2007, S. 72 f.). Ähnliche Kooperationsverbünde sind in vielen anderen OECD-Ländern üblich. Das gilt für Kanada wie für die USA, für Australien wie für Neuseeland. Warum fällt Ähnliches in Deutschland so schwer? Dabei liegen die Vorteile des konzertierten Arbeitens auf der Hand: Zum einen sparen die betreffenden Lehrkräfte eine Menge an Zeit und Arbeit, zweitens generieren sie ein Mehr an Ideen und Materialien, drittens erfahren sie gruppenintern Ermutigung und Anerkennung, und viertens schließlich begünstigen die konzertierten Vorgehensweisen eine deutlich größere Durchsetzungsfähigkeit und Wirksamkeit im Unterricht selbst. Von daher ist es mehr als verwunderlich, dass diese Praxis nicht auch schon längst in Deutschlands Schulen Platz gegriffen hat. Der wachsende Individualisierungs- und Differenzierungsbedarf in den Klassen legt es nahe, diese Teamabstinenz dringlich zu überwinden.

3. Förderung des kooperatives Lernens

Der zweite zentrale Ansatzpunkt zur Bewältigung der bestehenden Heterogenität in den Klassenzimmern betrifft die verstärkte Zusammenarbeit der Schüler/innen. Kooperatives Lernen eröffnet den Kindern und Jugendlichen Chancen auf gleich zwei Ebenen: zum einen auf der Ebene des Wahlverhaltens, d. h. die Schüler/innen können in Abhängigkeit von ihren persönlichen Neigungen und Begabungen bestimmte Teilaufgaben innerhalb der jeweilige Gruppe auswählen und dadurch vergleichsweise gut und wirksam Anschluss finden. Die zweite Ebene: Die Schüler/innen können verlässlich darauf rechnen, dass ihnen andere Gruppenmitglieder unter die Arme greifen werden, sofern sich irgendwelche Lern- oder Verständnisschwierigkeiten einstellen sollten. Das ist Stärken- und Interessenorientierung im besten Sinne des Wortes. Voraussetzung ist allerdings, dass die Schülerkooperation einigermaßen geordnet und konstruktiv verläuft. Andernfalls drohen lähmende Frustrationen. In den nachfolgenden Abschnitten wird konkretisiert, wie gute Gruppenarbeit angestoßen und entwickelt werden kann. Das beginnt bei der Gruppenbildung und reicht über Ablaufpläne, Aufgabentypen und Interventionsmöglichkeiten bis hin zur Frage der Lehrerlenkung und der Lerneffizienz im Rahmen des Gruppenunterrichts. Abgerundet wird das Kapitel mit der Vorstellung ausgewählter Partner- und Gruppenarrangements.

3.1 Warum Gruppenarbeit wichtig ist

Gruppenarbeit ist nicht nur ein wichtiges Instrument zur Integration unterschiedlicher Schülertalente in den laufenden Unterricht. Gruppenarbeit ist auch deshalb wichtig, weil die damit verbundenen Anforderungen und Übungen Qualifikationen entstehen lassen, die gerade in der heutigen Arbeits- und Berufswelt von ganz zentraler Bedeutung sind. Dazu schreibt der renommierte Lernforscher Franz. E. Weinert: »Wenn man in deutschen Unternehmen nach den wichtigsten schulischen Bildungszielen fragt, wird Teamfähigkeit und kooperative Kompetenz [...] an zweiter Stelle genannt. Das hat seine Berechtigung, wenn man die heutige Arbeitsorganisation in den meisten Firmen betrachtet. Auch wenn sich das klassische ›Volvo-Modell‹ [...] nicht über verschiedene Sparten hinweg durchgesetzt hat, so ist es inzwischen doch so, dass in der Wirtschaft die Bedeutung der Teamarbeit zu Recht immer stärker erkannt und gefordert wird« (Weinert 2000, S. 9). Zahlreiche Veröffentlichungen der Wirtschaftsverbände und -kammern bestätigen dieses (vgl. u. a. IHK-Rheinland-Pfalz 2002).

Die moderne Informations- und Wissensgesellschaft lebt nachgerade davon, dass die Berufstätigen in möglichst ausgeprägter Weise bereit und in der Lage sind, kom-

Wichtige Effekte des Gruppenunterrichts		
Lerneffekte	**Motivationseffekte**	**Sozialisationseffekte**
■ Mehr Selbstständigkeit	■ Lebendiges Lernen	■ Integrationsförderung
■ Denken in Alternativen	■ Spaß am Miteinander	■ Teamgeist entwickeln
■ Intensiveres Arbeiten	■ Mehr Erfolgsgefühle	■ Toleranzentwicklung
■ Offenheit/Kreativität	■ Aussicht auf Hilfe	■ Gesprächsschulung
■ Wissensanwendung	■ Tätigkeitsmotivation	■ Feedbackschulung
■ Kompetenzsicherung	■ Angstfreies Lernen	■ Disziplinförderung
■ Mehr Selbstreflexion	■ Zuspruch anderer	■ Voneinander lernen
■ Stabilere Synapsen	■ Bessere Teamnoten	■ Empathievermittlung
■ Vielfältige Anstöße	■ Berufliche Relevanz	■ Respekt vor anderen
etc.	etc.	etc.

Abb. 15

plexe Aufgaben bzw. Probleme arbeitsteilig anzugehen und unter Nutzung ihrer unterschiedlichen Spezialkenntnisse und -fertigkeiten gemeinsam zu lösen. Viele naturwissenschaftliche oder technische Probleme sind heutzutage viel zu vielschichtig, als dass sie von einzelnen Spezialisten im Alleingang bewältigt werden könnten. Nötig sind vielmehr gekonnte Kommunikation und Kooperation, damit die realen Problemlösungsprozesse erfolgreich vonstattengehen können. Dieser Zwang zur Zusammenarbeit ist ein Markenzeichen moderner Betriebe und Forschungsstätten. Dieser enge Konnex von Fachkompetenz und Teamkompetenz wird von vielen Lehrkräften bis dato leider viel zu wenig gesehen.

Gute Gruppenarbeit ist aber auch aus genuin pädagogischen Gründen wichtig. Warum? Weil die damit verbundene aktive und interaktive Auseinandersetzung das Lernen der Schüler/innen nachweislich beflügelt – und zwar sowohl in der Breite wie in der Tiefe (vgl. Abb. 15). Die Aspektvielfalt des unterrichtlichen Arbeitens wird durch die unterschiedlichen Ideen und Beiträge der Gruppenmitglieder größer und die Aneignungs- und Begreifensprozesse werden tätigkeitsbedingt intensiver. Das zeigen nicht zuletzt neuere Forschungsergebnisse zur Bedeutung des Erklärens für das fachspezifische Lernen und Behalten der Kinder (vgl. Helmke 2006; Hänze 2008; Knopf 2008). Lernschwächere Kinder werden durch die Erklärungen anderer hochgradig gestützt; und »die lernstärkeren Kinder lernen durch die eigenen Erklärungen sehr viel mehr, als wenn sie nur mit Kindern zusammenarbeiten würden, die in diesem Fach ähnlich stark sind« (Vogelsaenger 2008, S. 23).

Vom Verfasser befragte rheinland-pfälzische Lehrkräfte führen zugunsten der Gruppenarbeit gleich mehrere gute Gründe an. Gruppenarbeit sei lebendiger und kurzweiliger, so der Tenor. Sie fördere Kreativität und Flexibilität, stärke das Verantwortungsgefühl der Schüler/innen, befriedige ihr Kommunikationsbedürfnis und vermittle ihnen ein Mehr an Sicherheit und Selbstvertrauen. Gruppenarbeit gebe den Schüler/innen Gelegenheit, ihr Lernen selbst in die Hand zu nehmen, Arbeitsabläufe und Arbeitstempi zu bestimmen und wechselseitige Hilfe und Unterstützung im

Schülerkreis zu organisieren. Gruppenarbeit gewährleiste eine relativ angstfreie Lernatmosphäre und mache es den Schüler/innen leichter, bestehende Probleme und Verständnisschwierigkeiten offen anzusprechen. Das komme nicht zuletzt der fachlichen Klärung und Durchdringung des jeweiligen Lernstoffes zugute (die Rückmeldungen stammen aus Befragungen im Rahmen von Lehrerfortbildungsseminaren).

Ähnlich positive Aspekte und Chancen stellt Hilbert Meyer bei seinem Vergleich von Gruppenarbeit und Frontalunterricht heraus (vgl. Meyer 1989, S. 245). Beim Gruppenunterricht – so Meyer – seien die Aktivitäten der Schüler/innen wesentlich ausgeprägter als beim Frontalunterricht. Die Schüler/innen könnten sich ohne Scheu äußern und erst einmal »ins Unreine« reden. Lernumwege und Seitenpfade seien möglich, ohne dass der Lehrer gleich Einspruch einlege. Die Schüler/innen könnten sich in puncto Selbstständigkeit und Selbstverantwortung üben und verstärkt ihre Neugierde und ihre sozialen Affinitäten ausleben, wozu im Frontalunterricht kaum einmal Gelegenheit bleibe. Allerdings macht Hilbert Meyer auch auf eine wichtige Voraussetzung guten Gruppenunterrichts aufmerksam, nämlich die, dass die betreffenden Schüler/innen genügend Zeit haben müssten, um die vorgesehenen gruppeninternen Planungen, Absprachen, Kontroversen und Klärungen hinreichend gründlich auf die Reihe zu bringen (vgl. ebenda). Eine berechtigte Forderung! Andernfalls werden die skizzierten Vorzüge des kooperativen Lernens schnell zur Makulatur.

3.2 Anregungen zur Gruppenbildung

Seine lern- und integrationsfördernde Wirkung kann kooperatives Lernen nur dann erfüllen, wenn die Gruppenbildung so erfolgt, dass eine hinreichende »soziale Balance« hergestellt wird. Grundsätzlich gilt: Die Bildung von Arbeitsgruppen kann nach verschiedenen Gesichtspunkten erfolgen (vgl. Abb. 16).

Der erste Gesichtspunkt ist der, dass sich die Schüler/innen ihre Lernpartner selbst auswählen, also *Neigungsgruppen* bilden. Dabei können persönliche Sympathiewerte im Vordergrund stehen oder auch Themen, Methoden, Medien, Fragen oder Thesen, zu deren Bearbeitung sich einzelne Schüler/innen zusammenfinden möchten. Im Vordergrund stehen also die persönlichen Präferenzen der Schüler/innen.

Der zweite Ansatz betrifft die Gruppenbildung nach dem *Zufallsprinzip* – mittels Abzählen, Kartenverlosen, Puzzlestücke zusammensetzen etc. Dieser letztgenannte Ansatz führt dazu, dass die Schüler/innen in wechselnden Formationen zusammenarbeiten müssen. Und natürlich sind auch Mischformen möglich, bei denen z. B. Setzverfahren und Zufallsverfahren kombiniert werden.

Der dritte Ansatz schließlich stellt die *Verantwortung und Steuerungsfunktion der Lehrpersonen* in den Mittelpunkt. Das heißt: Die Lehrkräfte steuern die Gruppenbildung in Abhängigkeit vom wahrgenommenen bzw. ermittelten Lern-, Leistungs- und Sozialverhalten in der Klasse. Sie setzen einzelne Schüler/innen so, dass sich möglichst stimmige Gruppenformationen ergeben. Dabei können Noten, Verhaltensbeobachtungen, Soziogramme oder sonstige Indikatoren herangezogen werden.

Alternative Ansätze der Gruppenbildung		
Neigungsgruppen	**Zufallsgruppen**	**Setzgruppen**
■ Sympathiebedingt	■ Abzählen von 1 bis X	■ Nach Leistung setzen
■ Nachbarschaftsbedingt	■ Verlosen von Paarkarten	■ Nach Verhalten setzen
■ Schüler wählen Themen	■ Rotation im Doppelkreis	■ Nach Motivation setzen
■ Schüler wählen Methoden	■ Begriffskarten ziehen	■ Nach Vorwissen setzen
■ Schüler wählen Medien	■ Ziehen von Ziffernkarten	■ Nach Interessen setzen
■ Schüler wählen Fragen	■ Arbeiten mit Kartenspiel	■ Nach Talenten setzen
■ Schüler wählen Thesen	■ Verlosen von Farbkarten	■ Nach dem Alter setzen
■ Schüler wählen Aufgaben	■ Losen von Puzzleteilen	■ »Außenseiter« setzen
■ Schüler wählen Produkte	■ Verlosen von Kleinteilen	■ Mädchen/Jungen setzen
■ Vier-Ecken-Zuordnung	■ Einsatz spezieller Würfel	■ Auf Testbefunde achten
■ Nach Hobbys gruppieren	■ Ziffern auf Arbeitsblättern	■ Auf Soziogramm achten
etc.	etc.	etc.

Abb. 16

Zunächst zu den *Neigungsgruppen:* Die meisten Schüler/innen (und Lehrer/innen) tendieren zur Gruppenbildung nach Sympathie und Neigung. Damit verbinden sie die Hoffnung, dass auf diese Weise größtmögliche Harmonie und Leistungsfähigkeit gesichert werden können. Häufig heißt das aber nur, dass die eh schon miteinander vertrauten Schüler/innen aus purer Gewohnheit und/oder Bequemlichkeit beisammenbleiben und ihre angestammten Arbeits- und Verhaltensmuster fortschreiben. Das kann äußerst lähmend sein. Gruppenbildung in diesem Sinne zementiert nur zu oft den Status quo und forciert immer wieder das Auseinanderdriften in einer Klasse. Das ist das Problem. Häufig lässt sich beobachten, dass sich über kurz oder lang Homogenität im Positiven wie im Negativen einstellt, mit der Folge, dass die Gesamtklasse unter Umständen »unregierbar« wird. Die leistungsstarken Schüler/innen gehen zusammen; die Braven und Motivierten bleiben unter sich; die eher desinteressierten und/oder verhaltensauffälligen Schüler/innen bilden ebenfalls einzelne Zweck- bzw. Notgemeinschaften etc. Diese Gruppierungstendenzen sind insofern fatal, als sie zum einen verhindern, dass etwaige Problemschüler/innen positiv eingebunden werden. Zum Zweiten tragen sie dazu bei, dass es zu subtilen Ab- und Ausgrenzungsprozessen innerhalb der Klasse kommt. Beides verschärft die bestehenden Leistungs- und Verhaltensprobleme.

Natürlich ist es für jeden Menschen zunächst einmal angenehm, wenn er mit Leuten zusammenarbeiten kann, zu denen er einen positiven Draht hat. Das können Freunde bzw. Freundinnen sein; das können aber auch Mitschüler/innen mit ähnlicher Mentalität, Herkunft, Denkweise oder Selbstwahrnehmung sein, die nicht zum engeren Freundeskreis gehören. Dieser Gleichklang der Neigungen und Interessen sorgt für eine gewisse Harmonie, begünstigt die wechselseitige Akzeptanz der Lernpartner, stärkt das »Wir-Gefühl« und mindert nicht zuletzt die möglichen Reibungsverluste, die in einer Gruppe drohen und unter Umständen sogar so weit eskalieren können, dass nichts mehr geht. Konstruktive und effektive Zusammenarbeit ist unter derartigen Vorzeichen relativ wahrscheinlich – zumindest in den Gruppen, die über ausgeprägte Lern- und Sozialkompetenzen verfügen und sich gegenseitig unterstützen und inspirieren. Sie können in hohem Maße voneinander profitieren. Nur: Was ist mit all den anderen, die weniger beliebt sind?

Fakt ist, dass sich leistungsschwache, verhaltensschwierige, unattraktive, sozial deprivierte oder in anderer Weise gehandicapte Kindern häufig in recht problematischen »Notgemeinschaften« zusammenfinden müssen, weil sie an anderer Stelle nicht wirklich erwünscht sind. Das begünstigt ihren destruktiven Einfluss auf das Lerngeschehen in der Klasse insgesamt. Diese negative Formierung verschärft sich umso mehr, je schwieriger bzw. exzentrischer die betreffenden Schüler/innen sind und je weniger Sympathie und Anerkennung sie innerhalb ihrer Klassen erfahren. Dieses Außenseiterphänomen betrifft keineswegs nur die schwachen und/oder verhaltensschwierigen Schüler/innen, sondern immer wieder auch solche Kinder und Jugendlichen, die über recht ausgeprägte Lern- und Leistungspotenziale verfügen, die sie aber aus irgendwelchen Gründen nicht freisetzen können bzw. wollen. Darunter sind nicht selten auch »hochbegabte« Kinder, die aber trotzdem niemand haben will. Die Crux dieser »Außenseiter« ist: Wer einmal an den Rand gerät, der hat es in der Regel schwer, in den Fokus stabiler, arbeitsfähiger Neigungsgruppen zu gelangen.

Freie Partner- und Gruppenwahl ist daher mit einiger Vorsicht zu genießen. Neigungsgruppen induzieren immer auch »Randgruppen« – Randgruppen, die den alltäglichen Unterricht empfindlich stören können. Von daher spricht vieles dafür, die freie Partner- und Gruppenwahl deutlich einzuschränken und zugunsten wechselnder *Zufallsgruppen* zurückzufahren. Das heißt im Ergebnis ja nicht, dass es keine Neigungsgruppen mehr geben darf, wohl aber bedeutet es, dass die Bildung derartiger Gruppen möglichst zurückhaltend vorgesehen werden sollte. Diese Einschränkung muss selbstverständlich den Schüler/innen und ihren Eltern gegenüber begründet werden; aber sie muss eben auch gewollt und durchgesetzt werden. Andernfalls ergibt sich nur zu leicht ein fataler Zickzackkurs, der die anstehende Integrations- und Förderarbeit in den Klassen beeinträchtigt. Fragwürdige Gewohnheiten der Schüler/innen werden zementiert, bestehende Ab- und Ausgrenzungstendenzen finden ihre Fortführung. Das kann und darf keine ernsthafte pädagogische Option sein. Sollen heterogene Lerngruppen tatsächlich verstärkt gefördert und integriert werden, so muss anders verfahren werden, nämlich so, dass die zufallsabhängige Gruppenbildung viel konsequenter als bisher in den Vordergrund gerückt wird. Diesem Grundsatz folgt das vorliegende Buch.

Das Zufallsverfahren stellt sicher, dass in den einzelnen Gruppen tragfähige Leistungs- und Verhaltensspannen entstehen, die eine relativ wirksame Unterstützungs- und Erziehungsarbeit der Gruppenmitglieder gewährleisten. Die Gruppen sind in aller Regel bunt genug gemischt, um sich intern stabilisieren zu können. Hinzu kommt, dass das Zufallsprinzip im Vergleich zum zeitaufwändigen Setzverfahren mit seinen differenzierten diagnostischen und organisatorischen Anforderungen höchst zeitsparend ist. Abgezählt ist schnell. Ähnliches gilt für das Verlosen von Ziffernkarten, Symbolkarten, Rommeekarten, Karten mit Farbpunkten oder anderem mehr (vgl. Abb. 16). Hierbei kann es sich durchaus auch um fach- bzw. themenspezifische Loskarten handeln, die z. B. durch das Zerschneiden von Sachtexten, fachbezogenen Schaubildern oder sonstigen Lernunterlagen gewonnen werden. Auch themenspezifische Loskarten mit unterschiedlichen Fachbegriffen oder Fragestellungen können gute Dienste beim Bilden von Zufallsgruppen leisten.

Die Vorteile des Zufallsverfahrens sind überzeugend: Die Schüler/innen lernen sich vielseitig kennen und nicht selten auch schätzen. Problemschüler/innen finden genauso ihren Platz wie beliebte Schüler/innen. Die Gruppenbildung selbst lässt sich in aller Regel recht zügig über die Bühne bringen. Das Leistungs- und Verhaltensgefüge innerhalb der Gruppen wird relativ gut austariert; Helfer- und Erziehungseffekte greifen; die Ab- und Ausgrenzungstendenzen in den Klassen werden minimiert. Darüber hinaus zeigt sich in praxi immer wieder, dass der Zufall vom Gros der Schüler-/innen in wohltuender Weise akzeptiert wird. Die Gruppenbildung nach dem Zufallsprinzip gilt als »gerecht« und wird daher nur selten torpediert. Das gilt vor allem dann, wenn in der Anfangsphase der Zusammenarbeit einer Lerngruppe darauf geachtet wird, dass immer mal wieder neu abgezählt oder ausgelost wird, sodass überschaubare »Kurzkontakte« zustande kommen. Das mindert die sozialen Hürden.

Auf diese Weise können sich die Schüler/innen langsam daran gewöhnen, mit ganz unterschiedlichen Lernpartnern offen und konstruktiv zusammenzuarbeiten. Das stützt ihre Motivation und ihren sozialen Zusammenhalt. Zwar haben die anfänglichen Kurzkontakte den unverkennbaren Nachteil, dass die jeweiligen Gruppenmitglieder bereits nach kurzer Zeit wieder auseinandergerissen werden. Aber dieser Nachteil muss nun einmal in Kauf genommen werden, soll die Einbindung aller Schülerinnen und Schüler ernsthaft angesteuert und gesichert werden. Damit die Gruppenkontakte jedoch nicht zu sehr dezimiert werden, empfiehlt es sich, nach der anfänglich recht raschen Rotation zunehmend darauf zu achten, dass die sozialen Konstellationen in den Gruppen Stabilität und Kontinuität bekommen. Dementsprechend werden die Gruppenarbeitsphasen mit wachsender Gewöhnung und Vertrautheit der einzelnen Mitglieder zeitlich ausgedehnt (vgl. Klippert 1998, S. 49 f.).

Selbstverständlich kann das Zufallsverfahren auch mit dem sogenannten *Setzverfahren* gekoppelt werden (vgl. Abb. 16). Damit ist die bewusste Steuerung der Gruppenzusammensetzung durch die jeweilige Lehrperson gemeint. Diese Gruppenbildungsvariante kann z. B. so aussehen, dass von Lehrerseite sechs besonders leistungsfähige Schüler/innen identifiziert und durch Verlosen der Ziffernkarten 1 bis 6 prioritär den sechs entsprechenden Tischen zugeordnet werden. Damit wird erreicht, dass sich die betreffenden »Leistungsträger« gleichmäßig auf die einzelnen Gruppen verteilen und nicht zufällig geballt in der einen oder anderen Gruppe auftauchen – was beim reinen Zufallsprinzip durchaus der Fall sein kann. So gesehen sorgt die Lehrkraft mit ihren pädagogisch motivierten Setzungen dafür, dass die anvisierten Gruppen eine erste Stabilisierung erfahren. Die verbleibenden Ziffernkarten werden sodann verdeckt auf dem Fußboden oder auf einem Tisch ausgelegt und von den restlichen Schüler/innen wahlweise gezogen, sodass sich unter dem Strich eine recht gleichmäßige Verteilung der unterschiedlichen Schülertalente auf die sechs Arbeitsgruppen ergibt.

Denkbar sind aber auch solche Setzvarianten wie das vorrangige Zulosen von verhaltensstabilen oder verhaltensschwierigen Schüler/innen, von eher isolierten Außenseitern, von desinteressierten Kindern oder auch von Schüler/innen mit Migrationshintergrund. Wichtig ist nur, dass durch die wechselnden Setzverfahren auf längere Sicht jeder mal in den Genuss der prioritären Zuordnung kommt – auch diejenigen, die keinem speziellen pädagogischen Kriterium genügen und daher irgendwann als schwer fassbare »Restgruppe« übrig bleiben. Wichtig ist ferner, dass die zugrundeliegenden Setzkriterien weder veröffentlicht noch näher erklärt werden. Sie liegen im Ermessen der je zuständigen Lehrkraft und bleiben gleichsam deren »Geheimnis«. Andernfalls bestünde die Gefahr, dass es zu einer vorschnellen Etikettierung der Schüler/innen im positiven wie im negativen Sinne kommen könnte. Dem wird mit dem Geheimhaltungsverdikt entgegengewirkt.

Die skizzierte Kombinationslösung ist selbstverständlich schwieriger zu handhaben als das reine Zufallsverfahren. Schüler/innen zu setzen verlangt nicht nur akribische Vorüberlegungen und Schülerbeobachtungen durch die Lehrpersonen; die organisatorischen Prozeduren im Unterricht selbst dauern infolge des differenzierten Verlosens der unterschiedlichen »Tischkarten« ebenfalls deutlich länger. Das gilt vor allem im Vergleich zur zeitsparenden Variante des Abzählens. Abgezählt ist schnell. Ähnliches gilt für die Gruppenbildung aufgrund von Ziffern, die der Lehrer vorab in passender Folge auf den Rückseiten der auszuteilenden Arbeitsblätter notiert. Auch das Aufnehmen und Zusammenführen sogenannter »Komplementärkärtchen« (5× Pfälzer Wald, 5× Eifel, 5× Westerwald etc.) kann zu einer zügigen Gruppenbildung führen – ebenso die Formierung der Schüler/innen nach Maßgabe ihrer Geburtstagsdaten, der Anfangsbuchstaben ihrer Familiennamen etc.

Egal, wie das Zufallsverfahren auch immer angelegt wird. Es bedeutet nicht, dass die erwähnten Neigungs-, Nachbarschafts- und/oder Interessengruppen völlig in Abrede gestellt werden. Methodenvarianz ist auch bei der Gruppenbildung vonnöten (vgl. auch Mattes 2002, S. 35). Wenn immer nur gelost oder abgezählt wird, dann kann selbstverständlich auch das Zufallsverfahren schon bald monoton und langweilig werden. Von daher sind im besten Sinne des Wortes Variation und Abwechslung angesagt. Auch aus pädagogischen Gründen macht es wenig Sinn, immer nur auf den Zufall zu setzen, wenn kooperatives Lernen ansteht. Neigungsgruppen, niveaudifferenzierte Leistungsgruppen oder auch das unaufgeregte Zusammenarbeiten der Tischnachbarn haben gelegentlich ebenfalls ihre Berechtigung. Nur darf das eben nicht zu häufig geschehen – stehen doch den Nutznießern der Wahlfreiheit immer auch Verlierer gegenüber. Von daher spricht vieles für das Motto »So viel Zufallsprinzip wie möglich und so wenig Lehrerintervention und freie Gruppenwahl wie möglich«. Diese Maxime hat sich im Schulalltag bewährt.

3.3 Teamentwicklung als Kernaufgabe

Das Funktionieren der installierten Gruppen hängt entscheidend davon ab, wie gut die betreffenden Schüler/innen zusammenzuarbeiten verstehen. Das beginnt bei der Kommunikation und Interaktion und reicht über das Gestalten und Steuern der gruppenspezifischen Arbeitsabläufe bis hin zur Behandlung und Behebung gruppeninterner Konflikte bzw. Meinungsverschiedenheiten. Je besser die Schüler/innen das alles beherrschen, desto ausgeprägter ist ihre Teamfähigkeit. Teamfähigkeit steht somit für eine gereifte Gruppenarbeit. Diese Teamfähigkeit zu entwickeln ist eine der großen Herausforderungen in Schule und Unterricht. Wenn Lehrkräfte immer wieder darüber klagen, dass die Gruppenarbeit der Schüler/innen in praxi so selten funktioniere, dann hängt das vor allem damit zusammen, dass die notwendigen Schritte zum Aufbau einer tragfähigen Teamkultur unterlassen wurden. Das betrifft sowohl das Entwickeln von Teamgeist und Teambereitschaft als auch das Explizieren und Anwenden wichtiger Verfahrensregeln für die Gruppenarbeiten selbst.

Nachhaltige Teamentwicklung ist mehr als das Benennen einzelner Gruppenarbeitsregeln durch die Lehrpersonen. Teamentwicklung verlangt auch und vor allem, dass die Schüler/innen intensiv klären und festlegen, worauf es bei guter Gruppenarbeit ankommt. Hierbei lassen sich zwei Ebenen unterscheiden: erstens die Ebene der einzelnen Schülergruppe und zweitens die Ebene der Gesamtklasse. Im Weiteren wird vorrangig auf das Entwickeln tragfähiger Regularien in der Gesamtklasse abgestellt, da die einzelnen Schülergruppen aufgrund des Zufallsprinzips doch recht häufig wechseln und bestenfalls für sechs bis acht Wochen in fester Formation zusammenbleiben. Von daher hat die Teamentwicklung in den einzelnen Untergruppen ihre deutlichen Grenzen, nicht so dagegen der Aufbau von Teamgeist und Teamregeln in der Klasse insgesamt.

Wie die neuere Gruppenforschung zeigt, weist die Teamentwicklung in aller Regel vier zentrale Phasen bzw. Stadien auf, nämlich das *Forming*, das *Storming*, das *Norming* und das *Performing* (vgl. Green 2005, S. 50 ff.; vgl. ferner Rolff 1998, S. 178 ff.). Was damit gemeint ist, lässt sich überblickshaft aus Abbildung 17 ersehen (nähere methodische Hilfen dazu finden sich bei Klippert 1998 sowie Green 2005).

■ Typisch für das *Forming* ist, dass sich die Schüler/innen zunächst einmal kennenlernen und über den Sinn und Zweck der Gruppenarbeit innerhalb der Klassengemeinschaft verständigen müssen. Ziele werden geklärt; soziale Affinitäten werden aufgebaut. Diese Gruppenfindungs- bzw. Sensibilisierungsphase kann durch verschiedene Übungen und Reflexionen unterstützt werden, die vor allem eines zum Ziel haben: Vertrauen, Konsens und Offenheit entstehen zu lassen. Dabei empfiehlt sich ein relativ rascher Wechsel der Kooperationspartner, damit die Schüler/innen zügig miteinander vertraut werden können.

■ Die Phase des *Stormings* meint das mehr oder weniger konfliktreiche Zusammenspiel der Gruppenmitglieder in der Anfangsphase der Teamentwicklung. Äußere An-

Phasen der Teamentwicklung in der Klasse

Phase	Zielsetzungen	Mögliche Methoden
Forming	■ Die Schüler lernen sich kennen ■ Sie besprechen die Ziele der GA ■ Sie klären die Vorzüge der GA ■ Sie entwickeln ein Gruppenlogo oder eine Gruppenfahne etc.	■ Kennenlern-Karussel (Doppelkreis) ■ Gruppen- bzw. Partnerinterviews ■ Gestaltung eines Gruppenlogos ■ Werbeplakat zur GA erstellen ■ Fragebogen zur GA bearbeiten etc.
Storming	■ Die Schüler bilanzieren ihre GA ■ Sie arbeiten Probleme heraus ■ Sie kritisieren sich gegenseitig ■ Sie ergründen Widerstände und beheben sie etc.	■ Analyse einer misslungenen GA ■ Redewendungen beurteilen ■ Feedback zu einer GA geben ■ Selbst- und Fremdkritik üben ■ Videomitschnitt analysieren etc.
Norming	■ Die Schüler suchen nach Regeln ■ Sie klären Verfahrensweisen ab ■ Sie erarbeiten Regelkataloge ■ Sie klären die Aufgaben der Regelwächter, Zeitwächter etc.	■ Regelplakat gemeinsam erstellen ■ Fahrplan für gute GA entwickeln ■ Präsentationstipps erarbeiten ■ Arbeit der Regelwächter klären ■ Gruppenvertrag erstellen etc.
Performing	■ Die Schüler arbeiten regelgebunden ■ Sie planen und organisieren die GA ■ Sie lösen die Gruppenaufgaben ■ Sie reflektieren die Gruppenabläufe und -ergebnisse etc.	■ Regelgebundenes Gruppenpuzzle ■ Regelgebundenes Brainstorming ■ Regelgebundene Gruppenrallye ■ Regelgebundenes Üben in Teams ■ Regelgebundene Kooperationsspiele etc.

Abb. 17

zeichen dieser Storming-Phase sind Reibungen und Reibungsverluste im sozialen Miteinander der Gruppenmitglieder. In jeder Gruppe kommt es immer mal wieder zu Querelen und sonstigen sozialen und operativen Problemen, die den Erfolg der betreffenden Gruppenarbeiten beeinträchtigen können. Das gilt vor allem für die Anfangsphase der Gruppensozialisation. Anfeindungen und Intrigen können dabei ebenso auftreten wie prozedurale Nachlässigkeiten und Störungen. Diese Phase ist nicht nur »stürmisch«; sie provoziert auch und zugleich die Erkenntnis, dass gute Gruppenarbeit klarer Regeln und Absprachen bedarf.

■ Die daraus erwachsende Regelentwicklung und Regelklärung ist Gegenstand der dritten Phase: des *Normings*. Normierungsversuche gibt es auf verschiedenen Ebenen: Auf der Verhaltensebene genauso wie auf der Ebene der Binnenorganisation und der Binnenabläufe von Gruppenarbeit. Auch Feedback-Regeln und kooperative Präsentationsregeln bedürfen einer gewissen Normierung, damit die Gruppenmitglieder mit der nötigen Sicherheit und Zielstrebigkeit ans Werk gehen können. So gesehen gibt es manches zu normieren, wenn regelgebundene Gruppenarbeit verstärkt Platz greifen soll. Diese Phase der Regelentwicklung schließt die Dokumentation, Diskussion und Veröffentlichung der vereinbarten Regelwerke mit ein. Dementsprechend gibt es Regelplakate und spezielle Team-Ordner bzw. -mappen.

- Das vierte und letzte Stadium der Teamentwicklung betrifft das *Performing*. Damit ist die konkrete Regelumsetzung in den betreffenden Gruppen gemeint. Die Rollen- und Regelklärungen sind abgeschlossen. Die Gruppenmitglieder wissen, was gute Teamarbeit auszeichnet und wie die entsprechenden Abläufe und Verhaltensweisen auszusehen haben. Die Gruppenarbeiten selbst verlaufen relativ strukturiert und effektiv. Jeder weiß, woran er ist. Etwaige Konflikte werden produktiv bearbeitet und gelöst. Die Gruppenmitglieder kooperieren in ebenso sensibler wie zielgerichteter Weise. Selbstkritik und Fremdkritik sind an der Tagesordnung und tragen u. a. dazu bei, dass die Gruppenprozesse inhaltlich wie methodisch optimiert werden. Regelwächter, Zeitwächter und Fahrplanwächter wachen darüber, dass einigermaßen regelkonform gearbeitet und kooperiert wird. Gelegentliche Feedback-Phasen und spezielle Evaluationsarbeiten runden das Bild ab.

Näheres zu dieser Teamentwicklung im Klassenraum findet sich im gleichnamigen Methodenhandbuch des Verfassers (vgl. Klippert 1998). Danach bieten sich mehrtägige Sockeltrainings zur konsequenten Motivierung und Sensibilisierung der Schüler/innen in Sachen Teamarbeit an. Im Mittelpunkt dieser Trainingstage stehen die sukzessive Herleitung, Ausformulierung und Anwendung wichtiger kooperationsspezifischer Regelwerke. Das beginnt mit einschlägigen Verhaltens- und Interaktionsregeln (vgl. Abb. 18) und reicht über organisatorische Ablaufregeln bzw. -fahrpläne bis hin zu spezifischen Feedback- und Präsentationsregeln, wie sie am Ende der einzelnen Gruppenarbeitsphasen benötigt werden. Rund siebzig Trainingsbausteine des Verfassers zeigen, wie diese Teamentwicklungsarbeit über mehrere Tage oder ganze Wochen hinweg angelegt werden kann. Wichtig bei alledem ist, dass die besagten Regelwerke nicht einfach vonseiten der Lehrkräfte vorgegeben, sondern gemeinsam mit den Schülerinnen und Schülern entwickelt werden.

Die besagten Trainingstage bzw. Trainingswochen bieten allerdings noch längst keine Gewähr dafür, dass die Schüler/innen tatsächlich nachhaltige Teamkompetenzen erwerben. Viele Einsichten und Regelwerke verlieren sich recht schnell wieder, wenn sie nicht hinreichend häufig und konsequent im Fachunterricht gepflegt werden. So gesehen sind Teamtraining und fachspezifische Teampflege absolut komplementär zu sehen und voranzutreiben. Beide Teamentwicklungskomponenten müssen zwingend zusammenkommen, wenn die Schüler/innen ihre Teamfähigkeit so entwickeln und konsolidieren sollen, dass sie im Schulalltag zuverlässig darauf zurückgreifen können. Ohne regelmäßige Anwendung der entwickelten Regelwerke in den Fächern, bleiben viele teamspezifische Einsichten und Erkenntnisse höchst flüchtig – mit dem fatalen Effekt, dass die meisten Schüler/innen in kürzester Zeit wieder zu

Ein möglicher Regelkatalog

Gute Gruppenarbeit verlangt, dass …

1) sich die Partner gegenseitig helfen;
2) alle mitmachen und gut mitarbeiten;
3) jeder seine Meinung einbringen darf;
4) bei Gesprächen gut zugehört wird;
5) Beleidigungen vermieden werden;
6) keiner links liegen gelassen wird;
7) die Aufgabe zügig erledigt wird;
8) Zeitvorgaben eingehalten werden;
9) jeder am Ende präsentieren kann;
10) Probleme offen benannt werden.

Erläuterungen
Diese Regeln wurden zusammen mit Schülerinnen und Schülern einer neunten Klasse erstellt. Ausgangspunkt war eine Brainstormingphase, in deren Verlauf die Schüler/innen Gelegenheit erhielten, alltägliche Gruppenarbeiten kritisch unter die Lupe zu nehmen und wünschenswerte Regeln zu benennen. Danach wurde eine gestörte Gruppenarbeit mittels Rollenkarten konkret durchgespielt und erneut auf naheliegende Regeln hin abgeklopft. Auf dieser Basis entstand das skizzierte Regelwerk.

Abb. 18

dem zurückkehren, was sie zumeist sehr tief verinnerlicht haben, nämlich ihr Einzelkämpfertum und ihren vordergründigen Konsumismus. Mit der nachdrücklichen Motivierung und Förderung heterogener Lerngruppen hat dieser Rückfall ins alte Paukverfahren wenig zu tun. Konsequente Teamarbeit und Teamentwicklung sind wirksame Gegenmittel.

3.4 Der Primat positiver Abhängigkeit

Erfolgreiche Gruppenarbeit braucht nicht nur klare Regelwerke. Sie verlangt auch und zugleich kooperationsfördernde Aufgabenstellungen. Wenn der Zusammenhalt in einer Gruppe stimmen soll, dann müssen die Gruppenmitglieder zwingend aufeinander angewiesen sein. Andernfalls besteht die Gefahr, dass Einzelarbeit in Gruppenformation gemacht wird. Gruppenarbeit kann grundsätzlich immer unterlaufen werden – es sei denn, die gestellten Aufgaben sind so gefasst, dass die Gruppenmitglieder nur zusammen zum Ziel kommen können. Diese »positive Abhängigkeit« ist eine Conditio sine qua non gelingender Teamarbeit. In dem Maße, wie sich die Gruppenmitglieder wechselseitig brauchen, um vorhandene Ressourcen zu teilen, neue Ideen zu entwickeln, Zeit zu gewinnen, Unterstützung zu erfahren, arbeitsteilig vorzugehen, gemeinsame Erfolge zu »feiern« etc., in dem Maße werden sie die anfallenden Gruppenarbeiten auch zu schätzen und zu nutzen wissen. Ist diese positive Abhängigkeit nicht gegeben, kann eine Gruppe schnell ihre Funktionsfähigkeit und Funktionsberechtigung verlieren. Das bestätigt der gängige Gruppenunterricht seit Jahr und Tag.

Norm und Kathy Green unterscheiden mehrere Formen positiver Abhängigkeit. Das beginnt mit der Zuteilung unterschiedlicher Materialien oder Rollen zu den einzelnen Gruppenmitgliedern und reicht über spezifische Ziele, Produkte oder Belohnungen, die nur gemeinsam zu erreichen sind, bis hin zu identitätsstiftenden Logos, Flaggen oder Gruppenverträgen, die eine soziale Klammerfunktion übernehmen (vgl. Green 2005, S. 77 ff.). Während die letztgenannten Ansätze einmalige Gruppenfindungsmaßnahmen sind, die nur für den Fall einer längerfristigen Zusammenarbeit Sinn machen, betreffen die erstgenannten Ansätze auch kurzzyklische Gruppenaktivitäten. Positive Abhängigkeiten dieser Art müssen von Lehrerseite planvoll vorbereitet und durch entsprechende Aufgabenstellungen abgesichert werden. Wird den Gruppenmitgliedern z. B. ein Null-Fehler-Ziel, ein bestimmtes Rollenszenario, eine in Häppchen aufgeteilte Gesamtinformation oder ein arbeitsteilig zu erstellendes und zu präsentierendes Lernprodukt vorgegeben, so ist klar, dass die betreffenden Schüler-/innen unentrinnbar aufeinander angewiesen sind. Ähnliches gilt für Belohnungen bzw. Noten, die nur nach Ablieferung eines überzeugenden Gesamtergebnisses fällig werden.

Die aus Abbildung 19 ersichtlichen Aufgabenstellungen tragen diesem Kriterium der positiven Abhängigkeit Rechnung. Je sinnfälliger und strukturierter das wechselseitige Aufeinanderangewiesensein der Schüler/innen ist, desto effektiver verläuft in aller Regel auch ihre Gruppenarbeit. Das geht aus neueren Untersuchungen zur Wirk-

Kooperationsfördernde Aufgabenstellungen	
Aufgabenart	Erläuterungen
Materialdifferenzierte Aufgaben	Das Gesamtmaterial wird in Puzzlestücke aufgeteilt. Zur Lösung der Aufgabe sind alle Puzzleteile notwendig.
Sonstige segmentierte Aufgaben	Die Gruppenmitglieder erledigen unterschiedliche aufeinander aufbauende Tätigkeiten bzw. Arbeitsabschnitte.
Ausgeprägt komplexe Aufgaben	Die Aufgabe hat zu viele Facetten, um von 1 bis 2 Gruppenmitgliedern im Alleingang erledigt werden zu können.
Kontroll- und Beratungsaufgaben	Die Gruppenmitglieder müssen sich wechselseitig kontrollieren und so beraten, dass jeder Bescheid weiß. Das fördert die Note.
Brainstorming- bzw. Problemlöseaufgaben	Die Gruppenmitglieder äußern Ideen in Sachen Problemlösung. Das steckt an und begünstigt die Mitarbeit aller.
Null-Fehler-Aufgaben mit Gruppennote	Die Gruppenmitglieder müssen dafür sorgen, dass jeder alles richtig hat (z. B. im Diktat). Dann erhalten alle gute Noten.
Aufgaben mit kooperativer Präsentation	Die Aufgabenerledigung endet mit einer kooperativen Präsentation, für die jeder ausgelost werden kann.
Konkurrenz- bzw. Wettbewerbsaufgaben	Mehrere Schülergruppen stehen in Konkurrenz zueinander und versuchen möglichst zu »gewinnen«. Das schweißt zusammen.
Identitätsbildende Aufgaben	Die Gruppenmitglieder erstellen ein Logo, ein Wappen, ein Lied oder Ähnliches mehr. Das fördert den Zusammenhalt.
Hinweis: Durch das Auslosen einzelner Gruppensprecher am Ende des Arbeitsprozesses kann der Zusammenhalt in den Gruppen zusätzlich gefördert werden. Das gilt vor allem dann, wenn die Gruppenleistung präsentationsabhängig bewertet wird.	

Abb. 19

samkeit von strukturierten und offenen Gruppenarbeitsaufgaben hervor. Lernsituationen, in denen die Gruppenmitglieder *klar strukturierte Lernaufgaben* erhielten, die nur durch konstruktives Zusammenarbeiten zu lösen waren, wurden deutlich besser bewältigt als offene Lernsituationen, in denen die Schüler/innen keine weiteren Vorgaben zum Ablauf der jeweiligen Gruppenarbeit erhielten. »Die Ergebnisse mehrerer Studien zeigen, dass die Schüler in den strukturierten Lerngruppen sich untereinander bessere Unterstützung gaben, elaboriertere Verständnisfragen stellten und am Ende auch bessere Lernergebnisse erzielten« (Hänze 2008, S. 25, gestützt auf die Studien von Gillies 2003). In offenen Gruppenarbeitsphasen dagegen stellten sich bei vielen Schüler/innen deutliche Anzeichen von Überforderung bzw. Orientierungslosigkeit ein.

Das Ermöglichen von Gruppenarbeit bedeutet also noch lange nicht, dass Gruppenarbeit auch tatsächlich wirkungsvoll stattfindet. Erfolgversprechende Gruppenarbeitsphasen brauchen gut strukturierte kooperationsfördernde Aufgaben und Arbeitshinweise. Und diese müssen von Lehrerseite vorbereitet und so arrangiert werden, dass die betreffenden Schüler/innen im besten Sinne des Wortes aufeinander angewiesen bzw. voneinander abhängig sind. Nur dann wird das kooperative Lernen seine immanenten Stärken und Effekte entfalten können. Das heißt für die alltägliche Unterrichtsvorbereitung: Vor jeder »[…] Gruppenarbeit ist dafür Sorge zu tragen, dass die Gruppen echte gruppentaugliche Arbeitsaufträge erhalten […] Arbeitsaufträge, die beispielsweise auch in Einzelarbeit geleistet werden können, sind keine Arbeitsaufträge für Gruppenarbeit. Beim Arbeiten müssen die Gruppen auch wissen, was zu tun ist. Verständliche und präzise Arbeitsaufträge machen häufig lästige und störende Lehrerinterventionen überflüssig und tragen entscheidend dazu bei, dass befriedigende Ergebnisse erzielt werden können« (Haag 2008, S. 51).

Dieses Plädoyer für gut strukturierte Gruppenaufgaben und Arbeitshinweise macht deutlich, in welche Richtung die alltägliche Unterrichtsvorbereitung gehen muss. Den Unterricht einfach mal für komplexe Gruppenarbeiten zu öffnen reicht nicht. Hinzukommen müssen zwingend klare Rahmeninstruktionen und -regelungen des Lehrers. Das beginnt bei der Beschreibung der auszuführenden Lern- und Kooperationshandlungen und reicht über konkrete Zeit-, Produkt- und Gruppenbildungsvorgaben bis hin zur präzisen Benennung der benötigten Medien und Hilfsmittel sowie dazu, wie die abschließende Präsentations- und Auswertungsphase aussehen soll. Dies alles trägt laut Gruppenforschung ganz maßgeblich dazu bei, dass die Schüler/innen die angebotenen Gruppenarbeiten relativ selbstbewusst, zielstrebig und effektiv zu nutzen verstehen. Das gilt vor allem für die Anfangsphase der schulischen Gruppensozialisation. Je versierter die Schüler/innen in Sachen Gruppenmanagement sind, desto offener können sie später dann auch gefordert werden. Allerdings muss die skizzierte »positive Abhängigkeit« zwingend im Blick bleiben, sollen die Schüler/innen die nötigen Kooperationsanstrengungen unternehmen.

3.5 Gute Teamarbeit braucht Fahrpläne

Effektives Gruppenlernen erfordert klare Arbeitsabläufe und Arbeitsetappen. Wer macht was, wann, warum und in welcher Weise? Darauf muss jedes Gruppenmitglied möglichst schlüssige Antworten geben können. Andernfalls ist die Prozess-Steuerung gefährdet. Zielstrebigkeit, Effizienz und Motivation können sich letztlich nur dann einstellen, wenn die Schüler/innen genau wissen, wo es langgeht. Genau das aber ist einer der Schwachpunkte, der den Erfolg der landläufigen Gruppenarbeiten beeinträchtigt. Die Folge: Die meisten Schülerinnen und Schüler profitieren vom Gruppenlernen viel zu wenig, da ihnen die teamspezifischen Abläufe und Arbeitsfolgen kaum vertraut sind. Was ist denn der erste Schritt, wenn Kinder an einem Gruppentisch zusammenkommen und ihre Gruppenarbeit beginnen? Wie sehen der zweite, der dritte und die weiteren Arbeitsschritte aus? Wer hat was wann zu tun? etc. Vieles ist ungeklärt. Vieles plätschert mehr oder weniger undurchdacht vor sich hin. Daraus resultieren die hinlänglich bekannten Unsicherheiten und Motivationsprobleme auf Schülerseite. Wenn es gut geht, dann machen die meisten Gruppenmitglieder irgendwie mit; nur heißt das noch lange nicht, dass sie auch tatsächlich das tun, was jeweils angesagt ist. Dieses Dilemma erklärt, warum das Arbeiten in Gruppen bei vielen Schüler/innen eher unbeliebt ist – insbesondere bei denen, die als leistungsstarke Einzelkämpfer gelten.

Gruppenarbeit besitzt de facto eine relativ klare innere Logik. Wie diese aussieht, lässt sich aus dem abgebildeten Gruppenarbeitsfahrplan ersehen (vgl. Abb. 20). Dieser

Fahrplan für die Gruppenarbeit (Checkliste)

Im Verlauf einer Gruppenarbeit ist vieles zu beobachten und zu erledigen. Die folgende Checkliste gibt einen Überblick über die wichtigsten Arbeitsschritte und -prinzipien. Der jeweilige »Fahrplanüberwacher« ist für das Ausfüllen der Checkliste verantwortlich. Er muss darauf achten, dass die einzelnen Punkte bedacht und verwirklicht werden. Bei ernsten Abweichungen/Verstößen muss er seine Gruppenmitglieder darauf hinweisen und auf den richtigen Weg zurückbringen. In den rechten Spalten wird für die jeweilige Gruppenarbeit angekreuzt, welche Schritte bereits erledigt wurden.

Arbeitsschritte	GA 1	GA 2	GA 3	
■ Sonderfunktionen festlegen (Regelwächter …)				Planungsphase
■ Die jeweilige Aufgabenstellung klären				
■ Die konkrete Vorgehensweise absprechen				
■ Zeitbedarf schätzen und Zeitplan erstellen				
■ Die Arbeit zügig angehen und erledigen				Durchführungsphase
■ Den Gruppenmitgliedern bei Bedarf helfen				
■ Intensiv an der anstehenden Aufgabe arbeiten				
■ Gelegentlich den Arbeitsstand überprüfen				
■ Rechtzeitig die Präsentation vorbereiten				
■ Die Arbeitsergebnisse (kritisch) bewerten				Auswertungsphase
■ Die Zusammenarbeit (kritisch) bewerten				
■ Vorsätze für die nächste Gruppenarbeit fassen				

Abb. 20

Fahrplan gibt der Gruppenarbeit nicht nur Struktur; er dient auch und zugleich dazu, die Steuerungsarbeit des sogenannten »Fahrplanüberwachers« zu unterstützen. Grundsätzlich gilt: Die Schüler/innen müssen die skizzierte Ablaufsystematik kennen und durchschauen. Nur dann werden sie die erforderliche Zielstrebigkeit und Integrationskraft an den Tag legen können, auf die kooperatives Lernen in heterogenen Gruppen zwingend angewiesen ist. Die Schüler/innen müssen sowohl die wichtigsten Arbeitsschritte und Weichenstellungen des Gruppenarbeitsprozesses überblicken als auch darin geübt sein, den besagten Arbeitsfahrplan möglichst konsequent zu steuern und zu realisieren. Das betrifft sowohl die Planungs- und die Durchführungsphase als auch die abschließende Auswertungs- und Präsentationsphase (vgl. Abb. 20). Dieser Arbeitsfahrplan gilt zwar in erster Linie für Gruppenarbeitsprozesse mit einer gewissen Komplexität und zeitlichen Reichweite, jedoch kann es keinesfalls schaden, wenn den Schüler/innen auch bei kürzeren Gruppenarbeiten eine entsprechende Systematik und Schrittfolge vor Augen steht. Das gibt Sicherheit und Orientierung.

Der skizzierte Arbeitsprozess startet in der *Planungsphase* damit, dass die Schüler-/innen die konkreten Zuständigkeiten und Aufgabenstellungen möglichst genau erfassen, klären und operationalisieren müssen. Das beginnt mit der konkreten Aufgabenanalyse und reicht über die zeitliche und prozedurale Ablaufplanung bis hin zur Festlegung unterschiedlicher Steuerungsfunktionen, die die Gruppenmitglieder neben ihrer jeweiligen Sachaufgabe verantwortlich wahrzunehmen haben. Wer hält den Fahrplan im Auge? Wer ist Zeitwächter? Wer überwacht die Regeleinhaltung? usw. Sind diese Zuständigkeiten und Abläufe nicht präzise geklärt und aufgeteilt, so kann Gruppenarbeit sehr schnell ins Leere laufen. Das gilt nicht minder für die Durchführungs- und die Auswertungsphase mit ihren diversen Arbeits-, Reflexions- und Interaktionsschritten (vgl. Abb. 20). Wichtig bei alledem ist, dass jedes Gruppenmitglied in der einen oder anderen Weise mitverantwortlich ist für die Lenkung und Ausgestaltung des Gruppenarbeitsgeschehens – und zwar sowohl auf der Sachebene als auch auf der Steuerungsebene. Je klarer die Zuständigkeiten und Abläufe geregelt sind, desto besser können die unterschiedlichen Gruppenmitglieder mitwirken und die erforderlichen Weichenstellung und Interventionen vornehmen. Fehlt die nötige Klarheit, so fällt diese Feinsteuerung aus und die betreffenden Gruppenarbeiten verlaufen nur zu oft unbefriedigend.

Zum Ablauf guter Gruppenarbeit gehört aber noch ein Weiteres, nämlich das gruppeninterne Wechselspiel von Stillarbeit, Partnerarbeit und gemeinsamen Aktivitäten in größeren Teilgruppen. Gruppenarbeit direkt im Gesamtverband zu beginnen macht in der Regel wenig Sinn. Warum nicht? Weil viele Schüler/innen die Ressourcen ihrer Gruppe erst dann zuverlässig zu nutzen verstehen, wenn sie sich individuell hinreichend vorbereitet und ihre persönlichen Fragen und Beiträge abgeklärt haben. Daher gehört es zur Logik erfolgversprechender Gruppenarbeit, dass der jeweilige gruppeninterne Arbeitsprozess mit einer Phase der Einzelarbeit beginnt, an die sich in der Regel gezielte Partnergespräche anschließen, bevor es schließlich in der Gesamtgruppe zu übergreifenden Gesprächen, Klärungen und Planungen kommt. Dieser Dreischritt begünstigt sowohl das Einbeziehen aller Gruppenmitglieder als auch das

Absenken des klasseninternen Lärmpegels. Letzteres deshalb, weil in Einzel- und Partnerarbeit nun einmal konzentrierter und leiser gearbeitet werden kann als z. B. in einer Fünfer- oder Sechsergruppe.

3.6 Defensive Lehrerinnen und Lehrer

Das Gelingen der Gruppenarbeit ist freilich nicht nur eine Frage der Schülerkompetenzen, sondern auch und nicht zuletzt eine solche des Lehrerverhaltens. Ist eine Lehrkraft nach Erteilen des Gruppenauftrags zu offensiv, so besteht zwangsläufig die Gefahr, dass sich die Gruppenmitglieder hinter irgendwelchen »Fangfragen« an die Adresse der Lehrperson verschanzen. Statt selbst aktiv zu werden und das vorhandene Gruppenpotenzial möglichst konsequent zu nutzen, gehen sie nur zu oft den bequemeren Weg und kreieren recht vordergründige Beschäftigungsprogramme für ihre Lehrer/innen. Diese Strategie der »intelligenten Arbeitsvermeidung und Arbeitsverlagerung« gibt es wahrscheinlich, solange es Schulen gibt. Gleichwohl ist dieses Handlungsmuster Herausforderung und Verpflichtung zugleich, dass die Lehrerschaft andere Verhaltens- bzw. Reaktionsmuster kultiviert. Reaktionsmuster nämlich, die sicherstellen, dass die Schüler/innen ihre gruppeninternen Potenziale verstärkt abrufen und zur jeweiligen Aufgaben- bzw. Problemlösung einsetzen (vgl. Abb. 21). Alles andere müsste die Ergebnisse und Erfolge der betreffenden Schülergruppen über Gebühr beeinträchtigen.

»Den Lehrern fällt es häufig schwer, den Schülergruppen das Maß an Selbstständigkeit und Eigenverantwortlichkeit zuzugestehen, das für gelingende Gruppenarbeit unerlässlich ist. Grundsätzlich bedeutet ein Eingreifen während der Gruppenarbeit eine Unterbrechung der Intragruppenkommunikation durch den Lehrer. Wenn man den Schülern Gruppenarbeit zutraut, darf es eigentlich dem Lehrer nicht darum gehen, in den einzelnen Gruppen eigene Vorstellungen über die Aufgabenbearbeitung durchzusetzen. Lehrer meinen es gut, wenn sie von Gruppentisch zu Gruppentisch gehen und vielleicht sogar noch neue Impulse in die Gruppen tragen […], was – so

Veränderte Lehrer- und Schülerrolle	
Die Lehrkraft …	Die Schüler/innen …
■ traut den Schüler/innen etwas zu ■ organisiert und moderiert vorrangig ■ berät die Schüler/innen defensiv ■ führt durch Material- und Zielvorgaben ■ lässt Fehler und Lernumwege zu etc.	■ übernehmen Verantwortung ■ arbeiten weitgehend selbstständig ■ lernen immer wieder in Gruppen ■ planen, organisieren und gestalten ■ lösen die auftretenden Probleme etc.

Abb. 21

unsere Beobachtungen – nicht selten zu Desorientierung in den Gruppen und anschließenden ›Abstürzen‹ bei der Arbeitshaltung führt. Also: Wenn sich der Lehrer um einen klaren Arbeitsauftrag kümmert, sollte es zunächst für ihn keinen Grund geben, von sich aus [...] ins Gruppengeschehen einzugreifen« (Haag 2008, S. 51 f.).

Dass es das fatale Wechselspiel von Lehrerintervention und Gruppenversagen dennoch immer wieder gibt, zeigt die folgende Begebenheit. Schauplatz des Geschehens ist der Geschichtsunterricht in einer neunten Hauptschulklasse. Thematisch geht es um die Ursachen der Französischen Revolution. Zum Unterrichtsverlauf selbst: Der Lehrer erteilt der methodisch sehr geübten Klasse den Auftrag, in mehreren Zufallsgruppen daranzugehen, im Schulbuch sowie in einer vorliegenden Broschüre der Bundeszentrale für politische Bildung zu den Ursachen der Französischen Revolution zu recherchieren. Anschließend sollen die Gruppenmitglieder die gefundenen Informationen so aufbereiten und visualisieren, dass sie auf dieser Basis in der Lage sind, eine ca. zehnminütige kooperative Präsentation unter Beteiligung aller Gruppenmitglieder zu bieten. Dieser anspruchsvolle Arbeitsauftrag löst bei den betreffenden Schülergruppen natürlich nicht gleich Glücksgefühle aus. Im Gegenteil: erste Anzeichen von Unsicherheit, Hilflosigkeit und Frust angesichts der umfänglichen Unterlagen zeigen sich. Diese Reaktionsweise ist ganz normal.

Doch wie reagiert der Lehrer? Er deutet die ausgesandten Signale als Aufforderung zum eigenen Helfen und Beraten und blockiert damit innerhalb weniger Sekunden die ersten vorsichtigen Gehversuche einzelner Gruppenmitglieder. Indem er sich der ersten Gruppe mit den Worten »Na, kommt ihr zurecht?« anbietet, löst er in dieser Gruppe ein höchst fragwürdiges Maß an Arbeitsverlagerung aus. Die Fangfragen kommen prompt: Die erste Frage »Was sollen wir denn genau machen?« führt dazu, dass der Lehrer den bereits vorgestellten Arbeitsauftrag nochmals wiederholt und erläutert. Das Fatale dabei: Die betreffenden Gruppenmitglieder hören kaum zu, sondern überlegen eher krampfhaft, was sie denn noch fragen könnten. Der zweite Schüler trifft mit seiner »Fangfrage« denn auch ins Schwarze. Mit dem Hinweis »Ursachen, Ursachen – was meinen Sie denn damit?« löst er einen höchst detailreichen Lehrervortrag über all das aus, was die Gruppe eigentlich selbst hätte recherchieren sollen. Der Lehrer fühlt sich offensichtlich herausgefordert, seine Fachkompetenz zu spiegeln. Wozu hat er schließlich jahrelang Geschichte studiert!?

Wohlgemerkt, der betreffende Lehrer ist methodisch wie didaktisch höchst versiert und reflektiert. Mit ein wenig Distanz hätte er die Fallen, in die ihn die Gruppenmitglieder hineinlocken, sicherlich auch erkannt. Nur, diese Distanz erreicht er nicht, da er gleich zu Beginn Blickkontakt sucht und sich von der ersten Hilfe suchenden Gruppe in Sekundenschnelle vereinnahmen lässt. Dieser Reiz-Reaktions-Mechanismus ist deshalb so problematisch, weil er nicht nur die besagte Gruppe lähmt, sondern auch die anderen im Raum sitzenden Gruppen umgehend dazu verleitet, die eigenen Anstrengungen erst mal einzustellen und abzuwarten, bis der Lehrer auch ihnen helfend und beratend zur Seite stehen wird. Dadurch wird die Leistungs- und Arbeitsfähigkeit der Schülergruppen gravierend unterminiert. Je offensiver und tatkräftiger die Lehrkräfte sind, desto defensiver und arbeitssparender verhalten sich gemeinhin die Schülerinnen und Schüler. Das ist ein »Gesetz«. Mag sein, dass sich manche Lehrkräfte durch die eigene »Hyperaktivität« bestätigt und beflügelt sehen; dem Gruppenlernen insgesamt kommt diese aufdringliche Hilfe gewiss nicht zugute.

Was tun? Das beste Gegenmittel gegen die drohende »Hyperaktivität« ist das nachdrückliche Festlegen und Einüben alternativer Handlungsalgorithmen, die die eigene Defensive programmieren (vgl. Abb. 21). Drei Varianten haben sich in praxi gut bewährt: *erstens* der Einsatz von Rot-Grün-Zeichen, *zweitens* der demonstrative Rückzug der Lehrkraft nach Erteilen des jeweiligen Gruppenarbeitsauftrags sowie *drittens* das Einführen einer klar gegliederten Verantwortlichkeitskette. Zum Letzteren zuerst: Mit dieser Verantwortlichkeitskette ist gemeint, dass die einzelnen Gruppenmitglieder im Falle von Fragen/Unsicherheiten zunächst auf ihren jeweiligen Lernpartner, dann auf die Tischgruppe und dann auf etwaige Nachschlagewerke verwiesen werden, bevor sie ganz am Ende ihrer Problemlösungsversuche natürlich auch die Lehrperson konsultieren dürfen. Das fördert die Selbstständigkeit und die »Selbstheilungskräfte« in den Gruppen ganz beträchtlich.

Ähnliches gilt für die beiden anderen Reaktionsalternativen – die Rot-Grün-Zeichen und den demonstrativen Rückzug der Lehrperson. Zunächst zu der Rot-Grün-Variante: Damit ist gemeint, dass die Lehrkraft durch den Einsatz einer einfachen »Rot-Grün-Ampel« oder einer roten und grünen Signalkarte unmissverständliche Zeichen setzt, ob denn nun die Lehrperson Sprechstunde hat oder nicht. Rot heißt keine Sprechstunde; Grün bedeutet, dass die Lehrkraft für Fragen und Gespräche bereitsteht. Indem zu Beginn einer Gruppenarbeitsphase für ca. drei Minuten auf Rot geschaltet wird, finden die Gruppenmitglieder in aller Regel zur nötigen Eigenständigkeit und Selbsthilfe. Das begünstigt sowohl die Gruppenarbeit als auch die besagte Lehrerdefensive. Gleiches gilt für die dritte Variante, nämlich den bewussten Rückzug der Lehrperson nach Erteilen des Gruppenarbeitsauftrags. Dieser Rückzug kann z. B. so aussehen, dass sich die betreffende Lehrkraft nach den nötigen Eingangsinstruktionen mit den Worten in den hinteren Teil des Klassenraumes begibt: »Ich gehe jetzt nach hinten an meinen Arbeitstisch, damit ich euch nicht störe.« Der Arbeitstisch selbst steht an der Wand und verhindert den direkten Blickkontakt zwischen Lehrperson und Schülergruppen. Wenn dieses Lehrerverhalten hinreichend erläutert und begründet wurde, dann dürften weder Schüler/innen noch Eltern daran Anstoß nehmen. Für die Aktivierung der Schülergruppen ist dieses »Ritual« allemal positiv – vorausgesetzt, die Schüler/innen sind genügend vertraut damit.

3.7 Tipps zum Umgang mit Störungen

Kooperatives Lernen läuft natürlich nicht immer glatt. Selbst wenn durchdachte Regelwerke und Fahrpläne da sind, heißt das noch lange nicht, dass sie auch tatsächlich eingehalten und befolgt werden. Die alltäglichen Gruppenarbeiten beweisen eher das Gegenteil, nämlich das vielfältige Auftreten von Verstößen und Störungen in den gängigen Gruppenprozessen. Störungen und Störer gehören zur Gruppenarbeit wie das

Salz zur Suppe. Deshalb stellt sich für Lehrer- wie Schüler/innen die unumgängliche Frage, wie man damit umgehen und die betreffenden Störer zu einer möglichst sozialverträglichen Linie bringen kann. Wann und wie interveniert man? Liegt die Zuständigkeit bei den Lehrkräften oder primär bei den Schüler/innen? Grundsätzlich lässt sich sagen: Wenn in Gruppenarbeitsphasen ernsthafte Störungen auftreten, dann ist deren Behebung zunächst einmal Sache der Gruppenmitglieder selbst. Lehrkräfte sollten sich so lange wie möglich zurückhalten, damit sich die gruppeninterne Selbststeuerung und Selbstregulation hinreichend entwickeln können. Das Motto ist: So wenig Lehrerintervention wie möglich, so viel Schülerselbstregulation wie möglich.

Voraussetzung für die wirksame Störungsprävention ist dreierlei: *erstens* das Vorliegen klarer Normen und Regelwerke, mit deren Hilfe sich gruppeninterne Störungen verlässlich identifizieren lassen; *zweitens* das Ansetzen regelmäßiger Reflexionsphasen, die den Gruppenmitgliedern Zeit und Gelegenheit zur Thematisierung etwaiger Störungen geben; und *drittens* schließlich die Verfügbarkeit geeigneter methodischer Instrumente, die gruppeninterne Selbst- und Fremdkritik anzustoßen und konstruktiv voranzubringen vermögen. Zu den erstgenannten Regelwerken ist in den vorangehenden Abschnitten II.3.3 und II.3.5 bereits einiges ausgeführt worden. Das soll reichen. Was die Häufigkeit der Reflexionsphasen angeht, so lassen sich dazu schwerlich generelle Aussagen machen. Je nach Klasse und Gruppenarbeitsfrequenz kann es unter Umständen sinnvoll sein, einmal pro Woche oder auch einmal im Monat Bilanz zu ziehen und gruppeninterne Schwachpunkte lösungsorientiert reflektieren zu lassen. Möglich sind aber auch Reflexionsphasen gegen Ende längerer Gruppenarbeiten. Wichtig ist nur, dass es eine gewisse Regelmäßigkeit gibt, damit sich etwaige gruppeninterne Störungen nicht zu sehr verfestigen. Gleichwohl sollte nicht jede kleine Störung thematisiert werden.

Die methodische Seite der Störungsprävention sieht so aus, dass unterschiedliche Ansätze verfolgt werden können. Das beginnt mit der Analyse und versuchsweisen Lösung akuter Störungen in der eigenen Gruppe und reicht über »anstößige« Protokolle, Rollenspiele und Videomitschnitte zu problematischen Gruppensituationen und Gruppenprozessen bis hin zu vorgefertigten Fallstudien und sonstigen typischen gruppeninternen Reibungspunkten, wie sie sich beispielhaft aus dem Arbeitsblatt in Abbildung 22 ersehen lassen. Egal, wie letztendlich vorgegangen wird, stets geht es darum, Regeln, Prozeduren und Zuständigkeiten zu klären, die für eine möglichst rasche und wirksame Behebung der betreffenden Störungen sorgen. Sei es nun, dass die Interventionsmöglichkeiten der Gesamtgruppe oder der jeweiligen Lehrkraft geklärt werden (vgl. Abb. 22), oder sei es auch, dass die Zuständigkeiten und Interventionsmaßnahmen der gruppenintern benannten Regelwächter, Zeitwächter, Fahrplanüberwacher oder Gesprächsleiter näher ausgelotet werden.

Diese letztgenannte Zuständigkeitsklärung kann z.B. an ausgewählte Fall- bzw. Problembeschreibungen anschließen, die vom Lehrer in Form eines zweispaltigen Arbeitsblattes vorbereitet werden. In der linken Spalte stehen typische Problemskizzen aus der alltäglichen Gruppenarbeit; in die rechte Spalte können die Schüler/innen ihre korrespondierenden Vorschläge notieren, welcher »Funktionär« (Regelwächter,

Umgang mit Störungen in der Gruppe			
Problematisches Verhalten in der Gruppe	Mögliche Motive der »Störer«	Was kann die Gruppe selbst tun?	Was kann/ sollte der Lehrer tun?
Zwei Schüler/innen arbeiten an der Gruppenaufgabe, die anderen Gruppenmitglieder machen Hausaufgaben.			
Tobi ist eher ein Außenseiter. Die übrigen Gruppenmitglieder lassen ihn einfach links liegen.			
Natascha weigert sich, in der per Los gebildeten Gruppe mitzuarbeiten. Sie möchte lieber zu ihrer Freundin.			
Jens schwätzt ständig dazwischen und spielt den Gruppenclown. Das behindert die Gruppenarbeit.			
Philipp ist ziemlich aggressiv und hänselt andere gerne. Das führt in der Gruppe wiederholt zu Streit.			
Zwei Gruppenmitglieder haben ihre Teilaufgaben fast fertig, die beiden anderen brauchen noch 20 Minuten.			
Die Gruppenmitglieder diskutieren viel und ausschweifend. Am Ende wird das Gruppenprodukt nicht fertig.			
Lisa und Sven arbeiten gerne zusammen und lassen die anderen Gruppenmitglieder gar nicht zum Zug kommen.			
In einer Arbeitsgruppe geht es so laut zu, dass sich die Nachbargruppen wegen des Lärms beschweren.			
Eine Gruppe hat ein Plakat erstellt. Am Ende findet sich niemand bereit, das Plakat im Plenum zu präsentieren.			
Jana und Svenja weigern sich, anderen zu helfen. Sie holen sich stattdessen interessante Zusatzaufgaben.			

Abb. 22

Zeitwächter etc.) in welcher Weise einschreiten sollte, damit das jeweilige Problemverhalten einzelner Gruppenmitglieder behoben wird. Dazu zwei einfache Beispiele im Aufriss: Im ersten Fall sieht die Problemskizze z. B. vor, dass Karen in ihrer Gruppe einen Vorschlag zur Gestaltung des Gruppenplakats macht und Lisa ihr direkt mit dem Einwurf dazwischenfährt, das sei doch wohl ziemlich naiv und daneben! Die zweite Gruppenstörung: Eine Gruppe hat für das Erstellen einer textgestützten Tabelle dreißig Minuten Zeit. Da Michael und Jens immer wieder Einwände und/oder neue Ideen haben, wird die Tabelle am Ende nicht fertig. Wer muss einschreiten, um die offenkundigen Unzulänglichkeiten zur Sprache zu bringen? Der Regelwächter, der Zeitwächter, der Fahrplanüberwacher oder der Gesprächsleiter? Und wie könnten die anvisierten Interventionen konkret aussehen? Eine derartige Tabelle kann die Lehrperson als Arbeitsblatt vorbereiten und von den Schüler/innen bearbeiten lassen – ganz ähnlich wie bei Abbildung 22.

Auch ausführlichere Fallstudien sind denkbar, die problematische Gruppenprozesse beschreiben. Derartige Fallstudien zu sondieren, einzelne Gruppenmitglieder begründet zu kritisieren und konkrete Verbesserungsvorschläge zu entwickeln – das alles trägt nicht nur zur Sensibilisierung der Schüler/innen bei, sondern auch dazu, die Anforderungen und Grundregeln guter Schülerkooperation tiefergehend zu klären. Wie kann eine solche Fallstudie aussehen? Auch dazu ein Ausschnitt aus einer Gruppenarbeit zu den Ursachen der Arbeitslosigkeit, deren Basis eine Broschüre zu eben diesem Thema bildet: »Die Arbeit in Gruppe A läuft ziemlich zäh an. Sven erzählt zunächst einmal lang und breit von einem arbeitslosen Mann in seiner Nachbarschaft, der vier Kinder hat und bereits seit mindestens einem Jahr arbeitslos sei, aber die meiste Zeit schwarz auf dem Bau arbeite. Das habe er von seinen Eltern gehört. Tina ist die Einzige, die sich für Svens Bericht ernsthaft interessiert, denn sie kennt angeblich einen ähnlichen Fall. Sven und Tina wissen sich von daher gut zu unterhalten. Sascha und Jens dagegen schauen währenddessen im Hausheft nach, was denn in den letzten Stunden in Sozialkunde dran war, denn es könnte ja sein, dass am Ende der Stunde noch ein Kurztest geschrieben wird. Meike dagegen blättert bereits in der betreffenden Broschüre zur Arbeitslosigkeit und motzt nach kurzer Zeit über das Verhalten ihrer Gruppenmitglieder […]«

Fallbeispiele und Reflexionen dieser Art tragen dazu bei, dass die Schüler/innen gruppeninterne Störungen besser wahrzunehmen und zu beheben vermögen. Dass viele Gruppenarbeiten in praxi alles andere als rund laufen, ist seit Jahr und Tag bekannt. Nur, was wird dagegen getan? Häufig wenig bis gar nichts – mit der Folge, dass gerade die Schwächeren und/oder die Außenseiter unter den Kindern leicht ins Hintertreffen geraten. Gruppenarbeit bietet somit noch lange keine Gewähr dafür, dass heterogene Lerngruppen angemessen gefordert und gefördert werden. Gute Gruppenarbeit sichert vielfältige Anschlussmöglichkeiten – gewiss. Aber gute Schülerkooperation muss eben auch erst mal geübt, gelernt und durch entsprechende Maßnahmen so verbessert werden, dass sie die nötige Einbindung und Aktivierung möglichst aller Schüler/innen gewährleistet. Die skizzierten Anregungen zur Störungsprävention helfen dabei, dass das kooperative Lernen Fortschritte macht.

3.8 Ausgewählte Partnerarrangements

Die erste Stufe der Teampflege in den Fächern betrifft die Partnerarbeit. Partnerarbeit ist gleichsam die Grundlage und Vorstufe funktionierender Gruppenarbeit. Im Folgenden werden einige bewährte Partnerarrangements vorgestellt, die zeigen sollen, wie sich mit relativ einfachen Mitteln recht pfiffige Partnerarbeiten in Gang setzen lassen – Partnerarbeiten, die verbindliche Zusammenarbeit sicherstellen. Grundsätzlich gilt: Partnerarbeit kann ganz unterschiedlich angelegt sein, je nachdem, welche Aufgaben und Lernziele anstehen. Wichtig ist nur, dass die Zusammenführung der jeweiligen Lernpartner in der Regel nicht nach Neigung oder Sympathie, sondern per Zufallsverfahren erfolgen sollte (vgl. Abschnitt II.3.2). Andernfalls besteht die Gefahr, dass es zu eher vordergründiger »Als-ob«-Beschäftigung kommt. Und wichtig ist ferner, dass den jeweiligen Lernpartnern Aufgaben gestellt werden, zu deren Bearbeitung bzw. Lösung sie zwingend kooperieren müssen. Diese positive Abhängigkeit ist in den nachfolgend skizzierten Partnerarrangements durchweg gegeben. Die angeführten Arrangements erheben zwar keinen Anspruch auf Vollständigkeit, wohl aber bestätigen sie, dass die Möglichkeiten zur Initiierung erfolgversprechender Partnerarbeit recht vielfältig sind.

■ *Partnerinterview:* Die Schüler/innen lesen einen Text oder bereiten sich in anderer Weise auf das zu führende fachbezogene Interview vor. Wer die Karten J_1, J_2, J_3 etc. zieht, muss sich aus Journalistensicht überlegen und notieren, was gefragt werden soll und wie das Interview ablaufen kann. Diejenigen dagegen, die eine der Karten E_1, E_2, E_3 etc. ziehen, sind als Experten gefordert und müssen sich über die möglichen Fragen und Antworten klar werden, bevor das Interview beginnt. Diese Vorbereitungsphase kann auch in rollengleichen Teilgruppen (z. B. $J_1 - J_4$, $J_5 - J_8$, $E_1 - E_4$ etc.) erfolgen, damit die betreffenden Schüler/innen gestärkt in ihre Interviews gehen können. Die Interviews selbst laufen so ab, dass I_1 und E_1, I_2 und E_2 etc. zusammengehen und z. B. fünf Minuten lang ihre Interviews führen. Auf diese Weise wird erreicht, dass die ganze Klasse in Interviewpaare aufgeteilt ist, die zeitgleich aktiv sind. Anschließend werden mithilfe von Ziffernkärtchen zwei Journalisten ausgelost, die – assistiert von ihren Partnern – über die erzielten Interviewergebnisse vor dem Plenum berichten müssen. Verbindliche Partnerarbeit findet also gleich mehrfach statt.

■ *Partnerpuzzle:* Die Klasse wird durch Abzählen oder Auslosen in Zufallspaare aufgeteilt. Die jeweiligen Lernpartner erhalten zwei unterschiedliche Materialien (Textteile, Tabellenteile etc.), die zunächst getrennt sondiert und dann so kommuniziert und zusammengepuzzelt werden, dass sich ein übergreifendes Arbeitsergebnis einstellt, das auf beiden Teilmaterialien fußt. Kein Schüler kann also im Alleingang zu einer passablen Aufgabenlösung kommen; nur durch Zusammenfügen der Puzzleteile geht das. Eine Alternative zu diesem Verfahren: Die Klasse wird zweigeteilt. Die eine Hälfte erhält Aufgabenblatt A, die andere Hälfte Aufgabenblatt B. Auf den Rückseiten beider Aufgabenblätter stehen die Ziffern 1 bis X. Nach einer kurzen Einzelarbeitsphase gehen A1 und A 2, A3 und A4 etc. sowie B1 und B2, B3 und B4 etc. zusammen, um sich über die richtigen Aufgabenlösungen zu verständigen. Dann wird das Puzzle quer zusammengesetzt, indem sich A1 und B1, A2 und B2 etc. zusammenfinden und ihre beiden Aufgabenstellungen und Aufgabenlösungen wechselseitig vorstellen und klären. Am Ende muss jedes Tandem jede Lösung im Plenum präsentieren können. Auch hier sind mehrere Etappen der verbindlichen Partnerarbeit angesagt.

- *Partnerlektüre:* Die Klasse wird in Zufallspaare aufgegliedert. Beide Partner erhalten jeweils den gleichen Text. Der Text sollte vier oder sechs etwa gleich lange Abschnitte aufweisen, die von den beiden Lernpartnern später im Wechsel vorzulesen, zu kommentieren und nötigenfalls auch zu besprechen sind. Die Prozedur beginnt damit, dass jeder Partner zunächst den kompletten Text liest und nötigenfalls persönliche Markierungen oder Notizen anbringt. Dann beginnt die stufenweise Erarbeitung des Textes. Konkret: Partner A liest den ersten Abschnitt in dezenter Lautstärke vor, gibt Erläuterungen dazu und bespricht sich bei strittigen Punkten mit Partner B. Dann kommt Partner B mit dem Verlesen des zweiten Abschnittes an die Reihe. Auch er weist auf wichtige Dinge oder Fragen hin und sucht eventuell das vertiefende Gespräch. Dann kommt wieder Partner A mit dem dritten Abschnitt an die Reihe etc. Auf diese Weise werden sowohl intensive Leseaktivitäten als auch direkte wechselseitige Hilfestellungen gewährleistet – ein gerade für schwächere Leser wichtiges und ermutigendes Vorgehen. Eine Alternative dazu: Es wird nicht vorgelesen, sondern nach gründlicher Erstlektüre abwechselnd Abschnitt für Abschnitt nacherzählt, gefragt und diskutiert.

- *Lerntempoduett:* Allen Schüler/innen wird ein Arbeitsblatt mit mehreren durchnummerierten Aufgaben ausgehändigt. Jeder Lerner beginnt mit der ersten Aufgabenstellung und versucht diese so zügig wie möglich zu lösen. Wer fertig ist, zeigt dieses durch Hochhalten eines Fingers oder einer 1er-Karte an, sodass alle anderen sehen können, wer sich als Gesprächspartner für eine Ergebnisüberprüfung und -beratung anbietet. Diejenigen, die direkt hintereinander fertig werden, gehen jeweils zusammen und vergleichen und besprechen ihre Aufgabenlösungen. Auf diese Weise wird die Klasse nach dem individuellen Lerntempo der Schüler/innen differenziert. Wer fertig ist, muss in der Regel nur sehr kurz warten, bis sich ein ebenfalls fertiger und gesprächsbereiter Lernpartner zum Abgleich der Ergebnisse findet. Werden Fehler oder Unsicherheiten entdeckt, so kann dieses per Doppelhandzeichen signalisiert und ein zweites beratungsbereites Tandem angesteuert werden. Ist die erste Aufgabenlösung geklärt, so wird das begonnene Prozedere in gleicher Weise fortgesetzt, d. h. jeder Schüler löst in Einzelarbeit die zweite Aufgabe und sucht sich alsdann erneut einen zeitnah fertig werdenden Lernpartner zum Ergebnisabgleich – allerdings sollte dieser zweite Partner ein anderer als in der ersten Runde sein; etc.

- *Doppelkreisberichte:* Die Schüler/innen der Klasse stellen sich im Kreis auf. Dann geht jeder zweite nach innen, sodass ein Doppelkreis entsteht. Um zu verhindern, dass die einander gegenüberstehenden Kinder zu sehr miteinander vertraut sind, kann z. B. veranlasst werden, dass alle Innenkreisvertreter/innen vier Personen im Uhrzeigersinn weiterwandern. Auf diese Weise entstehen arbeitsfähige Zufallspaare. Nun beginnt die Berichtsphase dergestalt, dass alle im Innenkreis stehenden Schüler/innen zeitgleich ihren Außenkreispartnern zum einen oder anderen Recherche- bzw. Arbeitsergebnis berichten müssen. Sie berichten über ein Tier, einen Planeten, ein Experiment, ein Befragungsergebnis etc. Die Zuhörer müssen bei Bedarf nachfragen oder auch korrigieren, je nachdem, ob sie den gleichen Bericht vorbereitet haben oder nicht. Tun sie das nicht, drohen Schwierigkeiten bei einer etwaigen Tandempräsentation vor dem Plenum.

Diese gemeinsame Haftung zwingt zum aufmerksamen Zuhören, Mitdenken, Nachfragen und Kommunizieren. Gleiches gilt natürlich auch bei Umkehrung der Berichtsrichtung. Denn zum Doppelkreisarrangement gehört zwingend, dass auch die im Außenkreis stehenden Schülerinnen und Schüler berichten müssen – und zwar nach erneutem Weiterrücken der Innenkreisvertreter/innen im Uhrzeigersinn. So entstehen neue Zufallspaare, die verhindern, dass es weder sozial noch in der Sache zu überzogenen Redundanzen kommt. Nun berichten die Schüler/innen im Außenkreis ihren neuen Partner/innen gegenüber. Die Innenkreisvertreter/innen müssen zuhören, nachfragen, korrigieren etc. Auch hier ist eine abschließende stichprobenartige Berichterstattung im Plenum angezeigt, damit beide Partner/innen verbindlich mitarbeiten müssen.

- *Paraphrasieren:* Die Klasse wird in zwei Hälften aufgeteilt. Die eine Hälfte der Schülerschaft bereitet Statement A, die andere Hälfte Statement B vor. Nun zählen die beiden Teilgruppen A und B getrennt von 1 bis X. Dann gehen die beiden 1er zusammen, die beiden 2er, die beiden 3er etc., sodass themendifferenzierte Gesprächspaare entstehen. In den so gebildeten Tandems läuft alsdann ein kontrollierter Dialog dergestalt ab, dass Partner A sein Statement zu einer bestimmten Angelegenheit (Vorhaben, Problem, Ereignis) vorträgt und B die vorgetragene Meinungsbekundung abschnittweise paraphrasiert. Damit ist gemeint, dass das Gesagte in eigenen Worten und unter Einsatz bestimmter Redewendungen wiedergegeben wird (»Du meinst also, dass …« oder »Ich habe dich so verstanden, dass …« oder »Ich höre bei dir heraus, dass …« etc.).

Dabei ist Blickkontakt zu halten sowie darauf zu achten, dass der jeweilige Statementgeber die Paraphrasierung kontrolliert und entweder abnickt oder auch korrigiert. Wie lang die einzelnen Abschnitte sind, hängt zum einen von der Länge des Gesamtstatements ab, zum anderen von der Konzentrations- und Speicherfähigkeit des jeweiligen Zuhörers. Dann kommt Partner B mit seinem Statement an die Reihe und Partner A muss in der skizzierten Weise paraphrasieren etc. Variationsmöglichkeit: Statt der Statements können auch persönliche Erzählungen, Vorgangsbeschreibungen oder Erlebnisberichte vorgetragen und vom jeweiligen Zuhörer abschnittweise wiederholt werden.

■ *Partnerkontrolle:* Alle Schüler/innen bearbeiten die gleiche/n Aufgabe/n und bereiten sich damit auf die anschließenden Partnerkontrollen vor. Dann werden durch Verlosen von Komplementärkärtchen (Adam und Eva, Max und Moritz, David und Goliath, Sinus und Kosinus etc.) unterschiedliche Tandems gebildet. Die betreffenden Lernpartner finden sich im Klassenraum zusammen und tauschen ihre Lernprodukte zwecks wechselseitiger Kontrolle aus. Solche Lernprodukte können z.B. Diktate, Aufsätze, mathematische Berechnungen, Schaubilder oder sonstige fachspezifische Berichte oder Darstellungen sein. Wichtig ist, dass die jeweiligen Lernpartner ihre Kontrollaufgabe so sorgfältig wahrnehmen, dass ihre Lernprodukte am Ende möglichst keine Fehler mehr aufweisen (Null-Fehler-Ziel).

Zur Unterstützung der anstehenden Fehlerkorrekturen können unter Umständen Lexika, Wörterbücher, Schulbücher und andere Medien mehr zugelassen werden. Entscheidend ist nur, dass die jeweiligen Lernpartner konsequent kritisch und selbstkritisch an der Optimierung ihrer Lernprodukte arbeiten und die nötigen Fehlerkorrekturen vornehmen. Falls die tandemspezifischen Kontroll- und Korrekturpotenziale in einer Klasse absehbar zu klein sein sollten, kann von vornherein natürlich auch auf Dreier- oder Vierergruppen abgestellt werden. Das verbessert die Fehlersuche und erhöht die Korrekturwahrscheinlichkeit. Das gilt umso mehr, je stärker die Benotung der Lernpartner von ihrem erreichten Gesamtergebnis abhängig gemacht wird. Diese gemeinsame Haftung stärkt die Kooperationsbereitschaft.

■ *Tandem-Brainstorming:* Den Schüler/innen wird ein bestimmtes Thema bzw. Problem vorgelegt, zu dem sie möglichst viele Gedanken bzw. Problemlösungsideen sammeln und stichwortartig notieren müssen. Dann werden mittels Losen oder Abzählen Tandems gebildet, die den angelaufenen Brainstorming-Prozess fortführen. Das geschieht in der Weise, dass die jeweiligen Lernpartner zuerst ihre Ideen veröffentlichen, dann Verständnisfragen ansprechen und klären, dann Gewichtungen und Zuordnungen vornehmen und schließlich darangehen, die plausibelsten Gedanken bzw. Problemlösungsansätze als Tandemergebnis festzuhalten und zu protokollieren. Auf dieser Basis wird alsdann in größerem Rahmen berichtet. Das kann eine Plenarpräsentation oder auch ein Beitrag im Klassengespräch sein; das kann aber auch ein Zwischenbericht in einer größeren Untergruppe sein.

In der Literatur firmiert dieses Partnerarrangement häufig auch als »Think-Pair-Share-Methode« (vgl. z.B. Green 2005, S. 130). Erst individuell denken, dann zu zweit austauschen und weiterarbeiten und schließlich die gemeinsam erzielten Ergebnisse in der Großgruppe und/oder gegenüber dem Lehrer vorstellen. Diese Schrittfolge fördert sowohl die Mitmachbereitschaft als auch die Anschlussmöglichkeiten und Erfolgsaussichten der einzelnen Schüler/innen – insbesondere derjenigen, die als eher lernschwach, unsicher oder auch unmotiviert in Erscheinung treten. Die Zusammenarbeit mit wechselnden Zufallspartnern eröffnet ihnen immer wieder die Chance, die eigene Unsicherheit zu überwinden, an Selbstbewusstsein und fachlichem Durchblick zu gewinnen und am Ende gestärkt in eine etwaige Plenarpräsentation hineinzugehen. Das ist Potenzialförderung im besten Sinne des Wortes.

3.9 Ausgewählte Gruppenarrangements

Was für die Partnerarrangements gilt, gilt im Grundsatz auch für die nachfolgend skizzierten Gruppenarrangements. Auch sie setzen auf Zufallskonstellationen, konsequente Sozialformwechsel, mehrstufige Arbeits- und Klärungsprozesse sowie darauf, dass die jeweiligen Gruppenmitglieder in hohem Maße aufeinander angewiesen sind, d.h. in positiver Abhängigkeit zueinander stehen. Von daher sind die betreffenden Gruppenarbeiten chancenreich und verpflichtend zugleich. Chancenreich deshalb, weil alle Schüler/innen die Möglichkeit haben, im Konzert mit den anderen Gruppenmitgliedern fachlich wie methodisch voranzukommen und zumindest ein Minimum an tragfähigen Lernergebnissen zu erzielen. Das begünstigt Motivation, Anschlussfähigkeit und Erfolgsaussicht aller Schüler/innen – eine gerade für heterogene Lerngruppen höchst wichtige und stimulierende Perspektive.

Verpflichtend sind die anvisierten Gruppenarbeiten insofern, als die einzelnen Gruppenmitglieder nur zusammen zu etwas kommen können. Dafür sorgen sowohl die eingebrachten Aufgabenstellungen als auch die Losverfahren zur Bestimmung der Gruppenangehörigen und der Gruppensprecher. Jedes Gruppenmitglied für sich mag zwar bemerkenswertes Potenzial haben; ob dieses jedoch tatsächlich zur Entfaltung kommt, hängt entscheidend davon ab, ob und wie die Zusammenarbeit in der jeweiligen Gruppe funktioniert. Das ist der Kern der nachfolgenden Gruppenarrangements. Wechselseitiges Bemühen ist Pflicht. Sei es nun, dass einzelne Gruppenmitglieder andere unterstützen und beraten, damit am Ende alle möglichst gut Bescheid wissen. Oder sei es auch, dass schwächere Schüler/innen die nötigen Fragen suchen und stellen, damit sie persönlich weiterkommen können – nicht zuletzt im Hinblick auf das gemeinsame Präsentieren von Gruppenergebnissen. Stets geht es darum, dass die Schüler/innen das gruppeninterne Miteinander- und Voneinanderlernen so gestalten und nutzen, dass möglichst nachhaltige Synergieeffekte erzielt werden.

Die nachfolgenden Gruppenarrangements zeigen, wie vielfältig die Möglichkeiten zur Initiierung und Organisation fachspezifischer Teamarbeit sind (vgl. dazu auch Brüning/Saum 2007 sowie Green 2005). Gute Gruppenarbeit ist demnach nicht nur nötig; sie ist auch in recht interessanter und abwechslungsreicher Form möglich. Das schließt Modifikationen und/oder Ergänzungen der skizzierten Abläufe selbstverständlich nicht aus.

■ *Gruppenfindung:* Für den Fall, dass Schülergruppen für mehrere Wochen oder gar Monate in festen Formationen zusammenarbeiten sollen, empfehlen sich identitätsstiftende Maßnahmen, die das nötige Wir-Gefühl ausbilden helfen. Das beginnt mit diversen Kennenlernspielen wie Partnerinterviews, Vier-Ecken-Spiel und sonstigen erlebnisintensiven Kooperationsspielen (z.B. Turmbauübung, Outdoor-Aktivitäten etc.) und reicht über das Entwickeln von Gruppenlogos, Gruppenwerbung oder Gruppenliedern bis hin zum Erstellen von Gruppenverträgen und spezifischen Soziogrammen. Ziel dieser integrationsfördernden Basisarbeit ist es, die Schüler/innen miteinander vertraut werden zu lassen und für die unterschiedlichen Belange und

Spielregeln guter Gruppenarbeit zu sensibilisieren. Für den Fachunterricht selbst hat diese Basisarbeit in der Regel keine direkte Funktion, wohl aber eine deutlich unterstützende Wirkung. Schüler/innen, die durch gemeinsame Aktivitäten zusammengeschweißt werden, können davon natürlich auch im alltäglichen Gruppenunterricht profitieren. Da der hier vertretene Ansatz jedoch davon ausgeht, dass die Gruppenzusammensetzung häufiger wechseln sollte (vgl. Abschnitt 3.2), machen die gruppeninterne Teambildung und Identitätsstiftung nur sehr begrenzt Sinn. Daher empfiehlt es sich, den erforderlichen Teambildungsaufwand sorgfältig gegenüber dem absehbaren Nutzen abzuwägen. Diese Einschränkung gilt nicht, wenn es um die gruppenspezifische Sensibilisierung und Regelentwicklung in der Klasse insgesamt geht.

■ *Gruppenpuzzle:* Das Gruppenpuzzle ist von unmittelbarer Relevanz für den Fachunterricht. Es dient zur systematischen Erarbeitung von Sach- und Fachwissen. Voraussetzung für den Einsatz dieses Gruppenarrangements ist, dass zum anstehenden Fachthema mehrere Komplementärmaterialien vorliegen, die das jeweilige Unterrichtsthema mosaikartig abdecken. Das können unterschiedliche Texte, Schaubilder, Statements oder Ähnliches mehr sein. Der Arbeitsprozess selbst sieht wie folgt aus: Die Klasse wird durch Losen oder Abzählen in mehrere Stammgruppen mit je vier bis sechs Mitgliedern aufgeteilt. Jedes Stammgruppenmitglied erhält einen der besagten Informationsbausteine, liest diesen durch, notiert Fragen und Randbemerkungen und findet sich nach vielleicht zehn Minuten mit den anderen Schüler/innen zusammen, die das gleiche Basismaterial haben. Auf diese Weise entstehen im Regelfall vier bis sechs unterschiedliche Expertengruppen.

Aufgabe der darin versammelten Spezialisten ist es, das jeweilige Informationsmaterial so gründlich zu besprechen und zu klären, dass jeder möglichst überzeugend Bescheid weiß. Dann geht es zurück in die Stammgruppen, und die wechselseitige Informationsarbeit beginnt. Das erste Stammgruppenmitglied berichtet seinen Partnern zu seinem spezifischen Informationsbaustein und stellt sich etwaigen Anfragen bzw. Diskussionsbeiträgen. Dann kommt das nächste Stammgruppenmitglied an die Reihe etc. Nach Abschluss dieser Berichts- und Diskussionsfolge kann es unter Umständen sinnvoll sein, dass die Berichterstatter zur Beratung etwaiger Problempunkte nochmals in ihre Expertengruppen zurückgehen, um von dort gestärkt in ihren Stammgruppen nachzubessern. So gesehen ist die Informationserarbeitung recht intensiv. Niemand bleibt allein. Jeder kann sich an verschiedenen Stellen des Arbeitsprozesses Hilfe und Feedback bei wechselnden Kooperationspartnern holen.

■ *Gruppenwettbewerb:* Die Klasse wird über Setz- und Zufallsverfahren in mehrere Gruppen mit ähnlicher Leistungsstärke aufgeteilt. Dadurch entstehen mehrere Stammgruppen, die später in Wettbewerb zueinander treten. Dann erhalten die Mitglieder einer jeden Stammgruppe themenzentrierte Informationsmaterialen, Fragenkataloge und eventuell auch die dazugehörigen Lösungen. Nun beginnt die gruppeninterne Wissenserarbeitung dergestalt, dass sich zunächst jedes Gruppenmitglied in Einzelarbeit mit dem geforderten Fachwissen vertraut macht. Dann folgt ein gruppeninternes Frage-Antwort-Spiel – zunächst in Tandems und dann in der Gesamtgruppe. Auf diese Weise bereiten sich die einzelnen Gruppenmitglieder auf den nachfolgenden Gruppenwettbewerb vor.

Die Wettbewerbsphase selbst wird so eingefädelt, dass an jedem Gruppentisch nur ein Stammgruppenmitglied als »Prüfer« zurückbleibt, während sich die anderen Stammgruppenangehörigen auf die übrigen Tische verteilen. Dann starten die Wissensüberprüfungen. An jedem Gruppentisch stellt der betreffende Prüfer abwechselnd Fragen an die einzelnen Kandidaten – z. B. zwei pro Prüfling. Ist eine Antwort richtig, gibt es einen Punkt, ist sie falsch, gibt es nichts. Die erzielten Punkte werden protokolliert, sodass am Ende der Fragerunden feststeht, wer wie viele Punkte erreicht hat. Der Spielleiter selbst wird zum Schluss ebenfalls geprüft, indem er vom Lehrer eingereichte Fragekarten zu beantworten hat. Danach gehen alle Schüler/innen wieder in ihre Stammgruppen zurück und addieren die erreichten Punktwerte. Die Gruppe mit der höchsten Gesamtpunktzahl hat den Wettbewerb gewonnen.

■ *Gruppenrallye:* Gruppenrallye und Gruppenwettbewerb haben einiges gemeinsam. Das gilt sowohl für das gruppeninterne Erarbeiten des jeweiligen Lernstoffes als auch für die Konkurrenzbeziehung zwischen den einzelnen Gruppen. Zum Ablauf selbst: Den Ausgangspunkt der Gruppenrallye bildet die Einführung des Lehrers in ein bestimmtes Thema (z. B. Flächenberechnung). Die Schüler/innen hören zu, machen sich Notizen, lesen bereitgestellte Materialen etc. Dann werden sie mittels Setz- und Zufallsverfahren zu ähnlich leistungsstarken Stammgruppen zusammengeführt, die je zwei Aufgaben haben, nämlich erstens vorhandene Unklarheiten und Fragen abzubauen sowie zweitens anhand einiger Übungsaufgaben den erreichten Wissensstand zu überprüfen. Das Besondere an dieser Übungsphase: Die betreffenden Schüler/innen dürfen und müssen sich wechselseitig fragen und beraten, damit sie möglichst gut auf die anschließende Testphase vorbereitet sind.

Diese Testphase sieht so aus, dass die Gruppenmitglieder – wie im Abitur – alleine sitzen und themenbezogene Fragen bzw. Aufgaben bearbeiten müssen. Haben sie sich in ihren Stammgruppen gut vorbereitet und unterstützt, werden in der Regel viele Punkte erzielt. Andernfalls wird die Punktausbeute entsprechend geringer ausfallen. Nach Abschluss der Testphase werden die ausgefüllten Aufgabenblätter der jeweiligen Stammgruppenmitglieder zusammengelegt und zwecks Bepunktung an die eine oder andere Konkurrenzgruppe gegeben. Kontrolliert und bepunktet wird auf der Basis eines Lösungsblattes, das der Lehrer zur Verfügung stellt. Bei korrekter und vollständiger Lösung gibt es pro Aufgabe z. B. vier Punkte, bei einem unvollständigen, aber erkennbar sinnvollen Lösungsweg zwei Punkte. Die so ermittelten Gesamtpunktwerte werden an die einzelnen Stammgruppen zurückgemeldet und zusätzlich dazu genutzt, ein erstes Ranking der Gruppen vorzunehmen.

Dann beginnt eine zweite Übungs- und Klärungsphase mit dem Ziel, den erreichten Rangplatz eventuell zu verbessern. Diese Klärungsphase startet mit einer gezielten Fehleranalyse und Fehlerbesprechung in den Stammgruppen. Wer hat wo und warum Punkte verloren? Ausgehend von dieser Leitfrage wird eine gezielte Nachhilfephase eingeleitet. Der zweite Teil dieser Nachhilfephase sieht so aus, dass nochmals einige themenspezifische Aufgaben zu Übungszwecken erst in Einzelarbeit und dann gemeinsam gelöst werden. Wechselseitige Fragen und Beratungen sind dabei nicht nur erlaubt, sondern sogar erwünscht. Dann kommt eine zweite Testphase mit gleichem Zuschnitt wie die oben skizzierte Testsequenz. Wieder muss sich jeder alleine abmühen und sein Bestes versuchen, um das Gesamtergebnis der eigenen Stammgruppe möglichst günstig zu beeinflussen. Nach erneuter Bepunktung durch Konkurrenzgruppen wird die Rangliste überprüft und neu sortiert. Hat sich eine Stammgruppe nach oben gearbeitet, ist das ein sichtbarer Kooperationserfolg.

- *Gruppen-Brainstorming:* In der Klasse werden mehrere Zufallsgruppen gebildet. Dann erhält jedes Gruppenmitglied ein Arbeitsblatt mit vier bis fünf Notizfeldern, die für »Person 1«, »Person 2« etc. reserviert sind. In der Kopfzeile des jeweiligen Arbeitsblattes steht ein bestimmtes fachliches Problem, das es qua Brainstorming zu lösen gilt. Dieses Problem kann für alle Gruppenmitglieder gleich sein; es kann aber auch für jeden Schüler ein anderes Problem vorgegeben werden. Das anschließende Brainstorming läuft so ab, dass jedes Gruppenmitglied in sein persönliches Notizfeld erste Lösungsideen einträgt. Wer die Nummer 1 gezählt hat, notiert seine Problemlösungsideen also im Feld »Person 1«, wer die Nummer 2 hat, schreibt seine Ideen ins Feld »Person 2« etc. Nach z. B. zwei Minuten reicht jeder sein Notizblatt im Uhrzeigersinn weiter und gibt damit dem jeweils nächstsitzenden Partner die Möglichkeit, in sein noch freies Personenfeld weitere Ideen einzutragen.

  Dazu muss das bereits Notierte zunächst gelesen werden, damit eine gezielte Erweiterung der sich entwickelnden Ideenlandschaft vorgenommen werden kann. Dabei können auch Einwände oder Ergänzungen zu einzelnen bereits notierten Problemlösungsideen angeführt werden. Nachdem alle Notizblätter einmal rundgelaufen sind, sind die Ideenspeicher gefüllt. Nun liest sich jedes Gruppenmitglied sein Blatt zunächst noch mal durch und beteiligt sich alsdann am vertiefenden Auswertungsgespräch. Ziel dieses Gesprächs ist es, die unterschiedlichen Problemlösungsideen abzugleichen, Gewichtungen und Verknüpfungen vorzunehmen und eine möglichst optimale Lösung zu finden und zu protokollieren. Abgeschlossen wird das Gruppen-Brainstorming mit der Präsentation der gefundenen Lösung/en durch ausgeloste Gruppensprecher/innen (Tandems!).

- *Placemat-Verfahren:* Das Placemat-Verfahren ähnelt dem skizzierten Gruppen-Brainstorming insofern, als auch hier die Lösung einer bestimmten fachlichen Problem- bzw. Aufgabenstellung im Vordergrund steht. Nur bekommt hierbei nicht jedes Gruppenmitglied sein eigenes Notizblatt, sondern die jeweilige Zufallsgruppe sitzt rund um einen Tisch, in dessen Mitte ein größeres, klar strukturiertes Plakat mit insgesamt fünf Notizfeldern liegt. Eines dieser Felder befindet sich in der Mitte des Plakates und ist für die spätere Protokollierung des Gruppenergebnisses reserviert. Die übrigen vier Felder werden durch gleichmäßige Unterteilung des Plakats in vier Rechtecke gewonnen und so platziert, dass jedem Feld ein Stuhl zugeordnet ist. Vor jedem Rechteck sitzt also ein Schüler und notiert zur jeweiligen Aufgaben- bzw. Problemstellung, was er dazu weiß bzw. an Ideen einzubringen hat.

Dann wechseln die Gruppenmitglieder im Uhrzeigersinn ihre Stühle und lesen/ergänzen/kommentieren die Eintragungen ihrer Lernpartner/innen. Nach Abschluss des Rundgangs beginnt die Ergebnissicherung. Dazu werden die notierten Lösungsansätze verglichen, strittige Aspekte diskutiert, etwaige Fehleinschätzungen korrigiert etc., sodass am Ende dieser Sicherungsphase ein möglichst ausgegorenes Arbeitsergebnis steht. Dieses Ergebnis wird ins mittlere Feld des Plakats eingetragen. In der abschließenden Präsentationsphase stellen ein bis zwei Gruppen ihre Ergebnisse der Klasse vor. Dabei wird in der Regel so verfahren, dass jeweils ein Tandem pro Gruppe ausgelost wird, das die anstehende Präsentation übernimmt. Dabei kann das mittlere Feld als »Spickzettel« ausgeschnitten werden.

■ *Kooperatives Planspiel:* Typisch für das Planspiel ist, dass ein bestimmtes fachliches Problem aus verschiedenen Blickwinkeln zu lösen ist. Zur Vorbereitung werden mehrere Schülergruppen gebildet, die unterschiedliche Rollen zu übernehmen haben. Solche Rollen können in Verbindung mit dem Problemfeld »Reduzierung des Sozialhilfebezugs – aber wie?« z. B. sein: der Stadtrat einer bestimmtes Kommune, das Sozialamt dieser Kommune, der städtische Bauhof, die örtliche Arbeitsagentur sowie die lokale Presse. Sie alle sind in den anstehenden Problemlösungsprozess involviert. Jede Gruppe erhält rollenspezifische Arbeitskarten und Basisinformationen und geht im Rahmen eines mehrstufigen Meinungsbildungs- und Interaktionsprozesses daran, die eigene Problemlösungsvorstellungen möglichst geschickt und wirksam durchzusetzen (vgl. dazu das Planspielbuch Klippert 1996).

Ein solches gruppenzentriertes Planspiel hat den Vorteil, dass die einzelnen Gruppenmitglieder durch ihre Rollen und ihre Wettbewerbsposition gegenüber den anderen Interessengruppen recht gut zusammengeschweißt werden. Jede Gruppe will gewinnen. Und jede Gruppe muss von daher bemüht sein, die eigenen Argumente und Strategien möglichst schlüssig und erfolgreich zu entwickeln, um sich gegenüber den anderen Konkurrenzgruppen durchsetzen zu können. Diese Gruppenrivalität sorgt nicht nur für eine recht intensive Sachauseinandersetzung, sondern auch dafür, dass innerhalb einer jeden Gruppe ein verhältnismäßig starkes Wir-Gefühl entsteht, das zu einer recht wirksamen Einbindung aller Gruppenmitglieder beiträgt. Die wichtigsten Etappen des Planspiels: Lesephase, gruppeninterne Meinungsbildung, Verhandlungsphase, Konferenzphase und Auswertungsphase.

■ *Gruppenkontroverse:* Die Schüler/innen werden mittels Los- oder Zufallsverfahren gruppiert. Jeder Gruppe wird eine fachspezifische Streitfrage zugewiesen, die im Pro- und-Kontra-Stil zu bearbeiten ist. Je zwei Gruppenmitglieder losen eine Pro-Karte, zwei andere eine Kontra-Karte. Dann müssen sie entsprechende Informationsmaterialien durcharbeiten oder aber in anderer Weise zu ihrer Position recherchieren. Anschließend finden sie sich zu zwei getrennten Pro-und-Kontra-Tandems zusammen und üben sich im wechselseitigen Argumentieren und Zuhören. In jeder Schülergruppe laufen also zeitgleich zwei kleine Übungsdebatten. Zunächst trägt Partner A1 seine Pro-Argumente vor. Partner B1 macht sich Notizen, fragt nach und versucht die Position von A1 möglichst gut zu erfassen und wiederzugeben. Dann argumentiert B1 aus seiner Sicht und A1 muss konstruktiv zuhören. Das Gleiche läuft zeitgleich zwischen den Partnern A2 und B2 ab.

Danach finden sich die beiden Pro- und die beiden Kontra-Vertreter zwecks Austausches und vertiefender Positionsklärung zusammen. Sie referieren und reflektieren die gehörten Gegenargumente und versuchen ihre eigene Position möglichst gründlich zu überprüfen und zu schärfen. Dann folgt eine erweiterte gruppeninterne Pro- und-Kontra-Debatte, indem A1 und A2 auf der einen und B1 und B2 auf der anderen Seite sitzen und nunmehr vereint argumentieren. Auch hier kann das sorgfältige Zuhören, Mitschreiben und Zusammenfassen der jeweiligen Gegenargumente verlangt werden, damit jedes Gruppenmitglied möglichst konsequent auch die andere Sichtweise zur Kenntnis nimmt. Den Abschluss des Ganzen bildet eine öffentliche Pro- und-Kontra-Debatte in der Weise, dass vier oder sechs ausgeloste Schüler/innen vor der versammelten Klasse argumentieren und diskutieren (Fishbowl!)

■ *Gruppenhearing:* Die Klasse wird in mehrere Zufallsgruppen aufgeteilt, die unterschiedliche »Expertisen« zu einem bestimmten fachlichen Thema bzw. Problem zu erarbeiten haben. Dazu zieht jede Gruppe eine Funktionskarte, aus der hervorgeht, aus welcher Expertensicht das jeweilige Problem beleuchtet werden soll. Mögliche Experten können beim Thema »Waldsterben« z. B. Politiker, Förster, Biologen, Waldbesitzer, Sägewerkseigner oder Freizeitforscher sein. Jede Expertengruppe erhält themenzentrierte Basismaterialien, die es zu lesen, zu markieren und unter besonderer Berücksichtigung der zugelosten Expertenrolle auszuwerten gilt. Diese Vorbereitungsaufgabe wird zunächst in Einzelarbeit angegangen. Dann vergleichen die betreffenden Experten ihre gefundenen Informationen, besprechen mögliche Fragen, stellen unter Umständen auch vertiefende Recherchen in Büchern oder im Internet an und versuchen auf jeden Fall dahin zu kommen, dass im späteren Hearing jedes Gruppenmitglieder möglichst überzeugend Rede und Antwort stehen kann.

Das Hearing selbst läuft so ab, dass die Lehrperson – eventuell im Verbund mit zwei bis drei ausgelosten »Beisitzern« – an einem zentral stehenden Tisch Platz nimmt und die einzelnen Expertengruppen nach und nach zur Anhörung bittet. Aus jeder Gruppe werden ein bis zwei Berichterstatter ausgelost, die rollenbezogen informieren und kommentieren. Etwaige Nachfragen der Lehrperson und der Beisitzer müssen möglichst schlüssig beantwortet werden. Die Anhörenden schreiben ihrerseits das Wichtigste mit, monieren etwaige Widersprüche oder sonstige Ungereimtheiten und fassen gegen Ende der Anhörung die vorgetragenen Fakten und Argumente nochmals mit eigenen Worten zusammen. Letzteres macht in der Regel die Lehrkraft. Dann kommt das nächste Expertenduo an die Reihe etc. Zum Abschluss zieht die Lehrperson ein erstes Resümee, würdigt die vorgetragenen Argumente und stellt etwaige offene Fragen heraus. Eine vertiefende Auseinandersetzung mit dem sondierten Thema kann sich anschließen.

■ *Gruppenkonsultation:* Die Schüler/innen zählen mehrfach von 1 bis 5. Dann gehen alle 1er, alle 2er, alle 3er, alle 4er und alle 5er zusammen. Die so entstehenden Zufallsgruppen erhalten bestimmte Aufgaben, die es zu bearbeiten gilt. Das können Experimente sein, Rechercheaufgaben, Konstruktionsaufgaben, Interpretationsaufgaben etc. Wichtig ist nur, dass die betreffenden Aufgaben unterschiedliche Vorgehensweisen und/oder Ergebnisse zulassen und ähnliche Bearbeitungszeiten verlangen. Andernfalls ist die Synchronisation der klasseninternen Arbeitsabläufe zu schwierig. Die besagten Gruppenkonsultationen selbst sehen anschließend so aus, dass sich die Gruppenmitglieder nach Ablauf der Kernzeit auf andere Gruppen verteilen. Nur ein Mitglied pro Gruppe bleibt am Platz, um den auftauchenden »Gästen« die jeweiligen Arbeitsergebnisse, -methoden und -erfahrungen vorzustellen. Vertiefende Nachfragen und Gespräche können sich anschließen.

Haben die Gruppen ganz unterschiedliche Aufgaben bearbeitet, so wird diese Konsultationsphase natürlich länger dauern; sind die Aufgabenstellungen ähnlich, wird sie kürzer sein. Nach einer Konsultationszeit von z.B. zehn Minuten, gehen alle »ausgeflogenen« Gruppenmitglieder wieder in ihre Stammgruppen zurück und tauschen dort ihre gesammelten Konsultationsergebnisse aus. Haben z.B. alle Gruppen am gleichen fachlichen Grundproblem gearbeitet, so kann es gut sein, dass alternative Vorgehensweisen, Fakten, Materialien, Erklärungen, Produkte etc. sichtbar werden. Das erweitert den Horizont und begünstigt alternative Denk- und Arbeitsweisen. Schwieriger wird es hingegen bei Konsultationen zu ganz unterschiedlichen Aufgaben. Hier können die Abgesandten schnell überfordert sein.

■ *Gruppenlesen:* Diese Methode steht für das gemeinsame Erlesen komplexer Textinformationen. Die Vorgehensweise sieht so aus, dass die Klasse in mehrere Vierergruppen aufgeteilt wird. Jede Gruppe erhält einen längeren fachbezogenen Text, der mindestens vier »gewichtige« Abschnitte aufweisen sollte. Dieser Text ist in mehreren Etappen zu erschließen. Dazu muss jedes Gruppenmitglied nicht nur lesen, sondern zudem eine spezielle Zusatzaufgabe erledigen. Schüler 1 muss z.B. Fragen zum jeweiligen Abschnitt stellen, die alle beantworten können sollten. Schüler 2 muss den jeweiligen Textabschnitt nochmals mündlich zusammenfassen. Schüler 3 hat schwierige Wörter zu benennen, die eventuell gemeinsam zu klären sind. Und Schüler 4 schließlich erhält die Zusatzaufgabe, den einen oder anderen interessanten/wichtigen Aspekt des Textabschnitts gesondert hervorzuheben. Für den Fall einer Fünfergruppe müssen zwei Gruppenmitglieder die gleiche Zusatzaufgabe übernehmen.

Der Erarbeitungsprozess selbst erfolgt in der Weise, dass der anstehende Text in die erwähnten Unterabschnitte aufgegliedert wird. Dann setzt die eigentliche Lese- und Erschließungsarbeit ein. Alle Gruppenmitglieder lesen den ersten Textabschnitt. Dann stellt Schüler 1 seine korrespondierenden Fragen, Schüler 2 fasst den Abschnitt nochmals in eigenen Worten zusammen, Schüler 3 nennt schwierige bzw. unbekannte Wörter und veranlasst deren Klärung und Schüler 4 hebt das hervor, was er am betreffenden Textabschnitt besonders interessant bzw. wichtig findet. Etwaige Fragen und Unklarheiten werden gemeinsam behoben. Dann wird der zweite Abschnitt von allen gelesen und nach gleichem Muster erschlossen und vertieft. Dann kommt der dritte Abschnitt an die Reihe usw. Wichtig ist, dass die einzelnen Abschnitte ergiebig genug sind und hinreichend gründlich befragt und nachgearbeitet werden, damit am Ende möglichst jeder gut Bescheid weiß. Zum Abschluss kann ein übergreifendes Frage-Anwort-Spiel zum Gesamttext durchgeführt werden.

4. Förderung vernetzter Lernaktivitäten

Im Unterschied zu den in Kapitel II.2 skizzierten wahldifferenzierten Individualarbeiten geht es in diesem Kapitel darum, bewährte Ansätze zur vernetzten Aktivierung der Schüler/innen im ganz normalen Fachunterricht in den Blick zu bringen. Mit dieser Vernetzungsoption ist zweierlei gemeint: zum einen das systematische Wechselspiel von Einzel-, Partner-, Gruppen- und Plenararbeit, zum Zweiten das konsequente Ineinandergreifen möglichst vielfältiger Lernhandlungen der Schüler/innen – wie Schreiben, Lesen, Zeichnen, Basteln, Experimentieren, Fragen, Erzählen, Präsentieren etc. Je breiter die Palette der Lerntätigkeiten der Schüler/innen ist, desto leichter fällt es ihnen gemeinhin, Anschluss zu finden und die nötigen Erfolgsaussichten zu entwickeln. Und je konsequenter die besagten Sozialformen gewechselt werden, desto entlastender wird es üblicherweise auch für die Lehrkräfte, da sich die Schüler/innen wechselseitig zu helfen und zu erziehen vermögen. Das ist Lernförderung und Lehrerentlastung in einem. Wenn dagegen jeder Schüler – wie z. B. beim freien Arbeiten – eher isoliert vor sich hinarbeitet, dann ist das weder besonders lernfördernd noch lehrerentlastend – im Gegenteil: Die Überforderung vieler Schüler/innen wie Lehrkräfte ist programmiert. Die nachfolgenden Abschnitte werden zeigen, dass es auch anders geht.

4.1 Die Lernspirale als Handlungsrahmen

Das A und O wirksamer Begabungsförderung ist das differenzierte, Mut machende Arbeiten und Lernen der Schüler/innen im Unterricht. Die *Lernspirale* bildet ein entsprechendes Förderinstrument, mit dem sich die Schülerinnen und Schüler ebenso verbindlich wie vielseitig aktivieren und fördern lassen. Sie konstituiert einen klar strukturierten Handlungsrahmen, der den Schüler/innen vielseitige Arbeits- und Interaktionsmöglichkeiten eröffnet. Auf diese Weise trägt sie entscheidend dazu bei, dass die betreffenden Lerner immer wieder Anschluss finden und Anschluss halten können. Die Lernspirale verbindet Lehrerlenkung und Schülerselbsttätigkeit, wechselseitige Hilfen und konsequente Selbst- und Fremdkontrollen der Lerner untereinander. Kein Schüler bleibt allein. Jeder kann und muss sich in der einen oder anderen Weise einbringen. Das zeigen die in Abbildung 23 skizzierten Lernspiralen in exemplarischer Weise. Typisch für die damit verbundenen Lernprozesse ist, dass die Schüler/innen höchst vielseitig arbeiten müssen – angefangen beim Lesen, Markieren und Exzerpieren von Texten über das Verarbeiten und Anwenden der betreffenden Lerninhalte bis hin zur Präsentation und Reflexion der korrespondierenden Lernpro-

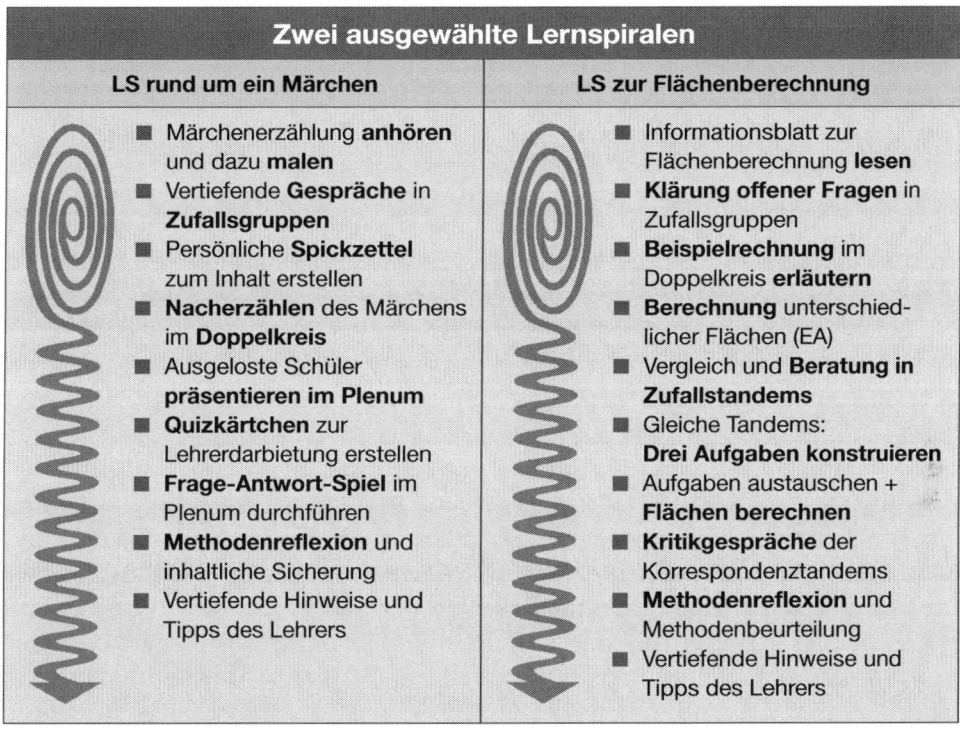

Abb. 23

dukte und/oder Lernprozesse. Dabei wechseln sich Einzel-, Partner-, Gruppen- und Plenararbeit mit einer gewissen Regelmäßigkeit ab. Das begünstigt eindringliches Lernen (vgl. Abb. 23).

So gesehen stehen Lernspiralen für mehrstufige Arbeits-, Kommunikations- und Kooperationsprozesse mit dem Ziel, vielschichtige Erkenntnisgewinnung und Methodenanwendung auf Schülerseite zu sichern. Sie folgen klaren Regeln und gewährleisten variantenreiches und ermutigendes Arbeiten und Lernen der Schüler/innen (EVA = eigenverantwortliches Arbeiten). Das beginnt mit dem erwähnten Wechsel der Sozialformen und reicht über differenzierte Lernhandlungen bis hin zu klar geregelten und systematisierten Arbeitsabläufen. All dies trägt dazu bei, dass jeder Schüler Anschluss finden und seine persönlichen Talente nutzen kann. Die Schüler/innen bohren sich in den jeweiligen Lerngegenstand förmlich hinein und praktizieren dabei ganz unterschiedliche Formen des eigenverantwortlichen Arbeitens und Lernens – mal einfacher, mal anspruchsvoller; mal allein, mal in Gruppen; mal arbeitsgleich, mal aufgabendifferenziert (vgl. dazu auch Klippert 2001, 2006, 2008 sowie Klippert/ Müller 2003). Diese Variabilität der Arbeits- und Sozialformen ist das, was heterogene Schülergruppen brauchen.

Die Palette der gängigen Lerntätigkeiten beginnt damit, dass die Schüler/innen z. B. themen- und materialzentriert Fragen formulieren, Lernkärtchen erstellen, einen

Text verfassen, ein Schaubild entwickeln, eine Tabelle anlegen, einen Kommentar schreiben, ein Plakat gestalten, ein Quiz durchführen, im Doppelkreis erzählen, einen Vortrag halten, ein Interview führen, eine Folie präsentieren oder zum einen oder anderen Thema regelgebunden diskutieren bzw. kooperieren. Selbst so elementare Lerntätigkeiten wie das Ausfüllen eines Arbeitsblattes oder das Ausschneiden, Anmalen, Zusammensetzen und Aufkleben eines Lernpuzzles können mögliche Arbeitsschritte im Rahmen einer Lernspirale sein. Auch sie machen unter bestimmten Bedingungen durchaus Sinn. Sie induzieren Nachdenken, Gespräche, Zuordnungen und Verknüpfungen. Das ist Lernen im besten Sinne des Wortes.

Natürlich bleiben Lernspiralen nicht bei derart einfachen Lerntätigkeiten stehen. Sie können jederzeit angereichert werden. Dabei gilt ganz grundsätzlich: Je versierter die Schülerinnen und Schüler sind, desto diffiziler werden ihre Lernaufgaben und Lernhandlungen, und desto anspruchsvoller fallen die zugehörigen Arbeitsschritte und Arbeitsprozesse aus. So gesehen haben natürlich auch anspruchsvollere Gruppenarbeiten, Projekte, Lernzirkel, Experimente, Recherchen, Wochenpläne, PC-Arbeiten, Referate, Rollenspiele, Planspiele, Debatten, Experimente, Exkursionen und andere Hochformen des eigenverantwortlichen Arbeitens und Lernens ihren Platz. Auch sie sind als Lernspiralen mit mehr oder weniger umfänglichen Arbeitsschritten und Lernanforderungen darstellbar. Welcher Grad an Offenheit und Selbstverantwortung den Schüler/innen letztlich eingeräumt wird, hängt vornehmlich davon ab, wie alt sie sind, welches Leistungsvermögen und Selbstvertrauen sie mitbringen und über welche methodischen Vorerfahrungen und Routinen sie verfügen.

Grundsätzlich gilt: Die besagten Lernspiralen stehen für dosiertes Fordern und Fördern, für Methodenvarianz und Tätigkeitsvielfalt. Das schließt gezielte Lehrerlenkung und Lehrerhilfen ebenso mit ein wie unterschiedliche Formen der Schülerkooperation und der Partnerkontrolle. Ohne derartige Lenkungs-, Kontroll- und Stützmaßnahmen stehen viele Schülerinnen und Schüler nämlich deutlich in der Gefahr, vorschnell zu resignieren bzw. ins vordergründige Nichtstun abzugleiten. Ihnen Freiheit und Verantwortung zu übertragen bedeutet also noch lange nicht, dass auch engagiert und durchdacht gelernt wird. Vor allem die Schwächeren, Phlegmatischen und/oder Demotivierten unter den Schüler/innen tendieren unter den Vorzeichen des freien Arbeitens immer wieder dazu, über Gebühr herumzutrödeln, sich vorschnell helfen zu lassen und/oder gedankenlos von anderen abzuschreiben. Diesem Dilemma wirken die Lernspiralen mit ihren immanenten Reglementierungen, Kontrollphasen, Nachhilfephasen, Präsentationsanlässen und Stützmaßnahmen entgegen.

Die abgebildeten Lernspiralen zu den Rahmenthemen »Märchen« und »Flächenberechnung« machen dieses programmierte Fördern und Fordern deutlich (vgl. Abb. 23). Kommt z. B. ein Schüler während der anfänglichen Märchenerzählung nicht immer mit, so kann er sich im zweiten Arbeitsschritt bei einzelnen Lernpartnern Rat holen. Da diese Lernpartner durch Zufallsverfahren bestimmt werden, ist mit ziemlicher Wahrscheinlichkeit davon auszugehen, dass ein hinreichendes Helferpotenzial vorhanden sein wird. Wechselseitige Anfragen und Beratungen sind von daher nicht nur möglich, sondern auch recht aussichtsreich. Das gilt nicht minder für den dritten

Arbeitsschritt. In dieser Arbeitsphase ist zwar jeder Schüler für sich alleine gehalten, einen möglichst aussagekräftigen Spickzettel zum gehörten Märchen zu erstellen; die einzelnen Gruppenmitglieder sitzen aber nach wie vor in der alten Formation beisammen und können sich von daher wechselseitig befragen und besprechen.

Tun sie dies nicht, so wird es erstmals im vierten Arbeitsschritt so richtig ernst, denn jetzt muss jeder Schüler im Doppelkreis einem neuen Zufallspartner gegenüber Farbe bekennen und das rekonstruierte Märchen nacherzählen können. Hat er sich in den vorangehenden Förderphasen keine hinreichende Klarheit verschafft, so wird er spätestens jetzt ernsthafte Probleme bekommen. Warum? Weil der jeweilige Zufallspartner erfahrungsgemäß wenig Verständnis dafür hat, dass sein Gegenüber blockiert und damit die spätere mögliche Tandempräsentation gefährdet. Dieses wechselseitige Fordern und Fördern setzt sich in den weiteren Arbeitsschritten fort. Und zwar zunächst in der Weise, dass die Schüler/innen in Partnerarbeit märchenzentrierte Frage-Antwort-Kärtchen erarbeiten müssen. Darauf folgt ein korrespondierendes Quiz, bei dem erneut Zufallspartnern gegenüber Rede und Antwort zu stehen ist. Und schließlich gilt es eine übergreifende Methodenreflexion sowie eine vom Lehrer gestaltete Abschlussphase zu bestehen, in der nochmals Kontrollfragen und kleinere Rechenschaftsberichte einzelner Schüler/innen gefordert werden.

Fordern und Fördern bilden demnach eine Einheit. Allerdings stets so, dass die Schüler/innen im Plenum erst dann Rechenschaft ablegen müssen, wenn sie sich zuvor in mehreren dezentralen Arbeits- und Kooperationsschritten haben vorbereiten können. Damit haben alle Schüler/innen faire Anschluss- und Erfolgschancen. Nutzen sie die gebotenen Beratungs- und Klärungsmöglichkeiten nicht, so müssen sie selbstverständlich damit leben, dass es Kritik gibt – nicht nur von Lehrerseite, sondern auch und besonders vonseiten einzelner Mitschüler/innen. Diese Grundüberlegungen gelten in gleicher Weise für die zweite Lernspirale zum Thema Flächenberechnung (vgl. Abb. 23; vgl. ferner Klippert 2008, S. 92 ff.). Fasst man die damit verbundenen Grundprinzipien zusammen, so ergibt sich folgendes Bild: Die Lernspiralen stehen erstens für einen konsequenten Wechsel der Sozialformen und der Lerntätigkeiten, zweitens für leistungsheterogene Zufallsgruppen, drittens für kleinschrittige Lernverfahren, viertens für dezidierte Produktorientierung, fünftens für dosierte Rahmenlenkung der Lehrerseite sowie sechstens für differenzierte Methodenanwendung und Kompetenzvermittlung (vgl. die fett gedruckten Passagen in Abb. 23).

Indem sich die Schüler/innen in mehreren Arbeits- und Interaktionsschritten in das jeweiligen Material/Thema/Problem hineinbohren, lernen und begreifen sie im besten Sinne des Wortes. Sie lesen und markieren, schreiben und zeichnen, ordnen und gliedern, recherchieren und exzerpieren, strukturieren und visualisieren, planen und gestalten, diskutieren und kommentieren, präsentieren und kooperieren, experimentieren und evaluieren – kurzum: Sie praktizieren unterschiedliche Formen des eigenverantwortlichen Lernens (EVA). Das alles tun sie mit unterschiedlicher *Produktorientierung*. Sie erstellen Texte, Schaubilder, Plakate, Gedichte, Spickzettel, Tabellen, Diagramme, Karteikarten, Arbeitsblätter, Briefe, Werkstücke, Protokolle, Referate, Vorträge, Hörspiele, Rollenspiele, Reportagen und manches andere mehr. Das alles begünstigt nicht nur nachhaltiges Lernen, sondern es trägt auch und zugleich dazu bei, dass unterschiedliche Sinne und Talente zur Geltung kommen können. Dabei sind defensive Lehrerlenkung und Lehrerunterstützung selbstverständlich.

So gesehen ist die Lernspirale ein wohldurchdachter *Lernkorridor*, der den Schüler/innen sowohl Halt und Orientierung gibt als auch interessen- und talentgeleitetes Lernen ermöglicht. Das ist Lern- und Begabungsförderung im besten Sinne des Wortes. Dies umso mehr, als das Spiralkonzept zudem vorsieht, dass den Schüler/innen zu Stundenbeginn die je vorgesehene Lernspirale überblickshaft vorgestellt werden sollte. Derartige Vorschauen begünstigen sowohl die Zielstrebigkeit als auch die Disziplin der Lerner. Warum? Weil die Schüler/innen frühzeitig erkennen, welche Arbeitsschritte anstehen und wo und wie sie sich gegebenenfalls einklinken und ihre spezifischen Fähigkeiten und Fragen einbringen können. So gesehen sind Lernspiralen ein höchst probates Instrument zur Sicherung differenzierter, wirksamer und begabungsgerechter Lernaktivitäten in heterogenen Gruppen. Das bestätigen langjährige Erfahrungen in Hunderten von Schulen in mehreren Bundesländern (vgl. dazu auch Abschnitt II.4.9).

4.2 Klare Lehrerinputs und -instruktionen

Die skizzierten Lernspiralen stehen für klare Instruktionen und Regelwerke. Damit tragen sie den neueren Erkenntnissen und Empfehlungen der Lernforschung Rechnung (vgl. Helmke 2006, S. 45). Erfolgreiches Lernen braucht klare Inputs und Regiehinweise von Lehrerseite. Das wird im Zeitalter des offenen Lernens nur zu oft vergessen. Dieses Klarheitsgebot gilt für Lehrervorträge und Tafelbilder genauso wie für Arbeitsaufgaben und unterrichtliche Arbeitsabläufe. Je präziser die Lehrkräfte ihre Inputs gestalten und je klarer sie die vorgesehenen Unterrichtsverläufe vorstellen und beschreiben, desto eher sind die Schüler/innen in der Lage, in der Breite Anschluss zu finden bzw. zu halten. Das ist gerade für heterogene Lerngruppen wichtig. Die Lernspirale steht für beides: für klare Fach- und Sachvorträge auf der einen und für präzise Verfahrensinstruktionen auf der anderen Seite. Durch die frühzeitige und übersichtliche Unterrichtsvorschau der Lehrkräfte wird gewährleistet, dass die Schüler/innen ihr eigenes Lernverhalten in bester Weise steuern und akzentuieren können. Das begünstigt Selbstsicherheit, Zielstrebigkeit und Lernmotivation. Wenn sie dagegen nicht wissen, wo es langgeht und welches geheime Unterrichtsskript der Lehrer verfolgt, kann natürlich auch nicht effektiv gelernt werden.

Im Klartext: Guter Unterricht, der möglichst alle Schüler/innen ansprechen und motivieren soll, braucht dringlich einen roten Faden, der für alle erkennbar und durchschaubar ist. Andernfalls stellen sich bei vielen Schüler/innen sehr schnell Ratlosigkeit und/oder Hilflosigkeit ein. Die Lernspirale wirkt dieser drohenden Lähmung der Lernarbeit entgegen und vermittelt den Schüler/innen recht klare Einblicke in die Logik und den Aufbau des betreffenden Unterrichtsskripts. Der Aufbau der Lernspiralen ist eingängig und vergleichsweise schnell nachvollziehbar und lernbar. Das bestätigen die praktischen Umsetzungsaktivitäten seit Jahr und Tag. Die Schüler/innen begreifen sehr schnell, dass Einzelarbeit im Regelfall nicht bedeutet, dass man auf Dauer allein bleibt. Auf Einzelarbeitsphasen folgen stets vertiefende Frage- und Besprechungsphasen, die Gelegenheit geben, etwaige Unklarheiten zu beheben. Doch nicht nur das. Auch unterschiedliche Phasen der Wissensanwendung und der Wissensverarbeitung schließen sich an. Auch das gehört zur Systematik der Lernspiralen.

Wie sehr diese Berechenbarkeit und Verlässlichkeit des Unterrichtsablaufs das Lernen der Schüler/innen begünstigt, zeigt die folgende Begebenheit aus einer Grundschule in Nordrhein-Westfalen. Die Schülerinnen der dortigen Klasse 3a hatten einen Sachtext zum Thema »Eichhörnchen« zu lesen und zu markieren. Zwei Schüler, die der Verfasser anlässlich einer Hospitation besonders gut beobachten und hören konnte, taten denn auch, was ihnen aufgetragen war. Sie lasen den Text. Doch schon bald begann ein ebenso interessanter wie ermutigender Dialog. Schüler A zu Schüler B: »Jetzt kommt bestimmt gleich die Nachhilfephase.« Schüler B: »Ich glaube auch. Hast du dir schon was aufgeschrieben?« Schüler A: »Nein.« Schüler B: »Aber du musst dich doch vorbereiten, sonst weißt du ja gar nicht, was du fragen willst!« Schüler A: »Hast du dir was notiert?« Schüler B: »Natürlich! Ich habe mir hier was an den Rand geschrieben und zwei Sachen unterstrichen, die ich nicht richtig verstehe.«

Dieser Kurzdialog führt dazu, dass auch Schüler A den Text nochmals kurz überfliegt und sich dann ebenfalls etwas notiert. Anschließend wendet er sich erneut an Schüler B, und zwar mit den bemerkenswerten Worten: »Weißt du, und nach der Nachhilfephase kommt bestimmt dann die Konstruktionsphase. Da müssen wir sicher wieder was malen oder einen Spickzettel schreiben oder so.« Schüler B: »Ich würde lieber ein Plakat machen.« Schüler A: »Ich auch.« Schüler B: »Psst, die Lehrerin guckt.« Damit endete der Dialog. Die Lehrerin rief nach einer kurzen Schweigephase tatsächlich zur Nachhilfephase auf. Zusätzlich ließ sie durch Abzählen mehrere Zufallsgruppen bilden, die sich in den vier Ecken des Klassenraumes zusammensetzen mussten, um die verbliebenen Fragen und Unklarheiten zum vorliegenden Sachtext gemeinsam zu bearbeiten. Zu dieser Klärungsarbeit gehörte ferner, dass sich die versammelten Gruppenmitglieder auf eine mögliche Tabelle zur Zusammenfassung der wichtigsten Textinformationen zum Eichhörnchen verständigen sollten.

Interessant und erstaunlich an dieser Begebenheit ist gleich dreierlei: erstens der Umstand, dass sich die Schüler/innen überhaupt darüber Gedanken machen, wie der Unterricht wohl ablaufen könnte; zweitens der ungewöhnliche Hinweis von Schüler A auf die erwartete »Konstruktionsphase« – ein Terminus, der Drittklässlern gemeinhin nicht geläufig ist; und drittens schließlich die Direktheit und Reflektiertheit, mit der sich die beiden Schüler über die anstehenden Anforderungen und Abläufe des Unterrichts unterhalten. Dies alles war in der betreffenden Klasse letztlich nur deshalb möglich, weil den Schüler/innen die Eigenheiten und Abläufe eingesetzter Lernspiralen wiederholt vorgestellt und erläutert worden waren. Von daher waren sie sowohl mit der Terminologie als auch mit den typischen Verfahrensweisen und Etappen dieses Unterrichtsskripts recht gut vertraut. Motiviertes, engagiertes, zielstrebiges und erfolgreiches Lernen kann dadurch nur begünstigt werden.

Wichtig für die Verinnerlichung des besagten Unterrichtsskripts ist also die konsequente Offenlegung und Erläuterung der spiralförmigen Arbeitsabläufe. Je eingängiger die entsprechenden Arbeitsschritte und -anforderungen vorgestellt werden, desto souveräner und motivierter können die Schüler/innen damit umgehen. Von daher gehört es zu den Besonderheiten des Lernspiraleinsatzes, dass die Schüler/innen zu Beginn der einzelnen Unterrichtsstunden möglichst präzise Instruktionen zur je anstehenden Ablaufprozedur erhalten. Je häufiger und präziser ihnen derartige Verfahrensinstruktionen gegeben werden, desto souveräner und kompetenter können sie mit der Zeit auch damit umgehen. Das fördert eine nachgerade wohltuende Lern- und Methodenkompetenz, von der nicht nur die Schüler/innen, sondern auch ihre Lehrkräfte profitieren. Voraussetzung dafür ist, dass die betreffenden Lernspiralen rechtzeitig auf Folie oder Plakat übertragen werden, damit sie den zuständigen Lehrkräften zu Stundenbeginn zügig zur Verfügung stehen.

Der Vorzug der geschilderten Verfahrensinstruktionen: mehr Einblick, Durchblick, Zielstrebigkeit und Selbststeuerungsfähigkeit der Schüler/innen. Das kann in heterogenen Lerngruppen nur guttun. Wenn die Schüler/innen Zielstrebigkeit und Mitmachbereitschaft entwickeln sollen, dann müssen sie möglichst eingängige »prozedurale Instruktionen« von Lehrerseite erhalten. Andernfalls stellen sich leicht Unsicherheit, Lustlosigkeit und nicht selten auch Leistungsversagen ein. Diese Gefahr droht freilich nicht nur aufgrund unzulänglicher Verfahrensinstruktionen, sondern auch aufgrund fragwürdiger inhaltlicher Inputs der Lehrkräfte. Viele Lehrkräfte tun sich seit Langem schwer damit, kompakte Vorträge zum einen oder anderen Unterrichtsthema zu halten. Oft werden Vortrag, Tafelbildarbeit und lehrergelenktes Unterrichtsgespräch in fragwürdiger Weise vermischt. Die Folge: Der betreffende Input wird für viele Schüler/innen unübersichtlich. Sie finden keinen roten Faden, verlieren an Konzentration und Motivation und klinken sich irgendwann womöglich ganz aus. Mit erfolgreicher Informationsaufnahme und -verarbeitung hat das alles in allem nur wenig zu tun.

Die moderne Lernforschung belegt, dass derartige Lehrerinputs eher verwirren und ablenken als dass sie dazu verhelfen, klare Wissensstrukturen in den Köpfen der Schüler/innen aufzubauen. Dementsprechend plädieren Lernforscher für »advance organizer«, d.h. für klar strukturierte Lehrervorträge »aus einem Guss« (vgl. Helmke 2006, S. 45) – bestehend aus Vorschau, kompakter Darbietung und knapper Zusammenfassung der wichtigsten Eckpunkte. Natürlich muss dabei bedacht werden, wie viel Vortragszeit die Schüler/innen an einem Stück verkraften können und welche inhaltlichen Schwierigkeitsgrade angebracht sind. Ferner ist darauf zu achten, dass geeignete unterstützende Visualisierungen mittels Tafel, Pinnwand, Overhead, Beamer oder Whiteboard eingebaut werden – allerdings möglichst zurückhaltend und einprägsam. Hinzu kommen rhetorische Aspekte: klare Diktion, hinreichende Lautstärke, freundliche Ansprache, angemessene Modulation, spürbares Engagement etc. Auch davon lebt die Wirksamkeit fachlicher Inputs.

Lernspiralen schließen beides ein: klare Verfahrensinstruktionen und klar strukturierte und präsentierte inhaltliche Inputs. Lehrervorträge widersprechen also nicht dem propagierten EVA-Ansatz, sondern sie ergänzen und unterstützen ihn. Eigenverantwortliches Arbeiten der Schüler/innen verlangt immer auch korrespondierende Lehrervorträge und sonstige inhaltliche und/oder methodische Instruktionen. Nur, die Proportionen müssen stimmen. Die Lehrerdarbietungen dürfen das eigenverantwortliche Arbeiten und Lernen der Schüler/innen nicht so verdrängen, dass die Schüler/innen kaum noch zum Zug kommen. Im Klartext: Wenn z.B. ein zehnminütiger Lehrervortrag dazu führt, dass die Schüler/innen anschließend dreißig bis sechzig Minuten variantenreich an und mit diesem Input arbeiten, dann ist das nicht nur in Ordnung, sondern es ist auch höchst lernrelevant – insbesondere für die Vielzahl der praktisch-anschaulichen Lerner, wie sie sich in heterogenen Lerngruppen besonders häufig finden. Deshalb: Die Schüler/innen sollten grundsätzlich deutlich mehr arbeiten als ihre Lehrkräfte. Das begünstigt Lernen. Die Lernspiralen tragen diesem Kalkül Rechnung.

4.3 Integrierte Differenzierungsmaßnahmen

Das Lernspiral-Konzept gewährleistet vielfältige Differenzierungsmöglichkeiten (vgl. Abb. 24). Sie sind Teil der spiralförmigen Arbeits- und Interaktionsprozesse und eröffnen den Schüler/innen immer wieder Gelegenheiten, sich aktiv und konstruktiv in das laufende Unterrichtsgeschehen einzubringen. Zwar arbeiten die Lerner in der Regel am gleichen Thema und mit gleichen oder ähnlichen Inputs, damit sich der Vorbereitungs- und Betreuungsaufwand der zuständigen Lehrkräfte in möglichst engen Grenzen hält (vgl. Abschnitt II.1.8). Auch die zeitlichen und prozessualen Rahmen-

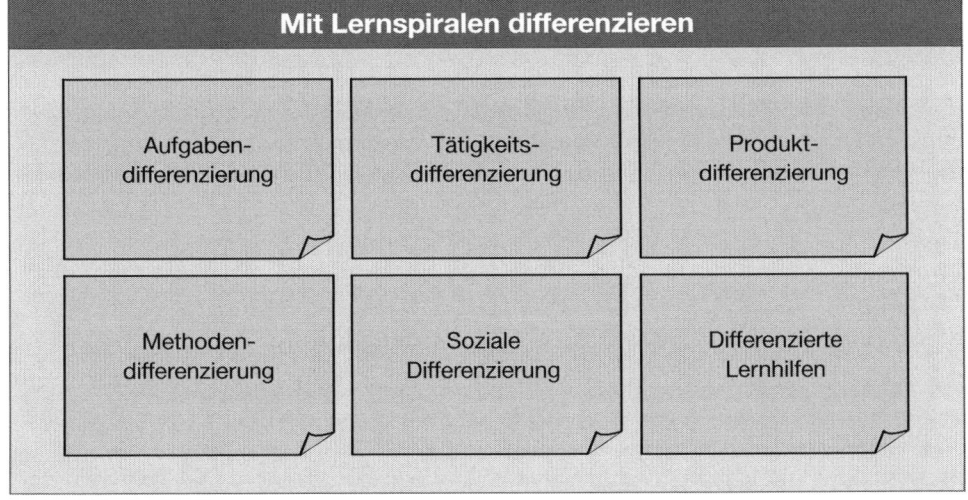

Abb. 24

vorgaben sind im Regelfall für alle Schüler/innen gleich. Andernfalls nämlich wird es schwierig, die nötigen Kontroll-, Anwendungs-, Präsentations- und/oder Besprechungsphasen sicherzustellen, die zwingend voraussetzen, dass die Schüler/innen themen- und aufgabengleich gearbeitet haben. Trotz dieser Synchronisation der Lernarbeit bleiben den Schüler/innen immer noch genügend unterschiedliche Zugänge zum unterrichtlichen Arbeiten und Lernen – Zugänge, die ihren differierenden persönlichen Interessen, Neigungen, Fähigkeiten und Fertigkeiten Raum geben. Welche Differenzierungsarten sich dabei unterscheiden lassen, lässt sich überblickshaft aus Abbildung 24 ersehen.

Je breiter die Lernanforderungen und -verfahren streuen, desto eher können sich die Schüler/innen einklinken und desto größer sind ihre Chancen, in der jeweiligen Klasse Anschluss zu halten. Die Lernspiralen bieten ihnen vielfältige Möglichkeiten zur differenzierten Mitarbeit. Das beginnt bei der Bearbeitung unterschiedlicher Aufgabenstellungen und reicht über die Wahl verschiedener Lerntätigkeiten und Lernprodukte bis hin zur differenzierten Methoden- und Lernmittelnutzung sowie zur Zusammenarbeit mit wechselnden Lernpartnern (vgl. Abb. 24). Grundsätzlich gilt: Zu jedem Thema und Basismaterial lassen sich natürlich *unterschiedliche Aufgabenstellungen und -niveaus* definieren, die den Schüler/innen differenzierte Zugänge zum jeweiligen Lerngegenstand eröffnen. So ist es z. B. möglich, zwei korrespondierende Pflichtaufgaben auf unterem und mittlerem Anforderungsniveau sowie zwei Küraufgaben auf höherem Niveau anzubieten. Wer schwächer ist, konzentriert sich in der Regel auf die leichteren Aufgaben, wer es gerne knifflig hat, nimmt sich zusätzlich die kniffligen Aufgabenstellungen vor. Wer schneller arbeitet, erledigt alle vier Teilaufgaben, wer mehr Zeit benötigt, schafft vielleicht gerade mal die beiden Pflichtaufgaben. Auf diese Weise lässt sich unterschiedlichen Leistungspotenzialen und Arbeitsgeschwindigkeiten Rechnung tragen.

Wichtig dabei: Alle Schüler/innen arbeiten im Regelfall am gleichen Thema und mit ähnlichen oder gleichen Grundmaterialien, Zeitvorgaben und Lehrerinputs. Diese Fokussierung ist deshalb wichtig, weil die Klassenmitglieder dadurch zusammengehalten werden und anschlussfähig bleiben. Außerdem: Der Vorbereitungsaufwand der zuständigen Lehrkräfte wird minimiert. Gleichwohl wird differenziert. Das gilt nicht nur für die genannten Aufgabenstellungen und -niveaus, sondern auch für die *unterschiedlichen Lerntätigkeiten, Lernprodukte und Lernhilfen* im Zuge der anstehenden Lernspiralen. Die Tätigkeitspalette z. B. reicht vom Schreiben, Lesen und Zeichnen über das Visualisieren, Gestalten, Bauen, Experimentieren und Problemlösen bis hin zum Kommunizieren, Kooperieren, Präsentieren, Diskutieren und Reflektieren. Je nachdem, was ein Schüler besser kann, wird er sich schwerpunktmäßig der einen oder anderen Lerntätigkeit zuwenden. Arbeitsteilung ist also möglich oder sogar erwünscht. Wer gut recherchieren kann, muss deshalb noch lange nicht gut gestalten oder handwerklich arbeiten können. Wer gut Texte zu schreiben vermag, muss noch lange nicht überzeugend visualisieren oder präsentieren können. Wer stringent zu argumentieren versteht, muss deshalb noch lange nicht konstruktiv kommunizieren oder kooperieren können.

So gesehen ist Tätigkeitsvielfalt eine zentrale Voraussetzung für das erfolgreiche Arbeiten in und mit heterogenen Lerngruppen. Die einzelnen Schüler/innen können wählen. Gleiches gilt für die im Lernprozess entstehenden *Lernprodukte*. Dadurch, dass die Lernspiralen auf das Erstellen unterschiedlichster Lernprodukte zielen (vgl. Abb. 25), bieten sie den Schüler/innen differenzierte Möglichkeiten, den eigenen Präferenzen und Fähigkeiten zu folgen. Der eine schreibt vielleicht gerne Gedichte, der Zweite ist stark im Gestalten von Plakaten, der Dritte liebt womöglich das Erstellen von Mindmaps oder der Vierte blüht unter Umständen auf, wenn Rollenspiele oder Pantomime auf dem Programm stehen etc. Von daher begünstigt die angedeutete Produktvielfalt die Anschlussfähigkeit der einzelnen Schülerinnen und Schüler. Der Grundgedanke dabei: Die Kinder erstellen im Rahmen der je anstehenden Lernspirale das eine oder andere Lernprodukt – je nachdem, was sich fachlich anbietet und welche Stärken sie haben. Dazu müssen sie Informationen erarbeiten, Entwürfe machen, Verfahrensweisen planen und schließlich das betreffende Produkt so ausgestalten, dass es den eigenen Lernerfolg in möglichst überzeugender Weise spiegelt. Das ist Lern- und Begabungsförderung in einem.

Wie ein Schüler z. B. seine Tabelle anlegt, sein Arbeitsblatt aufbaut, seine Folie gestaltet, sein Werkstück erstellt oder seinen Rollenspielbeitrag akzentuiert, das ist letztlich seine Sache. Gleiches gilt für die Wahl der Methoden und/oder der Lernpartner, mit denen anstehende Lernprodukte erstellt werden. Ob ein Schüler z. B. statt eines Spickzettels vielleicht eine Tabelle, eine Mindmap, ein Flussdiagramm oder eine andere Art von Schaubild wählt – das kann im Zuge einer Lernspirale durchaus freigestellt sein. Gleiches gilt für Teilleistungen, die innerhalb einer Zufallsgruppe erbracht werden. Auch *zeitliche Differenzierungsmöglichkeiten* sind selbstverständlich möglich, indem beispielsweise kleinere oder größere Teilaufgaben übernommen oder – bei komplexeren Arbeitsschritten – unterschiedliche Zeit- bzw. Arbeitstakte eingeplant und angegangen werden. Wichtig ist nur, dass den Schüler/innen angemessene Zeitbudgets zur Verfügung stehen, die einen destruktiven Zeitdruck vermeiden helfen und spürbare Erfolgserlebnisse begünstigen. Andernfalls drohen Frustrationen und Lustlosigkeit. Je nachdem, wie versiert die Schüler/innen sind, fallen die korrespondierenden Differenzierungsmöglichkeiten natürlich unterschiedlich aus. Das gilt in puncto Zeitbudget genauso wie in puncto *Methodenwahl und soziale Zusammenarbeit*. Je souveräner die Kinder und Jugendlichen zusammenarbeiten und alternative Lern- und Arbeitsmethoden zu nutzen wissen, desto selbstbewusster und differenzierter gehen sie in der Regel auch zu Werke.

Gleichwohl sind Lernspiralen alles andere als Freiarbeit oder offenes Lernen. Lernspiralen sind reglementiert und lehrergelenkt. Sie zielen auf die Synchronisation der unterrichtlichen Lern- und Arbeitsprozesse und beschreiben mehr oder weniger eng oder weit gefasste Lernkorridore, innerhalb derer die Schüler/innen disponieren und eigene Akzente setzen, persönliche Interessen verfolgen und eigene Fähigkeiten und Fertigkeiten einbringen können. So gesehen sind der Individualisierung des Lernens klare Grenzen gesetzt. Grenzen, die sich zum einen aus der begrenzten Belastbarkeit der meisten Lehrkräfte ergeben, zum anderen aus dem bereits erwähnten Anspruch,

Mögliche Lernprodukte		
Bild	Mappe	Rollenspiel
Collage	Wochenbericht	Puppenspiel
Freier Text	Zeitungsartikel	Schattenspiel
Lückentext	Zeitung	Theaterspiel
Fragebogen	Plakat	Planspiel
Tabelle	Leserbrief	Pantomime
Diagramm	Kommentar	Würfelspiel
Schaubild	Bericht	Quartettspiel
Comic	Brief	Kartenspiel
Puzzle	E-Mail	Ratespiel
Arbeitsblatt	Linolschnitt	Suchspiel
Karteikarten	Ausstellung	Hörspiel
Silbenrätsel	Modell	Talkshow
Gedicht	Werkstück	Debatte
Übungstest	Druck	Hearing
Bilderbuch	Experiment	Tonreportage
Bildergeschichte	Vortrag	Diaserie
Kalender	Referat	Foto
Wandzeitung	Interview	Folie
Wandtext	Erzählung	Videofilm
Flugblatt	Diskussion	Werbespot
etc.	etc.	etc.

Abb. 25

dass die Lernaktivitäten und -chancen der Schüler/innen grundsätzlich anschlussfähig bleiben sollten. Beides ist bei einer rigiden Individualisierung nicht gewährleistet. Versteht man darunter nämlich die Bereitstellung individueller Aufgaben, Arbeitsmittel und Beratungsangebote durch die Lehrkräfte selbst, dann sind weder die nötige Arbeitsökonomie auf Lehrerseite noch die erforderliche Integration und Anschlussfähigkeit auf Schülerseite gesichert. Im Gegenteil: Vielen Lehrkräften drohen gewaltige Vorbereitungsprogramme. Und die Schüler? Das Gros von ihnen läuft nachweislich Gefahr, aufgrund der individualisierten Lernaktivitäten zunehmend weiter auseinanderzudriften.

Anschlussfähigkeit sieht anders aus. Anschlussfähigkeit verlangt nach dosierter Differenzierung und gezielter Reglementierung, nach klar umrissenen Lernkorridoren und themengleichem Arbeiten, nach Zufallsgruppen und klasseninternen Helfersystemen, nach Mitverantwortung und wechselseitigen Lern- und Leistungskontrollen, nach verbindlicher Wissensanwendung und gründlicher Methodenklärung, nach wechselseitiger Solidarität und kooperativem Lernen. Das ist die Herausforderung, vor der die moderne Schule steht. Schrankenlose Individualisierung dagegen verhindert genau diese Integrations- und Kooperationsarbeit. Sie begünstigt eher Einzelarbeit und egozentrisches Verhalten, Ausgrenzung und Abgrenzung, Arbeitsblattpädagogik und vordergründige Beschäftigungstherapie – für die Schüler- wie für die Lehrerseite. Das pädagogisch Fatale daran ist, dass damit der Anspruch auf Integration, Kooperation und gemeinsames Lernen über Gebühr aufgegeben wird.

Bildung zielt aber nicht nur auf die Umsorgung des Einzelnen durch den Lehrer, sondern auch und zugleich darauf, möglichst alle Schüler/innen zu ähnlichen Bildungsanstrengungen und Basiskompetenzen hinzuführen. Das gilt sowohl für den kognitiven Bereich als auch im Hinblick auf das Erlernen von Sozialkompetenz, Solidarität, Empathie, Mitmenschlichkeit, Demokratiekompetenz und anderem mehr. Hinzu kommt, dass der besagten Individualisierung immer auch die Tendenz innewohnt, dass die »guten Schüler/innen« immer besser und die »schwachen Schüler/innen« immer schwächer werden. Dieses Spreizen der Schere kann und darf nicht zur Leitmaxime des pädagogischen Handelns werden. Die Lernspiralen wirken dieser Desintegrationstendenz entgegen (vgl. Klippert 2008, S. 102 ff.).

Fazit: Der skizzierte Differenzierungsansatz bietet einen probaten Weg, der gleichermaßen zeitökonomisch wie lerneffizient zu bewältigen ist. Zeitökonomisch deshalb, weil den Lehrkräften ausdrücklich erlaubt wird, die Schüler/innen themengleich und inputzentriert arbeiten und lernen zu lassen. Das schließt gelegentliche Freiarbeitsphasen nicht aus, schränkt diese gleichwohl deutlich ein. Dieses Verfahren reduziert den Vorbereitungsaufwand der Lehrkräfte und sorgt zudem dafür, dass die individuelle Schülerberatung in vertretbaren Grenzen gehalten werden kann. Schließlich kann es ja nicht die Aufgabe der Lehrer sein, sich um alle und jeden persönlich zu kümmern. Das ist weder machbar noch sinnvoll. Pädagogisch sinnvoll und lerneffizient ist stattdessen ein wohlausgewogener Mix aus Lehrerlenkung und Schülerselbsttätigkeit, aus Lehrerberatung und konsequenter Schülerkooperation. Das zeigen langjährige Erfahrungen in Lehrerfortbildung und Unterrichtsentwicklung. Wenn die

Schüler/innen tatsächlich nachhaltig lernen sollen, dann müssen sie verstärkt dazu angehalten werden, ihre Arbeitsplanung und -gestaltung innerhalb des jeweiligen Lernkontextes selbst zu justieren sowie verstärkt dazu überzugehen, miteinander und voneinander zu lernen. Dieses selbsttätige und kooperative Lernen ist fester Bestandteil der hier in Rede stehenden Lernspiralen.

4.4 Die Schüler als Helfer und Miterzieher

Die Lernspiralen gewährleisten tragfähige Kooperationsbeziehungen und stärken damit die Leistungsfähigkeit und Integrationskraft heterogener Lerngruppen. Ein zentrales Element dabei ist der konsequente Wechsel der Sozialformen, der die Schüler-/innen in immer neuer Weise zusammenführt und inspiriert, fordert und fördert. Die beiden Lernspiralen in Abbildung 23 auf Seite 161 zeigen beispielhaft, wie das Ineinandergreifen von Einzelarbeit, Tandemarbeit, Gruppenarbeit und Plenararbeit organisiert ist und welche Lern- und Integrationseffekte damit einhergehen. Die Aussicht, nach der Phase der Einzelarbeit garantiert Phasen des Miteinander- und Voneinanderlernens nutzen zu können, vermittelt gerade den schwächeren, phlegmatischen und/oder demotivierten Schüler/innen das ebenso gute wie wichtige Gefühl, dass sie Anschluss finden bzw. Anschluss halten können. Sie müssen nur die eigenen Unsicherheiten und Fragestellungen feststellen und benennen können. Dann steht Hilfe in Aussicht. Wer sich also ernsthaft um Verständnis und Anschluss bemüht, der kann es durchaus zu passablen Lernerfolgen bringen – wenn nicht allein, so doch mithilfe wechselnder Zufallspartner.

Lernspiralen gewährleisten demnach ein nicht zu unterschätzendes Stützsystem, das sich aus wechselnden Lernpartnern mit unterschiedlichen Stärken und Schwächen, Rechten und Pflichten, Kompetenzen und Funktionen zusammensetzt. Welche Funktionen dabei im Zentrum stehen, lässt sich aus Abbildung 26 ersehen. Die Schüler/innen sind demnach nicht nur als Lerner und Problemlöser gefragt, sondern auch und zugleich als Helfer und Miterzieher in den diversen Sozialphasen. Sie müssen als Regelwächter und Zeitwächter, als Fahrplanüberwacher und Gesprächsleiter, als Lernberater und Kontrolleure tätig werden. Diese Sonderfunktionen werden den Gruppenmitgliedern zu Beginn der betreffenden Gruppenarbeitsphasen auf der Basis eines entsprechenden »Funktionsrasters« zugewiesen. Die »Wächterfunktionen« selbst rotieren, sodass immer andere Schüler/innen für die eine oder andere Steuerungsaufgabe zuständig sind. Das begünstigt das Entstehen von Mitverantwortung und Gruppeneffizienz. Jeder wird gebraucht; und jeder hat Einfluss. Das ist die Botschaft, die sich mit den besagten Sonderfunktionen verbindet. Voraussetzung für die Wahrnehmung dieser Sonderfunktionen sind klare Verhaltenskataloge, Ablaufpläne, Zeitvorgaben, Gesprächsregeln, Feedbackregeln etc. (vgl. z. B. Abbildung 18 und 19 in Kapitel II.3).

Das Lernspiral-Konzept impliziert die skizzierte Binnensteuerung der Schüler/innen im Zuge der unterschiedlichen Kooperationsphasen. Zu dieser Binnensteuerung

Abb. 26

und -verantwortung gehört, dass sich die Schüler/innen im Zuge des jeweiligen Lern- und Arbeitsprozesses immer wieder wechselseitig befragen, helfen, besprechen, abstimmen, Rechenschaft abfordern sowie an die je vereinbarten Regeln erinnern. Andernfalls sind viele von ihnen nur zu schnell überfordert, wenn sie eigenverantwortlich und selbstgesteuert lernen sollen. Im Klartext: Lehrkräfte brauchen Assistentinnen und Assistenten, damit sie den unterschiedlichen Schülerpotenzialen und -erwartungen gerecht werden können. Und die Schüler/innen selbst? Sie brauchen greifbare Helfer und Ratgeber, die ihnen offen und flexibel zur Verfügung stehen, wenn sich etwaige Lern- und/oder Motivationsprobleme einstellen sollten. Die Lehrkräfte allein können den gängigen Beratungs- und Erziehungsbedarf, wie er sich in heterogenen Lerngruppen stellt, in der Regel nicht befriedigen. Daher bedarf es der organisierten Mithilfe, Erziehung und Beratung durch die Schülerinnen und Schüler.

Indem sich die Schüler/innen wechselseitig unterstützen und erziehen, beraten und kritisieren, tun sie nicht nur sich selbst etwas Gutes, sondern sie sorgen auch und zugleich dafür, dass ihren Lehrkräften spürbare Entlastung zuteil wird. Schülerkooperation und Lehrerentlastung sind mithin zwei Seiten derselben Medaille – vorausgesetzt, die anvisierte Zusammenarbeit funktioniert einigermaßen. Damit sie funktioniert, bedarf es der aus Abbildung 26 ersichtlichen Prämissen und Funktionsträger. Dann ist es um die erfolgreiche Mobilisierung der unterschiedlichen Schülerbegabungen und -interessen gar nicht so schlecht bestellt. Zwar glauben die meisten Schüler/innen, dass ihnen das Zusammenarbeiten in Gruppen eher leichtfalle. Allerdings zeigt die Praxis nur zu oft das Gegenteil. Viele Schüler/innen arbeiten eher isoliert als gemeinsam, eher planlos als planvoll, eher gegeneinander als miteinander, eher zirkulär als zielstrebig, eher destruktiv als konstruktiv. Diese Unzulänglichkeiten sind ihnen zwar selten bewusst, gleichwohl beeinträchtigen sie den Lern- und Arbeitserfolg in heterogenen Lerngruppen über alle Maßen.

Die Lernspiralen wirken dieser Desintegrationstendenz entgegen. Sie bieten vielfältige Reglements und Übungsmöglichkeiten, mit deren Hilfe sich die Klassenmitglieder bei der Stange halten lassen. Das beginnt mit dem erwähnten Wechselspiel von Einzelarbeit, Tandemarbeit, Gruppenarbeit und Plenarphasen und reicht bis hin zur Anwendung und Festigung spezifischer Kooperationsregeln und -rituale im Fachunterricht. Das alles trägt dazu bei, dass sich die Schüler/innen in puncto Teambereitschaft und Teamfähigkeit bestens entwickeln können. Warum? Weil sie erstens die immanenten Regeln und Chancen guter Zusammenarbeit zunehmend verinnerlichen und weil sie zweitens mit hoher Gewissheit davon ausgehen können, dass sie im Zuge der Lernspiralen nicht alleingelassen werden, sondern immer wieder darauf rechnen können, dass sie vonseiten der Mitschüler/innen Unterstützung erfahren werden. Das ist Lern-, Begabungs- und Kompetenzförderung im besten Sinne des Wortes – dezentral und verlässlich, zeitnah und ermutigend.

Für das Gros der Schüler/innen sind derartige Unterstützungs- und Erziehungsleistungen unerlässlich. Andernfalls verkümmern viele Talente über Gebühr. Wenn die Schüler/innen anspruchsvolle Lernaufgaben angehen und differenzierte Lernwege nutzen sollen, dann müssen sie zwingend eine Mut machende Arbeitsperspektive haben – eine Perspektive, die sicherstellt, dass bei auftretenden Problemen und Unsicherheiten Mitschüler/innen mit Rat und Tat zur Seite stehen werden. Die einzelne Lehrkraft für sich allein ist nur zu schnell überfordert, wenn sie alle möglichen Schüler/innen zeitgleich unterstützen und erziehen soll. Konstruktive Schülerkooperation ist daher eine zwingende Voraussetzung dafür, dass das eigenverantwortliche Arbeiten und Lernen in den Klassen verstärkt Platz greifen kann. Nur, die Realitäten in den Schulen sehen derzeit noch deutlich anders aus. Viele Lehrkräfte stehen dem kooperativen Lernen eher skeptisch gegenüber und beklagen Zeitvergeudung, Unruhe und Disziplinlosigkeit. Das muss und lässt sich ändern.

Viele Lehrkräfte vergessen, dass Teamarbeit ein ebenso anspruchsvolles wie voraussetzungsreiches Lernverfahren ist. Das gilt sowohl in arbeitsorganisatorischer als auch in emotionaler und interaktiver Hinsicht (vgl. Kapitel II.3). Teamarbeit will gelernt sein! Teamarbeit ist in der Tat mehr als das landläufige Zusammensitzen an Gruppentischen. Fundierte Teamarbeit verlangt erstens Regeln und Regelwächter, die für die nötige Steuerung der angesagten Gruppenarbeiten sorgen und zudem dazu beitragen, dass unnötige Störungen und/oder Trödeleien gruppenintern unterbunden werden. Eine zweite Voraussetzung: Regelgebundene Gruppenarbeiten dürfen nicht nur in größeren Abständen angesetzt werden, sondern sollten möglichst häufig und verbindlich auf der Tagesordnung stehen. Gelingende Teamarbeit verlangt drittens geeignete Aufgabenstellungen, die sicherstellen, dass die jeweiligen Gruppenmitglieder zwingend aufeinander angewiesen sind (positive Abhängigkeit). Eine vierte Voraussetzung: Gute Schülerkooperation braucht auch und nicht zuletzt gelegentliche regelorientierte Reflexions- und Kritikphasen, die Probleme aufdecken und Lösungsperspektiven entwickeln helfen.

Teamtraining als Basis	Teampflege im Fachunterricht
Möglicher Ablauf einer Trainingswoche	**Ein Beispiel zur Kooperationspflege**
Für Gruppenarbeit motivieren ⇩ Gruppenprozesse kritisch sichten ⇩ Regeln für »gute Gruppenarbeit« entwickeln ⇩ Einige einfachere Anwendungsphasen ⇩ Komplexere Gruppenarbeiten durchführen	■ Lesen + Markieren der Texte »Blitz«/»Donner« ■ »Nachhilfephase« in textgleichen **Dreiergruppen** ■ Erstellen textspezifischer »Spickzettel« in EA ■ **Partnervorträge** anhand der erstellten »Spicker« ■ **Mischgruppen:** Folie zu »Blitz« und »Donner« gestalten ■ Präsentation einzelner Folien durch **Tandems** ■ Ergänzende Hinweise/Tipps von Lehrerseite

Abb. 27

Das alles ist Gegenstand spezifischer Teamentwicklungsmaßnahmen. Teamtraining und fachspezifische Teampflege sind die beiden Komponenten dieser Entwicklungsarbeit (vgl. die beiden Übersichten in Abb. 27). Ohne funktionierende Helfer- und Erziehungssysteme und ohne eine entsprechende Trainings- und Klärungsarbeit der Schüler/innen bleibt vieles naturgemäß unzulänglich und unbefriedigend. Unbefriedigend für die Lehrkräfte; unbefriedigend aber auch für die Schüler/innen selbst. Von daher müssen die Kinder und Jugendlichen verstärkt dazu angehalten werden, sich mit den elementaren Spielregeln und Strategien konstruktiver Gruppenarbeit vertraut zu machen. Das gehört zu den Grundanliegen der Teamtrainings wie des Lernspiral-Einsatzes (vgl. Klippert 1998).

Daher macht es wenig Sinn, die mangelnde Teamfähigkeit auf Schülerseite lediglich zu beklagen. Nötig sind vielmehr konsequente Qualifizierungs- und Erziehungsmaßnahmen, die helfen, die bestehenden Kooperationsdefizite wirksam abzubauen. Das beginnt mit der Problematisierung misslungener Gruppenarbeiten und reicht über die Entwicklung von Regelplakaten und sonstigen Regularien bis hin zur Qualifizierung der Schüler/innen in Sachen Teamsteuerung. Ziel des Ganzen ist die Effektivierung der Gruppenarbeit. Dazu gehört u.a., dass ...

■ die Gruppenbildung möglichst oft nach dem Los- bzw. Zufallsverfahren erfolgt. Das sichert eine gewisse Leistungs- und Verhaltensheterogenität und trägt auf diese Weise dazu bei, dass sich innerhalb der Gruppen funktionierende Helfer- und Erziehungssysteme etablieren können, die u.a. verhindern, dass einzelne Schüler/innen untergehen und/oder von anderen ausgegrenzt werden;

- die geltenden/vereinbarten Regeln konsequent überwacht und angemahnt werden. Dazu müssen die Schüler/innen lernen, neben der Sachaufgabe wechselnde Sonderfunktionen wie Regelwächter, Zeitwächter, Gesprächsleiter, Fahrplanüberwacher oder Präsentator wahrzunehmen; das verlangt einschlägige Übungen und Rollenklärungen;
- die Präsentation der Gruppenergebnisse immer wieder kooperativ erfolgen sollte – sei es durch Tandems oder unter Beteiligung aller Gruppenmitglieder. Das stärkt das Wir-Gefühl, unterstreicht die Mitverantwortung, fördert die mündliche Mitarbeit und stellt im Gruppenprozess selbst sicher, dass sich die einzelnen Gruppenmitglieder wechselseitig stärker in die Pflicht nehmen und unterstützen;
- experimentelles Denken und Arbeiten der Gruppenmitglieder zugelassen wird – auch auf die Gefahr hin, dass dabei nicht gleich das Richtige herauskommt. Fehler und Lernumwege müssen im Ansatz toleriert werden, wenn eine »Atmosphäre der Ermutigung« entstehen soll, auf die gerade heterogene Lerngruppen ganz elementar angewiesen sind;
- sich die Lehrkräfte eher defensiv verhalten, damit sich die Schüler/innen im Zuge der anstehenden Partner- und Gruppenarbeitsphasen im besten pädagogischen Sinne genötigt sehen, das eigene Potenzial stärker zu aktivieren und mit anderen zu teilen. Das schließt vorschnelle Kontrollen, Kritiken und/oder Hilfsangebote der Lehrkräfte aus;
- die Schüler/innen hin und wieder Gelegenheit zur Reflexion ihrer Kooperationsprozesse und -ergebnisse bekommen. Eine derartige »Feedbackkultur« trägt wesentlich dazu bei, dass gruppeninterne Friktionen und Unzulänglichkeiten zeitnah angesprochen werden. Das verhindert, dass einzelne Schüler/innen über Gebühr an den Rand gedrängt oder in anderer Weise diskreditiert bzw. entmutigt werden.

Schülerkooperation ist mithin ein recht anspruchsvoller Förder- und Integrationsansatz. Wenn das wechselseitige Fördern und Fordern der Kinder funktionieren soll, dann müssen die besagten Verfahrensweisen möglichst intensiv eingeübt werden. Das beginnt beim gemeinsamen Erstellen von Regelplakaten und Ablaufplänen und reicht über die klasseninterne Qualifizierung von Regelwächtern, Zeitwächtern, Gesprächsleitern und Fahrplanüberwachern bis hin zum Einüben gruppenspezifischer Feedbackverfahren und anderer grundlegender Kooperations-, Kritik- und Beurteilungsstrategien. Wenn die Zusammenarbeit der Schüler/innen tatsächlich nachhaltig entwickelt werden soll, dann müssen derartige Kooperationsverfahren richtiggehend internalisiert und automatisiert sein. Dazu dienen zum einen spezielle Trainingstage und Trainingswochen, zum anderen aber auch und vor allem regelmäßige Anwendungs- und Reflexionsphasen im Zuge der fachspezifischen Lernspiral-Arbeit (vgl. Klippert 1998). Dass diese Investition in Sachen Teamentwicklung lohnt, liegt auf der Hand. Gute Teamarbeit und Teamsteuerung sorgen nicht nur für spürbare Lehrerentlastung; sie gewährleisten auch, dass die unterschiedlichen Schülertalente angemessen Hilfe und soziale Einbindung erfahren können.

4.5 Vielschichtige Kompetenzförderung

Die Lernspiralen stehen für kompetenzorientiertes Lernen. Sie helfen und gewährleisten, dass die Schüler/innen unterschiedliche Kompetenzarten und Kompetenzstufen angehen und realisieren können. Das betrifft fachspezifische Kompetenzen genauso wie fachübergreifende Kompetenzen. Indem im Zuge einer jeden Lernspirale eine recht breite Palette an Kompetenzen angesprochen wird, können sich die unterschiedlich begabten und disponierten Schüler/innen in der Regel an der einen oder anderen Stelle einklinken und ihre persönliche Könnensentwicklung vorantreiben. Der eine spricht vielleicht eher auf Kompetenzen an, die logisch-mathematisches Denken und Können widerspiegeln. Der Zweite ist womöglich stärker bei der Entwicklung kommunikativer und kooperativer Kompetenzen. Und der Dritte hat unter Umständen besondere Ambitionen im künstlerisch-kreativen Bereich und findet von daher seine Bestätigung vorrangig beim Einsatz derartiger Kompetenzen. Grundsätzlich gilt: Je breiter das Kompetenzspektrum ist, desto größer ist die Chance, dass alle Schülerinnen und Schüler zu greifbaren Könnenserlebnissen gelangen und damit natürlich auch zur Erfahrung eigener Wertigkeit und Anerkennung in der jeweiligen Klasse.

Die Lernspiralen eröffnen breite Kompetenzspektren. Das macht die Lernspirale (Abb. 28) zum Erschließen zentraler Sehenswürdigkeiten in der Metropole London deutlich. Den Schüler/innen wird im ersten Arbeitsschritt abverlangt, dass sie konzentriert zuhören, bevor sie im zweiten Arbeitsschritt einen entsprechenden Hörverstehenstest zu absolvieren haben. Zuhören, Selbstkontrolle und Selbstkritik sind die korrespondierenden Kompetenzen, die in dieser Anfangsphase ins Spiel kommen. Danach ist in einschlägigen Medien (Schulbuch und Broschüre) zur je gelosten Sehenswürdigkeit zu recherchieren. Die dabei gefundenen Informationen werden im vierten und fünften Arbeitsschritt in mehreren Zufallsgruppen objektbezogen abgeglichen, besprochen und bei Bedarf natürlich auch ergänzt. Damit kommen Recherche- und Kooperationskompetenzen ins Spiel, bevor im sechsten bis achten Arbeitsschritt Visualisierungs-, Kommunikations-, Präsentations- und Feedback-Kompetenzen gefragt sind. Haben die

Lernspirale im Fach Englisch

Ein Beispiel

- CD zu Londons Sehenswürdigkeiten **anhören**
- Arbeitsblatt mit Richtig-Falsch-Aussagen **bearbeiten**
- Zu bestimmten Sehenswürdigkeiten **recherchieren**
- Gefundene **Infos in** Stamm-Gruppen **besprechen**
- Gleiche Gruppen: **Vortragskarten erstellen**
- **Kurzvorträge** im Plenum halten (in Tandems)
- **Rückmeldungen und Kritik** zu den Vorträgen
- **Flugblatt** für London-Besucher **gestalten** (DIN A3)
- Museumsrundgang: »Experten« **präsentieren**
- **Methodenreflexion** und Methodenbeurteilung

Abb. 28

Gruppen unzulänglich visualisiert und/oder vorgetragen, so gibt es unmittelbare Rückmeldungen und Kritiken. Ähnliches gilt für die letzen drei Arbeitsschritte, die damit starten, dass jede Stammgruppe ein möglichst anschauliches Flugblatt für Erstbesucher der Stadt London zu erstellen hat. Dabei sind von den insgesamt sechs Sehenswürdigkeiten zwei bis maximal drei auszuwählen und auf einem DIN-A3-Blatt derart überzeugend zu präsentieren, dass die potenziellen Besucher Appetit bekommen. Dann folgen ein korrespondierender Museumsrundgang mit schriftlicher Feedbackmöglichkeit sowie eine abschließende übergreifende Methodenreflexion zur Lernspirale insgesamt. Das schließt Gestaltungs-, Präsentations-, Feedback- und Beurteilungskompetenzen mit ein.

Diese Verlaufsskizze macht die Chancen der Lernspirale deutlich: Den Schüler/innen werden nicht nur unterschiedliche Lerntätigkeiten und Sozialformen ermöglicht, sondern ihnen werden auch recht unterschiedliche Kompetenzbereiche offeriert, die sie in der einen oder anderen Weise nutzen können. Was der eine gut kann, muss der andere noch lange nicht mögen und können. So gesehen eröffnen die unterschiedlichen Kompetenzanforderungen den Schüler/innen recht differenzierte Möglichkeiten, sich in der eigenen Klasse zu bewähren und die persönliche Anschlussfähigkeit unter Beweis zu stellen. Auch wenn die Beiträge der einzelnen Schülerinnen und Schüler im Rahmen der abgebildeten dreistündigen Lernspirale selbstverständlich recht unterschiedlich ausfallen, so besteht doch die durchaus realistische Chance, dass keiner von ihnen völlig abgehängt wird. Dafür sorgen gleich mehrere Besonderheiten: zum einen das kleinschrittige Lern- und Arbeitsverfahren, zum Zweiten das Aufeinanderangewiesensein der einzelnen Stammgruppenmitglieder, zum Dritten die breite Tätigkeitspalette im Zuge der dokumentierten Lernspirale sowie zum Vierten das konsequente Wechselspiel von Fordern und Fördern, Rechenschaftslegung und gezielter Unterstützung. Weitere wegweisende Lernspiralen bietet die Lehrmittelreihe »Klippert bei Klett«, und zwar für die Fächer Deutsch, Mathematik, Englisch und Sachunterricht (vgl. Klippert 2007 ff.).

Fachkompetenz allein genügt also nicht. Die hier in Rede stehenden Lernspiralen wollen und sollen mehr. Gefragt sind zudem fachübergreifende Kompetenzen wie Recherche- und Sozialkompetenz, Strukturierungs- und Visualisierungskompetenz, Argumentations- und Präsentationskompetenz, Planungs- und Organisationskompetenz, Kooperations- und Feedbackkompetenz, Reflexions- und Gestaltungskompetenz – und manches andere mehr. Dies zwar stets in enger Anbindung an das jeweilige Fachthema, aber doch so, dass ein deutlich erweitertes Verständnis von Fachkompetenz dabei herauskommt. Fachkompetenz im weitesten Sinne beschränkt sich demnach nicht allein auf inhaltliche Kenntnisse und Einsichten, wie das traditionell sehr stark unterstellt wird, sondern umfasst auch und zugleich grundlegende soziale, sprachliche, methodische, handwerkliche und nicht zuletzt auch emotionale Kompetenzen. Das alles gehört zum fachspezifischen Können im weiteren Sinne dazu, wie es u. a. von den neuen Bildungsstandards vorgesehen und eingefordert wird. Können ist also mehr als Wissen. Und je breiter die Könnensorientierung im Unterricht, desto besser und erfolgsträchtiger ist dies für das Arbeiten in und mit heterogenen Lerngruppen.

Neuere Veröffentlichungen sprechen daher vom Primat der Lernkompetenz (vgl. Czerwanski u. a. 2003) und meinen damit die Gesamtheit der methodischen, sozialen und personalen Kompetenzen, die sich darunter subsumieren lassen (vgl. Abb. 28). Egal, ob Einzelarbeit, Partnerarbeit, Gruppenarbeit oder Klassengespräche anstehen, egal auch, ob zu recherchieren, zu konstruieren oder zu präsentieren ist – stets haben die Schüler/innen die Möglichkeit, einschlägige Kompetenzen einzusetzen, die ihnen helfen, mit den gestellten Anforderungen einigermaßen geschickt und erfolgreich zurechtzukommen. So gesehen sind die Entwicklung und Anwendung vielfältiger Kompetenzen Voraussetzung und Gewähr dafür, dass die Schüler/innen ihr potenzielles Können überzeugend freisetzen und abrufen können – eine Erkenntnis, die eigentlich so alt ist wie die Reformpädagogik.

Erfolgreiches Lernen braucht demnach sehr viel mehr als das traditionell dominierende Fach- und Verfahrenswissen. Nämlich *erstens* die besagte Methodenbeherrschung, *zweitens* Motivation und Selbstvertrauen, *drittens* Selbstständigkeit und Selbststeuerungsfähigkeit sowie *viertens* Reflektiertheit im Blick auf Methoden, Motive, Lernanforderungen und Lernziele. Diese vier Teilqualifikationen bilden zusammen das, was hier *Lernkompetenz* genannt wird. Lernkompetenz umfasst also gleichermaßen methodische, soziale, motivationale und mentale Dispositionen und/oder Fähigkeiten, die Schüler/innen brauchen, um erfolgreich und zielstrebig arbeiten zu können (vgl. Weinert 2001, S. 27f.). Das schließt Selbstwertgefühl und Leistungsbereitschaft genauso mit ein wie Eigeninitiative, Durchhaltevermögen, Verantwortungsbewusstsein, Frustrationstoleranz und andere Momente der sogenannten »Selbstkompetenz« (vgl. Czerwanski u. a. 2002, S. 29 ff.).

Die Lernspiralen bieten Raum und Gelegenheit dazu, die besagten Kompetenzen im doppelten Sinne zu nutzen. Einmal, indem sie den Schüler/innen in den einzelnen Arbeitsschritten dazu dienen, Anschluss zu finden und die eigenen Erfolgsaussichten beim Lernen zu mehren. Zum anderen aber auch dadurch, dass die betreffenden Lerner die je vorgesehenen Kompetenzen im Zuge der anstehenden Lernspiralen vertiefend einüben und klären können. Beides macht die Bedeutung und den Nutzeffekt der mit den Lernspiralen verbundenen Kompetenzorientierung deutlich. Je kompetenter die Schüler/innen werden und je versierter sie ihre unterschiedlichen Kompetenzen einzusetzen verstehen, desto effektiver wird die unterrichtliche Lernarbeit und desto wahrscheinlicher wird es, dass die Kinder und Jugendlichen inhaltlich wie methodisch Anschluss in ihrer Klasse halten und ihre eigenen Begabungen, Stärken und Interessen angemessen einbringen können.

Der Kompetenzerwerb selbst ist natürlich keine theoretische Angelegenheit, sondern lässt sich am besten dadurch bewerkstelligen, dass die Schüler/innen wegweisende Erfahrungen sammeln. »Learning by Doing« heißt die Devise. Im Klartext: Wenn die Schüler/innen ihre fachlichen, methodischen, sozialen, kommunikativen und emotionalen Potenziale verstärkt mobilisieren sollen, dann müssen sie möglichst oft und konsequent in sehr praktische kompetenzzentrierte Übungs- und Klärungsprozesse verstrickt werden (vgl. Klippert 1994, 1995, 1998, 2007 ff. sowie Klippert/Müller 2003) Das hat sich in der Vergangenheit immer wieder gezeigt und bewährt.

Ein motivierender Mix aus Probieren, Reflektieren, Diskutieren und Anwenden ist das, was auf Schülerseite am ehesten strategische Klarheit, Sicherheit und Anwendungsbereitschaft entstehen lässt. Das gilt sowohl für die sogenannten fachübergreifenden Basistrainings als auch für die vertiefende Kompetenzanwendung in den Fächern. Deshalb: Wer nachhaltige Lernkompetenzen aufbauen will, der muss den Schüler/innen dieses »Trial and Error« möglichst oft und konsequent zugestehen und so ermöglichen, dass sich das intendierte Können im besten Sinne des Wortes einstellen kann. Die Lernspiralen helfen dabei.

4.6 Regeln, Rituale und Routinebildung

Eine weitere Besonderheit der Lernspiralen besteht darin, dass sie den Schüler/innen *Halt und Orientierung* geben. Das gilt nicht nur wegen ihres klaren Aufbaus, sondern auch und zugleich deshalb, weil sie eingängige Regeln und Rituale beinhalten, die auf Lehrer- wie auf Schülerseite recht zügig wohltuende Routinen entstehen lassen. Diese Routinebildung ist eine wichtige Voraussetzung für die Entwicklung von Motivation und Lerneffizienz – auch und gerade bei schwächeren, unsicheren und/oder lustlosen Schüler/innen. Wie die neuere Lern- und Gehirnforschung seit Jahr und Tag bestätigt, ist das Gros der Schüler/innen dringend darauf angewiesen, dass der Unterricht klar und übersichtlich geregelt ist. Das vermittelt Sicherheit, schafft Orientierung und trägt nicht zuletzt dazu bei, dass sich die Zielstrebigkeit und Anstrengungsbereitschaft der Schüler/innen verbessern.

Andreas Helmke, renommierter Lernpsychologe und Lernforscher, hat diese Erkenntnis in Verbindung mit seiner Forderung nach effizienter Klassenführung und konsequenter Zeitnutzung nachdrücklich herausgestellt. Sein durch diverse Studien begründeter Befund ist eindeutig: Die Etablierung und Einhaltung verhaltenswirksamer Regeln und Rituale im Klassenzimmer sind entscheidende Voraussetzungen dafür, dass erfolgreiches Lehren und Lernen in Schule und Unterricht vonstattengehen kann (vgl. Helmke 2006, S. 45). Klare Regeln und Rituale bewirken Helmke zufolge zweierlei: *erstens* die Reduzierung etwaiger Unterrichtsstörungen aufgrund fehlender Verhaltenssicherheit sowie zweitens die lernwirksame Förderung von Aufmerksamkeit, Anstrengungsbereitschaft und Motivation der Schüler/innen im Lernprozess selbst. Die Lernspiralen tragen diesem Befund Rechnung und gewährleisten eine recht nachhaltige Institutionalisierung derartiger Regeln und Rituale.

Lernspiralen sorgen aufgrund ihrer klaren Ablaufstruktur dafür, dass die Schüler-/innen rasch nachvollziehen können, wie Unterricht funktioniert, d.h. sie durchschauen die innere Logik der Unterrichtsabläufe und können mit einiger Übung recht gut einschätzen, wann welche Arbeitsschritte warum und wie aufeinander folgen. Dieses Prozessverständnis vermittelt Orientierung und Sicherheit, stärkt die Zielstrebigkeit und begünstigt das Entstehen tragfähiger Kompetenzmotivation aus der Gewissheit heraus, dass die Unterrichtsarbeit bestimmten Gesetzmäßigkeiten folgt und bestimmte Anforderungen und Chancen in wiederkehrender Weise eröffnet. Das betrifft sowohl die erwähnten Sozialformwechsel (Einzelarbeit, Tandemarbeit etc.) als auch die verlässlich vorkommenden Anwendungs-, Besprechungs- und Nachhilfephasen im Verlauf der einzelnen Lernspiralen. Werden die betreffenden Lernspiralen – wie vorgesehen – zu Beginn der einzelnen Unterrichtsstunden eingeblendet und von Lehrerseite kurz erläutert, dann werden die meisten Schüler/innen schon bald dahin gelangen, dass ihnen die korrespondierenden Abläufe und Regelwerke höchst vertraut werden. Sie blicken durch. Das ist Routinebildung im besten Sinne des Wortes. Diese Klarheit und Berechenbarkeit des Unterrichtsgeschehens tragen erfahrungsgemäß ganz wesentlich dazu bei, dass die Schüler/innen zu mehr Lernbereitschaft und Lernerfolg gelangen.

Neben dem übergeordneten *Regelwerk* der Lernspirale gibt es natürlich auch noch andere Regeln, die klassenintern greifen. Wichtig: Diese Regelwerke werden gemeinsam mit den Schüler/innen entwickelt. Dabei können sowohl Ablauf- als auch Verhaltensregeln im Vordergrund stehen. Vorbereitet und erstellt werden derartige Regelwerke und Regelplakate im Rahmen einschlägiger Trainingswochen (vgl. Klippert 1994, 1995, 1998). Die dort entwickelten Regelwerke betreffen z. B. das Vorbereiten von Klassenarbeiten, das Markieren von Texten, das Erstellen von Mindmaps und sonstigen Strukturmustern, das Gestalten von Plakaten und Folien, das Einüben von Zeitmanagement, das Präsentieren von Lernergebnissen, das Zusammenarbeiten in Gruppen etc. Je präziser die Schüler/innen in die betreffenden Methodiken eingeweiht sind und je häufiger sie die korrespondierenden Regelwerke anwenden, desto näher kommen sie der besagten Routinebildung.

Apropos Schülerkooperation: Viele Schüler/innen sind bestens in der Lage, andere Schüler/innen einzubinden und zu konstruktiver Mitarbeit zu veranlassen – vorausgesetzt, es gibt klare Regeln und Regelungsverantwortliche (Regelwächter, Zeitwächter, Fahrplanüberwacher etc.). Die entsprechenden Regelwerke werden auf Plakat festgehalten und eventuell auch noch ins Heft übertragen (vgl. z. B. Klippert 1998, S. 59). Auf dieser Basis können die erwähnten Regelungsverantwortlichen später intervenieren, wenn Gruppenprozesse und/oder Verhaltensweisen einzelner Gruppenmitglieder aus dem Ruder laufen sollten. Diese Interventionen sind wichtiger Bestandteil der Integrationsarbeit der Schüler/innen im Rahmen der einzelnen Lernspiralen. Damit sie überzeugend und reaktionsschnell erfolgen können, sind neben den Regelkatalogen zusätzlich noch präzise Zuständigkeitsklärungen vonnöten. Andernfalls laufen die intervenierenden Schüler/innen Gefahr, dass ihnen ein etwaiges Einschreiten als schlichte Anmaßung ausgelegt wird.

Was also tun die angesprochenen Regelwächter, Fahrplanüberwacher, Zeitwächter oder Gesprächsleiter? Und wer ist für welche dieser Funktionen wann zuständig? Während die *Regelwächter* z. B. für die Überwachung der vereinbarten Verhaltensregeln innerhalb der Gruppenarbeitsphasen zuständig sind, kontrollieren die *Fahrplanüberwacher* speziell die Einhaltung der abgesprochenen Ablaufpläne mit den dazugehörigen Arbeitsschritten. Die Spezialaufgabe der *Zeitwächter* dagegen ist es, auf die Einhaltung der jeweiligen Zeitvorgaben und -absprachen zu achten und bei etwaigen Verstößen umgehend zu intervenieren. Und die *Gesprächsleiter* schließlich sind vor allem dann gefordert, wenn es gilt, Wortmeldungen zu erfassen, das Wort zu erteilen, Verbindungen zwischen einzelnen Beiträgen herzustellen, Schweiger in der Gruppe anzusprechen sowie insgesamt darauf zu achten, dass das jeweilige Gruppengespräch möglichst zügig vorangebracht wird.

Wer genau im Einzelfall welche dieser Sonderfunktionen übernimmt, das wird von Gruppenarbeit zu Gruppenarbeit neu geregelt – vorausgesetzt, die betreffenden Gruppenmitglieder bleiben für einige Wochen beisammen und die einzelnen Gruppenarbeiten dauern mindestens 20 Minuten und sind entsprechend zu staffeln. Unter diesen Bedingungen kann den Gruppenmitgliedern ein spezielles Protokollraster an die Hand gegeben werden, in das sie für jede Gruppenarbeit eintragen, wer gerade wofür zuständig ist (vgl. Klippert 1998, S. 54). Grundsätzlich obliegt allen Gruppenmitgliedern die Arbeit an der jeweiligen Sachaufgabe. Das ist obligatorisch. Die darüber hinausgehende Übernahme der genannten Sonderfunktionen (vgl. Abb. 26 auf Seite 173) ist dagegen eine rotierende Angelegenheit, d. h. die Tischgruppenmitglieder rücken in dem besagten Protokollraster jeweils eine Funktion weiter, sodass sie nach vier Gruppenarbeiten alle Sonderfunktionen je einmal wahrgenommen haben. Das ist nicht nur praktisches Teamtraining, sondern auch und zugleich die Gewähr dafür, dass die Schüler/innen zunehmend Mitverantwortung in Sachen Prozess-Steuerung und Schülerintegration übernehmen.

Schüler/innen brauchen Routinen – keine Frage. Das gilt in organisatorischer Hinsicht (Stichwort: Ablaufalgorithmen) genauso wie im Hinblick auf die im Unterricht zur Anwendung gelangenden Arbeits-, Kommunikations- und Interaktionstechniken (»skills«). Die angesprochenen Regelwerke und Regelwächter tragen dazu bei, dass die Schüler/innen an Sicherheit, Zielstrebigkeit und Lernkompetenz gewinnen. Gleiches gilt für korrespondierende *Rituale*, wie sie in Klassen eingeführt und zur Verhaltensstabilisierung genutzt werden können. Derartige Rituale können z. B. so aussehen, dass Lehrkräfte bei Schüleranfragen in bestimmter Weise reagieren, dass bestimmte Melde- und/oder Gesprächsrituale eingeführt und eingefordert werden, dass mittels Glöckchen oder Ampel klare Signale gesetzt werden, dass die Sitzordnung in regelmäßigen Abständen verändert wird oder dass z. B. bei größeren Plenarpräsentationen in ritualisierter Form Applaus gespendet wird. Rituale dieser Art vermitteln Sicherheit und Berechenbarkeit, Selbstvertrauen und Lehrerentlastung. Zugegeben, die Grenze zwischen Regeln und Ritualen ist fließend. Gleichwohl ist beides wichtig und hilfreich – gerade in heterogenen Lerngruppen.

Regeln und Rituale sind wie das Salz in der Suppe. Wenn sie fehlen, schmecken die Lernaufgaben häufig nicht so recht. Gerade die lernschwächeren Schüler/innen sind ganz elementar darauf angewiesen, dass ihnen solche »Haltegriffe« zur Verfügung stehen, wenn sie ihr Leistungspotenzial verstärkt abrufen sollen. Regeln und Rituale sorgen für Orientierung, Klarheit und Verlässlichkeit. Das gilt im Hinblick auf das soziale Miteinander in der Klasse genauso wie bezüglich der unterrichtlichen Arbeitsweisen und Abläufe. Je präziser bestimmte Dinge geregelt und/oder ritualisiert sind, desto zuverlässiger vermögen Schüler/innen danach zu verfahren, und desto besser sind sie in der Lage, die nötige Zielstrebigkeit und Selbstsicherheit an den Tag zu legen. Viele reformpädagogisch ausgerichtete Privatschulen leisten in dieser Hinsicht Vorbildliches (z. B. Montessori- oder Waldorfschulen) und gewinnen gerade dadurch ein Profil, das für viele Eltern, Kinder und Lehrkräfte höchst attraktiv ist. Den »Normalschulen« steht dieser Weg nicht minder offen.

Voraussetzung dafür ist eine verändertes Selbst- und Rollenverständnis der Lehrkräfte. Sehen sich die meisten Lehrkräfte bislang vorrangig als Wissensvermittler, so kommt es im Zeitalter heterogener Lerngruppen sehr viel stärker darauf an, »Entwicklungshelfer« im Dienste der Kinder zu sein und entsprechende Rahmenbedingungen und Steuerungsparameter sicherzustellen. Dazu gehören u. a. die besagten Regeln und Rituale. Klar ist: Wer aktive, kreative und produktive Schüler/innen in seiner Klasse haben möchte, der darf nicht vorschnell helfen, sondern muss den Lernern mehr zutrauen und zumuten. Er muss die Schüler/innen stärker selbst ausprobieren, Verantwortung übernehmen und Probleme lösen lassen, anstatt gleich persönlich in die Bresche zu springen. Auch diese Erwartungen und Zumutungen müssen geregelt und möglichst fest institutionalisiert sein. Die Lernspirale hilft dabei.

Viele Lehrkräfte überziehen ihre Hilfs- und Kontrollangebote. Sie nehmen ihren Schüler/innen zu viel ab und tragen damit nicht unwesentlich dazu bei, dass deren Selbstständigkeit und Gruppeneinbindung darunter leiden. Eine auf »EVA« ausgerichtete Lehrerrolle muss anders aussehen. Im Klartext: Den Schüler/innen muss schlicht und einfach mehr zugetraut und zugemutet werden. Das verlangt sowohl hilfreiche Regelwerke und Rituale als auch deutlich defensivere Lehrerinnen und Lehrer. »Hilfe zur Selbsthilfe«, das ist das Gebot. Der entsprechende Abnabelungsprozess der Lehrerseite kann durch spezifische *Moderationsreglements* unterstützt werden. Dazu gehören z. B. (a) das Aufstellen einer Ampel mit Rot- und Grünphase (Rot heißt, dass der Lehrer keine Sprechstunde hat), (b) das Postieren des Lehrerpults im Rückraum der Schüler/innen, damit die Lehrkräfte von vorschneller Hilfe abgehalten werden, oder (c) das gezielte Einführen einer schülerzentrierten Problemlösungskette nach dem Motto: Zuerst bemüht sich der Einzelne, dann ist der Lernpartner zu konsultieren, dann kommt die Tischgruppe dran, dann werden etwaige Nachschlagewerke genutzt, und erst ganz zum Schluss darf die Lehrperson gefragt werden. Wichtig ist nur, dass die Schüler/innen durch derartige Reglements verstärkt genötigt werden, sich selbst und anderen zu helfen. Das begünstigt die Einbindung und Mobilisierung unterschiedlicher Schülertalente in der jeweiligen Klasse.

4.7 Regelmäßige Reflexionsaktivitäten

Die Lernspiralen tragen dazu bei, dass die Schüler/innen immer wieder in spezifische Reflexionsphasen verstrickt werden. Das zeigen die in den Abbildungen 23, 27 und 28 dokumentierten Lernspiral-Beispiele. Diese Reflexionsarbeit bewirkt, dass in regelmäßigen Abständen innegehalten und darüber nachgedacht bzw. gesprochen wird, was gerade gelaufen ist, wo es unter Umständen Probleme und/oder Unsicherheiten gegeben hat und wie sich diese Schwierigkeiten möglicherweise beheben lassen (vgl.

Abb. 29). So gesehen bleibt kein Schüler allein. Jeder hat sowohl die Möglichkeit als auch die Pflicht, das eigene Lernen immer wieder selbstkritisch unter die Lupe zu nehmen und hin und wieder mit anderen Mitschüler/innen zu beraten. Kritik und Selbstkritik sind von daher selbstverständliche Bestandteile einer jeden Lernspirale. Das gilt sowohl für die einzelnen inhaltsbezogenen Kontroll-, Präsentations- und/ oder Besprechungsphasen als auch für die gelegentlichen methoden- und verhaltenszentrierten Feedback- und Reflexionsphasen am Ende bestimmter Lernabschnitte.

Die letztgenannten Reflexionsphasen dienen dazu, die Methoden- und Prozesskompetenz der Schüler/innen so entwickeln zu helfen, dass selbstgesteuertes Lernen in der Breite möglich wird. Das gilt sowohl für die schwächeren Schüler/innen als auch für die vergleichsweise autonomen Lerner in der jeweiligen Klasse – für diejenigen also, die sich in der Regel recht gut selbst zu helfen bzw. »durchzuwursteln« verstehen. Diese autodidaktischen Lerner bräuchten die besagten Reflexionsphasen weniger dringlich als die schwächeren Kandidat/innen, die ohne zeitnahe Hilfen leicht in die Resignation abgleiten. Gleichwohl profitieren auch die Cleveren von der besagten Reflexionsarbeit. Wodurch? Dadurch, dass bestimmte methodische Verfahren bilanziert werden; dadurch, dass zurückliegende Verhaltensweisen kritisch unter die Lupe genommen und auf etwaige Verbesserungsmöglichkeiten hin abgeklopft werden; dadurch aber auch, dass über Gefühle und Befindlichkeiten, über Wünsche und Anliegen gesprochen wird. Durch all dies wird die Arbeitsfähigkeit der Schülerinnen und Schüler im besten Sinne des Wortes gefördert. Reflexion als Quelle von Motivation und Lernerfolg – das ist die Devise.

Reflexionsphasen können ermutigen und inspirieren, nachdenklich machen und Gespräche induzieren, Blockaden auflösen und Missverständnisse beseitigen helfen. Von daher bilden sie ein wichtiges Element im Rahmen der hier in Rede stehenden Lernspiralen. Ein Element, das Lernen begünstigt und Zutrauen schafft, Ausgrenzung verhindert und Integrationsmöglichkeiten fördert, Verständigung erleichtert und Begabungsdifferenzen ausgleichen hilft, Selbstsicherheit stärkt und Erfolgsaussichten mehrt. Egal, ob die Schüler/innen nun aufgefordert sind, eine Gruppenarbeit oder eine Präsentation zu reflektieren; egal, ob sie die zurückliegende Zeit- und Arbeitsplanung kritisch unter die Lupe zu nehmen haben; egal auch, ob ihnen z. B. Feedback zur Arbeit der Regelwächter, Zeitwächter oder Fahrplanüberwacher abverlangt wird – stets verbindet sich damit die Chance, dass die unterschiedlichen »Lerntypen« zu Wort kommen und Anschluss halten können. Das unterstützt und erleichtert den erfolgreichen Umgang mit heterogenen Lerngruppen.

Die besagte Reflexionsarbeit begünstigt das Entstehen wichtiger Metakompetenzen. Dazu gehören Hilfsbereitschaft und Empathie, Selbstkritikbereitschaft und Fremdkritikfähigkeit, Argumentationskompetenz und Methodenbeherrschung. Das alles kommt der Lernfähigkeit und der Lernbereitschaft der Schüler/innen zugute – auch und gerade in heterogenen Lerngruppen. Die Lernspiralen sichern und verlangen derartige methodenzentrierte Reflexionsphasen. Die Grundüberlegung dabei: Die Schüler/innen brauchen Methodenbewusstsein und methodische Souveränität, wenn sie durchdacht und erfolgreich arbeiten und lernen sollen. Das aber erfordert

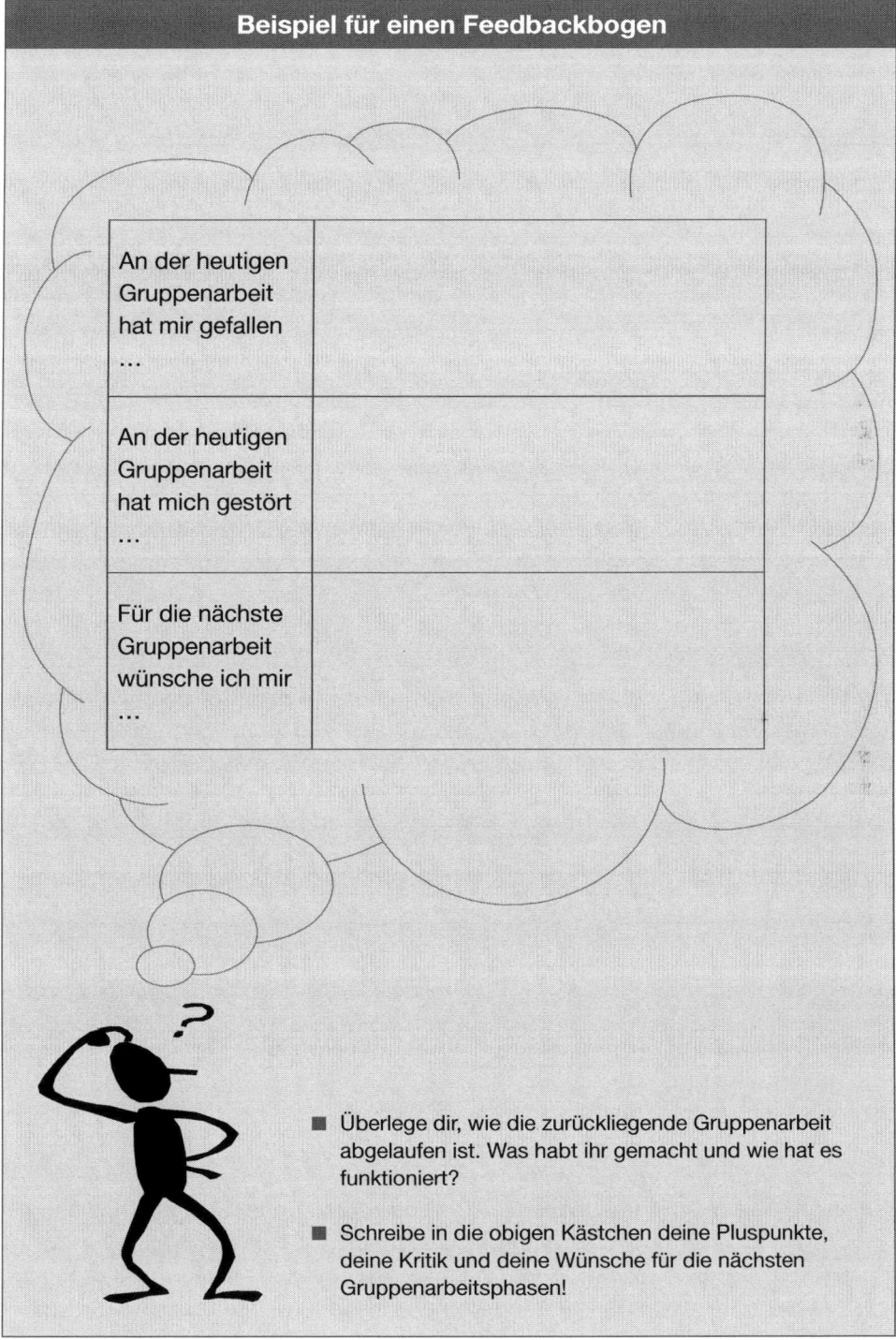

Abb. 29

wiederholte Anwendungs- und Reflexionsphasen, die dazu beitragen, dass auf Schülerseite der viel zitierte »siebte Sinn« für effektives Arbeiten und Lernen entstehen kann. Entsprechende Leitfragen und Reflexionsanlässe können sein: Wie markiert man lernrelevante Sachtexte, damit das Gehirn etwas davon hat? Wie gestaltet man Mindmaps und wozu braucht man solche Gebilde überhaupt? Was ist bei der Gestaltung eines Plakats oder einer Folie zu beachten und welche Fehler drohen dabei? Was zeichnet eine gute Präsentation bzw. einen guten Vortrag aus und wie kann man sich darauf vorbereiten? Welche Spielregeln gelten für das Zusammenarbeiten in Gruppen und wie lassen sich diese gewährleisten? Diese und andere Fragen stehen im Mittelpunkt der gelegentlichen Methodenreflexionen, wie sie im Rahmen der Lernspiralen üblich sind.

Werden derartige Methodenreflexionen ausgespart, so ist die Gefahr groß, dass methodischer Dilettantismus Platz greift. Viele Schüler/innen arbeiten und lernen nachweislich »irgendwie«, aber eher selten nach durchdachten Grundsätzen. Ihnen mangelt es sowohl an Begründungen für den jeweiligen Methodeneinsatz als auch an tragfähigen Alternativen, auf die gegebenenfalls zurückgegriffen werden kann. Dieser Zustand ist und bleibt unbefriedigend – für die Schüler/innen wie für ihre Lehrkräfte. Daher empfiehlt sich ein Mehr an konsequenter Methodenanwendung und Methodenreflexion. Die Lernspiralen bieten reichlich Gelegenheit dazu. Wenn die Schüler-/innen tatsächlich ein Mehr an methodischer Souveränität entwickeln sollen, dann müssen sie zwingend verstärkt dazu angehalten werden, sich über die je angewandten Methoden intensiver Gedanken zu machen und mit anderen auszutauschen. Das kann durch gelegentliche Feedback- und Gesprächsphasen im Verlauf oder am Ende einzelner Lernspiralen geschehen. Das kann aber auch dadurch passieren, dass Lerntagebücher oder z.B. gezielte Fragebögen genutzt werden. Die Hauptsache ist, die Schüler/innen gehen gezielt daran, sich kritisch und selbstkritisch mit den je praktizierten Lern-, Arbeits-, Kommunikations- und Kooperationsverfahren auseinanderzusetzen. Kreisgespräche, Blitzlichter oder gezielte Lehrerkommentare können diese Reflexionsphasen abrunden.

Diese Reflexionsarbeit kommt allen Schüler/innen zugute – den Schwächeren wie den Stärkeren, den Zaghaften wie den Selbstbewussten. Sie ist fester Bestandteil der besagten Bilanz- und Gesprächsphasen im Zuge der einzelnen Lernspiralen. Kein Schüler kann sich entziehen. Kein Schüler bleibt unbehelligt, wenn er sich den Anfragen und Impulsen anderer entzieht. Aktives Mittun und Reflektieren sind gefragt. Das begünstigt im besten Sinne des Wortes methodischen und sozialen Kompetenzerwerb. Die lernschwächeren Schüler/innen lernen von denen, die gut zu arbeiten verstehen und wichtige Tipps zu geben vermögen. Und die lernstärkeren Kinder? Sie lernen eher noch mehr, indem sie vielseitig Verantwortung übernehmen und immer wieder Rede und Antwort stehen müssen. »Durch Erklären lernt der Mensch am meisten und am nachhaltigsten« (vgl. Vogelsaenger 2008, S. 23, sowie Knopf 2008, S. 17). Diese Uralterkenntnis ist ermutigend und richtungweisend zugleich. Die Lernspiralen bieten vielfältige Anlässe zu derartigen Lerntätigkeiten – zum Erklären wie zum Fragen, zum Argumentieren wie zum Diskutieren.

4.8 Ermutigende Evaluationsergebnisse

Die Lernspiralen sind alltagstauglich und innovativ, begabungsgerecht und kompetenzfördernd, übersichtlich und ermutigend, schüleraktivierend und lehrerentlastend. Das bestätigen diverse Umsetzungsprogramme und Evaluationen in Rheinland-Pfalz, Nordrhein-Westfalen und Hessen (vgl. Klippert 2008, S. 193 ff.). Die Lernspiralen sichern konsequentes Fördern und Fordern, gewährleisten kleinschrittiges Vorgehen und eröffnen vielseitige Kooperations- und Beratungsmöglichkeiten der Schüler/innen. Die eingebauten *Helfersysteme*, Besprechungsphasen und Partnerkontrollen sorgen dafür, dass kein Schüler untergeht, aber auch keiner unbehelligt bleibt, wenn er motivational und/oder verhaltensmäßig abdriften sollte. Darüber hinaus gewährleisten die Lernspiralen ein hohes Maß an *Qualitätssicherung*, indem sie den Schüler/innen immer wieder Möglichkeiten eröffnen, abweichende Vorstellungen, Befunde, Meinungen, Erklärungen etc. in wechselnden Tandem- und Gruppenkonstellationen abzugleichen und im Notfall natürlich auch die Lehrperson zu fragen. Das begünstigt ein hohes Maß an Fehlerkorrektur und Ergebnisoptimierung (vgl. Abb. 30).

Die Lernspiralen sorgen dafür, dass die Schüler/innen methodisch versierter und souveräner werden. Das betrifft sowohl das Anwenden grundlegender Lern- und Arbeitstechniken als auch das Hantieren mit den gängigen Kommunikations-, Präsentations-, Feedback- und Kooperationsmethoden. Bestätigt wird diese Einschätzung u. a. durch Evaluationsstudien in Nordrhein-Westfalen und Hessen. Wie Peter Chroust, Christian Kubina und Bernhard Schader aufgrund einer Befragung von rund 8 500 Schülerinnen und Schülern aus insgesamt 120 Sekundarschulen feststellen, hat sich die Implementierung der vielseitigen Methodenschulung und Methodenanwendung zweifelsfrei gelohnt. Das Fazit nach knapp drei Jahren »Klippert-Programm« in Hessen: Das Qualifizierungsprogramm zur Erweiterung der Methodenkompetenz »[...] führt bei Schülerinnen und Schülern [...] nicht nur zu einer Verbesserung fachbezogener Lern- und Arbeitstechniken im engeren Sinne, sondern auch zu einer Erweiterung darüber hinausgehender Kompetenzen, z. B. Selbstständigkeit im Unterricht oder Kooperation innerhalb der Schulklasse« (Chroust u. a. 2006).

Zu ähnlichen Ergebnissen und Effekten gelangen Heinz Günter Holtappels und Stefanie Leffelsend in ihrer Evaluationsstudie zum Modellversuch »Schule & Co.« in Nordrhein-Westfalen. Aufgrund einer Befragung von rund 3 200 Schülerinnen und Schülern kommen die beiden Forscher zu dem Schluss: »Die Forschungsergebnisse zeigen eine [...] erfolgreiche Entwicklung methodischer Kompetenzen bei den Lernenden [...] Die Schüler/innen beherrschen offenbar in hohem Maße Gruppen- und Partnerarbeit, kennen die meisten grundlegenden Lernstrategien (Wiederholungs-, Elaborier- und Kontrollstrategien) und wenden sie intensiv an, berichten über hohe Selbstständigkeit in schulalltäglichen Lernabläufen und äußern relativ hohe Selbstreflexivität in Bezug auf das eigene Lernverhalten [...] Selbst wenn unterstellt wird, dass sich ein Teil der Schüler/innen in den eigenen Fähigkeiten überschätzt, entsteht ein äußerst positives Bild von metakognitiven Fähigkeiten« (Holtappels/Leffelsend 2003, S. 61; vgl. ferner Bastian/Rolff 2002, S. 35 ff.).

Die konsequente Schulung und Anwendung der betreffenden Lern-, Arbeits-, Kommunikations-, Kooperations- und Präsentationsmethoden tragen demnach wohltuende Früchte – für die Schüler/innen genauso wie für ihre Lehrkräfte. Die Schüler/innen gewinnen nicht nur an Selbstständigkeit und Selbstvertrauen, sondern auch und zugleich an fachspezifischer wie an fachübergreifender Methodenbeherrschung – Teamfähigkeit eingeschlossen. Sie verstehen es, die unterschiedlichsten Methoden durchdacht und begründet einzusetzen und so zu nutzen, dass eine gedeihliche Mitarbeit aller Schüler/innen möglich wird. Das begünstigt nicht nur das Arbeiten in heterogenen Lerngruppen, sondern auch und zugleich die beruflichen Erfolgaussichten der betreffenden Kinder und Jugendlichen. Egal, ob moderne Studiengänge zu bewältigen, neue Berufsbilder auszufüllen oder moderne Prüfungen zu bestehen sind, stets profitieren die Schüler/innen davon, wenn sie über fundierte methodische Basiskompetenzen verfügen. Das gilt für die neueren Projekt-, Assessment- und Präsentationsprüfungen genauso wie für den zukünftigen Berufsalltag mit seinen vielfältigen Anforderungen. Schüler/innen, die in methodischer Hinsicht fit sind und in wechselnden Gruppen zu arbeiten verstehen, tun sich naturgemäß leichter, wenn sie selbstständiges Arbeiten und Lernen praktizieren müssen.

So gesehen ist der skizzierte Spiralansatz praktische *Begabungs- und Kompetenzförderung* in einem. Die Schüler/innen profitieren gleich doppelt: Sie erschließen sich zum einen wichtige methodische Werkzeuge und Strategien; zum anderen entwickeln sie grundlegende Einstellungen und Kompetenzen, die ihnen helfen, ihre unterschiedlichen Begabungen und Affinitäten ins Spiel zu bringen. Das begünstigt das Arbeiten in und mit heterogenen Gruppen. Da die meisten Schüler/innen zur Gruppe der praktisch-anschaulichen Lerner gehören, sind die spiralspezifischen Lernhandlungen ebenso hilfreich wie wegweisend. Hilfreich deshalb, weil die Schüler/innen in vielseitiger Weise arbeiten und interagieren müssen. Dadurch wird sowohl ihrem »naturwüchsigen« Tätigkeitsdrang Raum gegeben, als auch und vor allem dafür gesorgt, dass der jeweilige Lernstoff relativ nachhaltig »be-griffen« und im Gedächtnis verankert wird. Das ist Lern- und Begabungsförderung im besten Sinne des Wortes.

Die Schüler/innen werden vielseitig aktiviert und inspiriert, ermutigt und unterstützt, gefordert und gefördert. Sie lernen vielfältige Methoden des unterrichtlichen und wissenschaftlichen Arbeitens kennen und anzuwenden und verbessern damit ihren Fundus an Lern- und Handlungskompetenzen, wie sie die neuen Bildungsstandards fordern. Sie entwickeln aufgrund der in die Spiralen eingewobenen Redundanzen und Wiederholungen *alltagstaugliche Routinen*, auf die besonders lernschwächere Kinder so dringlich angewiesen sind. Nicht zuletzt ist das spiralförmige Arbeiten Grundlage und Gewähr dafür, dass die Schüler/innen ein besseres Verständnis davon entwickeln, wie Unterricht abläuft und wie er von Lehrerseite aufgebaut wird. Diese *Metakompetenz* stärkt die Zielstrebigkeit und Motivation der Lerner (vgl. dazu die Auflistung in Abbildung 30).

Bestätigt wird diese Positivbilanz unter anderem durch die neuere Lern- und Gehirnforschung (vgl. Helmke 2006, S. 42 ff.). Danach zeichnet sich guter Unterricht durch eine Reihe von Kriterien aus, wie sie in den skizzierten Lernspiralen ihren Nie-

> **Pluspunkte der Lernspiralen auf einen Blick**
>
> - Die Sozialformen werden regelmäßig gewechselt (Einzelarbeit, Partnerarbeit, Gruppenarbeit, Plenum).
> - Die Schüler/innen werden vielseitig aktiviert und zum selbstständigen Lernen veranlasst.
> - Sie arbeiten aufgaben-, anforderungs- und produktdifferenziert, und zwar in heterogenen Gruppen mit eingeübten Helfer- und Erziehungssystemen.
> - Die vielseitigen Lerntätigkeiten tragen den unterschiedlichen Begabungen der Schüler/innen Rechnung.
> - Die Kinder werden konsequent vernetzt und zur wechselseitigen Hilfe und Erziehung angehalten und angeleitet.
> - Die mehrstufigen Lern- und Arbeitsprozesse sichern nachhaltige Synapsenbildung und Behaltenseffekte.
> - Die regelmäßigen Zwischenkontrollen und Wissensanwendungen begünstigen die Stoffverarbeitung und -beherrschung.
> - Die wiederkehrende Ablaufstruktur fördert Sicherheit, Zielstrebigkeit und Anstrengungsbereitschaft auf Schülerseite.
> - Lernspiralen sind leicht verstehbar und lernbar – und zwar für die Lehrer- wie für die Schülerseite.
> - Sie sind arbeitsökonomisch vorzubereiten und so zu dokumentieren, dass sie von anderen Lehrkräften rasch genutzt werden können.
> - Das fördert Routinebildung, Arbeitsteilung, Lehrerkooperation und Lehrerentlastung im besten Sinne des Wortes.

Abb. 30

derschlag finden. Lernspiralen sichern klare Regeln und Rituale, implizieren präzise Instruktionen und Lenkungsmaßnahmen, stehen für aktives Lernen und vielfältige Schülermotivierung, gewährleisten Mut machendes Lehrer- und Schülerverhalten, unterstützen methodenbewusstes Arbeiten und Üben, sorgen für regelmäßige Feedback- und/oder Kontrollmaßnahmen und tragen nicht zuletzt dazu bei, dass eine breit gefächerte Kompetenzvermittlung erreicht wird. Und genau das sind die zentralen Eckpunkte guten Unterrichts, wie sie die Lernforschung ausweist (vgl. ebenda). Die Lernspiralen unterstützen diese Art der Unterrichtsarbeit.

Sie unterstützen den nachhaltigen Aufbau von Fach- und Verfahrenswissen. Was sich die Schüler/innen intensiv und variantenreich erarbeitet haben, das begreifen, vernetzen und behalten sie relativ verlässlich und langfristig. Bestätigt wird das u. a. von Johannes Bastian und Hans-Günter Rolff in ihrer Abschlussevaluation zum NRW-Modellversuch »Schule & Co.« Danach bleibt es nicht ohne Auswirkungen auf die Leistung der Schüler/innen, wenn diese »[...] gelernt haben, methodisch reflektiert, effektiv im Team und in guten Kommunikationsformen zu lernen« (Bastian/Rolff 2002, S. 50). Im Klartext: Konsequente Methodenschulung und nachhaltiges eigenverantwortliches Arbeiten und Lernen sind hochgradig komplementär. »Wer etwa Fähigkeiten zum produktiven und reflexiven Umgang mit Texten erworben hat, der liest schneller und versteht schneller [...] Ebenso grundlegend sind sozial-kommunikative Fähigkeiten, weil sie das Arbeitsklima und die Effektivität des Miteinanderlernens beeinflussen [...] Schüler/innen, die alle Schritte und Verfahren der Gruppenarbeit beherrschen, (werden) die Lernzeit sehr viel intensiver nutzen können als nicht trainierte Schüler/innen« (Bastian/Rolff 2002, S. 50). Dieser Lernkultur leisten die Lernspiralen Vorschub.

Die damit verbundene Lernarbeit motiviert. Die Lernpsychologie spricht in diesem Zusammenhang von der individuellen »Kompetenzmotivation« (vgl. Bruner 1981). Damit gemeint ist die Motivation aus dem Gefühl und der Erfahrung heraus, dass die mit den Lernspiralen einhergehenden Verfahrens- und Lernweisen schon zu bewältigen sein werden. Sie sind vertraut und stärken die persönliche Zuversicht, dass das eigene Können schon ausreichen wird, um den je gestellten Aufgaben und Anforderungen gerecht werden zu können. Je besser die aufgabenspezifischen Handlungsabläufe geübt und gesichert sind und je größer die damit korrespondierenden Erfolgsaussichten ausfallen, desto ausgeprägter stellen sich auf Schülerseite Motivation und Anstrengungsbereitschaft ein. Die betreffenden Kinder und Jugendlichen können oft gar nicht genug davon bekommen, sich an der eigenen Kompetenz zu berauschen und das Vertraute und Bewährte immer wieder aufs Neue zu versuchen und auszukosten. Diese Art der Kompetenz- bzw. Erfolgsmotivation ist erwiesenermaßen ein tief sitzende anthropologische Größe, von der die Schüler/innen und ihre Lehrkräfte noch lange zehren können. Die besagten Lernspiralen unterstützen die Nutzung dieser Motivationsquelle.

Nutznießer der Lernspiralen sind selbstverständlich auch die Lehrkräfte selbst. Die Lernspiralen mit ihren integrierten Helfer- und Erziehungsmechanismen verhindern, dass die Schüler/innen in ausweglose Überforderungssituationen hineinschlittern, die Lernversagen und Unterrichtsstörungen nach sich ziehen. Wird die Lernspirale als wiederkehrendes Unterrichtsskript behutsam eingeführt und den Schüler/innen immer mal wieder erläutert, so bilden sich Selbstvertrauen und Lernroutinen, die spürbare Lehrerentlastung nach sich ziehen. »Ich erlebe nicht mehr«, so schreibt Andrea Ziegler in einem Beitrag für die Zeitschrift Pädagogik, »dass Schüler pausenlos nach mir rufen und mich fragen: ›Geht das so?‹, ›Ist das richtig?‹, ›Können Sie mir mal helfen?‹ oder ›Das kann ich nicht!‹. Heute ist es fast selbstverständlich, dass fast alle Schüler erst selbst überlegen und Lösungen finden oder ihre Nachbarn fragen« (Ziegler 2000, S. 18). Ähnlich ermutigende Erfahrungen schildert Stephanie Kreutzner in ihrer Examensarbeit zum Lernspiral-Einsatz im Leistungskurs Biologie in einer 12. Jahrgangsstufe (vgl. Kreutzner 2006, S. 28). Lehrerentlastung ist also möglich! Die Lernspiralen helfen dabei (vgl. auch die hessischen Evaluationsbefunde von Chroust u. a. 2006, S. 12).

5. Förderung basaler Lernkompetenzen

Der Lernerfolg heterogener Lerngruppen hängt natürlich nicht nur von den Lernangeboten und der Lernorganisation der Lehrkräfte ab, sondern auch davon, wie reflektiert und kompetent die Schüler/innen methodisch zu arbeiten verstehen. Ohne abgeklärte Lernstrategien und Lernkompetenzen bleibt die unterrichtliche Mitarbeit für viele Schüler/innen eher schwierig und riskant. Die Gefahr des Scheiterns ist groß und verhindert, dass die betreffenden Schüler/innen den nötigen Anschluss finden und halten können. Daher ist die Förderung basaler Lernkompetenzen eine zwingende Voraussetzung für die wirksame Mobilisierung der unterschiedlichen Schülertalente in heterogenen Lerngruppen. Damit gemeint sind elementare Lern- und Interaktionstechniken, wie sie aus Abbildung 31 hervorgehen. Die nachfolgenden Abschnitte werden zeigen, wie diese Förderarbeit angegangen werden kann, nämlich erstens durch verstärktes Methodentraining im Unterricht, zweitens durch gezielte Lernentwicklungsberatung seitens der Lehrkräfte, drittens durch differenzierte Kompetenzchecks und Reflexionen der Schüler/innen selbst sowie viertens durch eine angemessene Bewertung der unterschiedlichen Lernkompetenzen im alltäglichen Schulbetrieb.

5.1 Gezieltes Methodentraining tut not!

Ein Blick in die Klassenzimmer zeigt, dass viele Schülerinnen und Schüler methodisch höchst unsicher und nicht selten auch überfordert sind. Das gilt in Sachen Arbeitstechniken genauso wie in puncto Kooperation und Kommunikation. Sie lernen irgendwie, häufig aber eher planlos und nur selten so, wie das die neuere Lern- und Gehirnforschung nahelegt (vgl. Kapitel I.3). Schuld daran sind u. a. die fragwürdigen Prioritäten im Schul- und Unterrichtsalltag. Die meisten Lehrkräfte betonen nach wie vor den Stoff und verwenden entsprechend viel Zeit darauf, die jeweiligen Lerninhalte möglichst detailliert zu behandeln. Die Lernmethoden dagegen stehen deutlich am Rande. Sie werden weder ausreichend gewürdigt noch hinreichend mit den Schüler-/innen abgeklärt. Die Folgen sind bekannt: gehäufte Frustrationen und Misserfolgserlebnisse auf Schülerseite. Vieles wird methodisch falsch angepackt und/oder so dilettantisch gemacht, dass die laufenden Lernbemühungen darunter leiden. Das gilt für die Zeit- und Arbeitsplanung genauso wie für zahlreiche andere Lern-, Arbeits-, Kommunikations-, Präsentations- und Kooperationsmethoden (vgl. Abb. 31).

Beobachtet man die Schüler/innen beispielsweise beim Markieren von Sachtexten, so stellt man mit großer Regelmäßigkeit fest, dass erstens viel zu viel und zweitens

Wichtige Lern- und Interaktionsmethoden	
Elementare Lern- und Arbeitstechniken	**Elementare Gesprächs- und Kooperationsmethoden**
Ausschneiden, kleben, abheften etc.	Im Stuhlkreis frei erzählen
Mit Lineal arbeiten/unterstreichen	Das Gehörte wiedergeben
Heftseiten übersichtlich gestalten	Laut und deutlich sprechen
Arbeitsplatz in Ordnung halten	Nach Stichworten berichten
Arbeitsmaterial sorgsam nutzen	Blickkontakt zum Partner halten
In Büchern gezielt nachschlagen	Über Sprechangst offen reden
Texte zügig lesen und verstehen	Gängige Melderegeln beachten
Texte differenziert markieren	Gesprächsregeln einhalten
Fragen zum Lernstoff entwickeln	Vortrag vor der Klasse halten
Mnemotechniken anwenden	Überzeugend argumentieren
Mit Lernkartei arbeiten und üben	Eigene Meinungen begründen
Hilfreiche »Spickzettel« erstellen	Ein Interview durchführen
Tabellen/Schaubilder zeichnen	Referat mittels OHP halten
Mindmap-Methode anwenden	Gesprächsleitung ausüben
Plakate und Folien gestalten	Regelgebunden diskutieren
An und mit Pinnwand arbeiten	Doppelkreis-Methode anwenden
Nach Stichworten Text schreiben	In einer Gruppe gut mitarbeiten
Inhaltsverzeichnis erstellen	Andere Meinungen gelten lassen
Arbeitsprozess konkret planen	Eine Gruppenarbeit organisieren
Arbeitszeit geschickt einteilen	Den Gruppenmitgliedern helfen
Verlaufsprotokoll schreiben	Als »Regelbeobachter« fungieren
Einen Lehrervortrag mitschreiben	Konflikte geschickt schlichten
Zu Wahlthema Referat anfertigen	(Selbst)kritisch Feedback geben
Die Bibliothek der Schule nutzen	Kooperativ präsentieren
Literaturverzeichnis anlegen	Teamfähigkeit bewerten
etc.	

Abb. 31

höchst unsystematisch markiert wird. Hat jemand zufällig einen gelben Textmarker zur Hand, so sind die betreffenden Textseiten weithin gelb. Benutzt dagegen jemand einen Bleistift oder einen blassen Kugelschreiber, so sieht man fast gar nichts. Es fehlen nicht nur die Blickfänge, sondern auch und vor allem die Ankerpunkte fürs Gehirn. Nicht minder dilettantisch verfahren viele Schüler/innen beim Vorbereiten von Klassenarbeiten. Vorbereitet wird in aller Regel sehr kurzfristig, allein und durch gelegentliches Angucken von Heft- und/oder Schulbuchseiten. Diese Trias wurde bei Schülerbefragungen immer wieder genannt. Demgegenüber wurden nur selten Methoden angeführt wie (a) das längerfristige Lernen in kleineren Portionen, (b) das wechselseitige Vortragen und Besprechen des Lernstoffs in Gruppen oder (c) das intensive Arbeiten an und mit dem jeweiligen Lernstoff unter Verwendung unterschiedlicher Lern- und Arbeitsmethoden. Schade, denn genau das sind die Strategien, die durch die Lernforschung als wichtig nachgewiesen sind.

Was folgt daraus? Die Schüler/innen müssen verstärkt dazu angehalten werden, die angedeuteten Lernkompetenzen zu erwerben und möglichst souverän und durchdacht damit zu arbeiten. Das gilt für einfache Arbeits-, Ordnungs-, Recherche-, Berichts- und Gesprächstechniken genauso wie für anspruchsvollere Konstruktions-, Präsentations- und Kooperationsmethoden – wissenschaftspropädeutisches Arbeiten mit eingeschlossen. Ohne grundständige Klärungs- und Anwendungsaktivitäten sind die meisten Schüler/innen ganz schnell zum Scheitern verurteilt, wenn sie entsprechende Aufgaben bewältigen sollen. Diese Misserfolgsaussicht betrifft vor allem schwächere, unsichere und/oder phlegmatische Schüler/innen, die es aus eigenen Stücken nur selten schaffen, zu einer tragfähigen Arbeits-, Kommunikations- und/oder Kooperationsmethodik zu gelangen. Sie dilettieren stattdessen mehr oder weniger hilflos vor sich hin und tragen dadurch höchst wirksam dazu bei, dass die vorhandenen Lernzeiten ein übers andere Mal ungenutzt verstreichen.

So gesehen kann den Schülerinnen und Schülern ein forciertes Methodentraining in Schule und Unterricht nur guttun. Dabei kommt es allerdings weniger darauf an, die gängigen methodischen Belehrungen zu starten und eine möglichst große Zahl an Tipps und Tricks anzubieten. Diese Instruktionsstrategie führt bestenfalls dazu, dass die Schüler/innen methodisch informiert sind, nicht aber dahin, dass sie die betreffenden Methoden auch hinreichend kompetent anwenden können. Methodenbewusstsein und Methodenbeherrschung setzen anderes voraus, nämlich ganz vorrangig kleinschrittige Übungen und Klärungen. Sie verlangen nach Training und Reflexion und weniger nach methodischer Belehrung. Wenn Lehrkräfte die betreffenden Methoden lediglich erklären und/oder anmahnen, dann reicht das beim besten Willen nicht aus, um die Schüler/innen zu tragfähigen Lernkompetenzen gelangen zu lassen. *Klären* statt *Erklären* – das ist die alternative Devise. Dementsprechend müssen im Unterricht vermehrt Lernsituationen arrangiert werden, die den Schüler/innen Gelegenheit geben, die aus Abbildung 31 ersichtlichen Methoden eingehend anzuwenden und zu begreifen.

Dabei geht es z. B. um die Beantwortung der folgenden Leitfragen: Wie ist eine Heftseite zu gestalten oder eine Mappe anzulegen? Welche Spielregeln gelten für das Arbeiten mit einer Lernkartei? Wie lassen sich Mindmaps und Spickzettel wirksam gestalten? Was ist bei der Vorbereitung von Klassenarbeiten zu beachten? Worauf kommt es beim Erstellen von Plakaten und Folien an? Wie verfährt man beim freien Vortrag oder beim aktiven Zuhören? Worauf ist bei einer guten Präsentation zu achten? Wie lässt sich eine erfolgreiche Gruppenarbeit sicherstellen und steuern? etc. Zu alledem gibt es spezielle Verfahrensregeln, die genauso trainiert werden müssen wie die Grundregeln der Prozentrechnung in Mathematik oder die diversen grammatikalischen Regeln im Fach Deutsch. *Training* heißt hierbei – in Analogie zum Sportunterricht –, dass zur jeweiligen Methode kleinschrittig geübt, reflektiert und ein möglichst tragfähiges Regelwerk entwickelt und einstudiert wird. Dieses redundante »Learning by Doing« ist das A und O des besagten Methodentrainings.

Die zu lernenden Methoden sind vielfältig (vgl. Abb. 31). Egal, ob die Schüler/innen Tabellen, Diagramme, Mindmaps, Lernkarteien, Plakate oder Wandzeitungen erstellen sollen, ob sie einen Arbeitsprozess planen, Visualisierungskarten beschriften oder in Büchern oder sonstigen Dateien recherchieren müssen. Egal auch, ob sie dazu angehalten werden, einen kleinen Vortrag zu halten, ein Interview zu führen, nach Stichworten zu argumentieren, ein Gespräch zu leiten, eine Debatte zu bestreiten, ein Hearing zu absolvieren oder regelgebunden in Gruppen zusammenzuarbeiten – stets müssen ihnen die betreffenden Lern-, Arbeits- und Interaktionsmethoden einigermaßen geläufig sein. Ohne Methodenbeherrschung keine hinreichende Selbstständigkeit und Selbsttätigkeit. Diese Maxime gilt nicht zuletzt für heterogene Lerngruppen. Den Schüler/innen lediglich umfängliche Fachinhalte vorzusetzen genügt nicht. Vielmehr müssen sie auch und zugleich lernen, das nötige methodische Rüstzeug zur Bearbeitung dieser Inhalte zu beherrschen.

Dieses Rüstzeug beginnt bei sehr simplen Lernmethoden wie Heftseiten gestalten, im Stuhlkreis frei reden oder anderen Gruppenmitgliedern helfen und reicht über anspruchsvollere Konstruktions- und Interaktionsmethoden bis hin zu solchen Hochformen wie Lehrervortrag mitschreiben, Referat anfertigen, Vortrag vor der Klasse halten oder Gruppenkonflikte geschickt managen (vgl. Abb. 31). De facto ist es nämlich eine ziemliche Illusion zu meinen, dass sich die nötige Methodenbeherrschung der Schüler/innen schon von selbst einstellen wird, wenn man sie nur machen lässt. Mag sein, dass es besonders clevere Lerner durchaus schaffen, zu tragfähigen persönlichen Lernstrategien zu gelangen. Dieser autodidaktische Weg ist den meisten Schüler/innen jedoch verschlossen. Vor allem die unsicheren, unselbstständigen, phlegmatischen und/oder leistungsschwachen Kinder sind nach aller Erfahrung sehr stark darauf angewiesen, dass sie von Lehrerseite kräftig dabei unterstützt werden, ihre eigene methodische Linie zu finden. Aber auch die leistungsstärkeren Schüler/innen profitieren durchaus davon, wenn sie methodisch zusätzlich gefordert und gefördert werden. Sie werden methodisch nicht nur souveräner, sondern auch vielseitiger.

5.2 Methodentraining und Methodenpflege

Im Zentrum der besagten Methodenklärung stehen die sogenannten »Trainingsspiralen«. *Trainingsspiralen* sind mehrstufige Verfahren zur Durchdringung der jeweiligen Lern- oder Interaktionsmethode. Sie unterscheiden sich von den in Abschnitt II.4.1 vorgestellten *Lernspiralen* dadurch, dass der Lerngegenstand ein anderer ist. Während bei der Trainingsspirale die Methodenklärung im Vordergrund steht, liegt das Schwergewicht im Falle der Lernspirale darauf, dass der jeweilige Fachinhalt mehrstufig zu erschließen ist. Beiden Spiralarten ist also gemeinsam, dass sie den Schüler/innen Gelegenheit geben, mehrstufige Arbeits- und Klärungsprozesse zu durchlaufen, die eine Vielzahl unterschiedlicher Lerntätigkeiten implizieren (vgl. Abb. 32). Für das Methodentraining heißt dieses: Die Schüler/innen gehen in einem mehrstufigen »Trial and Error«-Verfahren daran, die jeweilige Methode sukzessive zu erschließen und dabei nicht nur Regeln zu entwickeln, sondern diese auch möglichst griffig einzuüben. Sie probieren und reflektieren, diskutieren und argumentieren, problematisieren und protokollieren. Sie entwickeln Regeln und wenden diese gezielt an. Das führt zum angestrebten Methodenbewusstsein (vgl. die Trainingshandbücher Klippert 1994, 1995, 1998).

Die Methode wird also zum Lerngegenstand; die Lerninhalte rücken während der besagten Trainingsphasen stärker in den Hintergrund. Sie floaten. Zwar sind die Inhalte nicht unwichtig, aber sie stehen im Interesse der nachdrücklichen Methodenklärung nicht so im Vordergrund, wie das ansonsten im Fachunterricht der Fall ist. Diese Schwerpunktverschiebung hat sich als ebenso notwendig wie sinnvoll erwiesen. Warum? Weil es den betreffenden Fachlehrer/innen in den gängigen 45-Minuten-Einheiten einfach nicht gelingen wollte, den Spagat zwischen inhaltlicher und methodischer Klärungsarbeit so sicherzustellen, dass eine hinreichende Methodenklärung erreicht werden konnte. Im Gegenteil: Die Schüler-/innen waren am Ende der betreffenden Stunden bestenfalls in der Lage, die behandelten Inhalte zu erinnern, nicht aber die anvisierten methodischen Regeln und Strategien. Das lag offenbar daran, dass den zuständigen Lehrkräften die Zeit fehlte, die methodischen Aspekte und Strategien hinreichend in den Blick der Schüler/innen zu rücken.

Deshalb die mehrstündigen Trainingsspiralen mit ihrer dezidierten Methodenfixierung. Sie stellen sicher, dass sich die Schüler- wie die Lehrer/innen ausgeprägt da-

Abb. 32

rauf konzentrieren können, die nötige Methodenklärung und -anwendung zu sichern. Geht es z. B. um die *Mindmap-Methode*, dann werden einige Unterrichtsstunden ausschließlich darauf verwandt, die Besonderheiten und Abläufe dieses Verfahrens zu thematisieren und zu klären. Eine Trainingsspirale erstreckt sich also stets über mehrere Unterrichtsstunden und zeichnet sich durch ein recht vielseitiges »Learning by Doing« aus. Was das konkret heißt, lässt sich beispielhaft aus Abbildung 32 ersehen. Im Zentrum dieser Trainingsspirale steht die Methodik des Markierens. Wie und warum markiert man Texte? Welche Fehler schleichen sich ein? Welche Regeln sind zu beachten und welche Verfahrensweisen bieten sich an? Diese und andere Fragestellungen stehen im Mittelpunkt des skizzierten Trainingsverfahrens. Die korrespondierenden Trainingsschritte lassen sich wie folgt skizzieren:

- Im ersten Schritt werden die Schüler/innen danach befragt, ob ihnen das Markieren von Texten eher schwer- oder eher leichtfällt. Kurze Gespräche in Zufallsgruppen schließen sich an.
- Im zweiten Schritt müssen die Schüler/innen einen bestimmten Sachtext versuchsweise markieren. Dabei treten die gängigen Unzulänglichkeiten zutage. Dieses »Trial and Error« ist typisch für die Trainingsarbeit.
- Im dritten Schritt werden die vorliegenden Markierungsergebnisse in Zufallsgruppen verglichen, problematisiert und dazu genutzt, einige wichtige Markierungstipps abzuleiten und in der Klassen vorzustellen.
- Im vierten Schritt folgt ein vertiefender Lehrervortrag mit ausgewählten positiven und negativen Markierungsbeispielen. Die Lehrkraft erläutert und begründet, warum das eine günstig, das andere eher ungünstig ist.
- Vor diesem Hintergrund müssen die Schüler/innen im fünften Schritt einen vorliegenden schlecht markierten Text problematisieren.
- Die dabei gefundenen Kritikpunkte haben sie im sechsten Schritt gegenüber Zufallspartnern zu benennen und zu kommentieren. Das begünstigt den Aufbau eines tiefergehenden Regel- und Regelungsverständnisses.
- Die so gefundenen Regeln werden im siebten Schritt gezielt angewandt, indem ein neuer Sachtext entsprechend zu markieren und dann zu strukturieren ist. Markieren die Schüler/innen z. B. zu viel und/oder zu unsystematisch, so wird die geforderte Strukturbildung selbstverständlich schwierig werden.
- Die erstellten Strukturmuster werden im achten Schritt vor der Klasse vorgestellt und bezüglich der dahinterstehenden Markierungsweisen erläutert. Diese abermalige Überprüfung der Markierungspraxis ist insofern sinnvoll, als sie die Schüler/innen zwingt, sich erneut kritisch mit den gewählten Markierungsstrategien auseinanderzusetzen. Vertiefende Anmerkungen und Tipps der Lehrerseite runden das Bild ab.

Diese Ablaufbeschreibung verdeutlicht die spezifische Grundstruktur einer Trainingsspirale. Gestartet wird in der Regel damit, dass die Schüler/innen zur jeweiligen Methode persönliche Vorkenntnisse und Voreinstellungen mobilisieren und mit Zufallspartnern aus der Klasse austauschen müssen *(sensibilisieren)*. Dann folgt eine erste praktische Versuchsphase, in der die Schüler/innen ihr intuitives Methodenverständnis zum Ausdruck bringen können und dabei selbstverständlich auch den einen oder anderen »Fehler« machen dürfen *(ausprobieren)*. Die dabei herauskommenden Ergebnisse werden alsdann reflektiert und zur Grundlage einer ersten Regelfestlegung gemacht *(Regeln klären)*. Die so gewonnenen Regeln werden danach im Rahmen eines neuen Arbeitsauftrags ganz konkret umgesetzt *(Regelanwendung)*. Daran schließt sich eine weitere Reflexionsphase in Zufallsgruppen an, die der Überarbeitung bzw. Ergänzung des entwickelten Regelwerks dient. Dieses optimierte Regelwerk wird schließlich – je nach verfügbarer Zeit – noch mehrmals angewandt *(Regelfestigung)*.

Derartige Trainingsspiralen lassen sich natürlich auch zu anderen Basismethoden entwickeln, wie sie im alltäglichen Fachunterricht gebraucht werden. Das gilt für die Arbeitsmethodik genauso wie für die grundlegenden Kommunikations-, Präsentations- und Kooperationsmethoden. Wichtig ist, dass die Schüler/innen einen tragfähigen »siebten Sinn« für die entsprechenden methodischen Abläufe entwickeln und dabei sowohl von ihrer Einstellung als auch von ihrem Geschick her die nötige Umsetzungskompetenz entwickeln. Selbstverständlich müssen nicht alle Trainingsspiralen so viele Trainingsschritte aufweisen, wie das im skizzierten Beispiel der Fall ist. Weniger als fünf Trainingsschritte sind jedoch weder sinnvoll noch anzuraten. Warum nicht? Weil dann der methodenzentrierte Gärungs- und Klärungsprozess der Schüler/innen derart flach verlaufen müsste, dass eine hinreichende Methodenklärung ausbleiben würde. Wer seine eigene Methodenpraxis kritisch sondieren, Problembewusstsein entwickeln, methodische Spielregeln mit anderen zusammen generieren, diese Spielregeln konkret anwenden und sukzessive optimieren möchte, der muss schon einige Trainingsschritte durchlaufen, um zu einer hinreichenden methodischen Klarheit zu gelangen.

Nachhaltige Methodenklärung setzt indes nicht nur mehrstündige Trainingsspiralen voraus. Sie verlangt auch und zugleich, dass unterschiedliche Trainingsspiralen so hintereinandergeschaltet werden, dass die Schüler/innen zu einem möglichst breiten Methodenverständnis gelangen können (vgl. Abb. 33). In praxi hat sich nämlich immer wieder gezeigt, dass das Gros der Schüler/innen erhebliche Zeit braucht, bis sich das eigene Denken und Handeln methodisch auszurichten beginnen. Ist die Schülerwahrnehmung am ersten Trainingstag meist noch ganz deutlich auf die je gestreiften Inhalte fo-

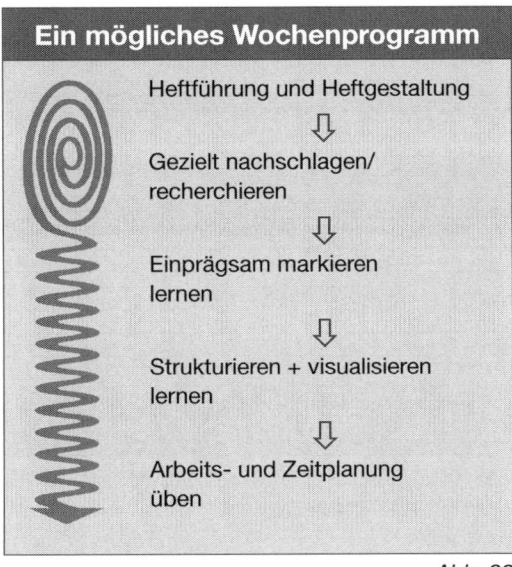

Abb. 33

kussiert, so stellt sich ab dem zweiten Tag ein zunehmendes Bewusstsein dafür ein, dass der eigentliche Unterrichtsgegenstand das Erlernen und Klären unterschiedlicher Methoden ist. Von daher sind drei bis fünf Trainingstage in Folge unbedingt anzuraten. Wird der Trainingsprozess bereits nach der ersten Trainingsspirale abgebrochen, so gelangen die meisten Schüler/innen bestenfalls ins Stadium der persönlichen Verunsicherung, nicht jedoch dahin, nachhaltige methodische Einsichten und Fertigkeiten aufzubauen, die ein differenziertes Methodenrepertoire begründen können.

Empfehlenswert sind daher richtiggehende *Trainingswochen* zum einen oder anderen Methodenkomplex – verteilt über mehrere Jahrgangsstufen. Bewährt hat sich im Sekundarbereich zum Beispiel das Training elementarer Lern- und Arbeitstechniken in Jahrgangsstufe 5 (vgl. Abb. 33), das Training grundlegender Kooperationstechniken in Jahrgangsstufe 5 oder 6 (vgl. Abb. 27 auf Seite 175) sowie das Training einschlägiger Kommunikations- und Präsentationstechniken in Jahrgangsstufe 7 (vgl. Klippert 1995, S. 49). Bewährt haben sich ferner weiterführende Trainingswochen mit den Schwerpunkten »Berufswahlvorbereitung« (Bewerbung, Vorstellungsgespräche, Assessments) in Jahrgangsstufe 9 sowie »wissenschaftspropädeutisches Arbeiten« in Jahrgangsstufe 11. Außerdem empfiehlt es sich, in den Stundentafeln der einzelnen Schuljahre je ein bis zwei separate Methodentage vorzusehen und zeitversetzt so zu platzieren, dass bei Bedarf bestimmte noch defizitäre Methoden vertiefend thematisiert und trainiert werden können. Besteht kein Bedarf, so werden die betreffenden Methodentage als fachbezogene Projekttage genutzt.

Die besagte Trainingswoche muss natürlich nicht unbedingt am Montag beginnen und am Freitag abschließen. Unter bestimmten Umständen kann es sogar sehr sinnvoll sein, die Trainingsarbeit über ein Wochenende laufen zu lassen, d.h. am Mittwoch oder Donnerstag zu beginnen, das Wochenende als »Regenerationszeitraum« zu nutzen und die angefangene Trainingsarbeit dann bis Dienstag oder Mittwoch der nächsten Woche fortzuführen. Gerade in den unteren Klassen der Sekundarschulen gibt es gute Gründe dafür, den Schüler/innen diese Erholungsphase zuzugestehen, da das Trainingsprogramm in der Regel doch recht intensiv und anstrengend ist (das gilt erst recht für die Grundschulen). Zudem ist es möglich, während der einzelnen Trainingstage die eine oder andere Meditations-, Spiel- und/oder Bewegungsphase einzubauen, damit sich die Schüler/innen ein wenig entspannen können. Eine weitere Variante: Manche Schulen teilen die Trainingswoche in zwei zeitlich auseinanderliegende Trainingsblöcke von je zwei bis drei Tagen auf, um den Fachunterricht nicht zu lange aussetzen zu müssen. Gegen diese Variante spricht jedoch die erwähnte lange Eingewöhnungsphase der meisten Schüler/innen.

Das beste Methodentraining nützt indes nur wenig, wenn nicht die konsequente Anwendung der einübten Methoden in unterschiedlichen Fächern hinzukommt. Im Klartext: Wer die nötige Konsolidierung der betreffenden Methoden sicherstellen möchte, der muss zwingend dafür sorgen, dass die Schüler/innen möglichst oft und intensiv regelgebundene *Methodenpflege* betreiben. Andernfalls wird das angebahnte Methodenrepertoire nur zu schnell wieder verlernt. Wenn der eine Lehrer danach verfährt, die anderen aber dazu tendieren, die eingeführten Regelwerke außer Acht zu lassen, dann kann die erforderliche Lern- und Interaktionskompetenz schwerlich Einzug halten. Die Unverbindlichkeit der Lehrkräfte ist die Quelle der Verunsicherung und der Beliebigkeit der Schüler/innen. Soll sich daran etwas ändern, müssen möglichst viele Lehrkräfte pro Klasse zusammenwirken und darauf insistieren, dass die eingeübten Regelwerke möglichst präzise befolgt und eingehalten werden. Das begünstigt Schülermotivation und Lernerfolg – nicht nur in heterogenen Lerngruppen. Die im letzten Kapitel vorgestellten Lernspiralen bieten Anlässe und Spielräume genug, die angezeigte Methodenpflege sicherzustellen (vgl. die Abbildungen 23, 27 und 28).

5.3 Lernrückmeldungen von Lehrerseite

Eine weitere Quelle der Schülerförderung ist die solide Diagnose und Beratung durch die Lehrkräfte. Das ist angesichts der aktuellen Klassengrößen zwar recht schwierig; gleichwohl muss diese Aufgabe verstärkt angegangen werden. Sie betrifft sowohl die fachübergreifenden Arbeitsweisen als auch die fachspezifischen Denk- und Lernvorgänge. Schüler/innen, die eher unsicher und/oder lernschwach sind, bedürfen hin und wieder richtungsweisender Rückmeldungen vonseiten ihrer Lehrkräfte. Diese müssen möglichst aufbauend und konkret sein. Korrespondierende Leitfragen können z. B. sein: Welche Lernkompetenzen liegen im Argen? Was funktioniert eher gut, was eher schlecht? Welche intuitiven Fehleinschätzungen bzw. Fehlprogrammierungen liegen auf Schülerseite vor? Wo und wie kann und sollte angesetzt werden, damit sich das Lernvermögen der betreffenden Schüler/innen verbessert? Diese und andere Fragen stehen im Mittelpunkt der besagten Reflexions- und Beratungsarbeit der Lehrkräfte. Gestützt werden sie durch einschlägige Diagnosebögen mit fachspezifischem und/oder fachübergreifendem Zuschnitt (vgl. die Checkliste in Abb. 34).

Wichtig ist, dass sich die Lehrkräfte ein möglichst genaues Bild von den Stärken und Schwächen ihrer Schüler/innen machen. Dazu brauchen sie nicht nur präzise Erwartungshorizonte und Kriterien, sondern auch und zugleich praktikable Beobachtungsbedingungen und -prozeduren. Nur: Wenn derzeit die meisten Lehrkräfte mit Klassengrößen von 28 und mehr Schüler/innen zu kämpfen haben, dann ist leicht zu verstehen, dass die geforderte Diagnosearbeit höchst schwierig ist. Setzt doch eine verlässliche Diagnose zwingend voraus, dass die betreffenden Schüler/innen hinreichend oft und intensiv beobachtet werden können. Genau das aber ist unter den gegenwärtigen Bedingungen in unseren Schulen eher kompliziert. Kompliziert vor allem deshalb, weil die meisten Lehrkräfte aufgrund ihrer manischen Belehrungs-, Kontroll- und Disziplinierungsaktivitäten kaum dazu kommen, die Schüler/innen mit der nötigen Ruhe und Konzentration in den Blick zu nehmen. Hyperaktivität und sensible Beobachtungsleistungen vertragen sich nun einmal nicht.

Wenn Unterrichtsforscher wie Andreas Helmke zu Recht beklagen, dass die pädagogische Diagnostik in unseren Schulen ein Schattendasein führe (vgl. Helmke 2009, S. 8), dann erklärt sich dieses Manko genau aus den besagten Umständen. Große Klas-

Raster zur Erfassung ausgewählter Schülerkompetenzen

Inwieweit beherrscht Schüler X die folgenden Kompetenzen bzw. Arbeitsweisen?	Das klappt ...			
	sehr gut	eher gut	eher schlecht	sehr schlecht
Zügig und planvoll arbeiten und lernen				
Selbstständig an gestellte Aufgaben herangehen				
Freiarbeitsphasen verantwortungsvoll ausfüllen				
Ordnung halten und Ordnungssysteme nutzen				
Heftseiten sauber und übersichtlich gestalten				
Schaubilder/Mindmaps/Spickzettel entwickeln				
Plakate/Folien/Wandzeitungen treffend gestalten				
Eigenständig Informationen/Material beschaffen				
In Büchern/Lexika gezielt etwas nachschlagen				
Vorgegebene Texte rasch lesen und erschließen				
Textinformationen markieren/exzerpieren				
Fragekärtchen erstellen und damit üben				
Hausaufgaben zuverlässig angehen/erledigen				
Computer/Lernprogramme kompetent nutzen				
Zu einem Thema Notizen/Karteikarten erstellen				
Wissenschaftspropädeutische Regeln beachten				
Mit Mitschülern konstruktiv zusammenarbeiten				
Schwächeren Schüler/innen bereitwillig helfen				
Als Regelwächter, Zeitwächter etc. fungieren				
Gruppenprozesse managen und vorantreiben				
Zufallspartner akzeptieren und unterstützen				
Bereitschaft zur Selbst- und Fremdkritik zeigen				
Lernergebnisse vor der Klasse frei präsentieren				
Nach Stichworten berichten bzw. vortragen				
In Diskussionen überzeugend argumentieren				
Andere Meinungen tolerieren bzw. akzeptieren				

Abb. 34

sen und hyperaktive Lehrkräfte sorgen immer wieder dafür, dass die fälligen Beobachtungs- und Diagnosetätigkeiten über Gebühr vernachlässigt werden. Ändern lässt sich daran nur dann etwas, wenn die Lehrkräfte zugunsten ihrer Beobachtungtätigkeit deutlich entlastet werden. Eine derartige Entlastung ist nicht nur nötig; sie ist auch durchaus möglich – vorausgesetzt, die Lehrkräfte können darauf bauen, dass die Schüler/innen in vertretbarer Weise selbst zurechtkommen und zu lernen verstehen. Mit den in den Kapiteln II.3 und II.4 skizzierten Lernarrangements, Helfersystemen und Erziehungsmaßnahmen kann eine derartige Lernkultur gewährleistet werden. Eine Lernkultur, in der die Schüler/innen mehr und selbstständiger arbeiten und die Lehrkräfte von daher verstärkt Zeit und Muße finden, ihrer kompetenzzentrierten Beobachtungs- und Diagnosearbeit mit der nötigen Akribie nachzugehen.

Der Großteil der Schüler/innen braucht gezielte Hinweise und Anregungen zur Verbesserung der eigenen Lernarbeit. Das gilt auch und besonders für heterogene Lerngruppen. Den betreffenden Schüler/innen müssen etwaige Kompetenzdefizite angezeigt sowie hin und wieder gezielte Tipps gegeben werden, wie sie diese im Unterricht und/oder im häuslichen Bereich abbauen können. Dazu bedarf es der besagten Freiräume für die Lehrkräfte – aber nicht nur das. Dazu bedarf es auch und zugleich der institutionalisierten Rückmeldung, d.h. der möglichst regelmäßigen Information der Schüler/innen darüber, wie die vorhandenen Kompetenzdefizite reduziert und die erreichten Stärken ausgebaut werden können. Diese Rückmeldearbeit kann zum einen im Unterrichts direkt erfolgen, indem sich die Lehrkraft zum jeweiligen Schüler oder zur jeweiligen Lerngruppe begibt, um dort Feedback und Beratung zu leisten. Zum anderen kann diese Aufgabe aber auch dergestalt erledigt werden, dass die Lehrperson auf dem Flur oder in einer Ecke des Klassenraums eine »Beratungsstelle« aufmacht und anbietet, in der sich die Schüler/innen in mehr oder weniger regelmäßigen Abständen einfinden und einer gezielten Lernberatung stellen müssen.

Die Lehrperson gibt Feedback und berät, nennt unterrichtliche und außerunterrichtliche Hilfen und Angebote, die in puncto Lernkompetenzentwicklung weiterhelfen können. Das eröffnet Chancen gerade für diejenigen Schüler/innen, die ihren bestehenden Lern- und Motivationsproblemen eher hilflos bis resigniert gegenüberstehen. Die Lehrkräfte selbst können ihre Beratungstätigkeit unterschiedlich aufwändig gestalten und fundieren. Das zeigt die Praxis. Sie können auf punktuelle Notizen oder ausgefüllte Diagnoseraster zurückgreifen (vgl. Abb. 34). Sie können aber auch ausführliche Lernentwicklungsberichte schreiben, die detaillierte Angaben darüber machen, wie es um die Stärken und Schwächen der einzelnen Lerner bestellt ist. Dabei kann z.B. ausgeführt werden, »[...] wie sich ein Schüler in seinen sämtlichen Aspekten seiner Persönlichkeit entwickelt hat [...] die Ergebnisse in der Tischgruppe werden ebenso beschrieben wie das Sozialverhalten, das selbstständige Lernen oder die Fähigkeit, sich an Regeln zu halten. Kognitive Leistungen werden auf einer Stufe gewürdigt wie handwerkliche, künstlerische, sportliche oder soziale Leistungen« (Vogelsaenger 2009, S. 12).

Doch Vorsicht! Je aufwändiger diese Rückmeldearbeit angelegt ist, desto größer ist die Gefahr, dass die zuständigen Lehrkräfte überfordert werden. Viele Lehrerinnen und Lehrer fühlen sich schon jetzt chronisch überlastet und sehen gemeinhin mit großem Entsetzen, was sie unter den Vorzeichen der allseits gepriesenen Individualisierung noch alles leisten sollten. Individuelle Lernentwicklungsberichte zu schreiben gehört genauso dazu wie das Erstellen spezifischer Förderpläne, die möglichst für jeden einzelnen Schüler formuliert werden sollten. Das ist Bürokratisierung und Arbeitsbeschaffung pur und daher eher kontraproduktiv. Die restriktiven Arbeitsbedingungen der Lehrerschaft führen schon jetzt dazu, dass sich viele Lehrkräfte ausgebrannt fühlen. Deshalb: Die hier in Rede stehende Rückmeldekultur muss dringend vereinfacht und arbeitssparender angelegt werden.

Andernfalls ist unschwer abzusehen, dass das Gros der Lehrkräfte erst gar nicht ernsthaft beginnen wird, die besagte Diagnose- und Beratungsarbeit in Angriff zu nehmen. Schade! Denn gebraucht wird beides. Die meisten Schüler/innen brauchen wegweisende Anregungen und Hilfen – keine Frage. Nur weniger arbeitsaufwändig sollte das zu machen sein. Daher empfiehlt sich die oben angedeutete »Sparversion« im Sinne der kriteriums- und rastergestützten mündlichen Beratung bei laufendem Unterrichtsbetrieb. Wenn die Schüler/innen einigermaßen gelernt haben, eigenverantwortlich und teamgestützt zu Werke zu gehen, dann können ihre Lehrkräfte im Stundenverlauf durchaus die Zeit und die Muße finden, um die betreffenden Lerner hinreichend sensibel zu beobachten und zu beraten.

5.4 Kompetenzchecks der Schülerschaft

Die besten Beratungsangebote der Lehrkräfte nützen freilich wenig, wenn die Schüler/innen nicht offen und problembewusst mitspielen. Dieses Problembewusstsein zu schaffen ist Ziel und Chance der hier zur Debatte stehenden »Kompetenzchecks«. Diese Kompetenzchecks können konkreter oder allgemeiner angelegt sein. Sie können auf ganz spezifische Lern- und Leistungsanforderungen im Rahmen einer bestimmten fachspezifischen Unterrichtseinheit abstellen oder auch stärker darauf ausgerichtet sein, grundlegende Fach- und Methodenkompetenzen unter die Lupe nehmen zu lassen, wie sie in den verschiedenen Unterrichtsperioden immer wieder vorkommen. Im ersteren Fall steht der besagte Kompetenzcheck am Ende der jeweiligen Unterrichtseinheit. Im zweiten Fall ist die Bilanzarbeit eher Sache des Klassenlehrers und wird bewusst themen- und fachübergreifend angesetzt. Abbildung 35 steht für eine derartige übergreifende Bilanz- und Reflexionsphase, Abbildung 36 für einen themenzentrierten Spezialcheck – einschließlich Förderplanung.

Die Besonderheit der Kompetenzchecks ist, dass die Schüler/innen zur gezielten Auseinandersetzung mit den eigenen Stärken und Schwächen veranlasst werden. Derartige Selbstdiagnosen sind eine zentrale Voraussetzung dafür, dass sich die unterschiedlichen Schülertalente in den Klassen entfalten und in das jeweilige Lern- und Interaktionsgefüge eingliedern können. Die Schüler/innen können feststellen, wo es hakt und welche eigenen oder fremden Anstrengungen vonnöten sind, damit etwaige Lern- und/oder Interaktionsblockaden abgebaut werden können. Dazu gibt es gele-

Selbstdiagnosebogen für Schüler/innen (Beispiel)

Wie sicher fühlst du dich bei der Erledigung der folgenden Aufgaben?	Dabei fühle ich mich ...			
	sehr sicher	ziemlich sicher	eher unsicher	sehr unsicher
Im Unterricht zuhören, aufpassen, mitmachen				
Einen Arbeitsauftrag verstehen und umsetzen				
Ein Tafelbild sauber ins eigene Heft übertragen				
Vom Lehrer vorgestellte Fakten wiedergeben				
Durchgenommene Formeln/Verfahren anwenden				
Vorgeübte Aufgaben einige Tage später lösen				
Wichtige Fachbegriffe kennen und verstehen				
Einer Lehrerdarbietung konzentriert folgen				
Einen kurzen Sachtext lesen und auswerten				
Einen längeren Sachtext lesen und verstehen				
Einen eigenen Sachtext bzw. Bericht verfassen				
Zum Lernstoff ein passendes Schaubild erstellen				
In Büchern und/oder Internet recherchieren				
Einen Sachverhalt kritisch kommentieren				
Neu Gelerntes mit früher Gelerntem verknüpfen				
Eigene Fragestellungen finden und aufschreiben				
Einen stimmigen Arbeitsplan/Tagesplan erstellen				
Eine bestimmte Aufgabe selbstständig lösen				
Selbst Aufgaben entwickeln und gut formulieren				
Einen Versuch aufbauen, gekonnt durchführen				
Engagiert/konzentriert in Gruppen mitarbeiten				
Einzelne Mitschüler unterstützen und beraten				
Selbstständig Material suchen und mitbringen				
Ein Arbeitsergebnis vor der Klasse vorstellen				
Mit Mitschülern über ein Thema diskutieren				
Unerwartete Probleme selbstständig beheben				
Das Gelernte auf neue Aufgaben übertragen				

Abb. 35

gentlich Bilanzphasen. Die damit einhergehenden Kompetenzchecks dienen sowohl der Selbstdiagnose als auch der Selbstreflexion der Schüler/innen. Sie sind kriteriumsgestützt und sollen den Lernern Aufschluss darüber geben, wo und wie das eigene Lernen verbessert werden kann. Dazu werden spezifische Checklisten verwandt (vgl. Abb. 35). Diese Checklisten sind tabellarisch aufgebaut und zeigen an, welche Kompetenzen die Lerner entwickeln sollten. Indem die Schüler/innen ihre jeweilige Kompetenzerreichung versuchsweise ankreuzen, erhalten sie wichtige Denk- und Gesprächsanstöße, um den eigenen Kompetenzerwerb konstruktiv voranzutreiben.

Kompetenzdiagnosen der angedeuteten Art sind gemeinhin eine Domäne der Lehrkräfte. Die Lehrkräfte beobachten und beurteilen das Lern- und Interaktionsverhalten der Schüler/innen. Sie üben Kritik, erteilen Zensuren, geben hin und wieder Tipps und fordern spätestens bei Zeugnisvergabe korrespondierende Veränderungen bzw. Anstrengungen der Lerner. Die damit einhergehende Lehrerdominanz ist insofern problematisch, als die betreffenden Schüler/innen oftmals gar nicht so recht verstehen und nachvollziehen können, was bei ihnen denn konkret im Argen liegt. Sie ernten Kritik, aber sie wissen deshalb noch lange nicht, wo und wie sich verändern können und sollen. Diese Undurchsichtigkeit trägt maßgeblich dazu bei, dass viele gut gemeinte Hinweise der Lehrkräfte verpuffen. Den betreffenden Schüler/innen mangelt es weniger an Informationen, sondern vornehmlich an Problembewusstsein. Die Folge davon: Sie nehmen vieles von dem, was die Lehrkräfte monieren, auf die leichte Schulter. Deshalb: Wer den Schüler/innen tatsächlich nachhaltige Entwicklungs- und Integrationsmöglichkeiten eröffnen möchte, der tut gut daran, die angesprochenen Kompetenzchecks verstärkt ins Programm zu nehmen und entsprechende Bilanz- und Reflexionsphasen vorzusehen. Die Lernarbeit heterogener Schülergruppen kann davon nur profitieren.

Die besagten Kompetenzchecks können im Unterricht selbst oder auch zu Hause durchgeführt werden – vorausgesetzt, die betreffenden Diagnoseraster liegen vor. Der Vorteil zu Hause ist, dass sich die Schüler/innen ohne Zeit- und Stoffdruck mit der eigenen Lernentwicklung auseinandersetzen können. Der Vorteil in der Schule dagegen liegt darin, dass kompetente Gesprächspartner zur Verfügung stehen, die bei Bedarf angesprochen werden können. Wichtig ist auf jeden Fall, dass die Kompetenzchecks dialogisch angelegt sind und den Schüler/innen früher oder später die Gelegenheit eröffnen, etwaige Lernschwierigkeiten mit anderen Lernpartnern zu besprechen. Diese dialogische Form der Kompetenzsondierung trägt maßgeblich dazu bei, dass die Lerner ein höheres Reflexionsniveau erreichen (vgl. auch Hoffmann 2009, S. 14 f.). Je intensiver die Schüler/innen über ihr eigenes Lernverhalten nachdenken und je häufiger sie mit Lernpartnern darüber sprechen können, desto größer ist die Chance, dass sie zu mehr Lernkompetenz und Lernmotivation gelangen. Selbstmotivation kommt ohne fundierte Selbstkritik und Selbstvergewisserung nun einmal nicht aus. Das wird von vielen Lehrkräften nur zu oft übersehen. Daher sind die besagten Kompetenzchecks ein durchaus probates Mittel, um die Lern- und Integrationsfähigkeit der Schüler/innen wirksam voranzutreiben. Das begünstigt erfolgreiches Arbeiten in heterogenen Gruppen.

Die meisten Schüler/innen wissen die Chancen der Selbst- und Fremdkritik ganz offenbar zu schätzen. Das bestätigen Lehrerberichte wie Schülerbefragungen. Die meisten Lerner sind für gemeinsame Kompetenzchecks nicht nur offen; sie sind häufig auch recht selbstkritisch und nicht zuletzt auch unsicher. Das zeigen die nachfolgenden Zitate: »›Am Anfang hatte ich schon Angst davor, zum Beispiel meine Freunde ehrlich zu bewerten. Ich wusste ja nicht, was die dazu sagen und ob ich dann auch 'ne schlechtere Bewertung von denen kriege. Das hat sich geändert, wir geben ja auch nicht immer gleiche Noten, meistens beraten wir uns gegenseitig, und das ist richtig gut, damit helfen wir uns ja.‹ […] ›Wenn ich bei meinen eigenen Texten Fehler korrigieren soll, dann finde ich die nicht. Bei anderen schon. Dazu tauschen wir dann die Hefte aus.‹ […] ›Ich bewerte lieber andere als mich selber, da fühle ich mich sicherer. Bei mir selber habe ich immer noch Angst, dass ich mich überschätze und die anderen dann sagen, dass ich zur Überschätzung neige. Auf der anderen Seite möchte ich mich auch nicht unterschätzen. Ich will ja gerecht bewertet werden.‹« (Buschmann 2009, S. 22 f.).

Die vorstehend zitierten Schüler/innen sind es seit Jahren gewohnt, die eigene Leistung nach gemeinsam zusammengestellten Indikatoren einzuschätzen sowie darauf basierende Rückmeldungen in mündlicher oder schriftlicher Form zu geben (vgl. ebenda). Sie beurteilen sich und andere. Sie verinnerlichen die betreffenden Kriterien und wenden diese immer wieder an. Das nützt. Die Selbst- und Fremdkritik der Schüler/innen erbringt nicht nur wertvolle Hinweise für das Gelingen des selbstständigen und eigenverantwortlichen Arbeitens im Unterricht, sondern sie liefert immer wieder auch gute Gründe dafür, warum die skizzierten Kompetenzchecks unbedingt Sinn machen und vielfältige neue Ideen für die Verbesserung des eigenen Lernens bescheren. Die Schüler/innen können auftretende Denkfehler und/oder Lernschwierigkeiten sehr viel rascher erkennen und beheben, als das unter den Vorzeichen einer gelegentlichen Lehrerrückmeldung möglich ist. Kontrollen und Hilfestellungen erfolgen zeitnah und nicht erst in Verbindung mit der nächsten Klassenarbeit. Das steigert die Problemlösefähigkeit und die Motivation der betreffenden Kinder.

Bei ihren Rückmeldungen und Reflexionen orientieren sich die Schüler/innen an gemeinsam festgelegten Kriterien (vgl. Abb. 35). Je nachdem, welche inhaltlichen Lernziele im Unterrichtsverlauf verfolgt und welche fachübergreifenden Kompetenzen prioritär angesteuert werden, sehen die entsprechenden Checklisten natürlich unterschiedlich aus. Die darauf basierenden kriteriumsgestützten Selbstdiagnosen sind ebenso wegweisend wie aktuell. Aktuell insofern, als die neuen Bildungsstandards mit ihren spezifischen *Kompetenzrastern* in eine ganz ähnlich Richtung gehen. Diese Raster geben unterschiedliche Kompetenzen und Kompetenzstufen vor und eröffnen damit den Schüler/innen die Möglichkeit, die eigenen Lernfortschritte und Lernschwierigkeiten zielgerichtet einzuschätzen. Ist die Nutzung dieser Kompetenzraster allein Sache der Lehrpersonen, so sind die Schüler/innen von den damit einhergehenden Reflexionen und Impulsen selbstverständlich abgeschnitten. Schade! Denn dieser Umstand kann ihrer Lern- und Leistungsentwicklung nur abträglich sein.

5.5 Fixierung individueller Förderpläne

Die skizzierten Kompetenzchecks steigern die Selbsterkenntnis der Schüler/innen – keine Frage. Sie bieten deshalb jedoch noch lange keine Gewähr dafür, dass diese ihre festgestellten Defizite auch tatsächlich konstruktiv bekämpfen. Erkenntnis und Handeln sind eben zweierlei. Sollen beide Komponenten verstärkt zusammengebracht werden, so müssen die besagten Selbstdiagnosen um eine möglichst konkrete Maßnahmenplanung ergänzt werden. Nur wenn die Schüler/innen persönlichen Schwächen durch gezielte Übungen und Anstrengungen begegnen, kann sich ihre Lernkompetenz ernsthaft weiterentwickeln. Abbildung 36 zeigt, wie eine solche Förderplanung aussehen kann. Wichtig hierbei ist, dass die Planenden die Schüler/innen selbst sind und nicht so sehr ihre Lehrkräfte. Normalerweise ist das Erstellen der üblichen Förderpläne Sache der Lehrpersonen. Sie sollen die Schüler/innen beobachten, einschätzen und geeignete Fördermaßnahmen festlegen und durchsetzen. Das macht natürlich eine Menge Arbeit. Die Schüler/innen selbst bleiben bei dieser Zuständigkeitsdefinition eher außen vor. Sie warten, bis ihnen die Lehrkräfte möglichst präzise vorschreiben, wo es langgeht und welche Übungsarbeiten und -verfahren sie wann und in welcher Weise in Angriff zu nehmen haben. Die Lastenverteilung ist eindeutig – und genau das ist das Problem.

Die meisten Lehrkräfte fühlen sich schon jetzt chronisch überlastet – auch ohne das Erstellen detaillierter Förderpläne für ihre einzelnen Schüler/innen. Ihre Bewertungs-, Kritik- und Rückmeldearbeiten haben es in sich (vgl. Abschnitt II.5.3). Warum also den Spieß nicht einfach umdrehen und die Schüler/innen verstärkt selbst in die Förderplanung einbinden? Das ist der hier empfohlene Ansatz. Diese Umkehrung der Zuständigkeiten ist nicht nur lernrelevant; sie ist auch deutlich lehrerentlastend. Der Grundgedanke dabei: Die Schüler/innen wählen nach Abschluss ihres Kompetenzchecks aus einem Vorrat an kompetenzzentrierten Übungsbausteinen den einen oder anderen Baustein aus, um sich darüber ein Mehr an persönlicher Kompetenzentwicklung zu sichern. Geeignete Übungsangebote finden sich in der Regel in Schulbüchern, Arbeitsheften sowie in speziellen Lernkarteien zum jeweiligen Unterrichtsthema. Wie sich aus Abbildung 36 ersehen lässt, können die Schüler/innen die zur Behebung ihrer Schwachpunkte vorgesehenen Übungsbausteine in die rechte Spalte des persönlichen Förderplans eintragen. Auf diese Weise bilden sie nicht nur wichtige Vorsätze, sondern sie überführen diese auch bereits in ganz konkrete Arbeits- und Übungsschritte. Das verbessert die persönlichen Entwicklungs- und Erfolgsaussichten der betreffenden Schüler/innen.

Wie im letzten Abschnitt angedeutet, muss diese Planungsarbeit keinesfalls im Alleingang absolviert werden, sondern sie kann sehr wohl mit anderen Schüler/innen zusammen erfolgen. Gemeinsame Gespräche und Planungen steigern sowohl die Diagnosequalität als auch das Auffinden und Klären geeigneter Übungsmöglichkeiten. Mehrere Schülerköpfe entwickeln nun einmal mehr Ideen als ein einzelner. Voraussetzung ist lediglich, dass den Schüler/innen hin und wieder gebührend Unterrichtszeit zur Verfügung gestellt wird, damit sie ihre Diagnose- und Planungsarbeit gründ-

Von Lukas erstellter Förderplan zum Thema Flächenberechnung (Zeitraum: 22. – 27. Juni)				
Lernschwierigkeiten im Rahmen der Unterrichtseinheit	Diese Übungen werden angepeilt …			
	Schulbuch	Lernkartei	Arbeitsheft	Sonstiges
Das Berechnen zusammengesetzter Flächen hat noch nicht richtig geklappt.	Aufgaben 13 und 14	/	/	Mit Opa üben
Den Flächenumfang bei Aufgabe 8a im Schulbuch habe ich falsch berechnet.	/	Karteikarte Nr. 6	/	/
Die Trapezformel habe ich noch nicht richtig verstanden. Das habe ich bei Aufgabe 5 gemerkt.	Erklärungen auf Seite 81 lesen	/	Aufgabe II.4	/
Als ich Lena den im Schulbuch vorgestellten Rechenweg erklären sollte, bin ich ins Stocken geraten.	Nochmals nachlesen	/	/	Opa erklären
In meiner Arbeitsgruppe gab es Streit, weil Jan ein anderes Ergebnis hatte als ich.	/	Karteikarte Nr. 27 zur Teamarbeit	/	Mit Jan noch mal reden
Das Formulieren kniffliger Aufgaben zur Flächenberechnung ist mir schwergefallen.	/	/	Anleitung auf Seite 17 lesen	Mit Jens üben
Ich habe bei Arbeitsblatt 1 zu viel Zeit gebraucht und bin deshalb nicht fertig geworden.	Aufgaben 8 und 9 auf Zeit	/	Arbeitsblatt Nr. 5 auf Zeit	/

Abb. 36

lich genug angehen können. Von daher sind der häuslichen Förderplanerstellung natürlich deutliche Grenzen gesetzt. Wenn die Schüler/innen ihre Übungserfordernisse und Übungsmöglichkeiten tatsächlich gemeinsam sondieren sollen, dann muss das in aller Regel während des regulären Schulbetriebs gemacht werden – sei es nun in speziellen Unterrichtsstunden am Vormittag oder in spezifischen Förderstunden während des Nachmittags. Die Vorteile dieser schüleraktiven Förderplanung liegen auf der Hand: Die Lehrkräfte werden entlastet, und die Schüler/innen werden verstärkt in die Pflicht genommen.

Der in Abbildung 36 skizzierte Förderplan zeigt, wie Lukas vorzugehen gedenkt und welche konkreten Übungsmaßnahmen er für sich vorgesehen hat. Seine Arbeitshilfen sind Schulbuch, Arbeitsheft, eine themenzentrierte Lernkartei sowie einzelne Lernpartner, mit denen er bestimmte mathematische Verfahren nochmals üben bzw. besprechen möchte. Zwar besagt ein derartiger Plan noch lange nicht, dass die gefassten Vorsätze auch tatsächlich in die Tat umgesetzt werden. Gleichwohl ist es wichtig und hilfreich, dass die Schüler/innen von Zeit zu Zeit dazu veranlasst werden, derartige Bilanzen zu ziehen und entsprechende persönliche Übungsschwerpunkte zu setzen. Das muss ja gar nicht perfekt sein. Derartige Reflexionen begünstigen die gezielte Sondierung und Optimierung des eigenen Lernens im jeweiligen Gegenstandsbereich. Oder anders ausgedrückt: In dem Maße, wie die Schüler/innen lernen, eigene Schwierigkeiten zu benennen und mögliche Übungsvarianten zu identifizieren, werden sie über kurz oder lang dazu befähigt werden, die eigenen Lerndefizite ebenso gezielt wie konsequent anzugehen und abzubauen. Wer seine eigenen Schwächen kennt und diese zu bekämpfen beginnt, der kann eigentlich nur besser werden. Das gilt für lernstarke wie für lernschwächere Schüler/innen – nur auf unterschiedlichen Niveaus. Von daher ist die skizzierte Förderplanung ein ebenso lohnender wie wegweisender Ansatz für das Arbeiten in heterogenen Gruppen.

Die besagten Selbstdiagnosen sind erfahrungsgemäß umso ergiebiger, je besser die Schüler/innen mit den zugehörigen Instrumenten vertraut sind und je stärker sie dazu veranlasst werden, mit anderen Schüler/innen zu kooperieren und zu diskutieren. Bleiben sie ausschließlich oder überwiegend auf sich allein gestellt, so bewegen sich die generierten Lernanstöße in aller Regel auf einem vergleichsweise bescheidenen Niveau. Wer schwach ist und/oder zum Phlegma neigt, der wird nun einmal aus sich selbst heraus keine großen Impulse und Ansprüche ableiten können, sondern eher dahin tendieren, kleinere Brötchen zu backen. Lernimpulse und Lernfortschritte auf höheren Niveaus sind von daher schwerlich zu erreichen (vgl. auch Reiff 2009, S. 30). Soll sich daran etwas ändern, so braucht es in der Regel ehrgeizige und selbstbewusste Lernpartner, die der eigenen »falschen Bescheidenheit« tatkräftig entgegenwirken. Im Klartext: Wenn mehrere Schüler/innen gemeinsam diagnostizieren und beraten, wie und mit welchen Übungen festgestellten Lernschwierigkeiten begegnet werden kann, dann sind die Erfolgsaussichten ungleich größer als bei der reinen Individualplanung. Was der eine Schüler nicht weiß bzw. nicht einzuschätzen vermag, das kann vielleicht ein anderer beisteuern. So gesehen sind dialogische Verfahren unbedingt anzuraten.

5.6 Lernbilanzbücher als Nachdenkanlässe

Ein weiterer Ansatz zur individuellen Kompetenzförderung sind Lernbilanzbücher. Lernbilanzbücher können täglich geschrieben werden oder auch summarisch einmal pro Woche (vgl. Abb. 37). Ganz ähnlich wie die zuletzt genannten Kompetenzchecks und Förderplanungen zielen die besagten Lernbilanzbücher darauf, die einzelnen Schüler/innen zu einer bewussten Auseinandersetzung mit dem eigenen Lernverhalten zu veranlassen. Sie werden in der Regel anonym verfasst; sie können aber auch dazu verwendet werden, vertrauliche Gespräche mit anderen Bezugspersonen zu begründen und zu erleichtern. Unter diesen letztgenannten Umständen liefert das Lernbilanzbuch die nötigen Stichworte, Bobachtungen und/oder Begebenheiten, die mit den betreffenden Adressaten beraten werden sollen. Die betreffenden Eintragungen bestehen teils aus punktuellen Assoziationen, teils aus persönlichen Deutungen, teils aber auch aus gründlich reflektierten Beobachtungen und Entdeckungen zum eigenen Lernen. Bilanziert wird entweder ganz privat zu Hause oder aber in speziell angesetzten Reflexionsphasen im Unterricht – meist einmal gegen Ende der Schulwoche. Fest vereinbarte Zeitfenster und Verfahrensregeln sind hierbei von großem Vorteil.

Die besagten Lernbilanzbücher haben einen bestimmten Aufbau, der mehr oder weniger eng oder offen gehalten sein kann. Das in Abbildung 37 dokumentierte Formblatt zeigt eine relativ offene Wochenvariante. Sie stellt auf einige wenige Schlaglichter ab, nicht aber auf detaillierte Lernberichte oder Fragebögen. In der Regel genügen derartige »Schlaglichter«, um das gezielte Nachdenken der Schüler/innen in Gang zu setzen und eine relativ fokussierte Auseinandersetzung mit dem eigenen Lernen zu gewährleisten. Weniger ist mehr! Dieser Grundsatz hat sich in praxi bestens bewährt. Wer persönliche Überforderung vermeiden und das eigene Lernen pointiert weiterentwickeln möchte, der tut gut daran, sich auf einige wenige Auffälligkeiten zu beschränken. Andernfalls droht nicht nur zu viel Schreibarbeit, sondern auch und zugleich eine störende Unübersichtlichkeit. Je drei herausragende Pluspunkte, Problemanzeigen und Vorsätze festzuhalten, das ist für die meisten Schüler/innen bereits Anlass und Anstoß genug, um eine fruchtbare Selbstbesinnung in Gang zu setzen und zu relativ konkreten persönlichen Konsequenzen zu gelangen (vgl. Abb. 37).

Wirksam werden Lernbilanzbücher vor allem dann, wenn sie als Grundlage für gezielte Gespräche mit Mitschüler/innen, Lehrkräften oder auch Eltern genutzt werden. Die betreffenden Formblätter nur auszufüllen ist zu wenig. Derartige Schreibarbeiten können sehr schnell zur lästigen Pflichtübung werden, wenn es nicht gelingt, den Schüler/innen möglichst zeitnah Gelegenheiten zu eröffnen, um die festgestellten Auffälligkeiten mit anderen Interessenten zu beraten. Das gilt für die eigenen Schwächen genauso wie für die festgestellten Stärken. Sich auf beides zu besinnen und mit anderen Bezugspersonen darüber zu sprechen, das begünstigt unstrittig die anvisierte Kompetenzentwicklung der Schüler/innen – vorausgesetzt, sie haben griffige Kriterien und Formulierungen zur Hand, mit deren Hilfe sie die eigenen Lernerfahrungen und -vorsätze möglichst zügig und treffend skizzieren können. Gelungenes und Schwieriges prägnant zu beschreiben ist nämlich schwieriger, als gemeinhin angenommen. Von daher empfiehlt es sich, mit den Schüler/innen gemeinsam eine Art Checkliste zu entwickeln, aus der sie kurz und bündig ersehen können, unter welchen Aspekten sie das eigene Lernen beleuchten und beschreiben können. Derartige Checklisten erleichtern die anstehende Bilanz- und Reflexionsarbeit.

Wichtig ist ferner eine gewisse Regelmäßigkeit und Verbindlichkeit der Reflexionsarbeit. Ist es den Schüler/innen gänzlich freigestellt, ob sie die besagten Eintragungen vornehmen oder nicht, dann ist die Gefahr groß, dass sich das Ganze in Wohlgefallen auflöst. Während einige vielleicht Bilanz ziehen, setzen andere womöglich völlig andere Prioritäten und stehen damit natürlich auch nicht als Gesprächspartner und Impulsgeber zur Verfügung. Verbindlichkeit tut also not. Verbindlichkeit muss aber auch mit Machbarkeit und Zumutbarkeit einhergehen. Die aus Abbildung 37 er-

Mögliches Formblatt für ein Lernbilanzbuch

Name: .... Woche vom .... bis ....

**Was mir diese Woche beim Lernen besonders gut gelungen ist /
Was ich prima gekonnt habe**

① ....

② ....

③ ....

**Womit ich diese Woche beim Lernen besondere Schwierigkeiten hatte /
Was ich noch nicht verstanden habe**

① ....

② ....

③ ....

**Was ich mir für die nächste Woche vornehme /
Was ich an meinem Lernen unbedingt verändern bzw. verbessern möchte**

① ....

② ....

③ ....

Abb. 37

sichtliche Wochenvariante trägt diesen Anforderungen Rechnung. Einmal pro Woche je drei Punkte zu suchen und zu formulieren, das ist sowohl zumutbar als auch hinreichend. Zwar verlangen manche Lernbilanzbücher, dass täglich eingetragen wird (Lerntagebuch). Eine derartige Frequenz nehmen die meisten Schüler/innen jedoch nicht an. Sie sehen darin ein Übermaß an Gängelung und tendieren eher zur Verweigerung. Von daher muss ein vertretbares Mittelmaß gesucht und gefunden werden. Und das sind die angedeuteten Wochenrückblicke, die nicht einmal jede Woche veranstaltet werden müssen, sondern durchaus auch einmal pro Monat angesetzt werden können. Die Hauptsache ist, es wird eine gewisse Regelmäßigkeit gewahrt. Wenn diese Reflexions-, Schreib- und Beratungsarbeiten zudem fest in die Stundentafeln der Schulen integriert werden, dann kann mit Fug und Recht erwartet werden, dass alle Schüler/innen davon profitieren werden.

5.7 Klassenratsarbeit als soziales Lernfeld

Zur Verbesserung der Lernkompetenz und der Lernatmosphäre in den Klassen kann auch die Klassenratsarbeit dienen. Der Grundgedanke dabei: Erfolgreiche Schüleraktivierung und Schülerintegration verlangen ein möglichst hohes Maß an sozialer Sensibilität und Kompetenz aufseiten der Lerner. Andernfalls wird das nötige Miteinander- und Voneinanderlernen nicht funktionieren. Tragfähige Schülerkooperation wird sich letztlich nur dann einstellen, wenn die betreffenden Akteure bestehende soziale Probleme und Verwerfungen offen ansprechen und so thematisieren, dass sich ein respektvolles und konstruktives Miteinander einstellt. Dazu können die angesprochenen Kommunikations- und Teamtrainingstage beitragen (vgl. die Abschnitte II.3.3 und II.5.2). Dazu können aber auch regelmäßige Klassenratssitzungen beisteuern, die z.B. einmal pro Woche in ritualisierter Form ablaufen und dazu dienen, aktuelle Interaktionsprobleme in der Klasse zu thematisieren und nach gangbaren Lösungen zu suchen. Dabei kann es sich sowohl um diskriminierende Bemerkungen einzelner Schüler/innen als auch um andere Formen des sozialen Mobbings im Unterricht handeln, die einzelne Schüler/innen davon abhalten, ihr vorhandenes Lernpotenzial ernsthaft zu entfalten.

Die konkrete Klassenratsarbeit sieht in der Regel so aus, dass einmal pro Woche in einer speziell eingerichteten Klassenratsstunde im Beisein aller Schüler/innen darüber verhandelt wird, wo es sozial hakt und was unter Umständen getan werden kann, damit das soziale Miteinander in der Klasse besser wird. Meist handelt es sich dabei um die letzte Stunde der Schulwoche. Die Klassenratssitzung selbst wird ähnlich wie eine Parlamentssitzung vorbereitet, geleitet und inszeniert. Es gibt einen Vorsitzenden, der für eine bestimmte Zeit gewählt ist. Und es gibt mehrere Beisitzer – einschließlich Protokollführer –, die ebenfalls auf Zeit gewählt werden. Etwaige Beschwerden, Anfragen oder Anträge sind während der Woche beim Klassenratsvorsitzenden in Schriftform einzureichen. Auf dieser Basis stellen Vorsitzender und Protokollant eine Art »Tagesordnung« zusammen und händigen diese zu Sitzungsbeginn allen Klassenmitgliedern aus. Dann beginnt die Sitzungsprozedur: Sie läuft nach immer gleichem Muster ab. Konkret: Der erste Tagesordnungspunkt wird vom Vorsitzenden verlesen und vom jeweiligen Einbringer näher erläutert und begründet. Daran schließen sich etwaige Nachfragen und/oder erste Problemlösungsvorschläge an. Alsdann folgt eine kurze Beratung mit dem Ziel, eine möglichst konkrete »To-do-Festlegung« zu treffen, die vom Protokollführer ins offizielle Protokollbuch der Klasse eingetragen wird. Anschließend wird der zweite Problempunkt aufgerufen. Wichtig bei alledem: Die Verhandlungsführung muss straff erfolgen und der Zeitrahmen je Problempunkt sollte recht knapp bemessen sein. Das stellt sicher, dass zügig auf konkrete Problemlösungsaktivitäten hin argumentiert werden muss.

Die Klassenratsarbeit kann zum einen sehr allgemein gehalten sein und grundsätzlich alle klasseninternen Fragen, Problemanzeigen und Anliegen zur Behandlung zulassen. Sie kann zum anderen aber auch ganz konsequent eingegrenzt werden und z. B. nur das aufgreifen, was in Sachen Sozialverhalten in der Klasse zu beanstanden ist – also all das, was ein gedeihliches Miteinander- und Voneinanderlernen der Schüler/innen im Klassenverband erschwert oder verhindert. Eine derartige Eingrenzung hat den Vorteil, dass anlässlich der Klassenratssitzungen nicht uferlos geklagt und beraten werden kann, sondern von vornherein eine gezielte Konzentration auf nur bestimmte Problembereiche erfolgen muss. Dabei gebührt dem Sozialverhalten in den Klassen ganz fraglos erhöhte Aufmerksamkeit. Wenn es gelingt, mithilfe der Klassenratsarbeit bestehende Schwachpunkte und Hemmfaktoren in diesem Bereich verbindlich anzusprechen und möglichst einvernehmlich aus der Welt zu schaffen, dann kann das dem Lernklima in heterogenen Lerngruppen nur guttun.

Die Klassenratsarbeit kann natürlich auch dezentral in mehreren Teilgruppen erfolgen. Für diesen Fall gilt: es gibt unterschiedliche »Beratergruppen«, die in arbeitsteiliger Weise darüber diskutieren und befinden, wie bestimmten Problemanzeigen in Sachen Sozialverhalten begegnet werden kann und soll. Dieses arbeitsteilige Vorgehen setzt freilich mehrerlei voraus: Erstens müssen die Schüler/innen hinreichend kompetent und interessiert sein, damit pro Teilgruppe ausreichend Argumentations- und Problemlösungspotenzial erwartet werden kann. Zweitens müssen die betreffenden Beratungsgegenstände so rechtzeitig bei der klasseninternen »Steuergruppe« eingereicht werden, dass sie planvoll auf die einzelnen Teilgruppen verteilt werden können. Und drittens schließlich muss die Problemzuteilung stets so erfolgen, dass in jeder Teilgruppe u. a. diejenigen sitzen, deren Problemanzeigen beraten werden sollen. Andernfalls ist eine adressatengerechte Problemlösung schwerlich möglich.

So gesehen ist die logistische Vorleistung bei arbeitsteiliger Klassenratsarbeit höchst kompliziert – wesentlich komplizierter auf jeden Fall als bei der oben skizzierten Beratungssituation im Klassenverband. Diese letztgenannte Variante hat den Vorteil, dass sich eigentlich in jeder Klasse einige argumentationsstarke und verantwortungsbewusste Schüler/innen finden, die das Wort zu führen und eine relativ effektive Klassenratssitzung auf die Beine zu stellen vermögen. Trotzdem ist es gerade bei jüngeren Schüler/innen oder in Klassen, die ausgeprägt lernschwach sind, immer wieder anzuraten, dass die Lehrerseite organisatorische und/oder strategische Unterstützung gewährt. Das betrifft sowohl die Terminierung als auch die Vorbereitung und Moderation der einzelnen Klassenratssitzungen. Ohne das vorausschauende und gutwillige Mitspielen der zuständigen Lehrkräfte läuft oftmals recht wenig. Das gilt vor allem für die Rahmenorganisation und die Sicherstellung der skizzierten Regeln und Verfahrensweisen. Eine Klassenratssitzung lediglich einzuplanen reicht eben nicht. Gezielte Anleitungen und Hilfen müssen im Regelfall schon sein.

5.8 Portfoliogestützte Entwicklungsimpulse

Lernkompetenzen entwickeln sich nur dann, wenn den Schüler/innen hilfreiche Entwicklungsimpulse zuteil werden. Das war und ist der Tenor in diesem Kapitel. Die Portfolioarbeit bietet den Schüler/innen vielfältige Anlässe und Chancen, die eigene Kompetenzentwicklung nachzuweisen und voranzutreiben Wie? Indem sie hin und wieder Gelegenheit dazu erhalten, aussagekräftige persönliche Lern- und Leistungsprodukte zu sammeln und zu dokumentieren (vgl. Abb. 38; vgl. ferner Abschnitt II.2.8). Dadurch können sie nicht nur ihren jeweiligen Kompetenzstatus belegen, sondern auch und zugleich ihre persönliche Motivation stimulieren. Kompetenzen verbessert man nun einmal nicht nur dadurch, dass man einschlägige Trainings oder gelegentliche Reflexionen absolviert; nötig sind vielmehr immer wieder auch konkrete Lern- und Arbeitsanlässe, die den latent vorhandenen Kompetenzen sichtbar und nachprüfbar zum Durchbruch verhelfen. Die Portfolioarbeit ist eine derartiger »Geburtshelfer«, der den Schüler/innen die Chance eröffnet, Zeugnis darüber abzulegen, was sie alles können und welche bekannten oder versteckten Talente in ihnen schlummern. Das stärkt und intensiviert zum einen das Gewohnte und Vertraute. Das hilft

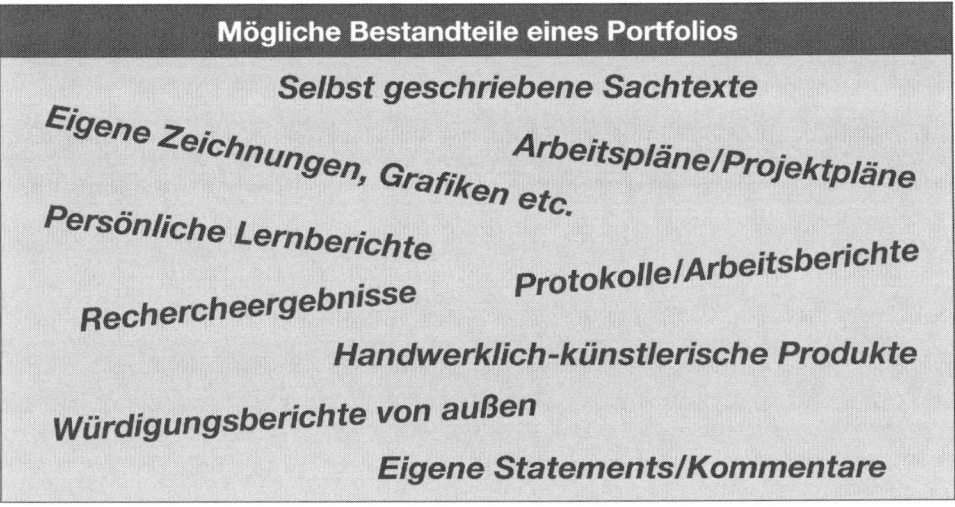

Abb. 38

zum anderen aber auch, neue Fähigkeiten und Fertigkeiten freizusetzen und in Portfolioform zur Anwendung zu bringen.

Die Portfolioarbeit wird gerade in den letzten Jahren zunehmend empfohlen, um die durch die Bildungsstandards geforderte Kompetenzvermittlung verstärkt auf den Weg zu bringen. Richtig an dieser Erwartung ist, dass die Portfolios Chancen eröffnen; falsch daran ist jedoch, dass die Schüler/innen diese Chancen auch verlässlich wahrnehmen werden. Gelegenheiten schaffen nun einmal noch keine Fakten. Oder anders ausgedrückt: Die Möglichkeit einer kompetenzorientierten Leistungsdokumentation bedeutet noch lange nicht, dass die Schüler/innen diese auch tatsächlich erbringen werden. Gleichwohl, die Chancen dazu sind da. Sollen diese mit der nötigen Verbindlichkeit und Verlässlichkeit genutzt werden, so müssen die Lehrkräfte in aller Regel allerdings nachhelfen. Das schließt zweierlei mit ein: erstens die Beschränkung der dokumentierten Lernprodukte auf einen Umfang, der für die betreffenden Lehrkräfte gleichermaßen zumutbar wie bewältigbar ist; und zweitens die Sicherstellung, dass die Portfolioinhalte auch tatsächlich der Urheberschaft des jeweiligen Lerners entspringen und nicht womöglich von Eltern, Freunden oder aus dem Internet stammen. Dieser letztgenannten Plagiatsgefahr kann am besten dadurch begegnet werden, dass die Portfoliobeiträge der Schüler/innen entweder im Unterricht direkt erstellt oder aber dazu genutzt werden, korrespondierende Präsentationen und/oder Kurzbefragungen anzuschließen.

Das Planen, Erstellen, Präsentieren und Reflektieren einschlägiger Portfolios ist im besten Sinne des Wortes lernrelevant und kompetenzfördernd – vorausgesetzt, die angezeigten Standards werden eingehalten. Die entsprechenden Produktdokumentationen geben Aufschluss über die Leistungsbreite der betreffenden Schüler/innen. Sie ermöglichen und verlangen ein beträchtliches Maß an Eigeninitiative und kreativem Schaffen, an Reflexion und Planung, an Selbsteinschätzung und Selbstorganisation. Das gilt für spezielle Themenportfolios genauso wie für übergreifende Entwicklungsportfolios. Beide Portfolioarten zeichnen sich durch klare Arbeitsabläufe und Dokumentationsregeln aus und müssen mit den Schüler/innen vorab gründlich besprochen und geklärt sein. Dann können davon beträchtliche Entwicklungsimpulse für das Lernen der Kinder und Jugendlichen ausgehen. Das bestätigen zahlreiche Einzelberichte aus Schulen. Am eindrucksvollsten an der Portfolioarbeit sei gewesen, so weiß Ulrike Michalsen-Burkhardt zu berichten, »[…] welches Potenzial die Kinder haben, und zwar auch die schwächer eingeschätzten […] Es entsteht oft ein Schwung, der sich auf andere Gebiete überträgt. Und schön ist auch, wie die Kinder sich gegenseitig anerkennen und anerkannt fühlen« (Michalsen-Burkardt 2009, S. 19). Auch wenn diese Beobachtung gewiss nicht generalisiert werden darf, so bestätigt sie doch, dass die besagte Portfolioarbeit einen gewichtigen Beitrag zur Förderung basaler Lern- und Interaktionskompetenzen in den Klassen leisten kann. Zusammen mit den anderen vorgestellten Fördermaßnahmen bietet sie Lehrer- wie Schüler/innen interessante und ermutigende Arbeitsperspektiven.

5.9 Kompetenzen müssen bewertet werden!

Die beste Kompetenzförderung nützt wenig, wenn nicht entsprechende Bewertungsverfahren eingeführt werden. Denn für die meisten Schüler/innen ist unverändert klar: »Was nicht bewertet wird, ist auch nichts wert.« Wer also die Wichtigkeit der skizzierten Kompetenzentwicklung unterstreichen möchte, der tut gut daran, das besagte Rückmeldeverlangen der Schüler/innen ernst zu nehmen. Differenzierte Kompetenzbeherrschung muss differenziert bewertet werden – keine Frage. Statt punktueller Abfragen zum Lernstoff der letzten Wochen bzw. Stunden sollte verstärkt auf Prüfungsverfahren abgestellt werden, die Aufschluss darüber geben, wie es um den längerfristigen Kompetenzerwerb der Schüler/innen bestellt ist (siehe Bildungsstandards). Das beginnt mit anspruchsvolleren Klassenarbeiten und kompetenzorientierten Epochalnoten und reicht über spezifische Projekt- und Präsentationsprüfungen bis hin zur Einforderung und Bewertung fachspezifischer Portfolios. Wichtig dabei: Die Kompetenzentwicklung der Schüler/innen wird derart breit diagnostiziert, dass Langfristerfolge sichtbar werden. Das kurzfristige Pauken und Reproduzieren von Tafelbildern, Hefteinträgen und sonstigem Detailwissen reicht längst nicht mehr, um eine Prüfung passabel zu bestehen. Und das ist auch gut so!

Die besagten *Projekt- und Präsentationsprüfungen* wurden vor einigen Jahren zuerst in Baden-Württemberg eingeführt, als neue Bildungspläne etabliert wurden und nach veränderten Prüfungs- und Bewertungsverfahren verlangten. Mittlerweile haben sich weitere Bundesländer angeschlossen, in denen ähnliche Prüfungsszenarien gelten. Typisch für die Projektprüfung ist, dass eine Schülergruppe über einen längeren Zeitraum an einer komplexeren Aufgabenstellung arbeitet, die selbst gewählt oder auch vom Lehrer vorgegeben sein kann. Am Ende der Projektarbeit werden die erzielten Ergebnisse gegenüber einer Prüfungskommission vorgestellt sowie die zurückliegenden Arbeits- und Planungsabläufe reflektiert. Auf dieser Basis erhält jedes Gruppenmitglied eine individuelle Note, die den unterschiedlichen Kompetenzanforderungen Rechnung trägt (vgl. Wolf 2004, S. 20 ff.). Fachwissen und Methodenbeherrschung fließen dabei ebenso in die Bewertung mit ein wie Planungs-, Organisations-, Problemlösungs-, Team- und Kommunikationskompetenz.

Dieses erweiterte Kompetenzverständnis gilt ganz ähnlich für die besagten Präsentationsprüfungen. Präsentiert werden kann zum einen im Rahmen von Projektprüfungen, zum anderen aber auch unabhängig davon am Ende eines fachspezifischen Arbeitsprozesses. Das kann nach Abschluss eines Referats sein; das kann aber auch am Ende einer gezielten Recherche oder einer bestimmten Produktionsphase sein. Grundsätzlich gilt: Präsentationsleistungen können sowohl einer einzelnen Person als auch einer ganzen Gruppe abverlangt und zugeordnet werden. Im letzteren Fall spricht man von einer kooperativen Präsentation, im ersteren Fall von einer Einzelpräsentation. Jedwede Präsentationsprüfung schließt – neben dem fachlichen Leistungsnachweis im engeren Sinne – immer auch Visualisierungs-, Verbalisierungs- und Interaktionskompetenzen mit ein (vgl. Abb. 39).

Möglicher Beobachtungsbogen zur Erfassung der Präsentationskompetenz von Schülern					
	++	+	o	–	– –
Sachebene verständlich dargestellt, roter Faden erkennbar, fachlich korrekt …					
Sprechweise freie Rede, Lautstärke, Sprechtempo, Artikulation, Modulation …					
Auftreten Blickkontakt, Standfestigkeit, Körperhaltung, Mimik, Gestik …					
Visualisierung übersichtlich, angemessen, ansprechend, gut lesbar …					
Kooperation der Partner gleiche Anteile, gute Übergänge, gegenseitige Unterstützung …					
Gesamteindruck					
Besondere Anmerkungen (+)					
Besondere Anmerkungen (–)					

Abb. 39

In die gleiche Richtung zielen *Portfoliobewertungen*. Der Grundgedanke dabei: Die betreffenden Portfolioprodukte sollen das Leistungsspektrum der Schüler/innen möglichst breit spiegeln und der Beurteilung zugänglich machen. Das beginnt mit Mappen und Berichtsheften und reicht über selbst erstellte Zeichnungen, Schaubilder, Werkstücke, Protokolle, Befragungsberichte und sonstige themenzentrierte Lernprodukte bis hin zu persönlichen Lernberichten, Tagesplänen und etwaigen Gutachten außerschulischer Experten oder Einrichtungen (vgl. Abb. 38). Klar ist, dass diese Breite der möglichen Leistungsnachweise nach Beschränkung und Konzentration verlangt. Andernfalls wird die Portfoliobewertung sehr schnell zu einem erdrückenden Arbeitsbeschaffungsprogramm für die beurteilungspflichtigen Lehrerinnen und Lehrer. Deshalb: Je präziser und reglementierter das Portfoliospektrum gefasst wird, desto besser und praktikabler.

Die Standardsituation ist freilich nach wie vor die, dass Schülerleistungen vorrangig im Rahmen von Klassenarbeiten und/oder Epochalbewertungen gemessen und rückgemeldet werden. Diese Prüfungsinstrumente kranken bis dato allerdings daran, dass sie viel zu sehr auf die Reproduktion fachspezifischen Detailwissens abstellen und viel zu wenig darauf, anspruchsvollere Fach-, Methoden- und Sozialkompetenzen zu erfassen. Von daher ist Umdenken angesagt. Die Grundregel in Schule und Unterricht sollte demnach lauten, dass das, was im Lernverlauf an spezifischen Kompetenzen angebahnt wird, in den Klassenarbeiten und sonstigen Prüfungsverfahren natürlich auch seinen Niederschlag finden muss. Wer also auf Informationsbeschaffung und -verarbeitung setzt, der muss hernach entsprechende Prüfungsanforderungen vorsehen. Wer Kommunikations- und Kooperationskompetenzen in den Mittelpunkt seiner unterrichtlichen Arbeit stellt, der muss ebenfalls angemessene Bewertungs- und Rückmeldeverfahren wählen und kultivieren. Das gilt für Klassenarbeiten wie für sonstige prozessabhängige Bewertungsinstrumente (Epochalbewertung).

Was zunächst die *Klassenarbeiten* anbetrifft, so muss damit keineswegs das gängige Abprüfen des in Heften und Schulbüchern gesicherten Fachwissens verbunden sein. Keine Vorschrift verlangt eine derartige Verabsolutierung des Memorierens und Reproduzierens. Warum also die Klassenarbeiten nicht einfach mal so gestalten, dass die Schüler/innen mit allen möglichen Hilfsmitteln arbeiten und Probleme lösen dürfen – mit dem Schulbuch genauso wie mit Wörterbüchern, Lexika, Atlanten, Formelsammlungen und anderen Nachschlagewerken mehr, aber auch mit persönlichen Hefteinträgen oder im Unterricht erstellten Lernkarteien, Mindmaps etc. Nur müssen dann entsprechend knifflige Aufgaben gestellt werden, die mit einfachem Abschreiben allein nicht zu lösen sind, sondern nur dadurch, dass methodisch durchdacht gearbeitet und die betreffende Kompetenzbeherrschung nachgewiesen wird (vgl. die Aufgabenbeispiele in Klippert 2008, S. 44 ff.).

Auch die *Epochalbewertung* gibt in Sachen Kompetenzerfassung sehr viel mehr her, als das im Schulalltag gemeinhin zu beobachten ist. Epochalnoten spiegeln oft in erster Linie Fleiß und Wohlverhalten, weniger hingegen die hier in Rede stehende Kompetenzbeherrschung. Sucht man nach Alternativen, so bieten sich kompetenzzentrierte Epochalbewertungen an, wie sie sich in praxi vielfältig bewährt haben. Beobachtet und bewertet werden Kompetenzbereiche wie Methodenbeherrschung, Teamfähigkeit und Kommunikationsfähigkeit. Die Bewertungsaufgabe selbst liegt nicht allein bei den Lehrkräften, sondern auch und vor allem bei den Schüler/innen. Konkret: Die Schüler/innen erhalten nach Abschluss der jeweiligen Epoche Gelegenheit, ihr methoden-, kommunikations- und/oder teamspezifisches Leistungsverhalten anhand einfacher Diagnoseraster (vgl. Klippert 1998, S. 67) zunächst selbst einzuschätzen. Dann schätzen sie sich wechselseitig in ihren Tischgruppen ein, legen die getroffenen Selbst- und Fremdeinschätzungen offen und versuchen in gruppeninternen Gesprächen zu einer möglichst einvernehmlichen Würdigung der individuellen Kompetenzerreichung zu gelangen. Dafür steht gemeinhin eine separate Klassenleiterstunde zur Verfügung.

Gegen Ende dieser Feedback- und Bewertungsstunde werden die von den Schüler/innen ermittelten Kompetenzeinschätzungen an die je zuständige Lehrperson gegeben, die nun ihrerseits daran geht, die eigenen Eindrücke mit denen der Schülergruppe zu vergleichen. Liegen gravierende Abweichungen vor, so sucht die Lehrperson in den nächsten Wochen entweder das direkte Gespräch mit den betreffenden Schüler/innen oder aber sie geht daran, bei den fraglichen »Wackelkandidaten« einfach nur genauer hinzuschauen. Auf diese Weise lassen sich etwaige Beobachtungsfehler bzw. -differenzen recht gut und zuverlässig beheben. Darüber hinaus bleibt es den Lehrkräften natürlich unbenommen, die Diagnose der Schülerkompetenzen noch durch weitere produktspezifische Lern- und Leistungsnachweise zu fundieren (siehe Portfolio). Die Hauptsache ist, den Schüler/innen wird in griffiger Weise signalisiert, dass sie sich in Sachen Kompetenzentwicklung und Kompetenzanwendung nicht umsonst angestrengt haben. Das beflügelt in aller Regel sowohl ihr Lernen als auch ihre Selbsthilfekompetenz im Rahmen heterogener Lerngruppen.

6. Zusammenfassende Tipps für die Praxis

Die vorgestellten Förderansätze haben gezeigt, dass erfolgreiches Arbeiten mit heterogenen Lerngruppen auch jenseits aufwändiger Differenzierungs- und Individualisierungsmaßnahmen möglich ist. Jeden Schüler für sich zu bedienen und zu beraten ist weder möglich noch nötig noch pädagogisch anzuraten. Es kann und darf auch anders angesetzt werden. Das wird in den nachfolgenden Abschnitten pointiert zusammengefasst. Ziel dieser Abschnitte ist es, den amtierenden und angehenden Lehrkräften Mut zu machen und praxisbewährte Tipps zu geben, wie man in heterogenen Lerngruppen zeit- und nervensparend und dennoch effektiv »überleben« kann. Wichtig dabei ist, dass die unterschiedlichen Maßnahmen so ineinandergreifen, dass ein alltagstaugliches pädagogisches Gesamtprogramm entsteht. Ein Programm, das auf Machbarkeit und Effizienz, auf Kleinschrittigkeit und Systematik, auf Inklusion statt Ausgrenzung setzt. Ein Programm aber auch, das impliziert, dass sich Lehrkräfte keinesfalls um alles selbst kümmern müssen, sondern höchst gut damit beraten sind, die Schüler/innen zu konsequenter Selbst- und Mithilfe zu befähigen und zu veranlassen. Die nachfolgenden Handlungsgrundsätze machen zusammenfassend deutlich, wie Lehrkräfte dieses Programm managen können.

6.1 Individualisierung hat viele Gesichter

Den unterschiedlichen Schülertalenten gerecht zu werden bedeutet nicht, dass ihnen ein grenzenloser Wahlunterricht mit ebenso grenzenloser Individualisierung geboten werden muss. Dieses Missverständnis überlagert die Debatte über schulische Fördermaßnahmen bis heute. Die Aufgabe einer auf Inklusion und Chancengerechtigkeit ausgerichteten Schule ist eine andere, nämlich das Verbinden und Verbünden der Schüler/innen in einer Weise, dass sie ihre fachliche wie soziale Anschlussfähigkeit in der Klassengemeinschaft wahren können. Rigide Individualisierung leistet genau dieses nicht. Sie trennt eher, als dass sie verbindet. Sie entmutigt eher, als dass sie in der Breite inspiriert. Darüber hinaus setzt sie ein Maß an Eigeninitiative und Selbststeuerungskompetenz voraus, das viele Schüler/innen beim besten Willen nicht haben. So gesehen ist Vorsicht angesagt. Vorsicht ist aber auch deshalb geboten, weil rigide Individualisierung viele Lehrkräfte förmlich »zerreißt«, die den Spagat zwischen Unterrichten auf der einen und individualisierter Beobachtung, Diagnose, Förderplanung, Materialerstellung und Beratung auf der anderen Seite einfach nicht schaffen (vgl. Paradies u. a. 2007).

Die gängigen Individualisierungsprogramme sind höchst anspruchsvoll und aufwändig. Sie zielen darauf, dass die Lehrpersonen den Schüler/innen mittels differenzierter Lernangebote Gelegenheiten eröffnen, bedarfsabhängige Lernschwerpunkte zu setzen, die helfen, vorhandene Stärken auszubauen oder aber bestehende Schwächen tendenziell zu kompensieren. Individuelle Förderarbeit ist demnach in erster Linie Sache der Lehrkräfte. Die betreffenden Schüler/innen erhalten möglichst passgenaue Unterstützung. Das beginnt mit der Gewährung angemessener Wahlaufgaben, Lernzeiten und Lernmittel und reicht über spezifische Fördermethoden zur Behebung intellektueller, sozialer, körperlicher und/oder emotionaler Handicaps bis hin zur professionellen Hilfestellung durch Schulsozialarbeiter, Schulpsychologen oder andere Experten mit Spezialkompetenzen (vgl. Meyer, H. 2004, S. 97). Das alles ist natürlich nicht falsch – und es ist auch nicht unberechtigt. Gleichwohl ist es für das Gros der Lehrkräfte in deutschen Regelschulen eher utopisch.

Utopisch deshalb, weil die angedeuteten Anforderungen und Ansprüche mit den restriktiven Bedingungen in den Schulen schwerlich in Einklang zu bringen sind. Das gilt nicht nur wegen des Fehlens von Schulpsychologen, Schulsozialarbeitern und sonstigen pädagogischen Assistenten; das gilt auch deshalb, weil die Arbeitsbedingungen vielerorts höchst belastend sind – angefangen bei zu großen Klassen und dichten Stundentafeln über Bürokratismus und ungünstige Klassenräume bis hin zum fehlenden technischen und pädagogischen Equipment in den Klassen. Von daher sind größte Zweifel angebracht, ob die lehrerzentrierte Individualisierung eine ernsthafte Zukunft hat. Zweifel, die nicht zuletzt dadurch erhärtet werden, dass die wenigsten Lehrkräfte im alltäglichen Schulbetrieb die nötige Muße finden, sensibel zu beobachten, zu diagnostizieren und zu beraten. Ihr Aktionsradius im Unterricht ist viel zu groß. Kein Wunder also, dass einer neueren Studie zufolge mehr als zwei Drittel der befragten Sekundarstufenlehrkräfte ganz offen zu erkennen geben, dass für sie der Anspruch der »individuellen Förderung« eine eher negative Konnotation hat. Zwar assoziieren die Befragten damit auch durchaus Positives, wie Bereicherung, Kreativität und bessere Schülerleistungen. Überlagert wird diese Sichtweise jedoch deutlich durch Negativzuschreibungen wie Überforderung, Belastung, Zumutung und Widerwille (vgl. Solzbacher 2008, S. 38; vgl. ferner Kunze/Solzbacher 2008).

Nun kann man sich natürlich auf den Standpunkt stellen, die Lehrerschaft solle nicht so viel »jammern« und endlich ihre genuine Aufgabe der individuellen Förderung von Kindern annehmen und tatkräftig umsetzen. Nur, was bewirkt das schon? Ganz abgesehen davon, dass ein solcher Appell nicht wirklich weiterführen würde; er ist im Kern auch ungerecht und nachgerade zynisch. Wird doch unterstellt, dass die große Masse der Lehrkräfte die anstehenden Diagnose- und Förderaufgaben sehr wohl wahrnehmen könnte, wenn sie dieses nur wollte. Auf diese Weise wird der Schwarze Peter der Lehrerschaft insgesamt zugewiesen, während die weithin inakzeptablen Rahmenbedingungen in Schule und Unterricht außen vor bleiben. Das ist zynisch. Zynisch ist es auch deshalb, weil Deutschlands Lehrkräfte in aller Regel allein vor Klassen mit durchschnittlich 25 bis 30 Schüler/innen stehen, die zeitgleich zu unterrichten, zu beobachten, einzuschätzen und individuell zu beraten wären.

Kein Wunder also, dass die meisten Förderprogramme bereits im Ansatz scheitern; die meisten Lehrkräfte sind schlichtweg überfordert (vgl. Solzbacher 2008, S. 39 f.). Jeder »wurstelt« irgendwie vor sich hin und versucht die unzulänglichen Ausbildungs- und Arbeitsbedingungen zu kompensieren. Eine fundierte individuelle Förderarbeit resultiert daraus nur selten. 45-Minuten-Takt, Stoffdruck, Vergleichsarbeiten, übervolle Klassen sowie die gängige Einzelkämpfersituation der Lehrkräfte tragen dazu bei, dass individuell zugeschnittene Beobachtungs-, Beratungs- und Förderverfahren vielerorts kaum vorkommen. Selbst gutwillige Lehrkräfte scheitern im schulischen Alltag immer wieder daran, dass es ihnen an Zeit, Muße, Routine und konkreten Instrumenten fehlt, um eine leistbare Diagnose- und Förderarbeit in die Gänge zu bringen. Daran ändern auch die üblichen Appelle von Bildungspolitikern, Schulinspektoren, Schulentwicklern und Erziehungswissenschaftlern nur wenig.

Wer eine lehrerzentrierte Diagnose-, Förder- und Differenzierungsarbeit tatsächlich erfolgreich auf den Weg bringen möchte, der muss andere Rahmenbedingungen und Unterstützungssysteme sicherstellen. Erfolgreiche OECD-Länder mit integrierten Schulsystemen machen dieses seit Jahr und Tag vor. Das beginnt bei kleineren Lerngruppen und geeigneten Räumlichkeiten und reicht über Doppelbesetzungen und erweiterte Zeitbudgets für Klassenlehrer/innen bis hin zu konsequenter Lehrerfortbildung, Ressourcenbereitstellung und Einstellung von Schulsozialarbeitern, Schulpsychologen und sonstigen Förderlehrern, die zur Behebung spezieller Lernstörungen wie ADHS, Legasthenie oder Dyskalkulie herangezogen werden können. Die meisten Klassen- und Fachlehrer sind als Alleinverantwortliche nämlich hoffnungslos überfordert. Wer mit hoher Konzentration an der Tafel agieren, Gespräche lenken und möglichst alle Schüler/innen fachlich bei der Stange halten muss, dem fehlen nun einmal Zeit und Muße, um aussagekräftige Beobachtungs- und Beratungsmaßnahmen sicherzustellen. Ohne Unterstützung von außen wird sich in dieser Hinsicht nicht viel bewegen (vgl. auch Kapitel III.2).

Was folgt daraus? Der fraglos richtige und wichtige Fördergedanke muss mit anderen Strategien verfolgt werden. Mit Strategien, wie sie in den vorstehenden Kapiteln II.3 bis II.5 skizziert wurden. Kooperatives Lernen sowie der konsequente Einsatz von Lernspiralen tragen dazu bei, dass mit einem vergleichsweise geringen Vorbereitungs- und Betreuungsaufwand der Lehrkräfte recht effektiv differenziert werden kann. Wie in Abschnitt II.4.3 näher ausgeführt, kann den individuellen Stärken und Schwächen der Schüler/innen selbstverständlich auch dadurch Rechnung getragen werden, dass prozessimmanent Differenzierungsgelegenheiten eröffnet werden (vgl. Abb. 24 auf Seite 167). Das Besondere dabei: Die Schüler/innen arbeiten alle am gleichen Thema und mit gleichen oder ähnlichen Basismaterialien. Von daher ist die Vorbereitungsarbeit der Lehrkräfte recht begrenzt. Das Einzige, was sie gewährleisten müssen, sind unterschiedliche Teilaufgaben bzw. Niveauaufgaben, wechselnde Kooperationsmöglichkeiten sowie möglichst breit gefächerte Lerntätigkeiten, -produkte und -methoden. Das ist leicht zu bewerkstelligen und in erster Linie eine Frage der Lernorganisation. Auch spezifische Nachschlagewerke und sonstige Lernhilfen, die sich mit einem minimalen Lehreraufwand zur Verfügung stellen lassen, können und sollten vorgesehen werden. Das alles ist alltagstauglich und ohne aufwändige Kapriolen der Lehrkräfte sicherzustellen. Gleichzeitig eröffnen sich den Schüler/innen auf diese Weise beträchtliche Differenzierungschancen, die ihnen Raum geben, ihre unterschiedlichen Präferenzen und Begabungen einzubringen.

Es muss also nicht der allseitige Lehrerservice sein, der zur nötigen Individualisierung und Differenzierung des Lernens führt. Es können sehr wohl auch die Schüler/innen selbst sein, die sich in differenzierter Weise besprechen und unterstützen, korrigieren und disziplinieren, ermutigen und inspirieren. Die in Abschnitt II.4 skizzierten Lernspiralen sichern derartige Selbst- und Mithilfeaktivitäten der Schüler/innen. Gleiches gilt für die in Kapitel II.3 vorgestellten kooperativen Lernverfahren, die ebenfalls maßgeblich dazu beitragen, dass die individuellen Begabungs- und Motivationsdifferenzen in den Klassen in wohltuender Weise ausgeglichen werden. Natürlich wird es nie gelingen, alle Schüler/innen gleichermaßen bei der Stange zu halten; zu unterschiedlich sind ihre Lern- und Leistungspotenziale. Gleichwohl ist es realistisch zu erwarten, dass keine/r von ihnen in eine gänzlich hoffnungslose Situation geraten wird. Differenzierte Lern- und Kooperationsanlässe gewährleisten, dass grundsätzlich alle Schüler/innen Anschluss finden und Anschluss halten können. Sie müssen die gebotenen Möglichkeiten und Differenzierungsspielräume nur nutzen – vorausgesetzt, die Lehrkräfte tragen hinreichend dafür Sorge, dass wohlarrangierte Lernspiralen und/oder Kooperationsverfahren ins Angebot gelangen. Fazit also: Individualisierung und Differenzierung sind nicht nur nötig; sie sind auch in recht variantenreicher und arbeitssparender Weise sicherzustellen – auch ohne erdrückenden Lehreraufwand.

6.2 Auf die Systematik kommt es an!

Das A und O erfolgreicher Lehr- und Lernarbeit in der Schule ist die *Systematik*. Wenn Lehrkräfte bestimmte Regeln, Standards und Verfahrensweisen nur sporadisch praktizieren, dann ist die Gefahr groß, dass die Schüler/innen nie wirklich vertraut damit werden. Noch schlimmer ist es, wenn die eine Lehrkraft in die eine Richtung zielt, andere Lehrkräfte aber völlig entgegengesetzte Anforderungen und Strategien verfolgen. Die daraus erwachsenden Dissonanzen zerstören zwangsläufig das Entstehen einer stimmigen Arbeits- und Interaktionslinie in den betreffenden Klassen. Das ist gerade für heterogene Lerngruppen ein riesiges Dilemma. Warum? Weil viele der dort versammelten Schüler/innen dringlich darauf angewiesen sind, eindeutige Verfahrensweisen zur Hand zu haben, mit denen sie möglichst gut vertraut sind und die sie möglichst gut beherrschen. Andernfalls entstehen Unsicherheit, Demotivation Disziplinprobleme und Leistungsversagen im Übermaß. Soll Letzteres verhindert werden, so bedarf es eines möglichst planvollen und konzertierten Vorgehens der Lehrkräfte einer Klasse. Je besser dieses gelingt, desto größer ist die Chance, dass die Schüler/innen in der Breite zusammengehalten werden und die bestehenden Unterschiede wirksam überbrücken können. Effektiver Unterricht braucht möglichst klare Fahrpläne und Regelwerke – auch und gerade in heterogenen Gruppen.

Die besagte Systematik schließt Verschiedenes ein. Das beginnt mit der festen Etablierung der unterschiedlichen Methodentrainings und reicht über die konsequente Lehrerkooperation auf Klassen- und Fachebene bis hin zum regelmäßigen Einsatz bestimmter Lernverfahren und Lernanforderungen in den verschiedenen Fächern. Zunächst zu den Methodentrainings: Bewährt hat es sich, bei der schulischen Jahresplanung *feste Zeitfenster* für die diversen Sockeltrainings zu reservieren. Damit gemeint sind feste Blockwochen zur Einführung und Klärung grundlegender Arbeits-, Kommunikations- oder Kooperationsmethoden. Zu diesen Methodenfeldern werden entsprechende Trainingscurricula entwickelt und auf bestimmte Jahrgangsstufen und Schulwochen verteilt. Dadurch entstehen Klarheit und Berechenbarkeit, Verbindlichkeit und Nachhaltigkeit. Lehrer, Schüler und Eltern wissen genau, wann welche Trainingswoche warum und mit welcher methodischen Schwerpunktsetzung stattfindet – also z. B. so, dass das Lerntraining in der fünften, das Teamtraining in der sechsten, das Kommunikationstraining in der siebten und das Präsentationstraining in der neunten Jahrgangsstufe läuft.

Diese Trainingssystematik bietet indes noch keine Gewähr dafür, dass eine hinreichend tragfähige Lernkultur entsteht. Grundständige Methodentrainings sind das eine, fachspezifische Anwendungs- und Festigungsphasen sind das andere. Sollen die Schüler/innen tatsächlich zu ausgeprägter Methodenbeherrschung gelangen, so muss zwingend sichergestellt werden, dass sie die angebahnten Arbeits-, Kommunikations- und Kooperationsmethoden auch konsequent anwenden und festigen können. Diese fachspezifische »Methodenpflege« muss ebenfalls systematisiert werden. Dazu dienen die in Kapitel II.4 vorgestellten Lernspiralen. Sie garantieren nicht nur systematische Methodenanwendung, sondern gewährleisten auch und zugleich systematische Kooperations-, Kontroll- und Helferaktivitäten – einschließlich regelgebundener wechselseitiger Erziehung und Disziplinierung. Durch den regelmäßigen Einsatz ähnlich strukturierter und ablaufender Lernspiralen wird ein Lernmilieu begünstigt, das unterschiedlich begabten und interessierten Schüler/innen passable Anschlussmöglichkeiten eröffnet. Von daher ist die immanente Systematik der Lernspiralen Voraussetzung und Gewähr dafür, dass sich heterogene Lerngruppen vergleichsweise gut entfalten können.

Neben dieser Trainings- und Lernspiralsystematik bedarf noch ein weiterer Bereich der Systematisierung, nämlich die Zusammenarbeit der Lehrkräfte. Ohne konsequente und effektive Lehrerkooperation sind heterogene Lerngruppen schwer zu managen. Das beginnt beim konzertierten Fordern und Fördern der unterschiedlichen Fachlehrer/innen und reicht über die Systematisierung der gemeinsamen Unterrichtsvorbereitung und Materialarchivierung bis hin zu möglichst regelmäßigen Teambesprechungen in Sachen Lernförderung. Nur wenn es gelingt, diese produktive Kooperation der Lehrkräfte wirksam zu realisieren, wird die in den Kapiteln II.2 bis II.5 skizzierte neue Lernkultur hinreichend Gestalt annehmen. Mit anderen Worten: Die nachhaltige Institutionalisierung der angeführten Förder- und Integrationsmaßnahmen entscheidet ganz wesentlich darüber, ob das Arbeiten heterogener Lerngruppen zu einem »Selbstläufer« wird oder nicht. Die Verabredung klarer Prozeduren, klarer Termine, klarer Regelwerke und klarer Maßnahmenpakete kann diesbezüglich beste Dienste leisten. Was fest vereinbart und institutionalisiert ist, kann schneller zur Routine werden und im besten Sinne des Wortes begabungsfördernd wirken. Und genau solches braucht die Schule – nämlich tragfähige *Lern-, Arbeits-* und *Interaktionsroutinen*, die sowohl die Schüler/innen als auch ihre Lehrkräfte sicher machen und wirksam voneinander und miteinander lernen lassen. Die angeführten Systematisierungsansätze unterstützen dieses Ansinnen.

6.3 Klein anfangen und groß aufhören

Damit die latenten Begabungs- und Motivationsreserven der Schüler/innen verstärkt mobilisiert werden können, bedarf es einer behutsamen *Progression der Lernanforderungen*. Wer den Schüler/innen gleich zu viel abverlangt, der muss sich nicht wundern, wenn viele scheitern bzw. die Lust verlieren. Überzogenes Fordern führt sehr schnell zur Überforderung beträchtlicher Teile der Schülerschaft. Das wird von den Verfechtern des autonomen, selbstgesteuerten Lernens nur zu oft übersehen. Die unterschiedlichen Schüler/innen möglichst breit zu aktivieren und zu motivieren verlangt etwas anderes, nämlich die kleinschrittige Anhebung der Ansprüche und Zumutungen. Wer klein anfängt, hat gute Chancen, irgendwann groß aufzuhören; umgekehrt gilt das in der Regel nicht. Anspruchsvolle Lernarrangements wird in der Regel nur der bewältigen können, der eine Vielzahl kleinerer und mittlerer Hürden genommen und entsprechende Erfolgserlebnisse eingefahren hat. Das stimuliert, gibt Selbstvertrauen und vermittelt den Schüler/innen die nötigen Kompetenzerfahrungen, auf die viele von ihnen so dringlich angewiesen sind.

Daraus ergibt sich das Credo: Fordern – ja; aber bitte so, dass das breite Mittelfeld in den Klassen mitkommen kann und realistische Erfolgsaussichten hat. Andernfalls wird das gedeihliche Arbeiten in heterogenen Gruppen eher unwahrscheinlich. Sind die gestellten Aufgaben und Anforderungen zu schwierig, wird schnell resigniert. Sind sie dagegen leistbar, stimulieren sie das Gros der Schüler/innen zu neuen, anspruchsvolleren Taten. Das ist Lern- und Begabungsförderung im besten Sinne des Wortes. Sollen die unterschiedlichen Schüler/innen tatsächlich Anschluss halten können, dann müssen die Aufgaben und Verfahren am Anfang so gewählt werden, dass auch die »Loser-Typen« ihre Chancen haben. Die Cleveren in den Klassen werden durch Sonderaufgaben und/oder gezielte Helfer- und Beratungsdienste schon bei der Stange gehalten werden können. Werden die Schüler/innen dagegen in allzu offene Lernsituationen hinein entlassen, so besteht unvermeidbar die Gefahr, dass sie über Gebühr verunsichert werden und erst gar nicht ernsthaft zu arbeiten beginnen. Das kann die Lernchancen heterogener Gruppen entscheidend schmälern.

Das Scheitern vieler Schülerinnen und Schüler im alltäglichen Unterricht ist genau auf diese chronische Überforderung zurückzuführen. Das gilt insbesondere für offene Lernformen wie Freiarbeit, Wochenpläne, Lernzirkel, Projektarbeit und andere Hochformen des selbstgesteuerten Lernens. Für Schüler/innen, die das nötige Selbstvertrauen und Methodenrepertoire besitzen, sind solche offenen Lernsituationen höchst willkommene Herausforderungen, die wohltuende Zufriedenheit und Bestätigung versprechen. Nur, was ist mit den vielen anderen Kindern und Jugendlichen, die mit den besagten »Megaansprüchen« nur schlecht oder gar nicht zurechtkommen? Für sie kann das programmierte Scheitern nur dazu führen, dass sie ihre potenziellen Fähigkeiten und Fertigkeiten gleich völlig unter dem Tisch lassen und ihr Lernen eher destruktiv als konstruktiv auszurichten beginnen. Wenn sie alsdann zu Störenfrieden in den Klassen werden, dann ist das grundsätzlich kein Wunder. Schließlich mag kein Mensch Situationen, in denen die eigene Aussichts- und Wirkungslosigkeit programmiert scheint. Von daher sind dosiertes Fordern und Fördern angesagt.

Erfolgreiche Förderarbeit hat eine Menge mit Psychologie zu tun. Das kann jeder Unterrichtspraktiker alltäglich beobachten. Wer die Schülerinnen und Schüler zukünftig stärker fordern will, muss sie heute eher dosiert beanspruchen. Das gilt vor allem für Lerngruppen, in denen die Begabungs- und Motivationsspannen sehr groß sind. Von daher muss die Lernarbeit der Schüler/innen grundsätzlich so portioniert und von Lehrerseite derart unterstützt und gelenkt werden, dass klassische Überforderungssituationen möglichst wirksam minimiert werden. Das ist das Grundprinzip der in Kapitel II.4 skizzierten Lernspiralen. Ganz ausschließen kann man Überforderung zwar nie; gleichwohl lässt sich durch die Art der Lernorganisation und der Lernmoderation dafür sorgen, dass dem Gros der Schüler/innen bewältigbare Verantwortlichkeiten und Anforderungen gestellt werden.

Dabei gilt: Je versierter die Schüler/innen in der Breite zu arbeiten verstehen, desto anspruchsvoller werden die jeweiligen Aufgaben und Verantwortlichkeiten abgesteckt. Diese Progression bedeutet nicht, dass die starken Schüler/innen über weite Strecken unterfordert werden. Sie werden anders und vielseitiger gefordert – intellektuell wie sozial, produktiv wie kreativ, methodisch wie strategisch, manuell wie emotional. Aber gefordert werden sie sehr wohl. Die Progression tut letztlich allen gut – den Starken wie den Schwachen, den Selbstbewussten wie den Zögerlichen. Mit kleineren Anforderungen zu beginnen heißt ja nicht, dass in den Klassen dabei stehen geblieben wird. Wer heute einen einfachen Text zu lesen und nachzuerzählen vermag, der wird morgen vielleicht bereit sein, einen komplizierten Text zu erschließen und planvoll zu exzerpieren. Wer heute einen Kurzbericht gegenüber einem Zufallspartner im Doppelkreis versucht, der wird sich morgen vielleicht trauen, einen stichwort-, karten- oder foliengestützten Vortrag vor der gesamten Klasse zu halten. Klein anzufangen heißt also nicht, auch klein aufzuhören. Im Gegenteil: Die meisten Schüler/innen brauchen genau diese Kleinschrittigkeit. Sie brauchen wiederholte Erfolge auf niederem Niveau, bevor sie sich zeitversetzt dann auch trauen, auf schwierigeres Terrain vorzustoßen. Die Psychologie spricht diesbezüglich von »Kompetenzmotivation« und meint damit die Parallelität von Kompetenzerfahrung und Motivationszuwachs, von Erfolgserlebnissen und wachsender Bereitschaft, Neues und Anspruchsvolleres zu versuchen. Wer diesen Progressionsgedanken ernst nimmt, der wird sich leichter damit tun, die »Bremser« in heterogenen Klassen wohlwollend zu akzeptieren und als zukunftsfähige Hoffnungsträger zu sehen.

6.4 Wer zu viel hilft, ist selber schuld

Die Lehrerinnen und Lehrer in Deutschlands Schulen sind zu offensiv. Das zeigt die Unterrichtsforschung in den letzten Jahren sehr deutlich. Rund zwei Drittel der Unterrichtszeit sind die Lehrkräfte selbst am Zug – erklärend, vortragend, fragend, an der Tafel arbeitend oder Gespräche lenkend. Das fragend-entwickelnde Verfahren dominiert. Das gilt insbesondere für die Sekundarschulen. Die Kehrseite dieser »Hyperaktivität«: Die Schüler/innen sind überwiegend passiv. Sie reagieren und konsumieren; sie hören zu und schalten nicht selten auch ab.

Das Grundproblem ist: Die meisten Lehrkräfte helfen zu schnell und zu aufdringlich, anstatt die Lerner häufiger mal selbst gewähren und die eigenen Fähigkeiten und Fertigkeiten ausloten zu lassen. Sie informieren und präsentieren, kontrollieren und räsonieren, reglementieren und kritisieren. Kurzum: Sie nehmen den Lernern vieles von dem ab, was diese eigentlich selbst versuchen müssten und könnten. Die Folge dieser Lehrerfürsorge sind verwöhnte Kinder und unselbstständige Lerner. Viele von ihnen fragen, bevor sie selbst zu Werke gehen. Viele von ihnen warten ab, bevor sie selbst Verantwortung und Risiko zu übernehmen beginnen.

Schade, denn die meisten Schüler/innen können deutlich mehr als das, was ihnen im alltäglichen Schulbetrieb zugemutet und abverlangt wird – vorausgesetzt, sie werden entsprechend qualifiziert und sensibilisiert, gefordert und gefördert. Doch genau dieses geschieht in praxi viel zu wenig. Das Gros der Lehrkräfte neigt unverändert dazu, die Unsicherheit und Unselbstständigkeit vieler Schüler/innen zum Anlass zu nehmen, um ihnen gutwillig zu helfen und das eigene Denken und Arbeiten abzunehmen. Kaum wird eine Frage gestellt, schon setzen die betreffenden Lehrkräfte zu ausgiebigen Erklärungen an. Die Rollenverteilung ist klar. Die Schüler/innen gehen in die Defensive; die Lehrkräfte kultivieren ihre Offensive. Sie machen die Arbeit, lösen Probleme, geben Antworten und bereiten den Lernstoff immer wieder so auf, dass den Schüler/innen eher der Nachvollzug bleibt. Zuhören, von der Tafel abschreiben, detaillierte Arbeitsanweisungen ausführen oder immer wieder pauken – das sind die Hauptbeschäftigungen der Schüler/innen.

Viele Schüler/innen sind nachgerade genial im Kreieren immer neuer Beschäftigungsprogramme für ihre Lehrer/innen. Sie fragen, bevor sie sich ernsthaft selbst Gedanken gemacht haben; sie signalisieren Schwierigkeiten, bevor sie ihr eigenes Problemlösungspotenzial abgerufen haben; sie stellen Arbeitsaufträge infrage, bevor sie selbst gebührend an deren Klärung gegangen sind; sie erbitten Hilfe, bevor sie ihre Selbsthilfemöglichkeiten auch nur annähernd ausgeschöpft haben. Kurzum: Sie entwickeln eine höchst erfolgreiche »Arbeitgebermentalität«, die eine ebenso einseitige wie fragwürdige Lastenverteilung zur Folge hat. Die Lehrkräfte helfen und rotieren über alle Maßen. Sie zeigen Eigeninitiative, lösen Probleme und übernehmen in vielseitiger Weise Verantwortung. Mit Impulsen wie »Das verstehe ich nicht« oder »Das kann ich nicht« schaffen es die Schüler/innen immer wieder, einzelne Lehrkräfte höchst erfolgreich zu verunsichern und zum Selbermachen zu veranlassen. Diese Arbeitsverlagerungsstrategie funktioniert in den meisten Klassen.

Nur, das muss nicht so sein. Wie in den Kapiteln II.3 bis II.5 gezeigt, geht es durchaus auch anders. »Hilfe zur Selbsthilfe« lautet das entsprechende Credo. Dazu gehören sowohl die skizzierten methodischen Schulungsmaßnahmen als auch und zugleich die korrespondierenden Organisations- und Verhaltensweisen der Lehrkräfte innerhalb des Unterrichts. Wer die Schüler/innen wirksam auf die Füße bringen und ihr eigenverantwortliches Lernen ausbauen möchte, der muss zwingend für entsprechende Qualifizierungsmaßnahmen und Spielregeln sorgen. Das beginnt mit dem Ausbau des kooperativen Lernens in den unterschiedlichen Fächern und reicht über die Etablierung klar umrissener Lernabläufe à la Lernspirale bis hin zur Kultivierung defensiven Lehrerverhaltens mittels unterschiedlicher Regeln und Rituale. Wichtig ist nur, dass die Schüler/innen den nötigen Durchblick erreichen, wie und nach welchen Gesetzmäßigkeiten der alltägliche Unterricht abläuft. Klarheit begünstigt Sicherheit und Zielstrebigkeit, Eigeninitiative und Selbstverantwortung. Diese Klarheit muss verstärkt geschaffen werden – sei es nun durch entsprechende Trainings oder durch eingängige Regelwerke und Regelklärungen im Unterricht. Andernfalls stellen sich nur zu schnell gefährliche Irritationen ein, die den Lernelan und Lernerfolg der Schüler/innen beeinträchtigen.

Die Lehrkräfte können ihre Hilfsofferten letztlich nur dann zurückschrauben, wenn die Schüler/innen hinreichend mitziehen. Das aber ist eine Frage der methodischen Grundlegung auf der einen und der konsequenten Verantwortungsdelegation der Lehrkräfte auf der anderen Seite. Auf beiden Ebenen kann und muss verstärkt angesetzt werden. Die vorstehenden Kapitel und Abschnitte zeigen, wie das gehen kann. Die systematische Mobilisierung der Schüler/innen als Helfer und Mitzieher gehört ebenso dazu wie die Einführung klarer Zuständigkeitsregelungen im Interaktionsverhältnis von Lehrer/innen und Schüler/innen. Wann kann ein Lehrer um Hilfe angerufen werden und wann noch nicht? Diese Grundfrage muss allgemeinverständlich geregelt und geklärt werden, wenn die Schüler/innen ihr Selbsthilfepotenzial verstärkt ausschöpfen sollen. Die in den Abschnitten II.3.6 und II.4.6 skizzierten Regeln und Rituale liefern Beispiele dafür, wie sich die Lehrkräfte gleichermaßen konsequent wie transparent in den Hintergrund manövrieren können.

Das Hauptproblem beim angesprochenen »Helfersyndrom« sind nämlich weniger die unwilligen bzw. unfähigen Schüler/innen. Das Hauptproblem sind vor allem die eher ungeduldigen, misstrauischen und zum Perfektionismus neigenden Lehrkräfte. Sie bieten sich in der Regel viel zu schnell als Helfer und »Welterklärer« an und nehmen damit den Schüler/innen immer wieder den Wind aus den Segeln. Von daher sind wirksame »Blockaden« nötig, damit die Lehrkräfte leichter und verbindlicher zur eigenen Defensive finden können. Die erwähnten Ampelkarten mit der Farbe Rot für »keine Sprechstunde« sind ein erstes Beispiel für das Kultivieren der Defensivrolle. Ein zweites Beispiel sind die besagten Frage- bzw. Problemlösungsketten nach dem Motto: Bei Schwierigkeiten ist zunächst der Lernpartner zu konsultieren, dann die Tischgruppe, dann etwaige Nachschlagewerke, dann eine bereits fertige Nachbargruppe und erst dann die jeweilige Lehrperson. Interessant ist, dass derartige Regeln und Rituale gemeinhin bestens wirken. Die Schüler/innen gewöhnen sich sukzessive daran, es selbst zu versuchen; und die Lehrkräfte verinnerlichen, dass es hilfreich ist, den Schüler/innen die nötigen »Warm-up-Phasen« zu lassen. Derartige Abläufe und Verhaltensweisen müssen in der jeweiligen Klasse möglichst verbindlich geregelt und besprochen sein.

Schaffen es die Lehrkräfte, ihren Schüler(gruppen) zwei bis drei Minuten Anlaufzeit zu lassen, so wird es in aller Regel deutlich besser. Das zeigen die Erfahrungen aus zahllosen Klassen und Lehrergruppen. Die Schüler/innen besinnen sich gezwungenermaßen auf ihre eigenen Möglichkeiten und Zuständigkeiten; und die Lehrkräfte ihrerseits gewöhnen sich zunehmend daran, den Lernern mehr zuzumuten und zuzutrauen. Vorausgesetzt, die Schüler/innen sind in methodischer und sozialer Hinsicht einigermaßen fit, kann dieses Loslassen eigentlich nur Vorteile bringen: Für die Schüler/innen, indem sie erfahren, dass sie die bestehenden Aufgaben durchaus selbst zu lösen vermögen. Und für die Lehrkräfte, indem sich diese zurückziehen können und merken, dass es die Schüler/innen auch ohne ihre aufdringlichen Hilfen und Kontrollen schaffen, erfolgreich zu lernen. Dieses Grundvertrauen aufzubauen ist eine der entscheidenden Voraussetzungen dafür, dass die in den Klassen vorhandenen Schülertalente verstärkt zur Entfaltung kommen können.

Trotzdem ist die Umstellung vom offensiven zum defensiven Lehrerhandeln komplizierter als gemeinhin angenommen. Das hat sich in der zurückliegenden Schulentwicklungsarbeit ebenfalls gezeigt. Von daher bietet sich für die Lehrerseite eine weitere Verhaltensempfehlung an, nämlich die, in der Anfangsphase des jeweiligen Lernprozesses eine ablenkende »Nebenbeschäftigung« vorzusehen. Wer sich z. B. nach Auftragserteilung selbstbewusst daran begibt, Klassenbucheinträge zu machen oder etwaige sonstige Vorbereitungsarbeiten zu leisten, der tut sich mit der Startphase der Schüler/innen erfahrungsgemäß sehr viel leichter als jemand, der akribisch Blickkontakt zur Klasse hält und sich damit uneingeschränkt als Helfer und Ratgeber anbietet. Letzteres führt beinahe zwangsläufig dazu, dass viele Schüler/innen vorschnell zu fragen beginnen und ihre gewohnte Lehrerfixierung aufrechterhalten. Deshalb: Den Blickkontakt einfach mal für zwei bis drei Minuten abreißen lassen; dann gelangen die meisten Schüler(gruppen) ganz von selbst an den Punkt, an dem sie merken, dass sie auch ohne Lehrerhilfe auszukommen vermögen. Diesen Punkt gilt es zu erreichen. Ampel, Fragealgorithmus, Klassenbucheinträge, Methodenschulung und Teamentwicklung sind hilfreiche Maßnahmen, die diesem Ziel dienen.

6.5 Lob des »Trial and Error«-Prinzips

Lehren und Lernen werden in Deutschlands Schulen viel zu sehr daran gemessen, ob ein bestimmter Stoff mit bestimmten Ergebnissen abgeschlossen wird. Unterricht wird primär ergebnisorientiert aufgefasst und viel zu wenig prozessorientiert. Mit den neuen Bildungsstandards wird sich diese Sichtweise zwar verändern, da die Losung »vom Input zum Output« den Kompetenzvermittlungsprozess stärker in den Mittelpunkt des Unterrichtsgeschehens rückt. Gleichwohl sind die meisten Lehrkräfte nach wie vor ganz dezidiert bestrebt, die Ergebnisdarbietung und Ergebnissicherung ausgeprägt zu betonen. Fehler und Lernumwege der Schüler/innen sind eher verpönt. Der direkte Weg zum didaktisch geplanten Ergebnis scheint immer noch der beste. Falsch, sagt die moderne Lernforschung – und dies völlig zu Recht. Falsch deshalb, weil das Lernen von Menschen nachweislich deutlich mehr ist als das vordergründige Rezipieren von vorgestanztem Fachwissen. Erfolgreiches Lernen erfordert vor allem eines, nämlich den nachhaltigen Aufbau intelligenten Wissens und Könnens in den Köpfen der Lerner. Das aber verlangt zwingend nach iterativen Prozessen der Informationsgewinnung, -verarbeitung und -anwendung.

Lernen durch vielseitiges Tun und Probieren ist bereits an anderen Stellen dieses Buches als zielführende Arbeits- und Innovationsperspektive ausgewiesen worden. Tätiges Lernen aber ist ohne eine gewisse Offenheit gegenüber Fehlern und Lernumwegen der Schüler/innen schwerlich zu bewerkstelligen. Jedes Versuchen und Probieren der Kinder und Jugendlichen schließt immer auch die Möglichkeit ein, dass Unzulänglichkeiten und Fehleinschätzungen vorkommen. Fehler sind also nicht als solche ein Problem, sondern nur dann, wenn sie unverändert stehen bleiben und keiner weiteren Prüfung unterzogen werden. Letzteres aber ist nach den hier vertretenen Prinzipien nicht der Fall. Im Gegenteil: Wie die Ausführungen in den Kapiteln II.4 und II.5 unmissverständlich zeigen, gehören die Aufdeckung und die Korrektur etwaiger Fehler zwingend zum hier vorgestellten Förderprogramm. Dafür sorgen Schülerkooperation und wechselseitige Berichterstattung; dafür sorgen aber auch die regelmäßig wiederkehren Kontrollen und Gespräche in kleineren oder größeren Zufallsgruppen. Auf diese Weise werden Fehler einzelner Schüler/innen aufgedeckt und sukzessive abgeschliffen, nicht aber per se vermieden. Diese gruppen- und klasseninterne Qualitätssicherung funktioniert bestens.

Fehlerbearbeitung und Fehlerbehebung stehen somit außer Frage. Was pädagogisch indes wenig Sinn macht, ist die apodiktische Fehlervermeidung, wie sie viele Lehrkräfte nach wie vor anstreben. Fehler vermeiden kann letztlich nur derjenige, der erst gar keine Fehler zulässt. Das aber führt schnurstracks zur eng gestrickten Suggestivpädagogik, wie sie bereits an anderer Stelle dieses Buches kritisiert wurde. Einer Pädagogik, die den Schüler/innen »das Richtige« diktiert, nicht aber unterschiedliche Begabungen und Interessen zum Zug kommen lässt. Lernen in heterogenen Gruppen braucht anderes, nämlich möglichst vielseitiges »Trial and Error« im besten Sinne des Wortes. Andernfalls wird das Lernen der Schüler/innen über Gebühr behindert und verhindert. Wer abstrakt-rezeptives Lernen groß schreibt, wird vielen Kindern nicht wirklich gerecht. Genau das gilt es zu verhindern. Unterschiedliche Lernwege und Lerntätigkeiten müssen möglich sein. Versuch und Irrtum müssen wertgeschätzt werden, damit sich die Schüler/innen in der Breite ermutigt sehen, ihr Lernen selbst in die Hand zu nehmen und die eigenen Potenziale selbstbewusst freizusetzen.

Lernen gelingt vielen Schüler/innen nur über den Weg des Tuns (vgl. Abb. 40). Das wird von vielen Lehrkräften unterschätzt bzw. übersehen. Tätiges Lernen und »Trial and Error« sind zwei Seiten derselben Medaille. Migrantenkinder z. B., die in Deutsch besser werden sollen, schaffen dies am wenigsten durch Zuhören oder stilles Lesen,

> **Zitate zum Nachdenken**
>
> - »Der naturgemäße Weg der Bildung ist der Weg des praktischen Handelns.«
> (Kerschensteiner)
> - »Was der Schüler sich nicht selbst erwirkt oder erarbeitet hat, das ist er nicht und das hat er nicht.« (Diesterweg)
> - »Ein Gramm Erfahrung ist besser als eine Tonne Theorie.« (Dewey)
> - »Das kleinste Gramm eigener Erfahrung ist mehr wert als Millionen fremder Erfahrung.« (Lessing)
> - »Denken und Tun, Tun und Denken, das ist die Summe aller Weisheit.« (Goethe)

Abb. 40

sondern in erster Linie dadurch, dass sie mit der deutschen Sprache mutig experimentieren. Dieses »Trial and Error« begünstigt sowohl ihren Wortschatz als auch die Entwicklung ihres Sprachgefühls. Perfektionismus hingegen wäre fehl am Platze. Das würde nur Lernblockaden nach sich ziehen und viele Schüler/innen davon abhalten, ihre Potenziale ernsthaft zu mobilisieren. Gleiches gilt für das Gros der praktisch-anschaulichen Lerner. Sie brauchen ebenfalls zwingend das tätige Lernen, und zwar im Bewusstsein, dass sie Versuch und Irrtum praktizieren dürfen, ohne deshalb gleich von Lehrerseite in den Senkel gestellt zu werden. Nur so können sie ihre eigenen Stärken und Schwächen ausloten.

Was die Schüler hören, das vergessen sie zumeist sehr rasch, was sie sehen, das erinnern sie schon eher. Was sie aber selbst tun und unter Einsatz verschiedener Sinne zustande bringen, das behalten sie in aller Regel höchst wirksam und nachhaltig. Das zeigen die Befunde der etablierten Informations- und Medienforschung. Danach behalten wir durchschnittlich ca. 20 Prozent von dem, was wir hören, 30 bis 50 Prozent von dem, was wir sehen, 70 Prozent von dem, was wir in eigenständigen Sätzen sagen, und sogar 90 Prozent von dem, was wir praktisch tun bzw. ausführen (vgl. Gemmer 2004, S. 74). Das »Trial and Error«-Prinzip unterstützt diese langfristige Behaltenswirkung des tätigen Lernens. Je mehr Sinne beteiligt sind und je vielseitiger die Schüler/innen arbeiten und experimentieren dürfen, desto besser. Von daher spricht vieles dafür, das Lernen heterogener Gruppen durch möglichst vielseitiges Tun und Probieren so zu stimulieren, dass das Gros der Schüler/innen überzeugend Anschluss finden und Anschluss halten kann. »Learning by Doing« und »Trial and Error« sind gleichsam die Grundpfeiler einer erfolgreichen Förder- und Integrationsarbeit im Unterricht.

6.6 Lehrerlenkung ja, aber eben anders

Wirksame Begabungsförderung verlangt Lehrerlenkung – keine Frage. Unklar ist nur, wie diese Lehrerlenkung verstanden und ausgestaltet werden soll. Lehrerlenkung gilt gemeinhin als eng verwandt mit Lehrerdarbietung und ergebniszentrierter Detailsteuerung des Unterrichtsverlaufs. Das schließt ein, dass die jeweilige Lehrkraft Lernziele, Lernschritte und Lernergebnisse plant und dementsprechend das Heft in der Hand behalten muss, damit die Schüler/innen auch tatsächlich zu den geplanten Resultaten gelangen können. Gelenkt wird in direktiver Weise – durch präzise Anweisungen, Gesprächsimpulse, Ermahnungen, Tafelanschriften, Kontrollfragen, Hausaufgaben und sonstige inhaltlich-fachliche Inputs. Für begabungs- und interessengeleitetes Arbeiten und Lernen der Schüler/innen bleibt unter diesen Vorzeichen eher wenig Raum. Im Vordergrund stehen stattdessen Belehrung und Unterweisung, Vormachen und Nachmachen. Gelenkt wird straff und lehrerzentriert. Die Schüler/innen machen in erster Linie das, was ihnen von Lehrerseite vorgegeben bzw. an lernrelevanten Erkenntnissen und Ergebnissen nahegelegt wird. Sie pauken und rezipieren, katechisieren und konsumieren.

Diese Version von Lehrerlenkung ist in diesem Buch dezidiert *nicht* gemeint. Gemeint ist etwas anderes, nämlich die indirekte Rahmensteuerung anstelle der direkten ergebniszentrierten Detailsteuerung der Lehrperson. Rahmensteuerung und Ergebnissteuerung sind zwei sehr verschiedene Dinge. Während bei der ergebniszentrierten Lenkungsarbeit das lehrergelenkte Unterrichtsgespräch – einschließlich Tafelbildarbeit und Lehrervortrag – hochgradig dominant ist, zeichnet sich die besagte Rahmenlenkung vornehmlich dadurch aus, dass verschiedene Prozessgrößen von Lehrerseite beeinflusst und geregelt werden. Das beginnt mit der Themenfestlegung und reicht über die Reglementierung der Gruppenbildung und die Bereitstellung geeigneter Lehr- und Lernmittel bis hin zu spezifischen Zeit- und Produktvorgaben für die anstehenden Lernprozesse. Diese Spielarten der Rahmenlenkung vermitteln den Schüler/innen Sicherheit und strategische Klarheit, was besonders für schwache, unsichere und/oder phlegmatische Lerner wichtig ist. Gleichzeitig aber bieten sie ihnen beträchtliche Gestaltungs- und Entscheidungsspielräume, die im Unterrichtsprozess eigenverantwortlich auszufüllen sind.

Die Mehrzahl der Schüler/innen benötigt Rahmenvorgaben der genannten Art. Andernfalls drohen unnötige Unklarheiten, Missverständnis oder gar Streitigkeiten. Klare Regeln und Strukturen begünstigen konstruktives und effektives Lernen. Das gilt vor allem für jüngere Schüler/innen und/oder solche, die noch vergleichsweise unselbstständig sind und daher klarer Regiehinweise der Lehrkräfte bedürfen. Allein die Gruppenbildung kann ein höchst lästiger Konfliktpunkt sein, wenn nicht beizeiten klar verabredet wird, nach welchen Gesichtspunkten sie erfolgen soll. Die in diesem Buch herausgestellten Zufallsgruppen bilden sich schließlich nicht von selbst. Sie müssen von Lehrerseite plausibel gemacht und immer wieder ganz konkret angeregt werden. So gesehen heißt Rahmenlenkung der Lehrkräfte immer auch, dass um die nötigen Einsichten auf Schülerseite geworben werden muss.

Rahmenlenkung ist indirekte Lenkung und als solche dient sie der gezielten Orientierung der Schüler/innen, nicht aber ihrer definitiven inhaltlichen Festlegung. Material-, Produkt-, Zeit-, und Teambildungsvorgaben bilden gleichsam die Leitplanken des Lernens. Sie konstituieren klar umrissene Lernkorridore und verhindern damit, dass sich die Schüler/innen in einem wahllosen Aktionismus verlieren. Gleichwohl stehen sie für dosierte Offenheit. Eine Offenheit, die umso größer wird, je versierter die Schüler/innen ihr eigenes Lernen zu managen verstehen. Je besser sie zu planen, zu entscheiden, zu organisieren, zu kooperieren und selbstkritisch zu reflektieren vermögen, desto breiter und anspruchsvoller können die betreffenden Lernkorridore angelegt werden. Das betrifft sowohl die Aufgabenstellungen als auch die methodischen und sozialen Prozeduren. Auch Projektarbeiten, Wochenpläne oder Lernzirkel bedürfen der Rahmenlenkung der Lehrkräfte – keine Frage. Andernfalls sind tiefergehende Kontroll-, Anwendungs-, Besprechungs- und Klärungsschritte ausgeschlossen.

Nachhaltiges Lernen verlangt dringlich nach Regisseuren und klaren Regieplänen. Wird die angedeutete Rahmenlenkung der Lehrkräfte unterlassen, so besteht die deutliche Gefahr, dass viele Schüler/innen mehr oder weniger unverbindlich und asynchron vor sich hinarbeiten. Die einen bearbeiten Arbeitsblatt A, die anderen Arbeitsblatt B oder C. Die einen sind gerade mal an der zweiten Lernstation, während einige andere bereits die dritte oder vierte Station erreicht haben. Die einen gehen in die Freiarbeitsecke, während die anderen vielleicht Mathematik- oder Deutschaufgaben erledigen. Wie soll unter solchen Vorzeichen ein gedeihlicher Lern- und Arbeitsprozess mit den nötigen Anwendungs- und Vertiefungsphasen sichergestellt werden? Möglich wäre das nur, wenn jeder Schüler für sich autonom genug wäre, um die nötige Lernanstrengung und Qualitätssicherung gewährleisten zu können. Da ein derartiger Autonomiestatus aber von kaum einer Schülerin oder kaum einem Schüler erreicht wird, muss lehrerseitig gezielt gelenkt und reglementiert werden.

Geschieht das nicht, besteht die Gefahr, dass viele Lernbemühungen der Schüler/innen ins Leere laufen. Es drohen vordergründiger Aktionismus und unnötige Trödeleien, fachlicher Dilettantismus und geistige Bequemlichkeit. Soll dieser Gefahr wirkungsvoll begegnet werden, so müssen die verantwortlichen Lehrkräfte bereit sein, klare Reglements einzuführen und klare Anforderungen zu stellen. Die besagten Lernkorridore stehen genau dafür. Sie helfen, das Lernen und Arbeiten der Schüler/innen zu synchronisieren und so zu stufen, dass aufeinander aufbauende Arbeits-, Nachhilfe-, Kontroll-, Anwendungs- und Reflexionsphasen in den Klassen möglich werden. Das sichert Tiefgang und soziale Einbindung, Selbstkritik und Fremdkritik, Anwendungskompetenz und Lehrerentlastung. Demgegenüber ist das Motto »Jeder ist sein eigener Chairman« gleichermaßen gefährlich wie irreführend. Gefährlich, weil es viele Schüler/innen chronisch überfordert. Und irreführend, weil durch dieses Motto der Eindruck erweckt wird, als handele es sich beim Gros der Schüler/innen um wahrhaft autonome Lerner. Dem ist nachweislich nicht so. Die meisten Lerner sind alles andere als autonom und selbststeuerungsbereit. Ihnen können klare Instruktionen und Rahmenregelungen der Lehrkräfte nur guttun.

6.7 Entwarnung in Sachen Stoffdruck

Ein weiterer Irrglaube, der dem wirksamen Arbeiten mit heterogenen Lerngruppen entgegensteht, betrifft die Bedeutung des Lernstoffs. Bis heute sind die meisten Lehrkräfte hochgradig stoffverliebt und unverändert geneigt, das möglichst lückenlose Behandeln des jeweiligen Lernstoffs zur Pflicht zu erheben. Unterstellt wird, dass der Mensch umso gebildeter sei, je mehr Sach-, Fach- und Kulturwissen er aufgenommen hat. Angenommen wird ferner, dass die gängigen Prüfungen nur dann zu bestehen seien, wenn die betreffenden Fachinhalte mit einem Höchstmaß an Akribie und Verbindlichkeit behandelt wurden. Beides ist gleichermaßen fragwürdig wie gefährlich. Gefährlich deshalb, weil die skizzierten Unterstellungen nachgerade zwangsläufig dazu führen, dass viele Lehrkräfte ausgeprägten Stoffdruck verspüren und im Schulalltag alles daransetzen, die traditionellen Stoffpensen möglichst lückenlos zu erfüllen – notfalls auch ohne bzw. gegen die betroffenen Schüler/innen. Da kommt es dann kaum noch darauf an, ob die Schüler/innen auch tatsächlich nachhaltig begreifen und behalten, sondern nur noch darauf, dem traditionellen Stoffkanon möglichst umfänglich Rechnung zu tragen, damit auch ja niemand sagen kann, dieser oder jener Inhalt sei nicht hinreichend behandelt worden.

Das Ganze mutet mittlerweile ziemlich masochistisch an. Masochistisch deshalb, weil sich viele Lehrkräfte einem Stoffdruck ausgesetzt fühlen, den es spätestens seit Einführung der neuen Bildungsstandards so gar nicht mehr gibt. Moderne Prüfungen werden fraglos nicht deshalb bestanden, weil alle möglichen korrespondierenden Fakten irgendwann einmal durchgenommen wurden. So einfach sind die gängigen Prüfungen denn doch nicht zu bestehen. Laut Kultusministerkonferenz geht es im modernen Fachunterricht eindeutig darum, den Schüler/innen grundlegende fachspezifische und fachübergreifende Kompetenzen zu vermitteln, die sie am Ende bestimmter Bildungsabschnitte möglichst souverän beherrschen sollten. Nicht der stoffliche Input also ist entscheidend, sondern der kompetenzspezifische Output. Das haben viele Lehrkräfte noch nicht so recht realisiert. Masochistisch ist das sklavische Festhalten am tradierten Stoffkanon aber auch deshalb, weil die wenigsten Schüler/innen das stofforientierte Pauken erfolgreich mitzumachen vermögen. Im Gegenteil, viele von ihnen tun sich in motivationaler wie in intellektueller Hinsicht äußerst schwer damit, dieser Art des Lernens zu folgen.

Das umfängliche Durchnehmen von Lernstoff ist weder begabungsgerecht noch hinreichend zukunftsorientiert. Das Gros der Schüler/innen benötigt anderes, nämlich vornehmlich exemplarisches Lehren und Lernen und möglichst vielfältige Lerntätigkeiten, sollen die eigenen Begabungen einigermaßen wirksam zur Geltung kommen. Sie müssen verweilen, um zu verstehen; sie müssen arbeiten, um zu behalten. Die gängige »Stoffhuberei« wird den Begabungen und Lerninteressen dieser Schüler/innen beim besten Willen nicht gerecht. Das Begreifen und Behalten von Lernstoff ist eben etwas anderes als das straffe Durchnehmen der betreffenden Fachinhalte durch die zuständige Lehrperson. Diese Erkenntnis ist eigentlich uralt – und sie gilt bis heute. Nachhaltiges und zukunftsorientiertes Lernen verlangt Selbsttätigkeit der Schüler/innen und weniger Belehrung durch die Lehrkräfte. Können statt Kennen, Denken statt Konsumieren, Handeln statt Memorieren – das ist die Zielrichtung, nach der Lehren und Lernen verstärkt ausgerichtet werden müssen. Die dezidierte Kompetenzorientierung der modernen Bildungsstandards trägt diesem Paradigmenwechsel Rechnung.

War es bis Ende der 1990er-Jahre noch durchaus riskant, den in den Lehrplänen katechisierten Lernstoff nach eigenem Gusto zu reduzieren und zu akzentuieren, so ist das heutzutage nicht nur erlaubt, sondern nach Maßgabe der modernen Bildungspläne und Schulprogramme sogar ausdrücklich erwünscht. Erwünscht deshalb, weil sich nur so ernsthaft sicherstellen lässt, dass die spezifischen Lernvoraussetzungen und -interessen der unterschiedlichen Schüler/innen angemessen Berücksichtigung finden können. Erwünscht aber auch insofern, als nachhaltige Kompetenzvermittlung letztlich nur dann möglich ist, wenn zumindest phasenweise das Stoffquantum abgesenkt wird. Die bildungspolitische Option für mehr Autonomie von Schulen, Lehrern und Schülern unterstreicht diese Ausrichtung und macht Mut dazu, schulinterne Akzente zu setzen. Damit entfällt die traditionelle Verpflichtung auf ein vorgeschriebenes Stoffpensum mit verbindlichen Zeit-, Themen- und Lernzielvorgaben. Das könnte ein durchaus wichtiger Schritt zur Entlastung der Lehrkräfte sein.

Hinzu kommt, dass es angesichts der rasanten Veränderungsgeschwindigkeit des Fachwissens einfach keinen rechten Sinne, mehr macht, in althergebrachter Weise auf die Anhäufung detaillierten Vorratswissens zu setzen. Das gilt vor allem für die beruflichen Anwendungsbereiche. In der Schule ändert sich das Bestandswissen zwar nicht so schnell; gleichwohl muss bereits hier damit begonnen werden, die Schüler/innen an die Dynamik der modernen Wissensgesellschaft heranzuführen und entsprechende Einstellungen und Strategien grundzulegen. Die neuen Bildungsstandards und Rahmenpläne nehmen daher völlig zu Recht Abstand vom Festschreiben umfänglicher Wissensbestände und Lehrplanvorgaben. Die Gefahr ist nämlich die, dass Schüler/innen, die sich ans brave Wiederkäuen des vermeintlichen »Weltwissens« gewöhnt haben, ganz unbeweglich werden, wenn sie Neues aufnehmen, verarbeiten und nutzen müssen. Stoffhuberei und geistige Engstirnigkeit liegen eben eng beieinander. Von daher spricht vieles für schulinterne Arbeitspläne, die der besagten Stoffhuberei einen Riegel vorschieben und bewusst darauf setzen, exemplarisches Lernen in den Vordergrund zu rücken. Die neuen Bildungsstandards fordern genau dieses.

So gesehen können Lehrkräfte guten Gewissens exemplarisch unterrichten. Weniger ist unter Umständen mehr! Dieser Grundsatz ist mittlerweile kaum noch umstritten. Wer viel können soll, muss nicht alles wissen – schon gar nicht im Detail. Bildungsstandards und neue, kompetenzorientierte Prüfungsverfahren unterstreichen diese Sichtweise. Andererseits bedeutet das ja nicht, dass Können und Wissen gegeneinander gerichtet sind. Im Gegenteil: Je versierter die Schüler/innen neue Informationen zu recherchieren, zu verarbeiten und zu nutzen verstehen, desto nachhaltiger verläuft gemeinhin auch ihr Wissensaufbau. Schüler/innen also, die es verstehen, exemplarisch und variantenreich Wissens- und Methodenanwendung zu betreiben, trainieren nicht nur ihr Können, sondern erweitern zeitgleich auch ihr Fach- und Sachwissen – auf längere Sicht sogar deutlich mehr als diejenigen, die bloß vordergründige Wissensakkumulation betreiben. Abgespeckte Bildungspläne, Konzentration auf Kernthemen, Verteilung der Themen auf Doppeljahrgangsstufen, kompetenzorientierte Prüfungen, Ausbau des Blockunterrichts unterstützen diese Fokussierung auf exemplarisches Lehren und Lernen. Die Inhalte sind zwar nicht unwichtig, wohl aber können und dürfen die Lehrkräfte ihre traditionellen Stoffpensen zurückfahren, ohne dass sie sich deshalb juristisch angreifbar machen. Das sollte all jene beruhigen, die den »Mut zur Lücke« (noch) nicht haben.

Prüfungsnachteile sind in der Regel nicht zu befürchten, da sich auch die Prüfungsmodalitäten und -anforderungen verändern. Projektprüfungen, Präsentationsprüfungen und mehr materialgestützte Recherche-, Konstruktions- und Problemlöseaufgaben in Klassenarbeiten zeigen an, in welche Richtung sich die Prüfungskultur derzeit verändert. Die besagten Prüfungsverfahren stellen weniger auf katechisiertes Fachwissen ab, sondern in erster Linie darauf, das fachliche und überfachliche Können der Schüler/innen zu überprüfen. Gleiches gilt für Assessments und PISA-verwandte schriftliche Prüfungsaufgaben. Dadurch, dass bei diesen Prüfungsszenarien weniger auf Wissensreproduktion denn auf Wissensverarbeitung und -anwendung gesetzt wird, muss auch nicht alles an der Tafel und/oder im Heft abgesichert sein. Das reduziert den Stoffdruck – und ist doch legitim, beruhigend und Erfolg versprechend. Das sollte Lehrkräften Mut machen, den traditionellen Stoffdruck zu relativieren.

6.8 Der Klassenraum als Lernwerkstatt

Differenziertes Arbeiten und Lernen der Schüler/innen gelingt umso besser, je günstiger und motivierender die Lernumstände in den Klassen sind. Das haben Bildungspolitiker und Schulträger bislang zu wenig im Blick. Wenn verstärkt auf Selbsttätigkeit, Wahlunterricht und konsequente Schülerkooperation gesetzt werden soll, dann müssen sowohl die entsprechenden Ressourcen als auch die nötigen räumlichen Gegebenheiten vorhanden sein. Das beginnt bei der Sitzordnung und reicht über die Ausstattung mit gängigen Nachschlagewerken und sonstigen Arbeitsmitteln (Arbeitshefte, Stifte, Plakate, Scheren, Tesakrepp, Folien, Locher, Pinnwände, Visualisierungskärtchen, Regale, Ablagefächer etc.) bis hin zur Bereitstellung flexibel nutzbarer Computer und Computersoftware. Zwar müssen diese Ressourcen nicht alle vom Schulträger gestellt werden, wohl aber sollten sie für die alltägliche Arbeit im Klassenraum angemessen bereitstehen. Andernfalls lassen sich manche der vorgestellten Förder- und Integrationsmaßnahmen nur eingeschränkt umsetzen.

Wenn beispielsweise Kompendien wie Lexika oder Wörterbücher fehlen, wie sollen dann die Schüler/innen ans selbstständige Nachschlagen bzw. Recherchieren von Informationen herangeführt werden? Oder wenn die Sitzordnung frontal zum Lehrer hin ausgerichtet ist und flexibles Kooperieren in Zufallsgruppen kaum möglich ist, wie soll dann das notwendige Wechselspiel von Einzelarbeit, Partnerarbeit, Gruppenarbeit und Plenararbeit bewerkstelligt werden? Oder wenn die Schüler/innen im Unterricht so sitzen, dass sie zwar den Lehrer, nicht aber die Mitschüler/innen ansehen können, wie sollen sie dann üben und lernen, in Gesprächssituationen aufeinander einzugehen, Blickkontakt zu halten, verständnisvoll zuzuhören, andere Argumente zu würdigen und bestimmte Meldezeichen zu beachten? Oder wenn es an Pinnwänden, Plakatpapier und/oder sonstigen Visualisierungsmaterialien fehlt, wie sollen die Kinder dann das überzeugende Strukturieren und Visualisieren von Sachverhalten lernen? Oder wenn die benötigte Computerausstattung im Klassenraum fehlt, wie sollen es die Schüler/innen dann schaffen, flexibel und kompetent auf den PC zurückzugreifen, wenn im Unterricht entsprechende Aufgaben gestellt sind? Diese wenigen Beispiele zeigen, dass die ins Auge gefasste Lern- und Interaktionskultur ohne unterstützende Rahmenbedingungen schwerlich zu realisieren ist.

Abbildung 41 skizziert, wie diese Rahmenbedingungen aussehen können bzw. sollten. Wichtig ist, dass die Schüler/innen im Klassenraum flexibel und ohne übermäßigen Zeit- und Disziplinverlust Arbeitshilfen nutzen und unterschiedliche Lernpartner/innen ansteuern können. Die abgebildete Winkelsitzordnung ist ein ebenso pragmatischer wie bewährter Versuch, dieser Intention gerecht zu werden. Sie verlangt weder eine neue Möbelausstattung, noch kollidiert sie unüberbrückbar mit den beengten Platzverhältnissen in den gängigen Klassenräumen. Auch lässt sie Frontalunterricht und Gruppenunterricht gleichermaßen zu, da die Schüler/innen sowohl Blickkontakt zu ihren Tischpartnern als auch zur Tafel bzw. zum vorne agierenden Lehrer hin aufnehmen können. So gesehen ist die besagte Winkelsitzordnung im besten Sinne des Wortes kompromissfähig – vorausgesetzt, die betreffenden Lehrkräfte zeigen ein Minimum an Bereitschaft, aufeinander zuzugehen. Wer frontal unterrichten möchte, kann dies genauso tun wie derjenige, der auf kooperatives Lernen setzt oder aber darauf, die Schüler/innen nach Maßgabe der vorgestellten Lernspiralen arbeiten und interagieren zu lassen (vgl. Kapitel II.4).

Die Lehrkräfte können ohne größere Umräumaktionen vom Frontalunterricht zur Einzelarbeit, Partnerarbeit und Gruppenarbeit wechseln und natürlich auch umgekehrt. Bei längeren Gruppenarbeitsphasen werden lediglich die beiden Winkeltische zusammengeschoben. Dadurch entstehen sowohl eine größere Arbeitsplattform als auch eine größere Nähe der Gruppenmitglieder zueinander. Dieses Tischerücken ist ohne nennenswerten Lärm und Zeitverlust durchzuführen. Gleiches gilt z. B. für den Fall, dass ein Stuhlkreis oder ein Stehkreis gebildet werden sollen. Vorausgesetzt, die Schüler/innen wissen genau, wie ein solches Manöver abzulaufen hat, kann in wenigen Sekunden der entsprechende Kreis stehen. Wie? Indem die jeweiligen Lernpartner/innen ihren Tisch hochnehmen und an die vorab definierte Stelle an einer der Außenwände des Klassenraumes stellen. Auf diese Weise entsteht umgehend eine große Freifläche, die von den Schüler/innen genutzt werden kann, um einen spezifischen Stuhl- oder Stehkreis zu formieren. Für den Fall des Stehkreises heißt dies z. B.: Die Schüler/innen stellen sich mit dem Rücken zu den an den Außenwänden stehenden Tischen und bilden auf diese Weise einen relativ großen Außenkreis. Ist ein Doppelkreis angesagt, greift das sogenannte Reißverschlussverfahren, d. h. jeder zweite Schüler geht auf Anweisung des Lehrers nach innen und stellt sich dem betreffenden Mitschüler face to face gegenüber.

Manöver dieser Art sind alltagstauglich und hilfreich. Alltagstauglich, weil sie mit minimalem Zeit- und Nervenaufwand zu bewerkstelligen sind. Hilfreich, weil sie gewährleisten, dass sich die Schüler/innen in flexibler Weise abhören, besprechen und wechselseitig helfen können. Das ist das A und O erfolgreichen Lernens – auch und

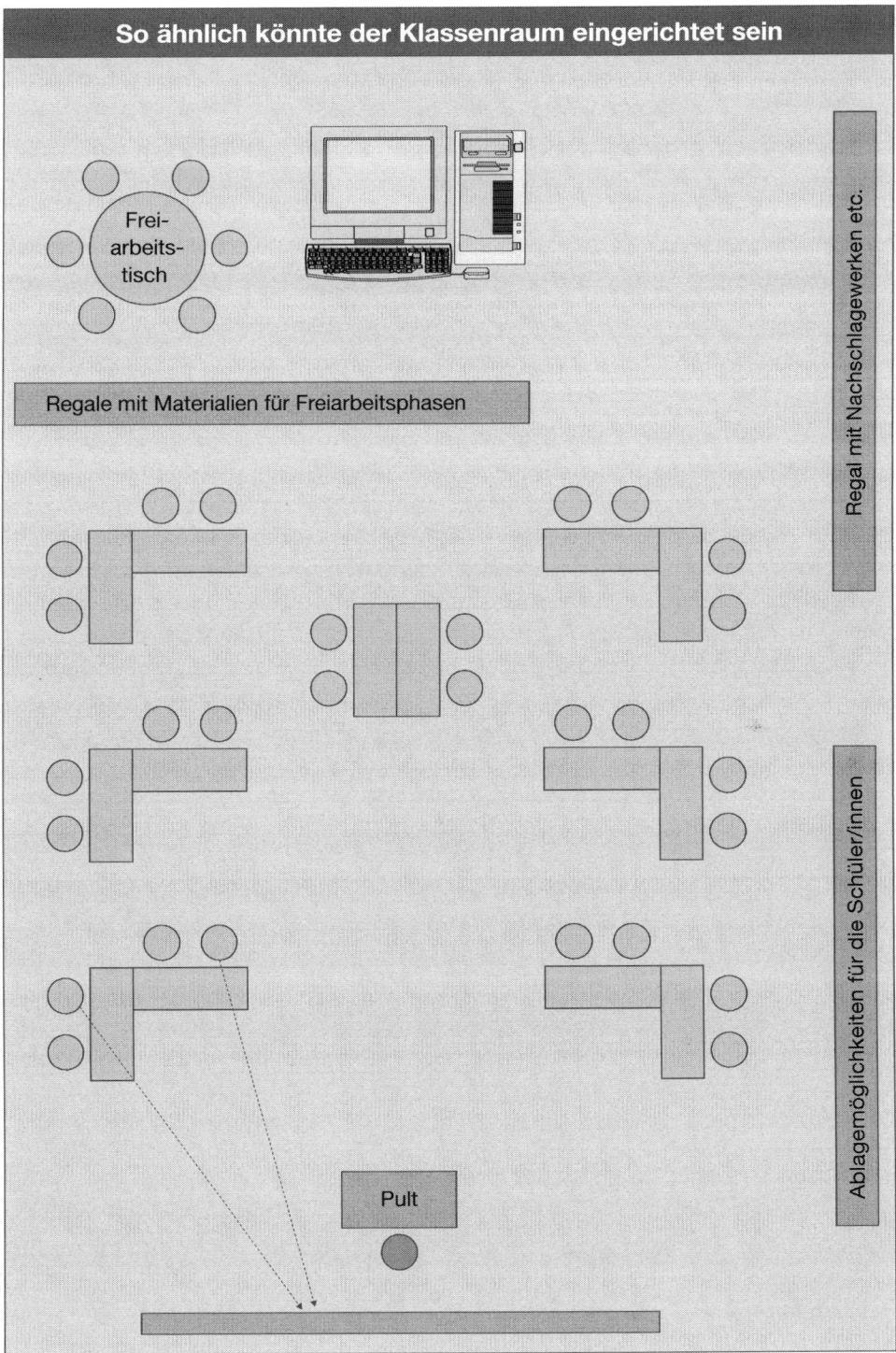

Abb. 41

gerade in heterogenen Lerngruppen. Heterogene Gruppen verlangen zwingend nach Sozialformwechsel und flexiblen Beratungs- und Besprechungsmöglichkeiten der Schüler/innen. Und genau dies bietet bzw. erleichtert die skizzierte Winkelsitzordnung. Indem die Tischgruppen alle sechs bis acht Wochen über Zufalls- und Setzverfahren neu formiert werden, gewährleisten sie recht tragfähige Helfer- und Erziehungsleistungen. Die Heterogenität ist groß genug, um sicherzustellen, dass sich die Tischgruppenmitglieder im Regelfall recht wirksam ergänzen und unterstützen können. Damit dieser wechselseitige Support möglichst leise vonstatten geht, müssen sich zunächst die beiden Lernpartner am jeweiligen Einzeltisch beraten, bevor die Beratung in der erweiterten Tischgruppe einsetzt. Das gilt sowohl für die Sachberatung als auch für die gruppeninterne Lern- und Leistungsbewertung und -reflexion. Dieses Prozedere hat gleich zwei Vorteile: Es steigert zum einen die Disziplin und Mitverantwortung der Schüler/innen; und es reduziert zum anderen die Lärmbelastung und die Alleinzuständigkeit für die betreffenden Lehrkräfte.

Zur Ausstattung des Klassenraumes gehört indes nicht nur eine funktionstüchtige Sitzordnung, sondern noch einiges mehr. Abbildung 41 gibt Aufschluss über weitere wichtige Ausstattungsmerkmale und -elemente. Da ist zunächst die Raumgröße. Schön wäre es natürlich, wenn ausreichend Raum für diverse Regale, Schränke und Freiarbeitsmaterialien vorhanden wäre. Das müssen gar keine üppigen Freiflächen sein; gleichwohl ist ein bisschen Platz notwendig, wenn die Schüler/innen eine einladende und funktionale Lernumgebung vorfinden sollen. Dazu gehören sowohl die angedeuteten Regale zum Aufbewahren von Schülermappen, Nachschlagewerken, Lernkarteien und sonstigen Lehr- und Lernmitteln wie Stifte, Folien, Scheren, Locher, Notizkarten, Klebeband etc. Dazu gehören aber auch größere Arbeitshilfen wie Pinnwände, Overhead-Projektor, Beamer oder moderne Whiteboards. Und natürlich wäre auch die in Abbildung 41 angedeutete Freiarbeitsecke mit separatem Arbeitstisch und Computerarbeitsplatz schön und nützlich.

Nur, die Realitäten in Deutschlands Schulen sehen meist anders aus. Die bestehenden »Versorgungslücken« sind vielerorts höchst eklatant. Das gilt nicht nur für Whiteboards, Beamer, Computer und anderen »Hochtechnologien«. Das gilt leider auch und nicht zuletzt für so simple Verbrauchs- und Gebrauchsmaterialien wie Pinnwände, Plakatpapier und Büromaterialien der verschiedensten Art. Gewiss, eine aufwändige Ausstattung sichert noch lange keinen besseren Unterricht; gleichwohl begünstigt sie unstrittig Lehr- und Lernangebote der Lehrkräfte, die den Schüler/innen differenzierte Arbeits-, Kooperations- und Präsentationsmöglichkeiten eröffnen. Dass derartige Möglichkeiten dringend vonnöten sind, wenn differenziertes und individualisiertes Arbeiten verstärkt Platz greifen soll, steht außer Frage. Von daher spricht vieles dafür, die Klassenräume im besten Sinne des Wortes als Lernwerkstätten auszugestalten. In den Grundschulen geschieht dies schon häufiger, in den Sekundarschulen dagegen sind derartige »Lernwerkstätten« bislang noch eine ziemliche Ausnahme. Der Hauptgrund dafür: Es fehlt am nötigen Geld.

Was tun? Grundsätzlich kann man sich natürlich auf den Standpunkt stellen, Staat und Schulträger sollten bitte schön mehr Geld bereitstellen. Diese Forderung ist auch durchaus legitim. Nur problemlösend ist sie auf kurze Sicht in der Regel nicht. Kurzfristig hilft eher weiter, wenn zusätzlich auf schulinterne »Selbsthilfe« zurückgegriffen wird, d. h. auf »intelligente Improvisation« im Bereich der Einzelschule. Nicht nur, dass die Eltern hin und wieder zur Beschaffung und/oder Herstellung wichtiger Lernmittel herangezogen werden können; auch für die Lehrkräfte ist es unter Umständen recht lohnend und hilfreich, gezielte Projekte z. B. zum Bau einfacher Pinnwände zu starten oder aber z. B. Plakatpappe aus Restbeständen von Druckereien und/oder Kartonagefabriken zu gewinnen. Das hilft unmittelbar. Auch die gezielte Ansprache von potenziellen Sponsoren in der Region kann durchaus dazu beitragen, die Sachmittelausstattung in den Klassenräumen zu verbessern. So gesehen ist Improvisation sicherlich ein Notbehelf, um kurzfristig Besserung zu erreichen. Das heißt andererseits jedoch nicht, dass damit die Ausstattungsverantwortung der Schulträger relativiert werden soll. Sie ist und bleibt ein Muss. Das gilt für Möbel, Computer und sonstige Hardware genauso wie für Folien, Plakate, Wachsmalstifte, Filzstifte, Visualisierungskarten und sonstige einfache Lernwerkzeuge der Schülerinnen und Schüler. Ein Unterricht, der modernen Lern- und Differenzierungsanforderungen Rechnung tragen soll, kann nun einmal nicht bei Tafel und Kreide stehen bleiben. Das gilt auch im Zeitalter knapper Staatsfinanzen.

6.9 Wie man Elternängste mindern kann

Ein Handicap bei der Einführung pädagogischer Neuerungen sind die Vorbehalte einflussreicher Eltern. Vorbehalte, die sich vor allem aus der Angst speisen, dass die vorgesehenen Innovationen dem eigenen Kind schaden könnten. Das gilt auch und nicht zuletzt für das Lernen in heterogenen Lerngruppen. Gerade gymnasial orientierte Eltern setzen vielerorts alles daran, ihre Kinder von etwaigen Gemeinschafts-, Regional- oder Sekundarschulen fernzuhalten. Der Grund: die angstbesetzte Vermutung, dass dort aufgrund der breiten Begabungsmischung bestenfalls schlechtes Mittelmaß in puncto Leistung und Lernerfolg erreicht werden könne. Diese Vermutung ist zwar durch nichts bewiesen; gleichwohl hält sie sich bis heute höchst zäh. Wer sagt eigentlich, dass ambitionierte und leistungsstarke Kinder in heterogenen Lerngruppen weniger lernen als in den vermeintlich homogenen Klassen des deutschen Schulwesens? Die neuere PISA-Forschung belegt eher das Gegenteil.

In den meisten OECD-Ländern mit vollintegrierten Systemen bis zur neunten oder zehnten Jahrgangsstufe kann sich das Leistungsniveau der 15-jährigen Schüler/innen sehr wohl mit dem der deutschen Schulen messen. Die Spitzengruppe der dortigen Schülerschaft erreicht beim gängigen PISA-Ranking teilweise sogar ein höheres Kompetenzniveau als die deutschen Spitzengymnasiasten (vgl. die näheren Ausführungen in Abschnitt I.1.4). Die Unterschiede sind zwar nicht gravierend. Dennoch belegen sie, dass die These von der Überlegenheit des deutschen dreigliedrigen Schulwesens mit seinen relativ homogenen Schülerpopulationen im Kern nicht zu halten ist. Das ist beruhigend und ermutigend zugleich. Beruhigend, weil die guten Schüler/innen offenbar überall ihren Weg machen und Strategien finden, um ihr vorhandenes Leistungspotenzial wirksam zu entwickeln. Ermutigend, weil die Vielfalt der Begabungen und Interessen offenbar zusätzlich stimulierend wirkt und die leistungsstarken Schüler/innen in bester Weise dazu nötigt, auch nicht kognitive Kompetenzen verstärkt zu entfalten.

Das alles spricht dafür, dass heterogene Lerngruppen keine Leistungsbremse, sondern eher ein Leistungszünder sind. Wer viel weiß und viel kann, erhält in den betreffenden Klassen vielfältige Möglichkeiten und Anlässe, die erworbenen Fähigkeiten und Fertigkeiten immer wieder anzuwenden und dadurch natürlich auch weiterzuentwickeln und zu festigen. Der althergebrachte Nachhilfeunterricht macht diesen Wirkmechanismus seit Jahr und Tag deutlich und unterstreicht, dass genau dieses »Nachhelfen« der Humus ist, aus dem sich nachhaltige Könnensentwicklung speist. Nachhaltiges Können entsteht nämlich nicht bereits dadurch, dass ein Schüler bestimmtes Fach- und Verfahrenswissen aufgenommen und verstanden hat. Hinzukommen müssen zwingend variantenreiche Anwendungssituationen, die gewährleisten, dass es zu einer hinreichenden Konsolidierung der vorhandenen Kenntnisse und Erkenntnisse kommen kann. Diese Konsolidierungsarbeit kommt im herkömmlichen Unterricht oft zu kurz. Warum? Weil viele Lehrkräfte dazu neigen, lieber Neues zu behandeln, als das vorhandene Grundwissen in neue Anwendungssituationen hinein übertragen zu lassen.

Diese Angst vor der Redundanz ist in heterogenen Lerngruppen besonders problematisch, da viele Schüler/innen nur durch kleinschrittiges Wiederholen und Anwenden Anschluss halten können. Alles andere käme einer vorschnellen Abkoppelung der Schwächeren gleich. Diejenigen, die schneller denken und Probleme zu lösen vermögen, sind allerdings keineswegs die Opfer dieses verweilenden Lernens, sondern in gewisser Weise sogar dessen Nutznießer. Bewusste Langsamkeit heißt nämlich nicht, dass die Schüler/innen langfristig weniger können. Im Gegenteil. Sie lernen vielseitiger und intensiver – vorausgesetzt, ihre Lehrkräfte arrangieren entsprechende Anwendungs- und Kooperationssituationen, die ihnen Gelegenheit geben, das eigene Wissen und Können anwendungsbezogen weiterzuentwickeln. Das steigert sowohl die fachliche Souveränität als auch die soziale und intellektuelle Flexibilität, Kreativität und Selbstständigkeit der Schülerinnen und Schüler. Die aktuelle Forderung nach möglichst breit gefächerten Schlüsselqualifikationen unterstreicht die Bedeutung dieses erweiterten Lernverständnisses.

So gesehen können ambitionierte Eltern durchaus beruhigt sein, wenn heterogene Lerngruppen in Aussicht stehen. Sie müssen nur eindringlich informiert und eingeweiht werden, wie nachhaltiges Lernen verläuft und welche Qualifizierungschancen dem redundanten Arbeiten und Kooperieren innewohnen. Wer jemals Nachhilfeunterricht erteilt hat, der weiß, wie ertragreich wechselseitiges Helfen und Erklären, Befragen und Besprechen für die Nachhilfe erteilenden Schüler/innen sind. Anderen etwas zu erklären hilft nicht nur den Nachhilfeempfängern, sondern auch und zugleich den Erklärern selbst. Das ist wissenschaftlich seit Langem belegt. Wie die Lernforschung nachweist, sind die Lerneffekte aufseiten der Erklärer sogar umso größer, je häufiger bestimmte Sachverhalte erklärt werden müssen und je unbedarfter diejenigen sind, denen sie erklärt werden müssen (vgl. Knopf 2008, S. 17). Die Plausibilität dieses Befundes erschließt sich allein daraus, dass nachhaltiges Begreifen und Behalten dringlich darauf angewiesen sind, dass die betreffenden Schüler/innen mit der nötigen Selbstsicherheit und Souveränität zu Werke gehen. Angst und Unsicherheit dagegen blockieren das Gehirn – und damit auch das Lernen. Die organisierte Nachhilfearbeit, für die in diesem Buch plädiert wird, ist somit ein höchst ergiebiger Nährboden für nachhaltiges und vielseitiges Lernen und Behalten. Das gilt sowohl für die schwächeren als auch für die stärkeren Schüler/innen.

Hinzu kommt die hochgradige Lernrelevanz der unterschiedlichen Lerntätigkeiten, wie sie für die anvisierte Lernkultur kennzeichnend sind (vgl. die Kapitel II.2 bis II.5). Vielseitige Lerntätigkeiten begünstigen vielseitigen Kompetenzerwerb. Vielseitige Lerntätigkeiten intensivieren aber auch die kognitive Wissensverarbeitung und -aneignung als solche. Was mit vielen Sinnen aufgenommen und verarbeitet wird, das kann im Gedächtnis entsprechend differenziert verankert werden. Das wiederum unterstützt die langfristige Verfügbarkeit des je Gelernten. Diese Fakten und Zusammenhänge müssen skeptischen Eltern verstärkt ins Bewusstsein gehoben werden, wenn heterogene Lerngruppen die nötige Akzeptanz finden sollen. Dann verlieren viele dieser Skeptiker nicht nur ihre Angst vor dem Absacken ihrer Kinder in den entsprechenden Klassen, sondern sie lassen sich in der Regel auch vermehrt darauf ein, die Chancen heterogener Lerngruppen in neuem Licht zu sehen. Heterogene Lerngruppen sind mehr Segen als Fluch – vorausgesetzt, die in den Kapiteln II.2 bis II.5 skizzierten Förder- und Integrationsmaßnahmen werden einigermaßen konsequent umgesetzt. Wird die bestehende Begabungs- und Interessenvielfalt konstruktiv genutzt, so ergeben sich beste Chancen, dass alle Schüler/innen davon profitieren – auch die cleveren und ambitionierten unter ihnen.

6.10 Lehrerentlastung als konkrete Utopie

Im Zusammenhang mit heterogenen Lerngruppen von Lehrerentlastung zu sprechen, mutet fast schon utopisch an. Die Buntheit der Schülerschaft wird gemeinhin als höchst belastend wahrgenommen. Richtig an dieser Wahrnehmung ist, dass die nötige Förder- und Integrationsarbeit die Lehrkräfte vor neue Herausforderungen stellt, die Umdenken und veränderte Unterrichtsvorbereitungen erforderlich machen. Falsch daran ist jedoch, dass diese Herausforderungen dauerhafte Mehrbelastungen nach sich ziehen müssen. Mittelfristig sind durch die skizzierten Förder- und Kooperationsmaßnahmen sehr wohl spürbare Entlastungseffekte für die Lehrkräfte erreichbar. Es muss nur konsequent genug damit begonnen werden, die skizzierten Empfehlungen und Strategien tatkräftig zu verwirklichen. Genau daran aber mangelt es bisher. Viele Lehrkräfte halten krampfhaft an ihren traditionellen Gewohnheiten fest und erwarten, dass die nötigen Anpassungsleistungen von Schülerseite erbracht werden. Die Schüler/innen sollen sich bewegen, weniger hingegen die Unterrichtsverantwortlichen selbst. Diese Rechnung kann allein deshalb nicht aufgehen, weil zahlreiche Schüler/innen selbst bei bestem Willen nicht in der Lage sind, ohne geeignete Differenzierungs- und Trainingsmaßnahmen Erfolg versprechend zu lernen. Von daher liegt die Bringschuld auch und besonders bei den Lehrkräften. Im Klartext: Die schulischen Lehr-, Lern- und Förderverfahren müssen so verändert werden, dass die Schüler/innen in der Breite auf die Füße kommen.

Dann ist Lehrerentlastung eine durchaus realistische Perspektive – zumindest auf mittlere Sicht. Indem nämlich die Schüler/innen angeleitet und qualifiziert werden, möglichst oft und konsequent in eigener Regie zu arbeiten, können sich ihre Lehrkräfte sukzessive zurücknehmen und auf gezielte Beobachtungs- und Beratungstätigkeiten verlegen. Das ist insofern entlastend, als sie nicht mehr ständig im Brennpunkt des Lerngeschehens stehen und alle möglichen Friktionen und Hilfegesuche der Schüler/innen aushalten müssen. Wie die Erfahrung zeigt, kann mit Fug und Recht erwartet werden, dass die Autonomie der Schüler/innen wächst, je mehr sie daran gewöhnt sind, sich selbst und anderen mit Rat und Tat zur Seite zu stehen. »Hilfe zur Selbsthilfe« – das ist das Gebot der Stunde. Das ist aber auch eine der Bedingungen dafür, dass die Lehrkräfte aus ihrer klassischen Überforderungssituation in heterogenen Lerngruppen herauskommen. Je ausgeprägter die Selbsthilfefähigkeit der Schüler/innen entwickelt ist, desto entlastender wird es für die Lehrerseite. Je kompetenter und selbstverständlicher die Schüler/innen zu kooperieren verstehen, desto besser kommen sie auch ohne direkte Lehrerbetreuung zurecht.

Diese Perspektive ist ebenso tröstlich wie realistisch. Tröstlich deshalb, weil sie darauf verweist, dass die ruinöse Lehrerbelastung der Gegenwart keineswegs so bleiben muss, sondern durchaus Alternativen bestehen. Und realistisch ist sie insofern, als die Unterrichtsentwicklungsprojekte des Verfassers während der letzten Jahrzehnte immer wieder bestätigt haben, dass viele Schüler/innen deutlich besser sind als ihr Ruf – insbesondere die Schwachen, Phlegmatischen und/oder Desinteressierten unter ihnen. Sie müssen nur anders angesprochen und eingebunden werden. Dann kann mit gutem Grund davon ausgegangen werden, dass sie vergleichsweise »pflegeleicht« und leistungsbereit zu Werke gehen. Genau diese Strategie wird mit den in den Kapiteln II.2 bis II.5 skizzierten Förder- und Integrationsmaßnahmen verfolgt. Methodentraining und Methodenpflege, kooperatives Lernen und vernetzte Lernaktivitäten, Wahlangebote und Wahlunterricht – das sind die Hebel, mit denen die nötigen Differenzierungs- und Individualisierungsmaßnahmen bewirkt werden. Hebel, die sich gleichermaßen arbeitssparend wie effektiv betätigen lassen.

Apropos Arbeitsersparnis: Die meisten Lehrkräfte arbeiten nachweislich viel zu aufwändig und umständlich, eigenbrötlerisch und einzelkämpferisch. Sie versuchen, die Heterogenität ihrer Lerngruppen im Alleingang zu bewältigen, und machen es sich dadurch über Gebühr schwer. Sie wollen ihre eigene Lernkultur aufbauen und prallen dabei immer wieder an den gegenläufigen Standards und Strategien einzelner Kolleg/innen ab. Sie halten krampfhaft daran fest, ihre je spezifischen Regeln und Rituale, Methoden und Materialien, Arbeitsmittel und Differenzierungsstrategien im Alleingang zu kreieren, und handeln sich damit ein kaum zu bewältigendes Arbeitsprogramm ein. Dass das alles hochgradig belastend und zermürbend ist, ist kaum verwunderlich. Gemeinsam statt einsam – dieser Grundgedanke ist den meisten Lehrkräften eher fremd. Sie negieren in nachgerade sträflicher Weise die Vorzüge konzertierten Arbeitens. Lehrerkooperation und Arbeitsteilung werden im Schulalltag viel zu wenig genutzt, um den Umgang mit heterogenen Lerngruppen konsequent zu vereinfachen und zu effektivieren.

Genau dort setzt das hier in Rede stehende Förder- und Differenzierungsprogramm an. Lehrerkooperation steigert nicht nur die Wirksamkeit der unterrichtlichen Umsetzungsarbeit, sondern sie fördert auch und zugleich die Arbeitsersparnis der einzelnen Lehrkräfte. Wer die angesprochene Materialentwicklung und Ressourcenbeschaffung arbeitsteilig angeht, der erspart sich eine Menge Zeit und Arbeit. Wer die erforderlichen Regeln, Rituale und Methoden im Verbund mit anderen Lehrkräften einführt und umsetzt, der erhöht dadurch naturgemäß die eigenen Erfolgsaussichten. So gesehen hat es die Lehrerschaft zu erheblichen Teilen selbst in der Hand, die eigene Entlastung voranzutreiben. Das ist im besten Sinne des Wortes eine »konkrete Utopie«. Eine Vision also, die höchst realistisch ist. Eine Vision, die mit alltagstauglichen Mitteln umgesetzt und zum Erfolg geführt werden kann – vorausgesetzt, die skizzierten Strategien werden geschickt genutzt.

Das gilt für die Institutionalisierung der grundständigen Methodenschulungen genauso wie für den Aufbau einschlägiger Helfer- und Erziehungssysteme im Rahmen der in Kapitel II.4 skizzierten Lernspiralen. »Organisierte Nachhilfe« ist eine nachgerade faszinierende Perspektive, sofern sie von den Lehrkräften in der nötigen Weise vorbereitet, reglementiert und im Unterricht immer wieder angestoßen und eingefordert wird. Sie reduziert die allseitige Verantwortlichkeit der Lehrkräfte, mindert ihren Alltagsstress im Klassenzimmer, stärkt die Schülerinnen und Schüler und sorgt auf diese Weise für eine recht wirksame Entlastung der Lehrerinnen und Lehrer. In dem Maße, wie die Schüler/innen darin geübt sind, sich selbst und anderen zu helfen und nötigenfalls auch Druck zu machen, wird der Umgang mit heterogenen Lerngruppen erleichtert. In dem Maße, wie sie die grundlegenden Spielregeln des selbstständigen, eigenverantwortlichen und kooperativen Lernens beherrschen, werden sie selbstverständlich auch zielstrebiger, selbstbewusster und arbeitswilliger. Das bestätigen langjährige Unterrichtsentwicklungsversuche des Verfassers. Lernkompetenz, Lerndisziplin und Lernaktivität greifen dabei in höchst fruchtbarer Weise ineinander. Das begünstigt Lerneffizienz und Lehrerentlastung.

Lehrerentlastung lässt sich aber auch dadurch induzieren, dass flankierende schulorganisatorische Maßnahmen ergriffen werden, die den Lehrkräften helfen, die heterogenitätsbedingten Vorbereitungs- und Koordinationsmaßnahmen mit einem Minimum an Mehrarbeit hinzubekommen. Damit gemeint sind Freistellungs- und sonstige schulinterne Unterstützungs- und Entlastungsmaßnahmen, wie sie beispielhaft aus Abbildung 42 hervorgehen. Dahinter steht die Überzeugung, dass pädagogische Innovationsmaßnahmen letztlich nur dann eine Chance haben, wenn die Lehrkräfte dadurch nicht über Gebühr belastet werden. Das fordert unter anderem die Schulleitungen, durch ein möglichst intelligentes Schulmanagement dazu beizutragen, dass

Ansatzpunkte zur schulinternen Lehrerentlastung

(Ergebnisse eines Brainstormings rheinland-pfälzischer Schulleiter/innen)

1	*Grundsätzlich:* Durch gezielte Elternveranstaltungen darauf hinwirken, dass die Lehrerfreistellung zu Fortbildungszwecken stärker akzeptiert wird.
2	Innovative Lehrkräfte können z. B. dadurch »belohnt« werden, dass sie vom Vertretungsunterricht bzw. von der Pausenaufsicht entbunden werden.
3	Die üblichen Verfügungs- bzw. Poolstunden können gezielt umverteilt und verstärkt an tatkräftige Unterrichtsreformer gegeben werden.
4	Die Zahl der Gesamtkonferenzen kann zugunsten produktiver Fachkonferenzen (Workshops) zurückgefahren werden.
5	Das Instrument des pädagogischen Tages (Studientages) kann genutzt werden, um zeitgleich verschiedene Workshops laufen zu lassen (evtl. mit Hospitationen).
6	Sportfeste, Wandertage oder andere Sonderveranstaltungen bieten die Möglichkeit, bestimmte Lehrergruppen für spezifische Vorbereitungsarbeiten freizublocken.
7	Durch Doppelbesetzungen oder gezielte Mitführungsmaßnahmen kann einzelnen Lehrkräften Raum zum Erledigen innovativer »Pionierarbeiten« eröffnet werden.
8	Lehrkräfte von Abschlussklassen können in den letzten Wochen des Schuljahres verstärkt zu Vertretungs- und/oder Innovationsaktivitäten herangezogen werden.
9	Feste Zeitfenster für Teambesprechungen, Workshops etc. erleichtern die effektive Zusammenarbeit im Kollegium (z. B. Blockung der 6. und 7 Stunde).
10	Zur Unterstützung schulinterner Hospitationsaktivitäten können Lehrkräften feste Hospitationskontingente zugewiesen werden (z. B. 3 Stunden pro Jahr).
11	Bei der Lehrereinsatzplanung ist auf gemeinsame Freistunden/Springstunden für kooperierende Lehrkräfte zu achten. Das erleichtert flexible Zusammenkünfte.
12	Die Individualfortbildung kann zugunsten ganztägiger oder fünf-stündiger schulinterner Workshops zurückgefahren werden (schulinterne Fortbildungsplanung)
13	Engagierte Lehrerteams können zum Zwecke der Teamfortbildung und/oder der schulinternen Materialentwicklung gezielt freigestellt werden.
14	Zusätzliche Verfügungsstunden (Poolstunden) begünstigen die Implementierung innovativer Vorhaben bzw. Projekte.
15	Der Unterrichtsausfall durch Schülertrainings kann dadurch reduziert werden, dass diese Trainings in etablierte Projektwochen eingebunden werden.
16	Durch die gezielte Zusammenarbeit mit anderen Schulen bzw. Lehrkräften können zeit- und arbeitssparende Synergieeffekte erzielt werden.

Abb. 42

überzeugende Freiräume und Entlastungseffekte für die betreffenden Lehrpersonen erreicht werden. Dass das geht, zeigen die dokumentierten Überlegungen und Vorsätze rheinland-pfälzischer Schulleiter/innen (vgl. Abb. 42). Nötig ist lediglich eine gewisse schulorganisatorische »Schlitzohrigkeit« – gepaart mit dem Mut, die bestehenden schulinternen Gestaltungsspielräume konsequenter als bisher auszuloten und auszunutzen. Vieles ist möglich. Dem Arbeiten mit heterogenen Lerngruppen kann das nur zugutekommen.

III. Konsequenzen fürs schulpolitische Handeln

Dieser dritte und letzte Teil des Buches widmet sich den schulpolitischen Rahmenbedingungen und Grundlagen des skizzierten Förderprogramms. Wohin die Unterrichtsentwicklung gehen sollte, ist in Teil II ausführlich beschrieben worden – angefangen bei der Förderung von Wahlunterricht und kooperativem Lernen über die Institutionalisierung vernetzter Lernhandlungen und Lernabläufe nach Maßgabe der skizzierten Lernspiralen bis hin zur systematischen Klärung und Pflege basaler Lernkompetenzen. Nur, das beste Förderprogramm nützt vergleichsweise wenig, wenn die schulpolitischen Rahmenbedingungen nicht stimmen. Wirksame Innovationen brauchen Rückenwind. Daher ist es wichtig, dass die Schul- und Bildungspolitik unterstützende Weichenstellungen und Rahmensetzungen gewährleisten. Dieses schulpolitische Bedingungsfeld wird im Folgenden thematisiert. Kursorisch zwar nur, aber doch so, dass einige wichtige Erfordernisse und Empfehlungen in den Blick geraten werden. Das betrifft das schulinterne Innovationsmanagement genauso wie den gezielten Support seitens der Bildungspolitik. Kapitel 1 beleuchtet die innerschulische Ebene, Kapitel 2 die bildungspolitischen Rahmengegebenheiten.

1. Neue Prioritäten im schulischen Bereich

Wenn die in Teil II skizzierten Maßnahmenpakete erfolgreich in die Tat umgesetzt werden sollen, dann bedarf es zwingend entsprechender schulinterner Vorkehrungen und Unterstützungsleistungen. Schulleitungen und Kollegien müssen nicht nur gutwillig mitspielen; sie müssen auch bereit sein, das anvisierte Innovationsmanagement einigermaßen systematisch zu unterstützen und auszugestalten. Das beginnt bei der Institutionalisierung einschlägiger Schüler- und Lehrertrainings und reicht über den Ausbau der schulinternen Teambildung und Workshop-Arbeit bis hin zur Generierung intelligenter Strategien in Sachen Schulmanagement, Lehrmittelbewirtschaftung und Elternarbeit. All dies beeinflusst den Erfolg oder Misserfolg der anstehenden Unterrichtsentwicklung. In den nachfolgenden Abschnitten werden einige wichtige Erfahrungswerte und Anregungen vorgestellt.

1.1 Lernförderung als Schulprogramm

Die gängige Schulprogrammarbeit zielt auf alles Mögliche – unter anderem auch auf Unterrichtsentwicklung. Die Crux dieser Weitläufigkeit ist, dass in vielen Schulen nichts *richtig* angepackt wird. Die Innovationsprozesse sind wenig fokussiert und deshalb auch relativ unwirksam. Das gilt auch und besonders in Sachen Lern- und Integrationsförderung. Umgang mit Heterogenität ist ein großes Problem, aber in den meisten Schulen kein großes Thema. Die entsprechende Förderarbeit verläuft eher unverbindlich und halbherzig. Da werden Absichtserklärungen formuliert, Leitbilder entwickelt, kompetenzorientierte Arbeitspläne geschrieben, Vergleichsarbeiten konzipiert und gelegentlich auch idealtypische Förderpläne verfasst. Formal betrachtet ist das alles in Ordnung. Doch die faktische Förderarbeit lässt meist erheblich zu wünschen übrig. Der eine macht dieses, der andere jenes. Der eine geht in Richtung A, der andere in Richtung B. Der eine schätzt heterogene Schülergruppen, der andere klagt darüber; der eine sucht die Lehrerkooperation, der andere lehnt sie ab etc. Die Folge dieses Wirrwarrs ist, dass es nur selten zu konzertierten Anstrengungen kommt. Viele Lehrkräfte stehen sich gegenseitig im Weg und verhindern gerade dadurch die notwendige Konsolidierung der skizzierten Lern- und Förderkultur. Die Folge: Routinebildung und Erfolgserlebnisse bleiben über Gebühr aus.

Will man dieses Dilemma überwinden, so müssen möglichst viele Lehrkräfte an einem Strang ziehen und in ähnlicher Weise daran arbeiten, die skizzierte Förderkultur in die Tat umzusetzen. Je koordinierter und konzertierter dieses geschieht, desto größer ist die Chance, dass alle Beteiligten hinreichende Kompetenzen und Routinen entwickeln. Ohne Routinebildung keine Nachhaltigkeit. Ohne Lehrerkooperation wenig Durchschlagskraft. Von daher muss das Blatt gewendet werden – weg von der individuellen Beliebigkeit hin zur überzeugenden Verbindlichkeit möglichst vieler Lehrkräfte. Dieser Mentalitäts- und Strategiewandel setzt voraus, dass schulinterne Absprachen getroffen werden, die eine wirksame Synchronisation der pädagogischen Anforderungen und Arbeitsweisen gewährleisten. Eine Synchronisation, die gerade für heterogene Lerngruppen wichtig und vorteilhaft ist. Warum? Weil viele der dort unterrichteten Schüler/innen dringlich klare Spielregeln brauchen, damit sie ihr potenzielles Lernvermögen angemessen abrufen und mobilisieren können. Je einheitlicher in Schule und Unterricht gefordert und gefördert wird, desto besser. Setzen die Lehrkräfte dagegen zu viele unterschiedliche oder gar gegenläufige Signale, dann ist das für die meisten Lerner gleichermaßen irritierend wie demotivierend. Irritierend deshalb, weil sie nicht so recht wissen, woran sie sind. Demotivierend, weil sie keine überzeugenden Erfolgsaussichten haben.

Von daher spricht vieles dafür, die systematische Förderung heterogener Lerngruppen zum schulischen Kernprogramm zu machen. Wie dabei angesetzt werden kann, lässt sich aus Abbildung 43 ersehen. Das dokumentierte Raster zeigt in der linken Spalte zentrale Fördermaßnahmen, die schulintern abgesprochen und zeitlich wie operativ präzisiert werden müssen. Am besten, dieser Check wird für jede Jahrgangsstufe separat durchgeführt. So entstehen jahrgangsbezogene Förderpläne, die Lehrern, Schülern und Eltern knapp vor Augen führen, wie die schulinterne Potenzialförderung erfolgen soll. Den Hintergrund des ausgewiesenen Maßnahmenkatalogs bilden die Ausführungen in den Kapiteln II.2 bis II.5 dieses Buches. Darüber hinaus finden sich vielfältige korrespondierende Bausteine und Anregungen in den diversen Methodenhandbüchern des Verfassers (vgl. Klippert 1994, 1995, 1998, 2001 sowie Klippert/Müller 2003). Auch darauf kann zurückgegriffen werden, wenn das schulinterne Förderprogramm näher konkretisiert werden soll. Das gilt für die Operationalisierung der Trainingstage genauso wie für die entsprechenden pädagogischen und schulorganisatorischen Begleitmaßnahmen.

Wichtig bei alledem ist, dass das skizzierte Förder- und Integrationsprogramm möglichst einvernehmlich angegangen wird. Dementsprechend muss sichergestellt werden, dass sich wesentliche Teile des jeweiligen Kollegiums darauf verpflichten, die Schüler/innen in ähnlicher Weise zu fördern und zu fordern. Dann wird das Ganze zu einem respektablen Schulprogramm nach dem Motto: »Lernen fördern – Kooperation stärken – Heterogenität meistern«. Zu einem solchen Programm gehören geeignete Fahrpläne und personelle Zuständigkeitsregelungen, die unmissverständlich klarstellen, wie die anvisierte Unterrichtsarbeit ablaufen und grundgelegt werden soll. Korrespondierende Fragen dabei können sein:

- Wann sollen die methodenzentrierten Trainingstage stattfinden?
- Welche Methoden sollen von wem in welcher Weise eingeübt werden?
- Wie sehen die entsprechenden Lernbilanzen und Kompetenzbeurteilungen aus?

Raster zur Erfassung der fälligen Fördermaßnahmen

Zentrale Maßnahmen	Was wird genau gemacht?	Wann läuft diese Maßnahme?	Wer ist verantwortlich?	Welche Hilfsmittel sind nötig?	Wo werden sie durchgeführt?
Methodentraining (3–5 Tage)					
Kommunikationstraining (3–5 Tage)					
Kooperationstraining (3–5 Tage)					
Freies Arbeiten der Schüler/innen					
Wochenplanarbeit der Schüler/innen					
Projektwochen bzw. Projekttage					
Besondere Teamaktivitäten der Schüler					
Lernbilanzphasen (Kompetenzchecks)					
Sitzungen des Klassenrats					
Hospitationsangebote für Eltern					
Lehrerworkshops zur Lernspiralentwicklung					
Lehrerworkshops zur Trainingsvorbereitung					

Abb. 43

- Mit welchen Mitteln und Methoden soll das kooperative Lernen ausgebaut werden?
- Wie sind die besagten Workshops zur Vorbereitung der benötigen Trainings- bzw. Lernspiralen zu platzieren? Wie wird archiviert und zugänglich gemacht?
- Wie wird der Klassenraum ausgestattet und welche Freiarbeits- und Zusatzmaterialien kommen ins Angebot?
- Welche Hospitations- und Besprechungsanlässe sollten wann vorgesehen werden?
- Wann und wie sollten die Eltern eingebunden bzw. eingeladen werden?

Diese und andere strategische Fragen und Abläufe müssen schulintern beizeiten geklärt und möglichst einvernehmlich geregelt werden. Andernfalls bleibt es bei der besagten Kultur der Unverbindlichkeit. Je klarer die Absprachen sind und je verbindlicher die geplanten Vorbereitungs-, Umsetzungs-, Reflexions- und Evaluationsmaßnahmen umgesetzt werden, desto nachhaltiger wirkt die anvisierte Förder- und Integrationsarbeit. Das zeigen die zurückliegenden Unterrichtsentwicklungsprojekte des Verfassers. Heterogenen Lerngruppen angemessen zu begegnen und wirksam auf die Füße zu helfen ist beim besten Willen nicht so nebenbei zu erledigen. Dazu bedarf es großen Nachdrucks und einer möglichst durchdachten Systematik der beteiligten Lehrkräfte. Das schließt präzise Abläufe, Absprachen und Kooperationsverfahren mit ein. All dies hilft den Schüler/innen, aber auch ihren Lehrkräften. Gemeinsam lässt sich mehr erreichen – keine Frage. Dieser Slogan ist Verpflichtung und Chance zugleich. Verpflichtung deshalb, weil heterogene Lerngruppen ohne das konzertierte Arbeiten ihrer Lehrkräfte schwerlich voranzubringen sind. Und Chance insofern, als das konzertierte Vorgehen der Lehrkräfte eine deutliche Gewähr dafür bietet, dass alle Schüler/innen Anschluss halten und ihre unterschiedlichen Potenziale einigermaßen wirksam mobilisieren können. Die Fokussierung der skizzierten Förderarbeit als Kern des Schulprogramms hilft dabei.

1.2 Korrespondierendes Lehrertraining

Systematische Förderarbeit verlangt systematische Lehrerfortbildung – keine Frage. Denn die wenigsten Lehrkräfte sind hinreichend auf das vorbereitet, was sie in heterogenen Lerngruppen erwartet. Sie haben in aller Regel dezidiert gelernt, ihre Fächer zu vertreten, nicht aber die bestehenden Begabungs-, Motivations- und Verhaltensdifferenzen in den Klassen pädagogisch geschickt zu überbrücken und die unterschiedlichen Schülertalente angemessen zum Zug kommen zu lassen. Dazu fehlt vielen von ihnen das nötige methodische und pädagogische Handwerkszeug. Was tun? Die klassische Lehrerfortbildung mit ihren gängigen Instruktionen, Präsentationen, Unterrichtsbeispielen und Materialtheken reicht erfahrungsgemäß nicht aus, um die betreffenden Lehrkräfte zu einer nachhaltigen Veränderung und Erweiterung ihres persönlichen Methodenrepertoires zu bewegen. Zum Aufbau stabiler Innovationskompetenz braucht es mehr als Wissen und allgemeiner Einsichten. Dazu bedarf es auch und vor allem tragfähiger Überzeugungen und Routinen auf Lehrerseite. Diese aber stellen sich vornehmlich dann ein, wenn überzeugende Praxiserfahrungen dahinterstehen und zum konkreten Tun ermutigen.

Das folgende persönliche Seminarbeispiel macht dies deutlich. Gegenstand war u.a. die Methode des assoziatives Zeichnens – eine Methode, mit der gerade lernschwächere Schüler/innen gut ins Spiel gebracht werden können. Ich saß seinerzeit in dem betreffenden Seminar und sollte zum Thema »Wie sehen bzw. erleben Sie die Vorbereitung einer Lehrerfortbildungsveranstaltung?« assoziativ zeichnen. Ich kannte die Methode aus der Literatur, aber ich hatte sie bis dahin noch nie angewandt. Deshalb blockierte ich zunächst nach dem Motto: »Das kann ich nicht, das will ich nicht, und das halte ich didaktisch auch nicht für besonders sinnvoll.« Doch als fast alle anderen zu zeichnen begannen, entstand für mich ein gewisser produktiver Druck, da ich die Gefahr sah, zum Außenseiter zu werden. Das wollte ich dann auch nicht und setzte daher mit meinen äußerst bescheidenen Mitteln zum Zeichnen an. Heraus kam ein Flussdiagramm in wohlgeordneter Form – also das, was mir vertraut war. Doch als noch immer viele am Ausmalen waren, fiel mir plötzlich eine eher abstrakte Symbolik ein, nämlich eine Mauer als Ausdruck meiner gelegentlichen Unsicherheit in Phasen der Seminarplanung und -vorbereitung.

Ich drehte also mein Blatt um und schraffierte eine entsprechende Mauer, allerdings mit einem hellen Durchbruch in der Mitte, der für mich das »Prinzip Hoffnung« repräsentierte. Eine recht simple Skizze also. Dennoch war ich beeindruckt, was mir in wenigen Minuten so alles durch den Kopf gegangen war. Dieser Positiveffekt steigerte sich noch beträchtlich, als ich in der anschließenden Präsentationsrunde miterleben konnte, wie viele interessante Assoziationen die anderen Tagungsteilnehmer/innen zu bieten hatten. Diese positive Methodenerfahrung veranlasste mich, in einem meiner nächsten Seminare entsprechend zu verfahren und meine Gäste ebenfalls assoziativ zeichnen zu lassen – nur zu einem anderen Thema. Ich wusste, was nun folgen würde, nämlich Skepsis und Widerstände, aber auch positive Reflexionen. Ich bin mir sicher, ich hätte besagte Methode wahrscheinlich nie angewandt, hätte ich sie nicht ganz konkret und Mut machend erlebt.

Von daher spricht vieles dafür, dem Erfahren neuer Methoden des Lehrens und Lernens in der Lehrerfortbildung mehr Raum zu geben als bisher und entsprechende Übungs-, Reflexions- und Anwendungssituationen vorzusehen. Neue Methoden des Umgangs mit heterogenen Lerngruppen müssen exemplarisch erlebt und als machbar erfahren werden, wenn sie von den Lehrkräften positiv aufgegriffen werden sollen. Das bestätigen die zurückliegenden Unterrichtsentwicklungsprojekte. Je konkreter die anvisierten Lehr- und Lernverfahren durchgespielt werden und je überzeugender die teilnehmenden Lehrkräfte deren Praktikabilität miterleben, desto eher sind sie gemeinhin bereit, diese Verfahren im eigenen Unterricht einzusetzen. Probieren geht eben über Studieren! Dieser Grundgedanke verweist auf die zentrale Bedeutung des »Learning by Doing« in der Lehrerfortbildung. Oder anders ausgedrückt: Was der Mensch nicht selbst erfahren und erlebt hat, das hat er nicht und das tut er meist auch nicht. Diese auf die Schüler/innen gemünzte Erkenntnis Adolf Diesterwegs lässt sich nahtlos auf die Lehrerfortbildung übertragen.

Lehrertraining in diesem Sinne meint das praktische Durchspielen und Reflektieren ausgewählter Förderarrangements, die sich für die Arbeit in heterogenen Gruppen empfehlen. Das beginnt z. B. mit dem Durchspielen eines Lernzirkels, einer Freiarbeitsphase oder einer bestimmten Wochenplan- oder Projektsequenz und reicht über gezielte Übungen aus dem Methoden-, Kommunikations- oder Teamtraining bis hin zum exemplarischen Durchführen fachspezifischer Lernspiralen oder Kooperationsarrangements (vgl. die Kapitel II.2 bis II.5). Entscheidend bei alledem ist, dass die Fortbildungsteilnehmer/innen möglichst konkrete und ermutigende Vorstellungen davon bekommen, wie die anvisierte Förder- und Integrationsarbeit im Unterricht ganz praktisch organisiert und moderiert werden kann. Durch einschlägiges »Learning by Doing« ist das sehr viel eher zu erreichen als durch das mehr oder weniger abstrakte Präsentieren von Folien, Filmen oder Unterrichtsbeispielen. Worte sind schließlich geduldig; Beispiele können es ebenfalls sein. Taten dagegen vermitteln eine relativ unverfälschte Grunderfahrung, die in vergleichsweise einprägsamer Weise zeigt, was geht und was möglicherweise nicht geht.

Im Sport käme schließlich auch niemand auf die Idee, ambitionierten Hochspringern einen Film mit einem gelungenen Sprung über die 1,60-Meter-Marke zu zeigen und dann zu erwarten, dass nun alle diese Operation gekonnt nachmachen. Können und Tun verlangen in der Regel deutlich mehr als das bloße Verstehen einer vorgestellten Operation bzw. Methode. Das gilt auch und nicht zuletzt für die skizzierte Förderarbeit in der Schule. Innovatives Handeln von Lehrkräften setzt vor allem eines voraus: die Erfahrung und Gewissheit, *dass* das Neue geht und *wie* es geht. Diese Gewissheit geht vielen Lehrkräften bislang ab.

Zwar sind Beispiele und Hospitationen im Rahmen von Lehrerfortbildungsveranstaltungen durchaus hilfreiche »Mutmacher« für Personen, die ansonsten eher zögerlich sind. Den Sprung zum eigenen Tun gewährleisten sie in aller Regel jedoch nicht. Dazu ist es zusätzlich vonnöten, in einschlägigen Fortbildungsseminaren entsprechende Verfahren möglichst konkret und positiv zu durchleben – exemplarisch zwar nur, aber doch immerhin so, dass sich der nötige »siebte Sinn« für die betreffende Lernorganisation und Lernmoderation bilden kann. Was vertraut ist und positiv durchlebt wurde, lässt sich nun einmal sehr viel leichter realisieren als das, was lediglich von anderen beschrieben bzw. empfohlen wird.

Diese Maxime liegt dem besagten Lehrertraining zugrunde. Egal, ob es sich um Lehrerfortbildungsseminare auf Landes- oder auf regionaler Ebene handelt oder ob es darum geht, schulinterne Fortbildungsveranstaltungen auszurichten, stets empfiehlt sich eine gehörige Portion »Learning by Doing«. Das abgebildete Seminarprogramm macht deutlich, wie eine derartige Veranstaltung zum Methodenlernen ablaufen kann (vgl. Abb. 44). Wichtig dabei ist, dass das Durchspielen einzelner Lern- und Fördermethoden nicht für sich alleine stehen bleibt, sondern stets eingebettet ist in korrespondierende Informations-, Reflexions- und Transferphasen. Auch das geht aus Abbildung 44 hervor. Auf diese Weise lässt sich die Transferbereitschaft und -kompetenz der teilnehmenden Lehrkräfte entscheidend steigern – vorausgesetzt, es gibt entsprechend qualifizierte Lehrerfortbildner/innen, die sowohl die zu simulierenden Unterrichtsmethoden als auch die korrespondierenden Lehrerfortbildungsverfahren hinreichend beherrschen. Nur dann besteht die Chance, dass die Fortbildungsteilnehmer/innen das nötige Rüstzeug erwerben, um in ihren Klassenzimmern versierte Umsetzungsaktivitäten zu starten.

Die Schulleitungen müssen diesem Trainingsgedanken Rechnung tragen, indem sie entsprechende Seminare ermöglichen bzw. initiieren. Das gilt für die gängigen pädagogischen Tage genauso wie für die Entsendung von Lehrerteams zu geeigneten Methodenseminaren der Lehrerfortbildungsinstitute. Dieses Kalkül muss bei der

Seminarbeispiel zum Thema »Methodentraining mit Schüler/innen«
1. Tag (10.30–18.00 Uhr)
■ Begrüßung/Einführende Anmerkungen zum Tagungsthema/Kartenabfrage zur Einstimmung ■ Bestandsaufnahme: Was läuft in den einzelnen Schulen in Sachen Methodentraining? (mehrstufiger Erfahrungsaustausch) ■ Impulsreferat zur Konzeption und Systematik des Methodentrainings (mit eingebauter Planungsphase) ■ Übung für die Startphase: Stationengespräch zu ausgewählten Lernproblemen (Karikaturen-Rallye)
2. Tag (9.00–18.00 Uhr)
■ Durchspielen einer ersten Trainingsspirale zum Methodenfeld »Effektiver Lernen und Behalten« (ausgewählte Übungen und Anregungen) ■ Anwendungsphase: Entwicklung einer Trainingsspirale zum Methodenfeld »Klassenarbeiten« vorbereiten« (mit Präsentation und Aussprache) ■ Durchspielen einer zweiten Trainingsspirale zum Methodenfeld »Markieren« (ausgewählten Übungen und Anregungen) ■ Anwendungsphase: Entwicklung einer Trainingsspirale zum Methodenfeld »Mindmapping« (mit Präsentation und Aussprache) ■ Tagesbilanz: Rückmeldungen und Nachfragen zum vorgestellten Trainingsansatz (mit Aussprache)
3. Tag (9.00–12.30 Uhr)
■ Gruppenarbeit: Planung weiterer Trainingsspiralen zu ausgewählten Methodenfeldern (Nachschlagen, Lernkarteiarbeit, Arbeitsplatzgestaltung etc.) ■ Transferplanung: Überlegungen zur Weiterarbeit in der eigenen Schule (Methodencurriculum, nächste Schritte?) / Tagungsbilanz

Abb. 44

jährlichen Fortbildungsplanung verstärkt bedacht und berücksichtigt werden. Erfolgreiches Arbeiten mit heterogenen Lerngruppen ist nun einmal keine Sache der theoretischen Methodenkenntnis oder der Verfügbarkeit umfänglicher Arbeitsmaterialien für die Schüler/innen, sondern ganz vorrangig eine solche des praktischen Könnens und Wollens der betreffenden Lehrpersonen. Können und Wollen aber setzen genau diese ermutigenden Erfahrungen und Simulationen voraus, von denen in diesem Abschnitt die Rede ist. Erleben statt konsumieren, probieren statt philosophieren – das ist der Weg, der am ehesten Erfolg und praktische Innovationskompetenz verspricht.

1.3 Konsequente Teamarbeit der Lehrer

Kernstück des schulinternen Innovationsmanagements ist die Teamarbeit der Lehrkräfte. Das beginnt mit vielfältigen Kooperationsmaßnahmen auf Klassenebene und reicht über die gezielte Zusammenarbeit interessierter Fachvertreter/innen im Rahmen von Workshops und Hospitationen bis hin zur verstärkten Kooperation im Bereich der Innovationssteuerung. Ohne konsequente Zusammenarbeit auf Klassen-, Fach- und Führungsebene ist die intendierte Unterrichtsentwicklung in der Einzelschule schwer zu bewerkstelligen. Das zeigen die zurückliegenden Innovationsprojekte sehr deutlich. Unterrichtsreformen – wo immer sie begonnen wurden – litten zumeist unter dem immer gleichen Manko: Sie blieben viel zu sehr auf punktuelle Aktionen einzelner Lehrkräfte beschränkt und erreichten nur selten das Stadium einer *konzertierten Aktion* auf Klassen-, Fach- und/oder Jahrgangsebene.

Dreh- und Angelpunkt erfolgreicher Unterrichtsentwicklung ist aber gerade diese konzertierte Vorgehensweise. Nötig ist eine soziale Infrastruktur, die die innovationswilligen Lehrkräfte unterstützt und ermutigt, entlastet und inspiriert. Die Bildung der erwähnten Klassen-, Fach- und Steuerungsteams ist Ausdruck und Konsequenz dieser Erkenntnis. Was diese Teams so alles zu tun haben, lässt sich überblickshaft aus Abbildung 45 ersehen. Ersehen lässt sich daraus ferner, wie vielfältig die Teamaktivitäten im Rahmen des hier in Rede stehenden Innovationsprogramms sind – angefangen bei der Teamarbeit der Führungskräfte über Teamteaching, Teambesprechungen und Teamhospitationen auf Klassen- und Fachebene bis hin zur gezielten Teamfortbildung in unterschiedlichen Varianten. Diese differenzierte Teamarbeit trägt erheblich dazu bei, dass die intendierte Lehr- und Lernkultur arbeitssparend, kompetent und breitenwirksam verwirklicht werden kann.

Die Vorzüge konsequenter Teamarbeit liegen auf der Hand: Teamarbeit wirkt inspirierend und motivierend, ermutigend und entlastend. Teamarbeit erweitert die Ideenvielfalt der betreffenden Lehrkräfte und erleichtert die Entwicklung neuer Materialien und Lernarrangements für den alltäglichen Unterricht. Und sie führt nicht zuletzt zu größerer Überzeugungskraft und Durchsetzungsfähigkeit der einzelnen Lehrkräfte gegenüber Schüler/innen, Eltern, Schulleitung und Gesamtkollegium, wenn es darum geht, die skizzierten Förder- und Integrationsmaßnahmen in Angriff zu nehmen und dabei unter Umständen auch unkonventionelle Schritte zu gehen. So gesehen ist Teamarbeit ein zentraler Hebel im schulinternen Innovationsprozess. Die

Wichtige Lehrerteams und ihre Aufgaben	
Steuerungsteams	■ Planung der Unterrichtsentwicklung ■ Unterstützung der Teambildung ■ Bereitstellung der nötigen Sach- und Arbeitsmittel ■ Vermittlung bei Meinungsverschiedenheiten ■ Öffentlichkeitsarbeit etc.
Klassenteams	■ Trainingstage vorbereiten und durchführen ■ Sitzordnung vereinheitlichen ■ Freiarbeitstheken aufbauen ■ Regale und Nachschlagewerke sichern ■ Elternarbeit ■ Hospitationsveranstaltungen etc.
Fachteams	■ Methodenpflege im Fachunterricht ■ Materialentwicklung und Materialarchivierung ■ Stoffverteilung neu fokussieren ■ Alternative Klassenarbeiten entwickeln ■ Hospitationen ■ Evaluation etc.

Abb. 45

einzelnen Lehrkräfte können noch so willig und versiert sein, ob sie tatsächlich Erfolg haben werden, hängt entscheidend von ihrem Zusammenwirken ab.

Ein weiteres Plus der Teamarbeit ist die damit einhergehende Arbeitsersparnis. Wenn jeder für sich alleine all die Materialien, Kooperationsmethoden, Lernspiralen und Trainingsarrangements entwickeln soll, die für ein gedeihliches Arbeiten in heterogenen Gruppen notwendig sind, dann ist die Überforderung nachgerade programmiert. Von daher sind Arbeitsvereinfachung und Arbeitsteilung dringend geboten. Die in Abbildung 45 dargelegten Zuständigkeitsregelungen tragen dieser Option Rechnung. Das besagte *Steuerungsteam* kümmert sich z. B. schwerpunktmäßig um die Sicherstellung innovationsfördernder Rahmenbedingungen und Ressourcen. Die *Klassenteams* dagegen tragen besondere Verantwortung für die Planung und Umsetzung der konkreten Trainings- und Innovationsmaßnahmen auf Klassenebene. Und die *Fachteams* schließlich haben die spezifische Aufgabe, die konsequente Anwendung der eingeführten bzw. »eintrainierten« Methoden in den einzelnen Fächern zu gewährleisten sowie dafür zu sorgen, dass die dafür benötigten Materialien und Lernarrangements schulintern entwickelt, erprobt, evaluiert, überarbeitet und archiviert werden (vgl. Abb. 45).

Natürlich brauchen die genannten Lehrerteams für diese Kooperationsaktivitäten auch Zeit. Zur Abdeckung dieses Zeitbedarfs bietet es sich an, die engagierten Lehrkräfte hin und wieder vom eigenen Unterricht freizustellen, damit die anfallende Mehrarbeit nicht überhand nimmt. Das bedeutet z. B. für die gängigen Lehrerfortbildungsseminare und Basisworkshops, dass die engagierten Lehrkräfte auch in entsprechendem Umfang freigestellt werden. Bei den übrigen nachmittäglichen Workshops und Teambesprechungen ist der Freistellungsbedarf zwar eher gering, die Effizienz aber auch. Daher sollte in Sachen Lehrerfreistellung nicht zu kleinlich verfahren werden, da kompaktere Teamphasen sowohl den Zusammenhalt im jeweiligen Lehrerteam als auch die Motivation und Produktivität der beteiligten Lehrkräfte fördern helfen. So gesehen ist punktueller Unterrichtsausfall nicht immer nur negativ zu sehen, wie das bildungspolitisch derzeit die Runde macht.

Innovationsfördernde Teamarbeit verlangt aber nicht nur zeitintensive Arbeitsphasen, sondern auch und zugleich regelmäßige Teambesprechungen mit kürzerem zeitlichem Zuschnitt. Das gilt sowohl für die gängigen Kurzkonferenzen als auch für die Teambesprechungen im Anschluss an gemeinsame Hospitationen in der einen oder anderen Klasse. Bewährt hat es sich, die besagten Teamaktivitäten möglichst fest zu institutionalisieren und auf eine abgestimmte Regelmäßigkeit und Verbindlichkeit der Teilnahme zu achten. Andernfalls besteht die Gefahr, dass aus dem jeweiligen Kollegium heraus immer wieder Argumente vorgebracht werden, warum gerade jetzt kein Treffen stattfinden kann bzw. sollte. Das weitgehende Fehlen einer innerschulischen Teamkultur ist das Ergebnis genau dieser Unverbindlichkeit. Dass es indes auch anders geht, zeigen z. B. zahlreiche »Reformschulen« in Nordrhein-Westfalen und Rheinland-Pfalz, in denen es inzwischen üblich geworden ist, mindestens einmal im Monat eine Teambesprechung innerhalb eines gemeinsam festgelegten Zeitfensters abzuhalten (z. B.: in der 6. und 7. Stunde an jedem ersten Mittwoch im Monat).

So gesehen ist eine verstärkte Teamarbeit in der Einzelschule nicht nur möglich; sie ist auch dringend nötig, wenn die skizzierte Lern- und Förderkultur mit vertretbarem Zeit- und Arbeitsaufwand realisiert werden soll. Das schließt *Teamentwicklung* im Kollegium mit ein. Dazu gehört u. a., dass grundlegende »Spielregeln« für das gelegentliche Zusammenarbeiten der Lehrergruppen aufgestellt und vereinbart werden. Das beginnt bei klaren zeitlichen und inhaltlichen Verabredungen und reicht über die Festlegung teaminterner Verhaltensregeln (Ich-Botschaften verwenden, regelmäßig mitarbeiten, andere Meinungen tolerieren etc.) bis hin zur Einführung straffer Ablaufpläne und Qualitätssicherungsmaßnahmen – einschließlich Reflexions- und Feedbackverfahren. Teamarbeit ist nämlich nicht per se bereits ein Erfolgsgarant, sondern nur dann, wenn die betreffenden Gruppenmitglieder bereit und in der Lage sind, konstruktiv und regelgebunden zusammenzuarbeiten. Dieses sicherzustellen ist eine der zentralen Aufgaben des schulinternen Fortbildungs- und Innovationsmanagements.

1.4 Regelmäßige Workshop-Aktivitäten

Einen Schwerpunkt in Sachen Lehrerkooperation bilden die Workshops zur gemeinsamen Unterrichts- und Materialvorbereitung. Workshops sind das Schwungrad der Unterrichtsentwicklung. Egal, ob auf vorliegende Lehr- und Lernmittel der gängigen Verlage zurückgegriffen wird oder ob die Eigenentwicklung von Materialien für Freiarbeits-, Wochenplan-, Trainings- oder sonstige Unterrichtsphasen im Vordergrund steht, stets müssen sich die betreffenden Klassen- oder Fachteams in die jeweilige fachliche wie methodische Materie einarbeiten können. Sie müssen Lernspiralen und Trainingsarrangements entwickeln. Sie müssen Gruppenarbeitsphasen, Lernzirkel, Lerntheken und Kompetenzchecks vorbereiten und die entsprechenden Lehr- und Lernmittel erstellen bzw. beschaffen. Dazu bedarf es produktiver Zusammenkünfte, die anders als die gängigen Fachkonferenzen dezidiert output-orientiert angelegt sind. Das gilt vor allem seit Einführung der neuen Bildungsstandards, die zwingend verlangen, dass Lehrkräfte ihr traditionelles Unterrichtsskript überdenken und die in der Schublade liegenden Unterrichtsvorbereitungen kompetenzorientiert umschreiben. Die Workshops unterstützen diese Arbeit.

Die Workshop-Arbeit selbst sieht in der Regel so aus, dass interessierte Lehrerteams von Zeit zu Zeit zusammenkommen, um die benötigten Lehr-, Lern- und Arbeitsmittel gemeinsam zu entwickeln bzw. abzustimmen, sofern bereits welche vorliegen. Die Dauer der Workshops beträgt meist zwei Stunden und sollte so genutzt werden, dass am Ende wirklich klar ausgearbeitete Lernspiralen und Materialien für den konkreten Unterrichtseinsatz vorliegen (vgl. die beiden Übersichten in Abb. 46). Vage Planungsnotizen und Absprachen sollten tunlichst vermieden werden, da sie in aller Regel dazu führen, dass die verabredeten Ausarbeitungen in der Hektik des Tagesgeschäfts dann doch untergehen bzw. versäumt werden. Das ist und bleibt unbefriedigend für alle, die sich die beiden Stunden aus ihrem Zeitbudget herausgeschnit-

Wie die gängigen Workshops ablaufen	Merkposten zur Workshop-Arbeit
13.00–13.20 Uhr: Absprachen zur anstehenden Ausarbeitung **13.20–14.45 Uhr:** Tandems entwerfen Lernspiralen/Materialien und speichern diese mittels PC **14.45–15.00 Uhr:** Blitzlicht zum Arbeitsprozess/ zur Weiterarbeit? ⇩ **Verbindliche Ablieferung der Spiralen/Materialien bis …**	■ Im Vorfeld der Workshops präzise Absprachen treffen ■ Die WS-Gruppe möglichst bald in Tandems aufteilen ■ Primär auf gängige Medien und Materialien abstellen ■ Bei der Ausarbeitung die vorliegenden Raster nutzen ■ Die Workshops sollten einem straffen Zeitplan folgen ■ Didaktische Grundsatzdebatten sind zu minimieren ■ Einige Lernspiralen/Materialien sollten fertig werden ■ Für die Ausarbeitung hat sich der PC-Raum bewährt ■ Die erstellten Produkte sollten zeitnah erprobt werden

Abb. 46

ten haben. Befriedigend ist die Workshop-Arbeit hingegen immer dann, wenn zügig, verbindlich, produktbezogen und praxisnah gearbeitet wird. Je überzeugender der Output und je lohnender die Arbeitsteilung, desto größer ist die Akzeptanz der betreffenden Zusammenkünfte.

Die Vorteile der Workshops für die beteiligten Lehrkräfte liegen auf der Hand: Die gemeinsame Workshop-Arbeit sorgt in wohltuender Weise dafür, dass die methodische und pädagogische Kreativität der Teilnehmer/innen wächst. Fällt einem persönlich im häuslichen Arbeitszimmer zumeist nur das ein, was man schon immer gemacht hat, so geben die Workshops Gelegenheit, dass verschiedene Ideen und Sichtweisen zusammenkommen. Das wirkt inspirierend und ermutigend. Hinzu kommt, dass unterschiedliche Materialien und Praxiserfahrungen auf den Tisch gelangen, die den pädagogischen Horizont der einzelnen Workshop-Teilnehmer/innen erweitern. Workshops begünstigen Arbeitsteilung und tragen dazu bei, dass ein vergrößerter Materialpool entsteht, auf den wahlweise zurückgegriffen werden kann. Der eine bringt diese Materialien und Lernspiralen ein, der andere hat jene Angebote in petto. In Summe können davon alle nur profitieren. Diese wechselseitige Bereicherung und Bestärkung ist gerade dann wichtig, wenn Neuland zu betreten ist. Genau das ist bei der skizzierten Förderarbeit der Fall.

Die Workshop-Arbeit trägt ferner dazu bei, dass die teilnehmenden Lehrkräfte mehr Rückenwind für ihre Umsetzungsarbeit erhalten. Durch die gemeinsame Vorbereitung sind sie in der Lage, die Schüler/innen ähnlich zu fordern und zu fördern.

Das erhöht den Nachdruck und die Lernwirksamkeit. Zu groß ist andernfalls nämlich die Gefahr, dass die Schüler/innen von Lehrperson zu Lehrperson unterschiedlichen Anforderungen ausgesetzt sind und deshalb eher unsicher werden. Diese Verunsicherung ist umso größer, je stärker die betreffenden Lehrkräfte ihre Unterschiedlichkeit ausleben. Das kann der Lern- und Förderkultur in einer Klasse letzten Endes nur abträglich sein. Wenn also Lehrkräfte in ihren Klassen tatsächlich nachhaltige Förder- und Integrationseffekte erreichen möchten, dann müssen sie sich – wo immer das geht – verbünden und konzertierte Vorgehensweisen verabreden. Die besagten Workshops bieten dazu eine bewährte Plattform.

Zur Sicherstellung effektiver Workshop-Arbeit ist es wichtig, dass auf verschiedene Prämissen geachtet wird. Dazu gehören: fester Zeitrahmen, Arbeitsteilung, klare Planungsraster und Datenerfassung, Tandemlösung, verbindliche Produktorientierung sowie Minimierung der didaktischen Grundsatzdebatten (vgl. Abb. 46). Hinzu kommt, dass jeder Workshop letztlich nur so erfolgreich sein kann wie die Vorbereitung und die Vorabsprachen, die vorangehen. Workshops, die von den Teilnehmer/innen ad hoc bestritten werden, bleiben meist unbefriedigend, da sich Improvisation und Output-Sicherung selten sinnvoll verbinden lassen. Von daher ist es dringend notwendig, im Vorfeld der Workshops präzise abzusprechen, welche Arbeitsfelder vorgesehen sind, wer verbindlich teilnimmt und welche Lern- und Arbeitsmittel mitgebracht werden müssen, damit wirklich produktiv gearbeitet werden kann. Außerdem ist es ratsam, die Workshops mit einer gewissen Regelmäßigkeit durchzuführen (z. B. jeden ersten Mittwoch im Monat mit Ausnahme der Ferienzeiten). Das begünstigt die Routinebildung und Produktivität der Teilnehmer/innen.

Derartige Festlegungen schaffen nicht nur Verbindlichkeit; sie begünstigen auch und zugleich das Entstehen hilfreicher Automatismen. Letzteres gilt nicht zuletzt im Hinblick auf das anzuratende schulinterne Methodencurriculum. Wenn die Methodenschulung tatsächlich Hand und Fuß bekommen soll, dann bedarf es klarer Festlegungen, welche Methoden in welchen Jahrgangsstufen wann und von wem zu trainieren sind. Ist diese Regelung ins Belieben einer jeden einzelnen Lehrperson gestellt, dann ist die Gefahr groß, dass weder pointiert noch systematisch genug verfahren wird. Ein schulintern vereinbartes Methodencurriculum kann dieser Beliebigkeit entgegenwirken. Die Workshops bieten den Rahmen, um solche Curricula vorzubereiten und die entsprechenden Trainingsarrangements und -materialien in gemeinsamer Arbeit zu entwickeln. Gleiches gilt hinsichtlich der angesprochenen Freiarbeitsmaterialien, Kooperationsmethoden, Checklisten und Feedback-Materialien.

1.5 Gezielte Lehrmittelbewirtschaftung

Die schulintern erarbeiteten Lernspiralen/Materialien bedürfen der gezielten Archivierung, wenn sie breit genutzt werden sollen. Andernfalls verbleiben sie nur zu leicht im Privatbesitz einzelner Lehrerinnen und Lehrer und gehen damit als wirksame Hilfen und Anregungen für die übrigen Lehrkräfte der Schule verloren. Das Fatale daran ist, dass jede Lehrkraft letztlich ihr eigenes Vorbereitungsprogramm starten muss, wenn sie bestimmte Lehr-, Lern- und Arbeitsmittel für den alltäglichen Unterricht zur Hand haben möchte. In vielen Schulen wird genau dieser Fehler begangen und unnötige Mehrarbeit produziert – Tag für Tag, Woche für Woche, Jahr für Jahr. Von Arbeitsteilung und Arbeitserleichterung ist in der Regel wenig zu sehen. Jeder hat seine eigenen Standards, seine eigenen Verfahren, seine eigenen Ordner, seine eigenen Kopiervorlagen etc. Das ist Masochismus pur. Die skizzierten Workshops sind ein wichtiger Schritt, um dieser Zeit- und Arbeitsvergeudung wirksam entgegenzutreten. Denn das, was in den Workshops entwickelt wird, steht selbstverständlich allen Lehrkräften des Kollegiums zur Verfügung.

Ob dieses »Gemeingut« allerdings schulintern gesucht und genutzt wird, hängt maßgeblich davon ab, wie gut es zugänglich ist. Dieser Teil der Lehrmittelbewirtschaftung wird in den Schulen gemeinhin gravierend unterschätzt. Etwas in Ordnern oder Mappen abzulegen ist das eine; diese Ablagen konsequent und flexibel nutzbar zu machen ist das andere. Ob die abgelegten Lehr- und Lernmittel tatsächlich genutzt werden, hängt erfahrungsgemäß vornehmlich von zwei Bedingungen ab: *Erstens* müssen sie in der Schule so archiviert werden, dass sie von den je Interessierten rasch abgerufen und verstanden werden können. Und *zweitens* muss dafür gesorgt werden, dass die für bestimmte Jahrgangsstufen entwickelten Arbeitsmittel jahrgangsübergreifend präsent gehalten und den einzelnen Lehrkräften immer wieder in den Blick gebracht werden. Andernfalls besteht die Gefahr, dass viele nachrückende Lehrkräfte gar nicht auf die Idee kommen, in den schulinternen Ablagesystemen nach vorliegenden Unterrichtsvorbereitungen zu suchen, geschweige denn diese durchdacht und systematisch zu nutzen.

Bewährt hat es sich, allgemein zugängliche Archivierungssysteme aufzubauen und diese so zu standardisieren, dass sie von Erstnutzern leicht zu durchschauen und zu gebrauchen sind. Hierbei lassen sich zwei gängige Archivierungsverfahren unterscheiden: erstens die konventionelle Ablage der erstellten Lehr- und Lernmittel in übersichtlich aufgebauten und gut zugänglichen DIN-A4-Ordnern oder »Hängeregister-Wagen« sowie zweitens die systematische Erfassung und Speicherung mittels PC oder Laptop. Dem letzteren Weg gehört sicherlich die Zukunft – vor allem dann, wenn leicht nutzbare Datenerfassungsraster vorliegen (vgl. Abb. 47). Aber auch das erstgenannte Archivierungsverfahren mittels Pappordnern oder Hängeregistern hat nach wie vor seine Berechtigung. Sein Nachteil: Die dokumentierten Materialien und Kopiervorlagen kommen schnell mal abhanden und sind im Bedarfsfall auch nur schwer zu überarbeiten bzw. zu verändern. Sein Vorteil: Die betreffenden »Dokumente« sind direkt zu greifen und ohne weitere Zwischenschritte für die eigenen Belange zu kopieren. Die meisten Schulen wählen daher einen Archivierungsmix, und zwar dergestalt, dass sie erstens mittels PC abspeichern, zweitens wichtige Ausdrucke allgemein zugänglich in Ordnern oder Hängeregistern ablegen sowie drittens Sicherungskopien von allen Vorlagen anfertigen, die eine bestimmte Person verlässlich aufbewahrt. Das alles trägt zur Steigerung der Nutzungswahrscheinlichkeit bei.

Raster zur Planung von Lernspiralen						
Arb. schr.	Sozial- form	Zeit- bedarf	Lernaktivitäten der Schüler (EVA)	Arbeits- material	Merkposten zur Vorberei- tung	Geförderte Kompeten- zen
1						
2						
3						
4						
5						
6						
7						

Abb. 47

Der große Vorteil der PC-Archivierung ist, dass man mit standardisierten Rastern arbeiten kann. Ein Beispiel dafür bietet Abbildung 47. Das dort dokumentierte Raster zur Erfassung fachspezifischer Lernspiralen ist nicht nur übersichtlich und leicht verständlich, sondern es erlaubt auch und zugleich eine rasche Eingabe und/oder Veränderung der vorgesehenen Schüleraktivitäten, Materialien, Kompetenzen etc. Da außerdem kurz und bündig formuliert werden muss, kann die Datenerfassung und -nutzung höchst rationell gestaltet werden. Das Besondere des Rasters: Der immer gleiche Aufbau der Lernspiralen sowie die regelmäßige Wiederkehr bestimmter Formulierungen machen es den späteren Nutzern leicht, die betreffenden Lernspiralen innerhalb kürzester Zeit zu verstehen und umzusetzen. Derartige Standardisierungs- und Rationalisierungsschritte tragen entscheidend dazu bei, dass die dokumentierten Lernspiralen und Materialien eine breite Nutzung erfahren.

Bisher ist genau dies die Achillesferse der gängigen Unterrichtsdokumentationen. Jede Lehrkraft hat ihre ganz persönlichen Vorlieben, Formulierungen, Ordnungsmuster etc., sodass es in der Regel viel zu mühsam und langwierig ist, bis hinterlegte Unterrichtsvorbereitungen für die eigenen Zwecke genutzt werden können. Ein unbefangener Leser braucht nicht selten mehr Zeit für den Nachvollzug als für das eigenhändige Erstellen der betreffenden Materialien und Verlaufsvorschläge. Das ist beim abgebildeten Lernspiral-Raster deutlich anders. Das Raster ist nicht nur klar aufgebaut, sondern die einzelnen Spalten sind auch recht eindeutig überschrieben und können daher entsprechend zügig und präzise ausgefüllt werden. Somit können spätere Nutzer auf einen Blick erfassen, um was es geht, d.h. welche Sozialformen, Lerntätigkeiten und Arbeitsmaterialien vorgesehen sind, welche Moderations- bzw. Hilfsmittel benötigt werden und welche Kompetenzen im Lernprozess vermittelt werden (vgl. Abb. 47). Egal, wer eine Lernspirale vorbereitet, andere können sie ohne größere Mühe nachvollziehen und im eigenen Unterricht nutzen. Das erspart Zeit, Arbeit und mögliche Missverständnisse.

Dieser Grundsatz der Rationalisierung spielt in Deutschlands Schulen bislang eine viel zu geringe Rolle. Anders als etwa im technischen Bereich, wo Standardisierung und Typisierung seit alters üblich sind, tun sich die meisten Lehrkräfte nach wie vor sehr schwer damit, entsprechende Vorgehensweisen für den pädagogischen Bereich gutzuheißen. Sie sind unverändert bestrebt, ihre ganz persönliche Unterrichtsvorbereitung zu verfassen und diese so zu archivieren, dass sie für die meisten Kolleginnen und Kollegen ein Buch mit sieben Siegeln bleibt. Hier setzt die skizzierte PC-Archivierung ganz bewusst einen Kontrapunkt, damit endlich ein Mehr an Arbeitsteilung und Arbeitsökonomie erreicht wird. Wirksame Archivierung von Unterrichtshilfen verlangt zwingend nach Standardisierung und Rationalisierung. Andernfalls sind die anstehenden Reform- und Fördermaßnahmen zu bedrohlich. Bedrohlich deshalb, weil viele Lehrkräfte durchaus zu Recht die überbordende Mehrarbeit fürchten und sich deshalb lieber zurückhalten. Effektive Materialarchivierung kann diese Zurückhaltung zerstreuen helfen.

Trotzdem ist das alles andere als eine Garantie. Viele Lehrkräfte kommen erfahrungsgemäß gar nicht auf die Idee, den betreffenden Schul-PC heranzuziehen und darin nach themenzentrierten Lernspiralen oder sonstigen Unterrichtshilfen zu suchen. Nein, jede Lehrperson werkelt irgendwie vor sich hin, obwohl sie die betreffenden Lehr- und Lernhilfen womöglich an anderer Stelle recht passgenau und praxiserprobt abrufen könnte. Schuld an dieser Zurückhaltung ist unter anderem die Abstraktheit des PC. Von daher empfiehlt es sich, die Hersteller und Abnehmer der archivierten Unterrichtshilfen gelegentlich persönlich zusammenzuführen, damit sie die bestehende Distanz abbauen können – sei es nun im Rahmen spezifischer Teambesprechungen auf Klassen- und/oder Jahrgangsebene oder sei es auch anlässlich einschlägiger Workshops. Das gewonnene Know-how muss schulintern kommuniziert werden. Der damit verbundene persönliche Kontakt ist eine entscheidende Voraussetzung dafür, dass unbeteiligte Lehrkräfte inspiriert werden, auf die archivierten Lehr- und Lernmittel zurückzugreifen. Hospitationen, Workshops, Teambesprechungen und pädagogische Konferenzen können Anlässe bieten, um den angedeuteten »Know-how-Transfer« in Gang zu bringen.

Zur effektiven Lehrmittelbewirtschaftung gehört aber noch ein Weiteres, nämlich die gezielte Anschaffung hilfreicher Medien und Materialien für die Arbeit mit heterogenen Lerngruppen. Die Verlage bieten mittlerweile eine ganze Menge an, was zur Gestaltung spezifischer Differenzierungs- und Fördermaßnahmen herangezogen werden kann. Das gilt insbesondere für die Grundschulen. Die Frage ist nur, was taugt und was eher als vordergründige Beschäftigungstherapie für gelangweilte Schüler/innen eingestuft werden muss. Viele Kopiervorlagen, die in den letzten Jahren auf den Markt gebracht wurden, zielen genau in diese letztgenannte Richtung. Dazu gehören Lückentexte genauso wie vorgefertigte Lernkärtchen oder sonstige einfach gestrickte

Arbeitsblätter zur Reproduktion des jeweiligen Lernstoffs. Ernsthafte Kompetenzvermittlung sieht anders aus.

Daher ist es wichtig, dass bei der Anschaffung schulischer Lehr- und Lernmittel dezidiert darauf geachtet wird, dass sie möglichst vielseitige Arbeits-, Kooperations- und Förderprozesse im Unterricht unterstützen. Die bei Klett erscheinende Reihe »Klippert bei Klett« verfolgt genau diesen Anspruch und bietet sowohl ausgearbeitete Lernspiralen als auch die dazugehörigen Arbeitsmaterialien für die Hand der Schüler (vgl. Klippert 1997 ff.). Schulleitungen und Fachschaften tun gut daran, bei ihrer jährlichen Lehrmittelanschaffung sorgfältig darauf zu achten, dass inspirierende Arbeitsmittel und nicht nur stoffsichernde Schulbücher gekauft und archiviert werden. Denn Lehrerinnen und Lehrer brauchen zur erfolgreiches Ausgestaltung ihres Unterrichts vor allem eines: Arbeitshefte und sonstige Arbeitsmaterialien, die vielseitige Arbeits-, Kommunikations-, Kooperations-, Produktions- und Problemlöseprozesse der Schüler/innen in Gang setzen helfen. Darauf sollte bei der innerschulischen Lehrmittelbeschaffung und -bewirtschaftung ein besonderes Augenmerk gerichtet werden.

1.6 Unterstützendes Schulmanagement

Erfolgreiche Unterrichtsentwicklung braucht einen roten Faden, an dem sich die schulischen Akteure entlanghangeln können. Dieser rote Faden fehlt vielerorts – nicht zuletzt im Hinblick auf das Arbeiten mit heterogenen Lerngruppen. Schuld daran sind u. a. die Schulleitungen, die weder klare Anforderungen stellen noch konsequente Unterstützung gewähren. Die Folge ist, dass viele innerschulische Maßnahmen eher beliebig und unverbindlich bleiben. Das verleitet das Gros der zögerlichen und/oder skeptischen Lehrkräfte dazu, die ganzen Innovationsbestrebungen in Zweifel zu ziehen und tendenziell auf Abwehr zu schalten. Das mindert deren Wirksamkeit und steigert die korrespondierenden Frustrationen der verantwortlichen Lehrkräfte. Gerade Lehrkräfte, die sich mit heterogenen Lerngruppen eh schon schwer tun, brauchen Zuspruch und Unterstützung durch ihre Schulleitungen. Der Appell »Macht mal!« führt in aller Regel nicht wirklich weiter. Benötigt werden stattdessen überzeugende Steuerungs- und Unterstützungsleistungen der Führungskräfte. Wie bei einem Getriebe, so müssen die unterschiedlichen schulinternen Innovations- und Fördermaßnahmen zahnradgleich ineinandergreifen und durch ein möglichst kluges Schulmanagement unterstützt werden. Andernfalls entstehen Leerlauf, Unsicherheit, Halbherzigkeit und absehbare Wirkungslosigkeit. Zwar sehen viele Schulleitungen ihren Einfluss deutlich weniger dramatisch, gleichwohl sind sie Garanten von Erfolg oder Misserfolg im Innovationsprozess.

Schulleiter/innen sind Weichensteller und Motoren zugleich. Sie können planvoll steuern oder die Dinge einfach nur laufen lassen. Sie können glaubwürdige Unterstützung gewähren oder lediglich »Schaufensterpolitik« betreiben, um der Schulöffentlichkeit die eigene Tatkraft zu demonstrieren. Sie können innerschulische Teamarbeit unterstützen oder die gewünschten Kooperationsmaßnahmen wegen drohender Unterrichtsausfälle hartnäckig blockieren. Sie können den Lehrkräften Entlastungsperspektiven eröffnen oder aber selbst immer neue Aktionen und Belastungen kreieren. Kurzum: Die Schulleitungen haben es ganz maßgeblich in der Hand, den erfolgreichen Umgang mit heterogenen Lerngruppen zu erleichtern oder eben auch abzubremsen. Sie können den Lehrkräften Mut machen oder eben auch Verzagtheit vermitteln, indem sie z. B. bei jeder sich bietenden Gelegenheit auf die bestehenden Sachzwänge und Restriktionen verweisen, die von oben oder außen kommen.

Soll die skizzierte Förder- und Integrationsarbeit nachhaltig gelingen, so müssen die Schulleitungen gutwillig mitspielen und überzeugend Unterstützung gewähren – kein Zweifel. Die einzelnen Lehrpersonen können noch so engagiert und kreativ sein – wenn sie die intendierte Lern- und Förderkultur erfolgreich implementieren sollen, dann brauchen sie zwingend mehr Rückenstärkung durch ihre Schulleitungen. Egal, ob es um Fragen der Fortbildungsteilnahme, der Teambildung oder der Workshop-Arbeit geht; egal auch, ob Trainingswochen, Doppelstunden, Teamfreistellungen, Teamteaching, Entlastungsstunden, Ressourcenumschichtungen oder andere strategische Maßnahmen mehr zur Disposition stehen – stets müssen die betreffenden Führungskräfte mitspielen und grünes Licht geben. Ja, mehr noch: Sie müssen oft sogar schlitzohrige Lösungen suchen und einfädeln, damit Dinge zum Laufen gebracht werden, die ansonsten eher unüblich sind (vgl. z. B. die Entlastungsvorschläge in Abb. 42 auf Seite 244). So gesehen ist unterstützendes Schulmanagement eine wichtige Voraussetzung dafür, dass die neue Lern- und Förderkultur Platz greifen kann.

Die wünschenswerten Unterstützungsleistungen sind vielfältig. Sie reichen vom Erstellen überzeugender Innovations- und Förderpläne (Netzpläne) über die Bereitstellung der benötigten Ressourcen bis hin zur Gewährleistung Mut machender Rahmenbedingungen und Belobigungen für Lehrkräfte, die sich in besonderer Weise darum kümmern, heterogenen Lerngruppen auf die Füße zu helfen. Grundsätzlich gilt: Die Implementierung der intendierten Lern- und Förderkultur verläuft umso reibungsloser und erfolgreicher, je besser es der jeweiligen Schulleitung gelingt,

- für attraktive Rahmenbedingungen zu sorgen (Freistellung, Teambildung etc.) sowie dafür, dass schulintern hilfreiche Lehr-, Lern- und Arbeitsmittel angeschafft bzw. entwickelt werden (Arbeitshefte, Nachschlagewerke, Verbrauchsmaterialien, Pinnwände etc.);
- die diversen Innovationsmaßnahmen planvoll zu ordnen und so zu vernetzen, dass ein stringentes Arbeitsprogramm dabei herauskommt – ein Programm, das Eltern, Schüler und Lehrkräfte zu überzeugen und zum Mitmachen zu veranlassen vermag;
- die Bildung arbeitsfähiger Klassen- und Fachteams zu initiieren und deren Arbeit durch feste Zeitfenster, regelmäßige Workshops und gezielte Entlastungsregelungen so zu unterstützen, dass die Mitarbeit für alle Beteiligten befriedigend und produktiv verläuft;

- verbindliche Absprachen im Kollegenkreis zu erreichen und die entsprechenden Verfahrensweisen so zu institutionalisieren, dass eine nachhaltige Implementierung der vereinbarten Innovationsmaßnahmen sichergestellt ist;
- die schulinternen Planungs-, Vorbereitungs- und Umsetzungsarbeiten kritisch zu begleiten und im Bedarfsfall dafür zu sorgen, dass etwaige Versäumnisse einzelner Personen und/oder Gruppen offen angesprochen und möglichst wirksam abgestellt werden;
- etwaige Widerstände gegenüber den skizzierten Innovations- und Fördermaßnahmen frühzeitig zu erkennen und durch zielgerichtete und ermutigende Interventionen so abzufangen, dass alle Beteiligten gut damit leben können (Schaffung einer Win-Win-Situation);
- die Archivierung und Weitergabe des entstehenden Innovations-Know-hows sicherzustellen und tatkräftig dazu beizutragen, dass überzeugende Beispiele in Sachen Arbeitsökonomie und Lehrerentlastung gefunden und ins Blickfeld gerückt werden;
- in ehrlicher Weise Lob und Anerkennung zu signalisieren und insbesondere diejenigen zu ermutigen, die sich mit ausgeprägtem Engagement dafür einsetzen, die intendierten Lern-, Förder- und Integrationsverfahren in der Schule zu implementieren.

Erfolgreiche Führungskräfte sind Ermöglicher und Ermutiger, Unterstützer und Wegbereiter, Gestalter und Problemlöser. Sie halten sich an Recht und Gesetz, scheuen andererseits aber auch nicht davor zurück, die vorhandenen administrativen Spielräume couragiert zu suchen und kreativ zu nutzen. Sie neigen zum Anpacken und weniger zum Vorbringen immer neuer Bedenken. Wer nämlich zu oft Bedenken äußert und vorrangig danach sucht, warum etwas *nicht* geht, der muss sich nicht wundern, wenn sich hernach die gleiche Mentalität im Kollegium breitmacht. Soll dieser Bedenkenträgerei wirksam abgeholfen werden, dann müssen Schulleiterinnen und Schulleiter mit gutem Beispiel vorangehen, d.h. sie müssen erstens das jeweilige Innovationsfeld gut kennen, zweitens von der Sinnhaftigkeit der vorgesehenen Innovationsmaßnahmen hörbar und spürbar überzeugt sein und drittens die entsprechenden Vorbereitungs- und Umsetzungsaktivitäten der Kolleg/innen möglichst tatkräftig unterstützen. Nur dann können sie andere gewinnen und ermutigen. An dieser Innovationsmentalität müssen Deutschlands Schulleiter/innen noch kräftig arbeiten.

1.7 Mut machende Rahmenregelungen

Für den Erfolg der skizzierten Schul- und Unterrichtsentwicklung ist die Attraktivität der schulinternen Rahmenregelungen von erheblicher Bedeutung. Die meisten Lehrkräfte wollen und müssen ermutigt werden, der bestehenden Heterogenität in den Klassenzimmern mit veränderten Methoden, Materialien, Fortbildungsaktivitäten und Kooperationsverfahren zu begegnen. Dazu bedarf es geeigneter Regeln und Regelwerke, Rahmensetzungen und Rahmenbedingungen. Das beginnt mit diversen zeitlichen Regelungen in Schule und Unterricht und reicht über die Regelung der programmbezogenen Lehrerqualifizierung bis hin zur Ausgestaltung der schulinternen Ressourcenverteilung, Klassenraumeinrichtung und Fortbildungsplanung – gezielte Lehrerfreistellungsmaßnahmen mit eingeschlossen. Vieles davon fällt in den Zuständigkeitsbereich der Schulleitungen und ist im letzten Abschnitt bereits angesprochen worden. Die Schulleitungen sind in gewisser Weise gleich doppelt gefragt: Sie ermöglichen bestimmte Regelungen oder sie setzen diese dergestalt in Kraft, dass den Lehrkräften eine effektive Innovationsarbeit nahegelegt wird. Doch nicht nur das. Mut machende Rahmenregelungen können auch kollegiums- oder teamintern vereinbart und festgeschrieben werden.

Wichtig sind gemeinsam getroffene Rahmenabsprachen deshalb, weil auf diese Weise der Boden für eine effektive Zusammenarbeit im Kollegium bereitet wird. Wenn die Standards einvernehmlich geklärt sind, dann kann sich nicht nur jeder darauf berufen, sondern jeder kann auch berechtigt darauf zählen, dass die übrigen Kolleginnen und Kollegen ähnlich verfahren werden. Das macht Mut, schafft Sicherheit und begünstigt die Zielstrebigkeit der einzelnen Lehrkräfte auf Klassen-, Fach- und Jahrgangsebene. Beispiele dafür sind die verstärkte Einführung von Doppelstunden, die langfristige Festlegung spezifischer Trainingswochen oder die Einrichtung fester Zeitfenster für Workshops, Hospitationen oder Teambesprechungen. Je klarer und einvernehmlicher die entsprechenden Absprachen erfolgen, desto besser und ermutigender sind sie. Ermutigend deshalb, weil sie den einzelnen Lehrpersonen eine gewisse Entlastung verschaffen, die durch die Synchronisation der pädagogischen Handlungsweisen bedingt ist. Der Übergang vom 45-Minuten-Takt zur Doppelstunde z. B. bedeutet, dass die betreffenden Lehrkräfte sehr viel mehr Luft bekommen, um vielseitigere und intensivere Arbeitsprozesse der Schüler/innen in Gang zu setzen. Das geht aber nur in abgestimmter Form.

Ähnliches gilt für die Regelung und Ausgestaltung der Schülertrainings, Workshops, Hospitationen, Teambesprechungen und Lehrerfortbildungsveranstaltungen. Wird genügend Zeit eingeplant und auf akzeptable Termine geachtet, so können die betreffenden Lehrkräfte eigentlich nur davon profitieren. Wichtig ist, dass eine möglichst überzeugende Win-Win-Situation erreicht wird, d.h.: Schule, Schüler/innen und Lehrer/innen sollten gleichermaßen Nutzen davon haben, wenn die angedeuteten Maßnahmen in Angriff genommen werden. Eine solche Win-Win-Situation lässt sich z. B. dadurch herstellen, dass die Workshops und sonstigen Teamsitzungen nicht allein in der unterrichtsfreien Zeit liegen, sondern gelegentlich auch während des Unterrichts stattfinden (z. B. Workshops von 12.00 – 14.30 Uhr). Diese partielle Unterrichtsbefreiung signalisiert den Lehrkräften eine gebührende Wertschätzung. Auch die Einbettung der Methodentrainingstage in etwaige bestehende Projektwochen kann sehr viel Organisations- und Vertretungsfrust vermeiden helfen, der zwangsläufig entsteht, wenn eingespielte Abläufe partiell außer Kraft gesetzt werden. Derartige Kompromisslinien müssen gesucht und gefunden werden, wenn die intendierte Innovationsarbeit tatkräftig und arbeitssparend vorangetrieben werden soll.

Ermutigende Rahmenregelungen dieser Art verbessern die Stimmung in den Kollegien. Wer sich durch faire Absprachen und Arbeitsumstände bestätigt sieht, tut sich erfahrungsgemäß leichter, Neues anzugehen und etwaige Mehrbelastungen in Kauf zu nehmen, als derjenige, der sich in fragwürdiger Weise überfahren wähnt. Diese psychologische Seite des Innovationsmanagements wird gemeinhin sträflich unterschätzt. Wer sich unfair behandelt fühlt, blockiert sehr schnell. Wer lediglich Mehrbelastungen aufgehalst bekommt, ohne dass entsprechende Gegenleistungen in Aussicht stehen, der fühlt sich völlig zu Recht ausgenutzt. Innovationen müssen sich lohnen – nicht nur für die Schüler/innen und deren Eltern, sondern auch und zugleich für die Lehrkräfte selbst. Das ist das hier vertretene Credo. Diese Option verlangt zwingend nach entgegenkommenden Rahmenregelungen, die den Lehrpersonen Mut machen, die eigenen Förderstrategien immer wieder zu überdenken und zeitgemäß weiterzuentwickeln. Je heterogener die Lerngruppen, desto wichtiger ist es, dass die verantwortlichen Lehrkräfte diesen Goodwill entwickeln.

Zu diesem Goodwill trägt vieles bei: die genannten Vergünstigungen mittels Lehrerfreistellung, Trainingserleichterung und Doppelstunden genauso wie die Vereinbarung wohltuender Ablauf-, Fortbildungs-, Hospitations- und Sanktionsregeln in der jeweiligen Schule. Apropos Ablaufregeln: Die in Kapitel II.4 skizzierten Lernspiralen stehen ebenso für Mut machende Regelwerke wie die in anderen Kapiteln vorgestellten Kooperations- und Trainingsarrangements mit ihren klaren Strukturen und Abläufen. Auch die präzise zeitliche Platzierung und Strukturierung der Workshops, Hospitationen und Lehrerfortbildungsseminare kann einen wichtigen Beitrag dazu leisten, dass die skizzierte Lern- und Förderkultur verstärkt Akzeptanz erfährt. Indem z. B. schulinterne Hospitationskontingente definiert und vereinbart werden, lässt sich der gängige Streit über den dadurch ausgelösten Vertretungsunterricht erfahrungsgemäß recht gut aus der Welt schaffen. Jeder hat pro Jahr z. B. einen Anspruch auf drei Hospitationsstunden, die bei Bedarf schulintern zu vertreten sind. Wer sie nicht nutzt, ist selber schuld, hat im Gegenzug aber keinen Anspruch auf Erlass der eigenen Vertretungspflicht. Eine solche »Institutionalisierung« kann erfahrungsgemäß sehr viel Sand aus dem Getriebe nehmen.

Absprachen dieser Art sind ermutigend und richtungweisend zugleich. Ermutigend, weil sie vielen Lehrkräften zu neuen Ideen verhelfen. Richtungweisend, weil sie angeben, mit welcher Zielsetzung schulinterne Rahmenregelungen in Sachen Unterrichtsentwicklung erfolgen sollten. Eine erfolgreiche Innovationsarbeit braucht zwingend Vereinbarungen und Festlegungen, die das Entstehen einschlägiger Automatismen und Routinen in Schule und Unterricht begünstigen. Dazu leisten die erwähnten Ablauf-, Fortbildungs-, Workshop- und Hospitationsregelungen einen Beitrag. Dazu tragen aber auch Regeln und Rituale bei, wie sie ansatzweise in Abschnitt II.4.6 dieses Buches umrissen worden sind – angefangen bei der Rot-Grün-Ampel zur Förderung des selbstgesteuerten Lernens der Schüler/innen über die Einführung von Regelwächtern, Zeitwächtern, Fahrplanüberwachern etc. bis hin zur Verabredung bestimmter Schrittfolgen für den Fall, dass einzelne Schüler/innen beim Lernen nicht weiterkommen bzw. bestimmte Fragen oder Anliegen haben. Indem die Verantwortlichkeiten vom Einzelnen zum Tandem, dann zur Gruppe und erst dann zum Lehrer wechseln, lässt sich die gängige Lehrerbeanspruchung durch die Klasse erheblich reduzieren. Das ist ermutigend und entlastend zugleich.

Ähnliches gilt für die Verabredung bestimmter Sanktions- und Evaluationsregeln im Kollegenkreis. Wenn jede Lehrperson ihre ganz persönlichen Strategien verfolgt, dann ist die Gefahr groß, dass es auf Schüler- wie Lehrerseite zu übermäßigen Irritationen kommt. Wirksame Bildungs- und Erziehungsarbeit verlangt ähnliche Anforderungen und Spielregeln bei allen Lehrkräften einer Klasse. Das gilt für die Sanktionierung des gezeigten Lern-, Arbeits- und Sozialverhaltens genauso wie für die Feststellung und Beurteilung der jeweiligen Lernleistungen. Je einheitlicher die Lehrkräfte fordern und fördern und je übereinstimmender sie die zutage tretenden Kompetenzen der Schüler/innen beurteilen, desto ermutigender wird das Ganze. Ermutigend für die Schüler/innen, weil diese verlässlich wissen, woran sie sind und was von ihnen in welcher Weise gefordert wird. Ermutigend aber auch für die Lehrkräfte, da diese ebenfalls verlässlich darauf rechnen können, dass ihre Schüler/innen das eigene Lernen relativ selbstbewusst, zielstrebig und kriteriumsorientiert zu steuern lernen. Das entlastet und macht Mut, die intendierte Förder- und Integrationsarbeit engagiert fortzuführen.

1.8 Vertrauensbildende Elternarbeit

Neuer Prioritäten bedarf es auch in der Elternarbeit. Bis dato ist Elternarbeit vor allem Elterninformation – sei es nun in schriftlicher Form oder in Form mündlicher Berichte im Rahmen der gängigen Elternzusammenkünfte. Nähere Einblicke in die pädagogische Arbeit der Lehrkräfte werden eher selten gewährt, schon gar nicht in Gestalt von Elternhospitationen oder praktischen Übungen zum intendierten Förderunterricht. Wie Lehrkräfte die Potenziale der Schüler/innen zu mobilisieren versuchen, bleibt im Großen und Ganzen ihr Geheimnis. Die Eltern erfahren bei passender Gelegenheit, was notenmäßig dabei herausgekommen ist, aber wie die praktische Ausgestaltung der unterrichtlichen Förder-, Integrations- und Kompetenzvermittlungsprozesse aussieht, das erschließt sich in der Regel nur schwer. Die Folgen dieser Intransparenz sind Misstrauen, Missverständnisse und immer wieder auch aufreibende Konflikte und Meinungsverschiedenheiten im Beziehungsfeld Lehrer–Eltern. Das erschwert die schulinterne Innovationsarbeit.

Wenn die skizzierte Lern- und Förderkultur wirksam realisiert werden soll, dann geht das schwerlich ohne verständnisvolle Unterstützung durch die Eltern. Aufgeschlossene Schulleiter/innen, Lehrkräfte und Schulaufsichtsvertreter reichen nicht. Sie sind zwar zentral, wenn es um die Implementierung der vorgestellten Lern-, Förder- und Integrationsverfahren geht; ihre Erfolgschancen können von Elternseite jedoch erheblich beeinträchtigt werden. Wenn Teile der Elternschaft z. B. querschießen, weil für schulinterne Fortbildungszwecke die eine oder andere Stunde ausfällt oder trainingsbedingt umfunktioniert werden muss, dann kann dies sehr schnell zu zeitraubenden Auseinandersetzung und Blockaden führen. Es kann aber auch genau das Gegenteil eintreten, nämlich dann, wenn von Elternseite offensiv Verständnis und Unterstützung für die anvisierte Neuorientierung der Unterrichtsarbeit signalisiert werden. So gesehen sind die Eltern ein ganz wichtiger Faktor im schulinternen Innovationsprozess. Sie frühzeitig ins Vertrauen zu ziehen lohnt unbedingt. Von daher empfiehlt es sich, beizeiten Transparenz zu schaffen und den interessierten Eltern möglichst konkrete Einblicke in die intendierte Lehr-, Lern- und Förderarbeit zu gewähren. Das hilft, unfruchtbare Auseinandersetzungen und spätere Konflikte zu vermeiden. Darüber hinaus trägt es dazu bei, wesentliche Teile der Elternschaft als verständnisvolle Lobby zu gewinnen.

»Verständnisvoll« heißt hierbei, dass die betreffenden Eltern mit den spezifischen Belangen und Chancen heterogener Lerngruppen vertraut gemacht werden – durch Informationen und Beispiele, durch Hospitationen und praktische Übungen, durch Gespräche und Reflexionen. Nur dadurch wird sich das nötige Verständnis aufbauen lassen, das auf längere Sicht gewährleistet, dass den reformwilligen Lehrkräften von Elternseite der Rücken gestärkt wird. Prävention statt späterer Krisenintervention – das ist die Devise. Praktisch heißt dies, dass frühzeitig damit begonnen werden muss, den Eltern gezielte Einblicke in die anvisierte Lehr-, Lern- und Förderkultur zu gewähren, um etwaigen Missverständnissen vorzubeugen. Dabei genügt es nicht, gut gemeinte Elternbriefe oder Rundmails zu versenden. Das bleibt zu unpersönlich und abstrakt. Selbst wenn die eingehenden Informationsschreiben gewissenhaft gelesen werden sollten, so tun sich viele Eltern dennoch eher schwer damit, die korrespondierenden pädagogisch-methodischen Implikationen hinreichend zu verstehen. Von daher ist die Gefahr groß, dass gravierende Missverständnisse und Vorbehalte entstehen, die die schulische Innovationsarbeit behindern.

Dieser Gefahr ist am besten dadurch zu begegnen, dass einschlägige »Learning-by-Doing-Elternveranstaltungen« angeboten werden. Veranstaltungen also, in deren Rahmen nicht nur informiert, gefragt und diskutiert, sondern zudem Gelegenheit gegeben wird, ausgewählte Förder- und/oder Trainingsverfahren auch mal ansatzweise durchzuspielen. Dieses »Learning by Doing« hat sich in der Lehrerfortbildung wie in der Elternarbeit bestens bewährt (vgl. Abschnitt II.1.2). Der abgedruckte Zeitungsbericht über einen ungewöhnlichen Elternabend in einem Landauer Gymnasium zum Thema »Teamentwicklung« bestätigt diese Einschätzung (vgl. Abb. 48). Ähnliche Elternveranstaltungen laufen seit Jahren auch zu anderen Methodenfeldern und haben durchweg ähnlich positive Erfahrungen gebracht. Das gilt für die Grundschulen wie für die weiterführenden Schulen. Für die meisten Eltern ist die Situation am Anfang zwar etwas ungewohnt. Nach einer kurzer Eingewöhnungsphase jedoch sind sie in aller Regel recht offen und engagiert bei der Sache. Das gilt vor allem dann, wenn inhaltlich typische Elternthemen aufgegriffen werden.

Auch regionale Elternveranstaltungen können durchaus lohnend sein. Veranstaltungen also, die z. B. von Verbänden oder sonstigen Bildungsträgern mit dem Ziel organisiert werden, die interessierten Eltern einer Region mit den spezifischen Belangen und Chancen heterogener Lerngruppen vertraut zu machen. Natürlich erreicht man

> **Ein ungewöhnlicher Elternabend zum Thema »Teamarbeit«**
>
> »Die 15 Mütter und Väter der Klasse 5e, die an diesem Abend gekommen sind, teilen sich in Gruppen. Damit Vertraute und Bekannte nicht nebeneinander sitzen und vielleicht private Schwätzchen halten, werden Spielkarten gezogen: Die gleichen Karten bilden die Fünfergruppen. Die Eltern erhalten als Aufgabe, den Bericht über eine unzulängliche Gruppenarbeit von Schülern zum Thema ›Arbeitslosigkeit‹ eingehend zu analysieren, problematische Verhaltensweisen einzelner Gruppenmitglieder herauszuarbeiten sowie eine pointierte Kritik des Gruppengeschehens zu formulieren.
> Lediglich acht der beteiligten Mütter und Väter markieren mit Stiften wichtige Stellen farbig oder schreiben sich Bemerkungen an den Rand des Textes. Viele ihrer Töchter und Söhne sind in diesem Punkt schon sehr viel weiter, wie die zahlreichen Plakate eines dreitägigen Methodentrainings an den Wänden des Klassenraums bestätigen.
> Derweil beenden die Eltern ihre Stillarbeit. Die Gruppen tauschen sich aus. Ohne Leiter gehe es nicht, reißt gleich ein Mann das Wort an sich; in der Schülergruppe herrsche keine Ordnung, ergänzt ein anderer. Noch dominieren einzelne das Gruppengespräch und bilden damit das ab, was im Text ›Gruppenarbeit mit Mängeln‹ zu lesen war. Erst allmählich mischen sich auch andere Eltern ein.
> Eine Frau ergreift das Wort und bezweifelt, ob ein ›Führer‹ notwendig ist, der den roten Faden der Gruppenarbeit in der Hand hält. Darauf wieder ein Vater: ›Letztendlich muss einer sagen, wo's langgeht.‹ Nach und nach merken die Wortführer, dass sie zu keinem Gruppenergebnis kommen, wenn sie sich nicht stärker zurückhalten und die anderen einbeziehen.
> Es dauert dennoch 40 Minuten, bis sich die Gruppen zusammengerauft haben und in der Lage sind, gemeinsame Regeln zu erarbeiten, die sie aus dem Text, aber auch aus dem eigenen stockenden Arbeitsverlauf gelernt haben: ›Zielorientiert arbeiten – jeden zu Wort kommen lassen – einer hilft dem anderen und macht Mut – andere Meinungen tolerieren und akzeptieren – zuhören und aufeinander eingehen – Ergebnisse ordnen und sichern …‹.
> Am Ende wird ein Gruppenmitglied ausgelost, welches das Plakat seiner Gruppe präsentiert und erläutert.
> Was halten die Eltern eigentlich von dieser etwas anderen Elternversammlung? ›Ich bin begeistert und stehe hundertprozentig hinter dieser Methode‹, meint eine Mutter. ›Schließlich erlebe ich täglich in der BASF, wie wichtig die Arbeit in der Gruppe ist.‹ Das müsse man lernen, schon in der Schule.«
>
> *(Auszug aus einem Artikel in der Regionalpresse)*

Abb. 48

dabei nur die wirklich aufgeschlossenen Eltern, aber diese sind es letztlich auch, die schulische Innovationsprozesse erschweren oder eben auch erleichtern können – je nachdem, wie überzeugt sie von den anstehenden Reformvorhaben sind. Ein sehr ermutigendes Beispiel hat sich z. B. in Leverkusen-Schlebusch zugetragen. An der dortigen Gesamtschule fand samstags in der Zeit von 10.00 bis 16.00 Uhr ein Elternseminar zum Thema »Erfolgreich lernen – aber wie? Neue Wege und Methoden im Schulalltag« statt. Eingeladen waren interessierte Eltern aus der Stadt Leverkusen. Und rund 50 Elternvertreter/innen kamen tatsächlich, um sich anhand von Kurzvorträgen, Brainstormings, Filmausschnitten, Gesprächen und praktischen Übungen einen Eindruck davon zu verschaffen, was modernes Unterrichten heute sein sollte.

Die Rückmeldungen der beteiligten Eltern waren ausgesprochen positiv. Konkret: »Die Elternvertreter waren von dem Seminartag, seinen Inhalten, den Zielen der pädagogischen Schulentwicklung und dem methodenorientierten Vorgehen durchgängig begeistert. Die wichtigste Frage war, wann an ihrer Schule ein derartiges Konzept umgesetzt würde« (Auszug aus der Tagungsdokumentation). Dieses Stimmungsbild verdeutlicht, dass viele Eltern nachgerade darauf warten, dass die Schulen, in die ihre Kinder gehen, möglichst zügig mit der Einführung neuer Lehr-, Lern- und Trainingsverfahren beginnen. Das gilt erst recht, seit die neuen Bildungsstandards und Prüfungsverfahren für grundlegende Verunsicherung und veränderte Erwartungen an Schule und Unterricht sorgen. Die skizzierten Förder- und Integrationsverfahren sind vielen Eltern bestens vermittelbar – vorausgesetzt, es werden ihnen die damit verbundenen Lern- und Erfolgschancen für die starken wie für die schwächeren Lerner gebührend verdeutlicht. Das besagte »Learning by Doing« kann diese Überzeugungsarbeit befördern. Man muss die Elternveranstaltungen nur praxisnah und handlungsorientiert genug gestalten. Dann kann man mit Fug und Recht erwarten, dass die betreffenden Eltern der skizzierten Unterrichtsentwicklung den nötigen Rückhalt und Rückenwind verschaffen werden. Die meisten Lehrkräfte werden dies fraglos zu schätzen wissen.

2. Unterstützende Maßnahmen der Politik

Innovationserfolge entscheiden sich nicht nur schulintern. Sie hängen auch und nicht zuletzt davon ab, wie es um die finanziellen, personellen und institutionellen Rahmensetzungen der Bildungspolitik bestellt ist. Engagierte Förder- und Integrationsmaßnahmen der Lehrkräfte sind das eine, die entsprechenden bildungspolitischen Stützmaßnahmen sind das andere – angefangen beim Sprachtraining für Migrantenkinder über verbesserte Personalausstattung, Ressourcenbereitstellung und kleinere Klassen in den Schulen bis hin zur Sicherstellung der nötigen Praxis- und Förderkompetenzen in der Lehrerbildung. Andere OECD-Länder machen es vor: Die ins Auge gefasste Lern- und Förderkultur ist nicht zum Nulltarif zu haben. Das gilt nicht nur in finanzieller Hinsicht. In den nachfolgenden Abschnitten werden einige wichtige und wünschenswerte bildungspolitische Stützmaßnahmen umrissen.

2.1 Mehr Sprachtraining vor Schuleintritt

Viele Lehrkräfte bewegen sich mit ihrer Förder- und Integrationsarbeit allein deshalb auf recht schwankendem Boden, weil nicht wenige Kinder eklatante Defizite in Sachen deutsche Sprache haben. Kein Wunder auch. Aussiedler- und/oder Migrantenkinder, die gerade erst nach Deutschland gekommen sind, können die deutsche Sprache natürlich noch nicht so beherrschen, dass sie dem normalen Unterricht verständnisvoll folgen können. Gleichwohl werden sie oft vorschnell dazu genötigt, in muttersprachliche Regelklassen einzutreten. Die Folge: Ihr Sprachverständnis ist oft so dürftig, dass eine angemessene Unterrichtsteilnahme beim besten Willen nicht möglich ist. Das gilt vor allem für Hauptschulen, in denen diese Kinder besonders häufig anzutreffen sind, da ihre Sprachdefizite schwache Fachleistungen nach sich ziehen. Zwar ist nicht jedes Fachleistungsversagen sprachbedingt, wohl aber sind miserable Deutschkenntnisse eine ganz zentrale Ursache dafür, dass sich fachliches Unverständnis und Unvermögen breit machen.

Was folgt daraus? Länder wie Kanada, Australien oder die USA machen vor, wie angesetzt werden kann. Wer in die dortigen Regelschulen will, muss ein hinreichendes Sprachniveau erreichen, um dem gängigen Unterricht vertretbar folgen zu können. Ist das nicht der Fall, wird mit absoluter Priorität Sprachförderung betrieben. Das gilt für Kindergartenkinder genauso wie für ältere Schüler/innen, die im Ausland groß geworden sind. Bevor diese in die Regelschule kommen, müssen sie richtiggehende »Crashkurse« durchlaufen, die in der Regel staatlich finanziert sind und das Ziel verfolgen, die betreffenden Kinder und Jugendlichen möglichst rasch zu einer Sprachbeherrschung zu führen, die ihnen eine wirksame Teilnahme am alltäglichen Unterricht erlaubt. Wer diese Bedingung nicht erfüllt, muss gegebenenfalls nachsitzen, d. h. weitere Sprachkurse besuchen, bis irgendwann das Mindestniveau erreicht ist. Erst dann werden die Lehrkräfte diese Kinder in ihren Unterricht bekommen.

In Deutschland ist das deutlich anders. Zwar gibt es auch hier Appelle und Angebote, aber die Verbindlichkeit des Spracherwerbs fehlt. Von den Lehrkräften wird erwartet, dass sie Kinder mit geringen Deutschkenntnissen in ihren Regelunterricht integrieren. Wie, das ist ihre Sache. Das ist durchaus gut gemeint, pädagogisch aber höchst schwierig. Schwierig deshalb, weil in Deutschlands Klassenzimmern meist nur eine Lehrkraft für alle Kinder zuständig ist. Differenzierungs- und spezielle Sprachfördermaßnahmen entfallen von daher zumeist. Wenn alle Kinder zeitgleich zu unterrichten sind, dann fehlen in aller Regel Zeit und Muße, um die betreffenden »Problemkinder« passgenau anzusprechen und sprachlich an die übrigen Schüler/innen heranzuführen. Das ließe sich zwar durch den Einsatz spezieller Förderlehrkräfte verändern. Doch diese gibt es bislang höchst selten. Im Klartext: Die Zahl der Förderlehrer/innen in Deutschlands Schulen ist nach wie vor so gering, dass Kinder mit geringen Deutschkenntnissen dadurch unmöglich aufzufangen sind.

Kein Wunder also, dass sich zahlreiche Klassenlehrer/innen überfordert fühlen. Sie sehen die mangelhafte Anschlussfähigkeit der betreffenden Migrantenkinder, wissen aber nicht, wie sie diesem Dilemma begegnen sollen bzw. können. Sie sollen die sprachlich versierten Kinder genauso ansprechen und einbinden wie die sprachamen. Sie sollen Chancengerechtigkeit sichern und möglichst passgenaue Differenzierungsangebote unterbreiten. Wie sie all dies leisten sollen, bleibt ein Geheimnis. Die Folge ist, dass sich viele dieser Lehrkräfte im schlimmsten Sinne des Wortes »verlassen« fühlen. Natürlich können sie Materialien auf differenzierten Sprachniveaus erstellen bzw. einsetzen; und natürlich können sie die Selbstständigkeit in der Gesamtklasse so weit fördern, dass hin und wieder etwas Zeit bleibt, um die sprachschwachen Kinder gezielt anzusprechen. Und selbstverständlich können sie etwaige Förderlehrer/innen einbinden, die ihnen in Differenzierungsphasen assistieren. Nur, eine wirklich überzeugende Problemlösung ist das nicht.

Das Grundproblem sind und bleiben die mangelhaften Beobachtungs-, Beratungs- und Differenzierungsmöglichkeiten der hauptverantwortlichen Lehrkräfte. Zusätzliche Förderlehrkräfte gibt es kaum, und sie können daher auch nicht als ernsthafte Handlungsperspektive verbucht werden. Hinzu kommt, dass selbst bei adäquater Ansprache der sprachschwachen Kinder ein gravierender Desintegrationseffekt bleibt. Und zwar dadurch, dass Materialien und Aufgaben mit differenzierten Sprachanforderungen in aller Regel die Anschlussfähigkeit dieser Kinder beeinträchtigen. Differenzierte Sprachanforderungen bedeuten nämlich de facto, dass die betreffenden Kinder fachlich wie sozial auseinanderdriften. Das mindert ihre Anschlussfähigkeit und beeinträchtigt ihre Lernentwicklung. Zwar sind langfristige Besserungen nicht ausgeschlossen; gleichwohl bleiben die betreffenden Kinder und Jugendlichen in einer eher fatalen Außenseiterposition. Ihre dürftigen Deutschkenntnisse erschweren sowohl ihre soziale Kontaktnahme als auch ihre effektive Sprachanwendung. Wer aber schweigt oder zum Ausfüllen banaler Arbeitsblätter veranlasst wird, kann schwerlich überzeugende Kompetenzentwicklung erfahren.

Von daher spricht vieles dafür, die der Regelschule vorgeschalteten Sprachtrainings verbindlich auszubauen. Wegweisende Erfahrungen und Anstöße liefern hier, wie erwähnt, Länder wie Australien, Kanada und die USA. Wenn das Erreichen bestimmter Standards bzw. Sprachniveaus eine obligatorische Vorbedingung für den offiziellen Schuleintritt ist, dann wird damit nicht nur ein Beitrag zur praktischen Lehrerentlastung geleistet, sondern auch ein solcher zur besseren Integration und Förderung der betreffenden Kinder aus anderen Sprachräumen. Diese Kinder sind in der Regel ja nicht sprachlich unbegabt oder gar unfähig; sie haben lediglich zu wenig Übung und sprachliche Vorbildung im Deutschen. Indem man ihnen anfangs den erdrückenden Mix von sprachlichem und fachlichem Lernen erspart, können sie sich ganz vorrangig auf den Erwerb tragfähiger Deutschkenntnisse und -fähigkeiten konzentrieren. Das nützt eigentlich allen: den Schüler/innen, weil sie nach relativ kurzer Zeit fachlich wie sozial Fuß zu fassen vermögen. Und den Lehrkräften, weil ihnen die deprimierende Grundsituation erspart bleibt, Kindern mit miserablen Deutschkenntnissen nicht wirklich gerecht werden zu können.

So gesehen machen kompakte Sprachtrainings vor Schuleintritt absolut Sinn. Sie sind hilfreich und gerecht, notwendig und human. Diesbezüglich sollten die politischen Entscheidungsträger hierzulande dringlich nachbessern. Die institutionelle Etablierung der Sprachtrainings kann dabei unterschiedlich geregelt sein. Sie können im schulischen Bereich angesiedelt werden oder auch in außerschulischen Bildungseinrichtungen wie Volkshochschulen oder speziellen Sprachförderschulen stattfinden. Wichtig ist nur, dass das Erlernen der deutschen Sprache in möglichst lebendiger, handlungsbetonter, kommunikativer und lebensweltbezogener Weise betrieben wird. Sind bestimmte Mindeststandards erreicht, so erfolgt der Übergang in die Regelschule. Wünschenswert ist zudem, dass auch die Eltern der betreffenden Migrantenkinder mit mehr Verbindlichkeit Deutsch lernen. Auch hier liefern andere OECD-Länder nachahmenswerte Verfahrensbeispiele.

2.2 Einstellung zusätzlicher Förderkräfte

Ein Engpass im alltäglichen Unterricht ist die bereits angesprochene Alleinzuständigkeit der Lehrkräfte. Eine einzelne Lehrperson hat hierzulande in der Regel 25 bis 30 Schüler/innen oder sogar mehr zu unterrichten und zu beaufsichtigen, zu ermutigen und zu erziehen, zu beraten und zu integrieren. Eine Aufgabe, die angesichts der vielen verhaltensauffälligen Kinder in den Klassen schnell an die Grenze des Erträglichen stößt. Gerade heterogene Lerngruppen verlangen den Lehrkräften ein Höchstmaß an Einsatzbereitschaft, Flexibilität, Einfühlungsvermögen, Frustrationstoleranz, Organisationsgeschick und Moderationskompetenz ab. Eine Person allein ist angesichts dieser Funktionsvielfalt sehr schnell überfordert. Und genau das bestätigen die in den letzten Jahren erschienenen Studien zur Lehrerbelastung in Deutschlands Schulen ein ums andere Mal. Das Gros der bundesdeutschen Lehrkräfte braucht dringend Entlastung, wenn die wachsenden pädagogischen und erzieherischen Verpflichtungen ernsthaft wahrgenommen werden sollen.

Wie Uwe Schaarschmidt in seinen Studien für die Jahre 2003–2006 nachweist, fühlen sich 62 Prozent der bundesdeutschen Lehrerschaft in krank machender Weise überlastet. 29 Prozent gelten als »ausgebrannt«, 33 Prozent leiden darunter, dass ihr Engagement viel zu wenig respektiert, anerkannt und/oder honoriert wird. 22 Prozent setzen auf Schonung und engagieren sich kaum noch und nur 16 Prozent kommen mit den Anforderungen des Lehrerberufs nach wie vor gut zurecht (vgl. Schaarschmidt/Kieschke 2007, S. 26). Das ist ein wahrlich alarmierendes Bild. Ein Bild, das auch nicht dadurch aufgehellt wird, dass manche »Lehrerhasser« meinen, diese Belastungen seien gar nicht wirklich vorhanden, sondern lediglich eingebildet. Fakt ist und bleibt, dass sich viele Lehrkräfte im Unterricht hochgradig überfordert fühlen. Einmal aufgrund der vielfältigen Eigenheiten und Erwartungen der unterschiedlichen Schüler/innen, zum anderen aufgrund der chronischen Einzelkämpfersituation, durch die sie immer wieder genötigt werden, die zahlreichen Friktionen und Differenzierungsbedarfe in den Klassen ganz alleine zu verarbeiten.

Doppelbesetzungen und zusätzliche Förderlehrer/innen könnten in dieser Hinsicht fraglos Besserung bringen. Gemeinsam tut man sich schließlich leichter, wenn es gilt, auftretende Probleme angemessen zu interpretieren und zu lösen oder aber bestehende Differenzierungs- und/oder Beratungsbedarfe tatkräftig anzugehen. Man kann sich besprechen, man kann die Arbeit aufteilen, man kann differenzierter beobachten und beraten. Dies mindert die eigene Unsicherheit und reduziert die persönliche Beanspruchung im Unterricht. »Gemeinsam statt einsam« – das ist das richtungweisende Motto von Elmar Oswald (vgl. Oswald 1990), dem hier nur beigepflichtet werden kann. Viele Lehrkräfte brauchen Zuspruch und Entlastung, Arbeitsteilung und Arbeitserleichterung. Dieser Einsicht und Notwendigkeit trägt die hiesige Bildungspolitik bislang viel zu wenig Rechnung. Die Einzelkämpfersituation der Lehrkräfte wird aus finanzpolitischen Erwägungen ganz einfach fortgeschrieben. Der breite Einsatz zusätzlicher Förderkräfte gilt als unbezahlbar.

Dass es auch anders geht, zeigt wiederum das Ausland. Egal, ob man die skandinavischen Länder anschaut oder den Blick nach Asien, Australien oder Kanada richtet, stets kann man feststellen, dass dort pädagogische Zusatzkräfte keine Ausnahme, sondern eher die Regel sind. Wer differenzierte Förderung gewährleisten will, der muss nun einmal für Doppelbesetzungen in den Klassen sorgen. Dann kann einer die große Mehrheit der Schüler/innen unterrichten bzw. in geeignete Arbeits- und Kooperationsprozesse verstricken, während der/die andere einzelne »Problemschüler/innen« gezielt betreuen kann. Dabei ist es gleichgültig, ob zwei ausgebildete Fachkräfte im Klassenzimmer sind oder ob dem Klassenlehrer pädagogische Assistent/innen oder sonstige spezielle Förderkräfte zur Seite gestellt werden. In allen Fällen ergeben sich für die hauptverantwortlichen Lehrkräfte zusätzliche Entlastungs- und Differenzierungsmöglichkeiten. Zugleich erfahren die Schüler/innen eine verstärkte Beobachtung und Würdigung ihrer Arbeit. Beides ist wichtig und entlastend, begabungsfördernd und effizienzsteigernd. Eine Lehrkraft allein kann das nicht.

Das alles ist zwar noch immer keine passgenaue Individualisierung, wohl aber eine gezieltere Förderung, als das in Deutschlands Schulen derzeit möglich ist. Die meisten OECD-Länder haben die Fördernotwendigkeiten offenbar erkannt und handeln entsprechend – auch wenn das zusätzliche Finanzmittel erfordert. Da sie die bunte Schülerschar bewusst bis zur 9. oder 10. Klasse beisammenhalten, müssen sie im Gegenzug natürlich auch sicherstellen, dass die verschiedenen Schülertalente differenziert angesprochen werden. Ansonsten wird der Integrationsgedanke zur puren Augenwischerei. Diese Erkenntnis hat sich hierzulande noch viel zu wenig durchgesetzt. Heterogene Lerngruppen werden zwar auch bei uns verstärkt zugelassen, aber an den entsprechenden Förderbedingungen mangelt es vielerorts nach wie vor ganz eklatant. Eigentlich möchte man das mehrgliedrige Schulsystem, wird aber durch die realen Umstände und Elternbekundungen gezwungen, eine wachsende Heterogenität in den verbleibenden Schularten zu akzeptieren. Die daraus erwachsende Halbherzigkeit geht zulasten entschiedener Förderprogramme und Personalzuweisungen. Deutschlands Bildungsverantwortliche sagen A, aber (noch) nicht B. Schade, denn der Bedarf an den Schulen ist zweifellos vorhanden.

Die erforderlichen Förderkräfte müssten nicht einmal die gängigen Bildungsetats sprengen. Doppelbesetzungen könnten einmal aus den Finanztöpfen der selbstständigen Schulen, zum anderen mittels schulinterner Prioritätenverschiebungen (teil)-finanziert werden. Eine dritte Möglichkeit wäre die, dass auf pädagogische Assistent-/innen abgestellt wird, die im Regelfall deutlich weniger kosten als die üblichen Fachlehrer/innen. Damit jedoch keine Missverständnisse entstehen: Hier soll keineswegs für ein fragwürdiges Sparmodell plädiert werden, sondern nur dafür, die Aufstockung der pädagogischen Betreuung und Beratung in den Klassen möglichst schnell und unbürokratisch zu forcieren. Auf mittlere Sicht wäre es unbedingt geboten, die Finanz- und Personalausstattung der Schulen ganz generell auf den Prüfstand zu stellen und einer einschneidenden Revision zu unterziehen. Heterogene Lerngruppen sind weder eine Schande noch ein Problem. Sie sind lediglich eine nicht ganz billige Herausforderung für eine demokratische Gesellschaft, die sich Förderung und Integration auf ihre Fahnen geschrieben hat (vgl. dazu auch Abschnitt III.2.9).

2.3 Kleinere Klassen und mehr Freiraum

Ein weiteres bildungspolitisches Problemfeld ist die Klassengröße in den Schulen. Klassenstärken von 30 und mehr Schüler/innen sind hierzulande keine Seltenheit. Hinzu kommen relativ kleine Klassenräume, da die geltenden Schulbaurichtlinien entsprechende Limits vorgeben. Limits, die häufig deutlich jenseits des pädagogisch Notwendigen und Wünschenswerten liegen. Wenn aber die Klassenräume klein und die Schülerzahlen groß sind, dann bleibt im Schulalltag oftmals gar nichts anderes übrig, als eine problematische Frontalsitzordnung zu stellen. Problematisch deshalb, weil die Ausrichtung der Tische und Schüler/innen zur Tafel hin beinahe zwangsläufig dazu führt, dass die Lerner zur lehrerzentrierten Einzelarbeit veranlasst werden. Partner- und Gruppenarbeiten sind unter diesen Vorzeichen ebenso schwierig zu realisieren wie Stehkreise oder Stuhlkreise inmitten des Klassenraumes. Das alles erschwert die intendierte Kooperation und Kommunikation der Schüler/innen. Wechselseitiges Helfen und Erziehen sind unter diesen Umständen zwar nicht ausgeschlossen, wohl aber deutlich mühsamer, als das vielen Lehrkräfte zusagt.

Von daher sind größere Klassenräume und/oder niedrigere Schülermesszahlen eine wichtige Voraussetzung dafür, dass eine gedeihliche Förder- und Kooperationsarbeit im Unterricht in Gang kommt. Nichts ist schlimmer als der plausible Nachweis, dass angesichts der chronischen Enge im Klassenraum moderne Lehr-, Lern- und Förderverfahren mehr oder weniger illusorisch sind. Zwar lässt sich – wie in Abschnitt II.6.8 gezeigt – selbst unter beengten Verhältnissen noch immer eine ganze Menge ausrichten, indem z. B. die Sitzordnung verändert wird oder bestimmte Regeln und Regelwächter eingeführt werden. Gleichwohl ist und bleibt ein übermäßig dicht besetzter Klassenraum natürlich das beste Alibi für all jene, die einer konsequenten Förder- und Integrationsarbeit aus dem Weg gehen möchten. So gesehen wäre die Bildungspolitik gut beraten, die Schülermesszahlen pro Klasse so weit abzusenken, dass den chronischen Bedenkenträgern unter den Lehrern der Wind aus den Segeln genommen wird. Klassengrößen zwischen 22 und 25 reichen, wenn differenzierte Lern- und Förderverfahren angesagt sind und gelingen sollten. Was z. B. in Finnland und anderen skandinavischen Ländern möglich ist und als Quelle überzeugender Lern- und Fördererfolge verbucht wird, das sollte auch in Deutschland gehen oder zumindest ernsthaft angestrebt werden.

Zwar garantieren kleinere Klassen noch längst keine größeren Lern- und Leistungserfolge, wie Andreas Helmke auf der Basis neuerer Lernforschungsstudien herausgestellt hat (vgl. Helmke 2005, S. 29). Die Crux ist nämlich, dass die meisten Lehrkräfte ihren Unterrichtsstil einfach nicht ändern, egal, ob sie 15 oder 30 Schüler/innen vor sich sitzen haben (vgl. ebenda). Von daher bleiben die naheliegenden Positiveffekte verständlicherweise aus. Gleichwohl bestätigt auch Helmke, dass kleinere Klassen sehr wohl das Potenzial dazu haben, besseren Unterricht und höhere Lernleistungen der Schüler/innen zu gewährleisten. Nur muss sich dann die Unterrichtsmethodik der Lehrkräfte verändern, und zwar in der in diesem Buch skizzierten Weise. Kleinere Klassen begünstigen das. Denn wenn die Schüler/innen häufiger kooperieren und kommunizieren sollen, wenn ihnen verstärkt individuelle Aufgaben und Arbeitsmöglichkeiten übertragen werden oder wenn sie im Unterricht des Öfteren Lernspiralen mit dem ihnen immanenten Wechselspiel von Einzelarbeit, Partnerarbeit, Gruppenarbeit und Plenarphasen durchlaufen müssen, dann geht das natürlich leichter, wenn die Schülerzahl 25 nicht übersteigt. So gesehen sind kleinere Klassen zwar keine hinreichende Bedingung für besseren Unterricht, wohl aber eine wichtige und notwendige Voraussetzung dafür, dass moderne Lern-, Arbeits- und Interaktionsmethoden leichter realisiert werden können. Das erfolgreiche Arbeiten mit heterogenen Lerngruppen kann dadurch nur begünstigt werden.

Wer nachhaltige Innovationen erreichen will, muss zwingend dafür sorgen, dass das Klassenmanagement erleichtert und der pädagogische Gestaltungswille der Lehrkräfte gestärkt wird. Andernfalls bleibt die Förderung heterogener Lerngruppen ein ziemlich gefährdetes Programm. Das scheinen Bildungspolitiker gelegentlich zu vergessen. Dazu gehört nicht zuletzt, dass sich die Arbeitsumstände in den Klassen so verbessern müssen, dass der Goodwill der Lehrkräfte geschürt wird. Da die großen Klassenstärken bei vielen Lehrkräften bekanntermaßen eher Larmoyanz auslösen, gilt es, verstärkt an diesem Punkt anzusetzen und die Klassenmesszahlen kräftig abzusenken. Das ist Chance und Herausforderung für die Bildungspolitik. In dem Augenblick nämlich, in dem die Klassengröße als Rechtfertigung für die Fortführung des lehrerzentrierten Unterrichts wegfällt, verändert sich in der Regel auch das schulinterne Innovationsklima. Das macht es möglich, die skizzierten Lehr-, Lern- und Förderverfahren mit mehr Entschiedenheit einzufordern. Zwar wird es auch dann noch Lehrkräfte geben, die aus anderen Gründen mauern. Ein Abwehrargument jedoch entfiele. Und das kann dem Innovationselan in den Schulen nur guttun.

Innovationsförderlich ist fraglos auch all das, was mit dem Schlagwort »Entbürokratisierung« überschrieben werden kann. Viele Lehrkräfte kämpfen de facto nicht nur mit zu großen Klassen, sondern immer wieder auch damit, dass sie übermäßig viel administrative Arbeit zu erledigen haben, die sie vom pädagogisch-innovatorischen Kerngeschäft abhält. Das beginnt beim aufwändigen Entwickeln von Schulprogrammen und Leitbildern und reicht über die Teilnahme an immer neuen Schulevaluationen, Lernstandserhebungen, Vergleichsarbeiten und sonstigen Test- und Wettbewerbsverfahren bis hin zum Ausfüllen unzähliger Listen und Formblätter zwecks Rechenschaftslegung gegenüber der Schulaufsicht oder irgendwelchen anderen Instanzen. Gewiss, manche formalen Arbeiten sind sicherlich nötig. Doch die Prioritätensetzungen stimmen derzeit vielerorts einfach nicht mehr. Was zu oft vergessen wird: Lehrkräfte sind Spezialisten fürs Lehren und Lernen! Und als solche sollten sie mit absoluter Priorität gefordert und eingesetzt werden. Die wachsende Heterogenität in den Klassenzimmern ist bereits fordernd und belastend genug. Überbordende Reglementierung und Verwaltungsarbeiten können da nur schaden.

Selbstständige Schulen und selbstverantwortliche Lehrkräfte sind fraglos eine richtige und wichtige Perspektive. Lehrkräfte brauchen pädagogische Freiräume, wenn sie handlungsfähig und innovationswillig bleiben sollen. Das heißt andererseits ja nicht, dass Egozentrik und Beliebigkeit Einzug halten müssen. Freiraum und Kooperation, Gestaltungswille und schulinterne Abstimmung sind unterschiedliche Seiten derselben Medaille. Die Bildungspolitik hat damit begonnen, die Weichen in diese Richtung zu stellen und einer erweiterten Selbstverantwortung der Schulen und Lehrkräfte den Boden zu bereiten. Und das ist gut so. Nur darf es nicht bei abstrakten Proklamationen bleiben, sondern hinzukommen müssen zwingend die entsprechenden Rahmenbedingungen und Ressourcen, die Lehrkräfte brauchen, um die zugestandenen Selbstverantwortungsspielräume tatsächlich produktiv zu nutzen. Kleinere Klassen, weniger Verwaltungsaufwand und reduzierte Wochenstundenverpflichtungen könnten wichtige Stützpfeiler dieser Entwicklung sein.

2.4 Höhere Sachmitteletats für Schulen

Der in diesem Buch skizzierte Unterricht verlangt nach vielschichtigen Arbeitsprozessen, die ebenso vielfältige Arbeitsmittel erfordern. Das gilt für die erwähnten Regale, Nachschlagewerke, Pinnwände, Tischgruppen, Computer, Beamer, Arbeitshefte und sonstigen Gebrauchsgegenstände. Das gilt aber auch für die unterschiedlichen Verbrauchsmaterialien wie Stifte, Scheren, Kleber, Folien, Karteikarten, Plakatpapier, Visualisierungskarten, Flipchartpapier, Klebepunkte, Klebeband und Pinnadeln. Ohne diese Materialien ist der intendierte Arbeitsunterricht schwerlich zu realisieren – und damit natürlich auch nicht die differenzierte Ansprache und Aktivierung der unterschiedlichen Schülerpotenziale in den Klassen. Diese Problemanzeige geht sowohl an die Adresse der Schulträger als auch an die der Bildungspolitik. Die besagten Arbeitsmaterialien und -mittel bieten für sich genommen zwar noch keine Gewähr dafür, dass das Lernen in heterogenen Gruppen hinreichend erfolgreich verläuft. Sie sind gleichwohl eine wichtige Voraussetzung dafür, dass viele der vorgestellten Förder- und Interaktionsmethoden überhaupt erst spruchreif werden. Ohne großzügige Ressourcenausstattung geraten die unterrichtlichen Akteure ganz schnell an ihre Grenzen. Das gilt für die Lehrer/innen genauso wie für die Schüler/innen.

Selbstverständlich können manche dieser Ressourcen auch schulintern organisiert und aus den vorhandenen Etats der Schulträger finanziert werden. Auch Elternumlagen, Kopiergelderhebung oder gezielte Sponsorenmittel können dazu beitragen, die finanziellen Möglichkeiten der Schulen zu erweitern. Gleichwohl sollten diese Möglichkeiten nicht davon ablenken, dass auch die Bildungspolitiker und Schulträger gefordert sind und endlich Farbe bekennen müssen. Höhere Sachmitteletats sind keine Verschwendung von Finanzmitteln zugunsten der Schulen, sondern sie sind eine schlichte Notwendigkeit, damit bestimmte pädagogische Optionen und Erfordernisse in die Tat umgesetzt werden können. Differenzierung und Individualisierung in heterogenen Gruppen sind nun einmal nicht zum Nulltarif zu haben. Sie verlangen unter anderem ein Mehr an Arbeitsmaterial und Schülerkooperation, an produktivem Lernen und entsprechenden Hilfsmitteln. Andernfalls sind differenzierte Lern-, Arbeits- und Kooperationsprozesse schwerlich auf den Weg zu bringen. So gesehen ist eine verbesserte Ressourcenausstattung der Schulen eigentlich ein Muss. Auch hier kann man sich im Ausland einiges abgucken. Die deutschen Schulen sind zwar nicht unterfinanziert, wohl aber rangieren sie in puncto Arbeitsmitteletats bestenfalls im Mittelfeld der OECD-Länder (vgl. Abschnitt III.2.8).

Das gilt vor allem dann, wenn man die Schulbücher als großen Finanzposten außer Acht lässt. Schulbücher können modernen Unterricht zwar unterstützen; sie können jedoch unmöglich die oben genannten Arbeitsmittel ersetzen. Differenziertes Lernen und Arbeiten in heterogenen Gruppen verlangt aber genau nach diesen Arbeitsmitteln, damit möglichst vielschichtige Arbeits-, Kooperations- und Produktionsprozesse im Unterricht möglich werden. Schulbücher sind fraglos eine zusätzliche Hilfe für bestimmte Lerner; sie gewährleisten aber keinesfalls das, was zur Realisierung der skizzierten Lern- und Förderverfahren notwendig ist. Heterogene Lerngruppen müssen differenziert arbeiten, kooperieren und produzieren können. Dann ist gewährleistet, dass die unterschiedlichen Lerntypen in ihren Klassen vergleichsweise gut Anschluss finden und Anschluss halten können. Ohne korrespondierende Lern- und Arbeitsmittel ist das schwerlich möglich. Dieser enge Zusammenhang zwischen Sachmittelausstattung auf der einen und moderner Förder- und Integrationsarbeit auf der anderen Seite dürfte den wenigsten Bildungspolitikern bewusst sein. Hier sind neue Vorstöße vonnöten.

Das Vorhandensein der besagten Lern- und Arbeitsmittel bedeutet freilich noch nicht, dass diese auch tatsächlich genutzt werden. Das zeigt sich in der Praxis immer wieder. Von daher ist die verbesserte Sachmittelausstattung der Schulen lediglich eine notwendige Voraussetzung für innovativen Unterricht und neue Methoden, nicht aber bereits eine hinreichende. Ob und inwieweit die Lehrkräfte ihren Unterricht im Sinne dieses Buches tatsächlich weiterentwickeln, hängt letzten Endes entscheidend davon ab, wie es um ihre methodisch-pädagogischen Basisqualifikationen und Routinen bestellt ist. Ohne einschlägige Qualifikationen keine engagierten Innovationen! So einfach ist die Gleichung. In gewisser Weise gilt politisch eine Hierarchie der Notwendigkeiten. Dabei rangiert die Sachmittelausstattung der Schulen gewiss nicht ganz oben, wohl aber sollte sie den Schulträgern und Bildungspolitikern wertvoll genug sein, um ernsthafte Mittelaufstockungen und Anschaffungen ins Auge zu fassen. Die Lehrkräfte als Organisatoren, Vorbereiter, Moderatoren und Begleiter schulischer Förder- und Integrationsprozesse sind genuin darauf angewiesen.

Empfehlenswert ist der Aufbau einschlägiger Depots in den Schulen. Das kann in den Klassenräumen selbst sein, wo die gängigen Arbeitsmittel und Verbrauchsmaterialien gut zugänglich gelagert werden. Das kann aber auch separate Räume betreffen, in denen Pinnwände, Plakate, Moderationskoffer, Visualisierungsmaterialien, Filzstifte, Scheren und andere Büromaterialien mehr deponiert sind, auf die interessierte Lehrkräfte bei Bedarf zurückgreifen können. Wichtig dabei ist, dass die entsprechenden »Vorräte« verlässlich zur Verfügung stehen und immer wieder nachgefüllt werden, sobald sie ausgehen. Dafür braucht es erfahrungsgemäß eine speziell beauftragte Person, die als »Depotwart« der jeweiligen Schule dafür Sorge trägt, dass die benötigten Arbeitsmittel vorausschauend, übersichtlich und zuverlässig gemanagt werden. Dafür kann und sollte eine angemessene Stundenentlastung gewährt werden. Andernfalls ist die Gefahr groß, dass einzelne Depots schon nach kurzer Zeit leer geräumt sind und nachsuchende Lehrkräfte nur mehr in dem Gefühl bestärkt werden, dass differenzierter Arbeitsunterricht zu riskant ist. Dieser Gefahr gilt es durch dezidierte Regelungen und Mittelbereitstellungen entgegenzuwirken.

2.5 Erleichterung der Lehrerfortbildung

Die vorgestellte Lern- und Förderkultur bedarf der gezielten Lehrerfortbildung. Das ist im vorliegenden Buch unter Hinweis auf Lehrertraining, Workshops und Erfahrungslernen bereits angedeutet worden (vgl. die Abschnitte III.1.2 ff.). Die wenigsten

Lehrkräfte stehen heterogenen Lerngruppen abweisend gegenüber. Sie sind eher unsicher und fürchten den auf sie zukommenden Mehraufwand sowie das mögliche Scheitern beim Einsatz der angesagten Lern- und Fördermethoden. Zudem tun sich viele von ihnen eher schwer damit, die Ausweitung der Lehrerkooperation positiv zu sehen. Zu viele negative Vorerfahrungen stehen dem im Wege und nähren die Zweifel daran, dass produktive Arbeitsteilung in Lehrergruppen funktionieren kann. Kurzum: Die Unsicherheit vieler Lehrkräfte ist Programm und Herausforderung zugleich. Der Lehrerfortbildung obliegt es nun, für mehr Sicherheit, Zuversicht und Routinebildung zu sorgen. Dazu muss großzügig freigestellt und ermutigt werden. Das gilt für schulinterne wie für schulübergreifende Veranstaltungen, für Einzelne wie für Teams, für Fachschaften wie für ganze Kollegien. Wer die Innovationskompetenz der Lehrkräfte nachhaltig stärken möchte, der muss die Lehrerfortbildung erleichtern. Da kann die Erbsenzählerei in Sachen Unterrichtsausfall nur lähmen.

Nur, was macht die Bildungspolitik? In vielen Bundesländern wird seit Jahren kräftig daran gearbeitet, die Lehrerfortbildung »gesundzusparen« und den fortbildungsbedingten Unterrichtsausfall zum Tabu zu erklären. Die landeseigenen Fortbildungsinstitute werden zurückgebaut, semiprofessionelle Nachmittagsveranstaltungen kräftig ausgeweitet sowie fragwürdige Privatanbieter ins Spiel gebracht. Die Fortbildungsetats der Schulen sind in der Regel so knapp bemessen, dass damit bestenfalls ein Bruchteil des bestehenden Fortbildungsbedarfs der Kollegien abgedeckt werden kann. *Selbstorganisierte Lehrerfortbildung* ist das Zauberwort, mit dem die bestehende »Unterversorgung« verschleiert werden soll. Der Grundgedanke dabei: Jeder soll einfach selbst sehen, wo er sich geeignete Qualifizierungsmaßnahmen abholt – möglichst auf eigene Kosten. Die Situation ist paradox. Auf der einen Seite wird mittels Schulinspektionen und anderer Kampagnen Druck gemacht, die wachsende Heterogenität in den Schulen ernstzunehmen und mit gezielten Innovations- und Qualifizierungsmaßnahmen zu beantworten. Auf der anderen Seite werden mehrtägige Fortbildungsseminare während der Unterrichtszeit ziemlich rigide zusammengestrichen. Beides passt nicht so recht zusammen.

Entweder man will möglichst schnell und wirksam erreichen, dass in den Schulen kompetent, kreativ und konzertiert auf die spezifischen Belange heterogener Lerngruppen reagiert wird. Oder aber man setzt auf preisgünstige Alibiprogramme, um u.a. den Eltern das Gefühl zu vermitteln, Innovation sei ohne Investition und Unterrichtsausfall möglich. Da Letzteres keine wirkliche Perspektive ist, bleibt nur die erste Variante, nämlich die konsequente Ausweitung der Lehrerfortbildung unter Einschluss von mehrtägigen Seminaren, Teamfortbildungen, Seminarreihen, Studientagen, Intensivworkshops etc. Das alles geht natürlich nicht ohne Unterrichtsausfall ab. Der fortbildungsbedingte Unterrichtsausfall kann und sollte zwar minimiert werden. Nur, absolute Priorität müssen die Qualität, die Praxistauglichkeit und die effektive Wirksamkeit der betreffenden Veranstaltungen haben. Eine Nachmittagsveranstaltung z.B., die sich in eher punktuellen Instruktionen und Gesprächen erschöpft, bedeutet unter diesen Vorzeichen nur zu oft vertane Zeit. Von daher bedarf die skizzierte Sparstrategie dringlich der kritischen Prüfung und Revision.

Effektive Schul- und Unterrichtsentwicklung verlangt etwas anderes, nämlich großzügiges Fortbildungsmanagement im Dienste der Lehrkräfte wie der Kinder. Wenn die skizzierte Lern- und Förderkultur rasch realisiert werden soll, dann muss auf massive Lehrerfortbildung gesetzt werden. Massiv heißt hierbei mehrtägig, teamorientiert, anwendungsbezogen, trainingsgestützt und im besten Sinne des Wortes »professionell«. Das ist das hier vertretene Credo. Entsprechend müssen Fortbildner/innen qualifiziert und für die Seminararbeit freigestellt werden. Natürlich können gelegentlich auch Nachmittagsveranstaltungen Sinn machen oder Ferienzeiten genutzt werden. Und natürlich können auch private Fortbildungsanbieter hin und wieder eingebunden werden. Diese Möglichkeiten dürfen jedoch nicht den Blick dafür verstellen, dass das nicht unbedingt »Effizienz« bedeutet. Im Gegenteil, viele dieser Fortbildungsmaßnahmen verpuffen relativ wirkungslos, weil sie zu appellativ, praxisfern und handlungsarm verlaufen und zu wenig auf Lehrerteams zielen.

Viele Fortbildungsmaßnahmen kranken nachweislich am sogenannten »Glühwürmcheneffekt«, d. h. sie führen als meist recht punktuelle Veranstaltungen dazu, dass die Tagungsteilnehmer/innen hier oder dort vielleicht einige neue Ideen bekommen, die nach Tagungsende aber oft ganz schnell wieder verblassen bzw. verglühen. Diese verbreitete Fortbildungspraxis ist im schlimmsten Sinne des Wortes »Sisyphosarbeit«. Sie hat Placebo-Charakter in der Weise, dass sie einigen Beteiligten vielleicht das Gefühl vermittelt, für sich und die Schule etwas Gutes getan zu haben. De facto aber bleibt sie auf längere Sicht meist ohne nennenswerte Wirkung. Das gilt sowohl für die Schule als Ganzes als auch für die einzelnen Lehrer/innen. Als überzeugende Handlungs- und Entlastungsperspektive für die pädagogischen Akteure kann sie auf jeden Fall nicht verbucht werden. Wirksame Lehrerfortbildung braucht andere Akzente und andere Verbindlichkeiten.

Das Dilemma der tradierten Lehrerfortbildung ist, dass sie weithin ohne System, Kontinuität und Verbindlichkeit abläuft. Schuld daran sind sowohl die sprunghaft und sporadisch agierenden Schulen als auch die dürftigen Fortbildungsangebote der Länder und ihrer nachgeordneten Dienststellen – einschließlich der freien Anbieter. Die meisten Angebote der Fortbildungsträger betreffen unverbunden nebeneinanderstehende Veranstaltungen und richten sich primär an Einzelpersonen. Weder Veranstaltungsreihen noch konsequente Teamfortbildungen sind in größerem Stil üblich. Und erst recht fehlen durchstrukturierte Qualifizierungsprogramme mit längerfristigem verbindlichem Zuschnitt – Programme also, die miteinander verbundene und aufeinander aufbauende Seminare, Workshops und sonstige einschlägige Veranstaltungen zur Kultivierung neuer Förder- und Integrationsverfahren umfassen. Vieles, was angeboten wird, bleibt eher unverbindlich, zufällig und daher in der Regel auch recht wirkungslos. Nachhaltige Innovationen in Schule und Unterricht lassen sich auf diese Weise kaum erreichen.

Was tun? Entscheidend ist, dass die Fort- und Weiterbildung der schulischen Akteure mehr System, Verbindlichkeit und Alltagstauglichkeit erfährt – nicht zuletzt im Hinblick auf den Umgang mit heterogenen Lerngruppen. Dazu müssen die zuständigen staatlichen Stellen beitragen. Sie müssen von langer Hand sicherstellen, dass entsprechende Programme entwickelt, finanziert, beworben und durch entsprechende Personalentwicklungs- und Lehrerfreistellungsmaßnahmen gebührend unterstützt werden. Der konzertierten Lehrerfortbildung gehört die Zukunft. Was hilft es denn, wenn heute jemand ein Computerseminar besucht und morgen ein Zweiter eine Tagung in Sachen Montessoripädagogik absolviert und übermorgen ein Dritter vielleicht eine Streitschlichterveranstaltung mitmacht. Jedes Seminar für sich genommen mag zwar interessant und lehrreich sein, für die konzertierte Innovationsarbeit in der Schule hingegen wirft diese »Kraut-und-Rüben-Strategie« wenig ab. Von daher gilt es, im Interesse der Schulgemeinschaft wie der einzelnen Lehrkräfte neue Wege der Lehrerfortbildung zu finden – Wege, die eine stärkere Fokussierung, Ausweitung und Systematisierung der anstehenden Qualifizierungsmaßnahmen gewährleisten. Die Bildungspolitik muss entsprechende Akzente setzen und unterstützen.

2.6 Praxisgerechtere Lehrerausbildung

Wenn viele Junglehrer/innen heterogene Lerngruppen nach eigenem Bekunden bestenfalls aus der Theorie kennen, nicht aber wirklich praktisch darauf vorbereitet worden sind, dann ist das ein ziemliches Armutszeugnis für die Lehrerausbildung (vgl. z.B. Herrmann 2002 sowie Kirsten 2003). Zu den zentralen Schwachpunkten der universitären Lehrerausbildung gehört die Trennung von Theorie und Praxis. »Theorie« – das ist für viele Hochschullehrer/innen vor allem eines: die wissenschaftsimmanente Rezeption und Reflexion mit dem Ziel, über die grundlegenden fach- und erziehungswissenschaftlichen Erkenntnisse und Kontroversen möglichst gut Bescheid zu wissen. Die Praxis dagegen, das sind die profanen Dinge des alltäglichen Unterrichtens und Erziehens, die irgendwann später einmal spruchreif werden – in den Studienseminaren oder im Zuge autodidaktischer Experimente nach Eintritt in den Lehrerberuf. Fakt ist: Die Wissenschaft steht traditionell deutlich über der realen Welt des Unterrichts. Dementsprechend insistieren viele Hochschulvertreter bis heute darauf, dass die universitäre Ausbildungsphase weniger für die konkrete Vorbereitung auf den Lehrerberuf, sondern vor allem und zuerst für die wissenschaftliche Hintergrundvermittlung zuständig sei. Das ist Alibibeschaffung pur. Entfällt doch unter diesen Vorzeichen die verbindliche Aufgabe, Theorie und Praxis ernsthaft aufeinander zu beziehen und miteinander zu verzahnen.

Dieser Abstraktismus der Lehrerausbildung ist fragwürdig und schädlich zugleich. Fragwürdig, weil letztlich jede Theorie erst im Spiegel der Praxis ihre Berechtigung erhält. Theoretische Erkenntnisse, die nicht praxiswirksam werden, sind in der Regel »totes Wissen«, das die Köpfe verstopft, aber keine wirkliche Handlungskompetenz induziert. Die Vermittlung von Handlungskompetenz aber ist und bleibt die genuine Aufgabe der Lehrerausbildung. Und schädlich ist die angezeigte Praxisferne insofern, als sie letzten Endes zulasten der Schüler/innen wie der Lehrer/innen geht. Die Lehrkräfte erfahren unnötige Belastungen und Frustrationen, weil ihnen wichtiges pädagogisches Handwerkszeug fehlt. Und die Schüler/innen sehen sich unverändert mit einem Unterricht konfrontiert, der mehr mit der eigenen Schulzeit der Lehrkräfte als mit einer zeitgemäßen kompetenzorientierten Lehr-, Lern- und Förderarbeit gemeinsam hat. Eine solche Fehlallokation von Ressourcen kann sich eine moderne Wissensgesellschaft wie die unsrige eigentlich gar nicht erlauben.

Trotzdem: Die Bildungspolitik verhält sich traditionell höchst kulant gegenüber all jenen Hochschullehrer/innen, denen die elementare Praxisvorbereitung der Studierenden eher ein Dorn im Auge ist. Mit diesem überlieferten Stillhalteabkommen scheint es seit einigen Jahren allerdings vorbei zu sein. Zum Glück. Das zumindest legen die neueren Gutachten und Programme zur Reform der Lehrerausbildung nahe. Der Lehrer sei in erster Linie als Vermittlungsexperte und Unterrichtsgestalter zu qualifizieren und weniger als Fach- oder Bildungswissenschaftler im abgehobenen Sinne, so die Kultusministerkonferenz (KMK) in ihren entsprechenden Verlautbarungen. Eine wichtige Klarstellung. Der ehemalige Schul- und Wissenschaftsminister von Rheinland-Pfalz, Jürgen Zöllner, sagt das noch drastischer: »Mathelehrer«, so sein Credo, »brauchen keine brillanten Wissenschaftler zu sein, sondern müssen einem Schüler mit Leidenschaft vermitteln, dass der Dreisatz etwas Spannendes ist, das man auch im Leben gebrauchen kann.« Und sein saarländischer Ministerkollege Jürgen Schreier ergänzt: »Wir brauchen keine Romanisten oder Historiker an den Schulen, sondern Französischlehrer und Geschichtslehrer« (zitiert nach »Saarbrücker Zeitung« v. 25.2.2003). Dieser Ruf nach mehr Praxisnähe ist längst überfällig.

Damit jedoch keine Missverständnisse entstehen: Es soll hier nicht gegen den Wissenschaftsbezug des Lehramtsstudiums generell argumentiert werden. Das wäre töricht. Wissenschaftlich fundierte Reflexion und Erkenntnisgewinnung müssen sein, wenn die Praxisdeutungen nicht beliebig werden sollen. Insofern ist den Fürsprechern einer wissenschaftsorientierten Lehrerausbildung grundsätzlich zuzustimmen. Die Frage ist nur, ob die skizzierte Trennung von Theorie und Praxis wirklich so distanzerzeugend bleiben muss, wie das seit Jahrzehnten der Fall ist. Die Antwort heißt ganz klar: Nein! Gerade vor dem Hintergrund der aktuellen Lerngegebenheiten und Qualifikationsanforderungen in den Schulen ist es dringend an der Zeit, die Lehrerausbildung stärker auf die praktischen Belange und Anforderungen des Unterrichts zuzuschneiden – heterogene Lerngruppen eingeschlossen. Alles andere wäre zynisch und ungerecht. Zynisch, weil die betreffenden Lehrer/innen über Gebühr im Regen stehen bleiben. Ungerecht, weil viele Schüler/innen aufgrund der Praxisdefizite ihrer Lehrkräfte unzulänglich gefördert und gefordert werden.

Deshalb: Theorie und Praxis müssen im universitären Lehrbetrieb verstärkt integriert werden. Praxisbezug bedeutet dabei nicht nur Praktika oder irgendwelche anderen Formen der Realbegegnung, sondern ganz generell, dass viel stärker als bisher von den schulpraktischen Gegebenheiten und Handlungsmöglichkeiten ausgegangen wird. Dabei ist dem Umgang mit Heterogenität im Klassenraum deutlich erhöhte Aufmerksamkeit zu widmen. Die Lehr-, Lern-, Förder- und Integrationsansätze in diesem Buch können wichtige Handlungsperspektiven dazu eröffnen. Eine auf innovativen Unterricht ausgerichtete Lehrerausbildung braucht nun einmal nicht nur veränderte Inhalt, Themen und Theoriekenntnisse; sie braucht auch und vor allem neue

Methoden des Forderns und Förderns, des Erziehens und Integrierens. Je konkreter die Studierenden auf den Ernstfall vorbereitet werden, desto besser. Das schließt theoretische Fundierung keinesfalls aus.

Natürlich kann die Bildungspolitik die Seminare nicht direkt beeinflussen. Wohl aber hat sie die Möglichkeit und die Pflicht, sowohl bei der Hochschullehrerauswahl und -weiterbildung als auch bei der Etablierung und Finanzierung der konkreten Ausbildungsprogramme der Hochschulen möglichst deutliche Zeichen zu setzen. Die nötige Praxis-, Problem- und Handlungsorientierung der Lehrerausbildung stellt sich nämlich nicht schon deshalb ein, weil entsprechende Absichtserklärungen auf dem Papier stehen. Die Bildungspolitik muss hartnäckiger fordern und sanktionieren, als das bislang der Fall ist. Gleichzeitig muss sie überzeugende Qualifizierungs- und Belohnungssysteme auf den Weg bringen, die den angestrebten Paradigmenwechsel in der Lehrerausbildung sicherstellen helfen. Der Wille der Bildungsverantwortlichen ist inzwischen ja da. Nur die praktischen Implementierungsstrategien lassen bislang noch deutlich zu wünschen übrig.

Wenn mehr Praxisorientierung Platz greifen soll, dann müssen die Hochschulen neue Akzente setzen und verstärkt auf Erfahrungslernen und Methodenlernen, auf Teamentwicklung und Problemlösetraining abstellen. Die entsprechenden »Learning by Doing«-Verfahren sind vielfältig – angefangen bei Unterrichtssimulationen, Hospitationen, Fallbesprechungen und Methodentrainings über Teamsitzungen, Diagnosetrainings, Rhetorikschulung und produktive Workshops bis hin zu Videostudien, Schülerbefragungen, Schulpraktika und ersten praktischen Unterrichtsversuchen und -besprechungen. Dabei reichen die gängigen zweistündigen Vorlesungs- oder Seminartakte häufig nicht aus. Sie bleiben zu vordergründig und unergiebig. Nötig sind vielmehr gehäuft mehrstündige Blockseminare, Halbtagesworkshops, Tagesseminare oder auch gelegentliche Wochenendseminare, damit intensivere und vielschichtigere Arbeits-, Kommunikations- und Kooperationsprozesse erreicht werden können. Von daher müssen nicht nur die Inhalte und Methoden der Hochschulen auf den Prüfstand, sondern auch ihre zeitlichen und organisatorischen Rahmenregelungen bedürfen der Revision. Das schließt eine enge Verzahnung von erziehungswissenschaftlicher Grundlegung und praktischer Wissensanwendung und Handlungsschulung keineswegs aus. Die Bildungspolitik muss diesen Paradigmenwechsel unmissverständlich einfordern und unterstützen.

Auf der Ebene der Kultusministerkonferenz besteht seit Jahren Einigkeit darüber, dass die angedeutete Neuorientierung der Lehrerausbildung dringlich Realität werden muss (vgl. KMK-Kommission 2000). Klar ist: Die aktuellen Problemlagen in den Schulen verlangen nach schlüssigen Antworten und überzeugenden Innovationen, nach neuen Handlungskompetenzen und veränderten Einstellungen der Lehrkräfte gegenüber Unterricht und Lernen, Fördern und Integrieren. Von daher liegt die KMK-Kommission völlig richtig, wenn sie für ein Ende der traditionellen Beliebigkeit in der universitären Lehrerausbildung plädiert. Sämtliche Studienelemente – Fächer, Fachdidaktiken, Erziehungswissenschaften, Praktika – müssten stärker als bisher am späteren Berufsfeld orientiert sein. Die Beliebigkeit der Studienangebote bzw. des Studierens müsste aufhören (KMK-Kommission 2000, S. 16). Diese Forderungen sind ebenso richtig wie wichtig. Richtig, weil sie völlig zu Recht unterstreichen, dass die angehenden Lehrer/innen primär »Experten für das Lehren und Lernen in der Schule« sind (vgl. KMK-Kommission 2000, S. 159) und demzufolge ganz vorrangig das studieren sollten, was sie für ihre spätere Unterrichtstätigkeit brauchen. Und wichtig sind sie insofern, als das chronische Nebeneinander von Studium und Lehramtspraxis endlich überwunden werden muss.

Unterstrichen wird diese Einschätzung durch das besagte Gutachten der KMK-Kommission. Darin heißt es: »Die berufliche Qualität von Lehrerinnen und Lehrern wird von der Qualität ihres Unterrichts bestimmt [...]. Das Zentrum der Lehrertätigkeit ist die Organisation von Lernprozessen« (KMK-Kommission 2000, S. 15). Mit dieser längst überfälligen Rollen- und Zielklärung wird zum einen gegen die zunehmende »Sozialpädagogisierung der Schule und des Lehrerberufs« argumentiert, die mittlerweile viele Lehrkräfte deutlich überfordert (vgl. Terhart 2001, S. 181f.). Zum anderen wird damit unmissverständlich deutlich gemacht, dass der Kern der Lehrertätigkeit das Unterrichten ist, d.h. das Vorbereiten, Durchführen, Reflektieren und Evaluieren fachspezifischer Lern- und Interaktionsprozesse – differenzierte Förder- und Integrationsmaßnahmen mit eingeschlossen. Die klassische Trennung von Theorie und Praxis ist unter diesen Vorzeichen längst obsolet geworden. Das gilt für die universitäre Phase genauso wie für das Wechselverhältnis von Hochschulen zu Studienseminaren. Theorie und Praxis müssen endlich aufgaben- bzw. problembezogen zusammengebracht werden und dürfen nicht länger als »getrennte Welten« missverstanden werden.

Diese Integrationsarbeit beginnt mit dem Ausbau der fachdidaktischen, erziehungswissenschaftlichen und schulpraktischen Studien in den Lehramtsstudiengängen und reicht über die kräftige Aufwertung der Innovations- und Koordinationskompetenzen der in den letzten Jahren gegründeten Ämter für Lehrerbildung bis hin zur konsequenten Etablierung einer dezidert praxisorientierten Stufenlehrerausbildung, die hilft, die fatale Trennung von Fachstudium und Lehramtsvorbereitung zu überwinden. Kern der Lehrertätigkeit sind nämlich nicht die Fächer, sondern die Schüler/innen mit ihren spezifischen Begabungen und Interessen, Erwartungen und Begrenzungen, Schwierigkeiten und Chancen. Je heterogener die Lerngruppen sind, desto wichtiger wird es, dass versierte Integrations- und Förderspezialisten ans Werk gehen, die zwar auch Fächer vertreten, aber nicht primär Vertreter ihrer Fächer sind. Diese Spezialisten müssen ausgebildet werden. Neue Kompetenzen zu vermitteln, Teamgeist zu kultivieren, Eigenverantwortlichkeit zu stärken, Begabungen zu fördern, Schüler zu integrieren, Probleme zu lösen, Schule zu entwickeln, Unterricht zu moderieren, Eltern zu gewinnen etc. – das alles verlangt ihnen Fertigkeiten ab, auf die sie verstärkt vorbereitet werden müssen. Mehr Praxisnähe und Praxisvorbereitung können diesbezüglich nur hilfreich sein.

Das gilt nicht minder für die Schulpraktika der Studierenden. Diese sind mittlerweile zum festen Bestandteil der universitären Lehrerausbildung geworden. Und das ist fraglos gut so. Schulpraktika müssen bereits in der Anfangsphase des Lehramtsstudiums absolviert werden und verfolgen das Ziel, den angehenden Lehrer/innen möglichst früh eine klare Vorstellung davon zu verschaffen, was sie im späteren Berufsalltag erwarten wird. Das beginnt beim Kennenlernen der formalen Aufgaben und Abläufe in den Schulen und reicht über Fragen der Zusammenarbeit im Kollegium bis hin zu den spezifischen Anforderungen, Möglichkeiten und Belastungen im alltäglichen Unterricht. Der dahinterstehende Grundgedanke ist überzeugend: Die Schulpraktika sollen dem späteren Praxisschock vorbeugen und möglichst früh dafür sorgen, dass die Lehramtsstudierenden ihre eigenen Berufsvorstellungen nochmals auf den Prüfstand stellen und vertiefend sondieren, ob sie diese Berufstätigkeit wirklich ausüben wollen oder nicht. Denn nicht jeder, der z.B. Englisch oder Mathematik mag, ist deshalb gleich für den Lehrerberuf prädestiniert.

Das Problem ist nur, dass diese richtigen und wichtigen Intentionen in der Ausbildungswirklichkeit an den Rand geraten. Warum? Weil es vielerorts an kompetenten Ausbildern mit der nötigen Stundenanzahl und Prüfungsberechtigung mangelt. Die Folge ist, dass viele Schulpraktika weder gründlich genug vorbereitet noch ergiebig genug betreut und ausgewertet werden. Das mag sich unter dem Einfluss der Studienseminare und der von dort abgeordneten Fachleiter/innen in den nächsten Jahren zwar etwas verbessern, das Grundproblem dürfte jedoch noch lange bleiben. Ein Problem, das zudem dadurch verschärft wird, dass die Praktikumsbetreuer in der Statushierarchie der Hochschulen ziemlich unten rangieren. Das gilt vor allem wegen ihrer fehlenden Prüfungsberechtigung. So gesehen bieten gut gemeinte Schulpraktika noch lange keine Gewähr dafür, dass die Studierenden dadurch auch tatsächlich an Studienkompetenz und Studienmotivation gewinnen werden.

Die Chancen sind fraglos da. Doch fehlende Betreuerdeputate, ungeklärte Zuständigkeiten, unausgegorene Konzepte, dürftige Beratungsangebote, überforderte Schulen sowie die mangelhafte Verzahnung von Studieninhalten und Praktikumsvorbereitung – das alles trägt dazu bei, dass die Praktikant/innen ihre Schulvisiten oftmals recht unbedarft angehen. Die anberaumten »Schulbesuche« werden unter diesen Vorzeichen sehr schnell zur fragwürdigen Beschäftigungstherapie mit mehr Leerlauf als effektivem Lernen. Unterrichtsstunden abzusitzen bzw. in den Schulen ohne rechten Kompass und fundierte »Forschungsaufträge« einfach nur mitzuschwimmen – das ist gewiss nicht das, was die jungen Leute in Sachen Berufsverständnis vorwärtsbringen kann. Wem präzise Aufgaben und Beobachtungskriterien für die eigene Praktikumsarbeit fehlen, der wird von seinem Schulpraktikum in der Regel nicht viel mitnehmen können. Kein Wunder also, dass viele Praktikant/innen am Ende ihrer Schulpraktika kaum berufsfeldkompetenter sind als zuvor.

Von daher sind deutliche Nachbesserungen im Bereich der Praktikumsvorbereitung und -betreuung vonnöten. Das betrifft sowohl die korrespondierenden Seminare, Workshops, Beratungssitzungen und Teambesprechungen als auch die jeweiligen Praktikumsaufgaben, Dokumentationsverfahren und Auswertungskriterien. Herrscht diesbezüglich keine Klarheit, so entstehen Unsicherheit und Nichtstun. Das wiederum lähmt nicht nur die Ausbildung, sondern es beeinträchtigt auch und zugleich die Lern- und Entdeckungsprozesse der Praktikant/innen. Wer ohne Antenne in die Schulen geht, der muss sich nicht wundern, wenn er wenig mitnimmt. Und genau das ist derzeit (noch) das Problem. Wenn z. B. zahlreiche Praktikant/innen während ihrer Schulpraktika eher alte Vorurteile aus der eigenen Schulzeit festigen, als neue Sichtweisen zum Tätigkeitsfeld der Lehrer aufbauen, dann ist das verräterisch und problematisch zugleich. So gesehen sind verstärkte Anstrengungen vonnöten, damit die laufenden Schulpraktika ergiebiger werden. Das gilt für die Praktikumsvorbereitung genauso wie für dessen Betreuung und Auswertung.

Apropos Betreuung: Die Schulpraktika verlaufen prinzipiell umso effektiver, je passgenauer sie betreut und konzipiert werden. Liegt der Schwerpunkt der Praktika z. B. auf dem Problemfeld »Umgang mit Heterogenität«, so bietet es sich selbstverständlich an, dafür nicht irgendwelche Schulen auszuwählen, sondern ganz dezidiert solche, die möglichst überzeugende Problemlösungen anzubieten haben. So gesehen liegt es nahe, entsprechende Schwerpunktschulen zu identifizieren und als ausgewiesene »Lernschulen« vorzusehen. Derartige *Lernschulen* sollten sowohl eine breite Schülerstreuung aufweisen als auch anregende Versuche und Strategien vorzuweisen haben, wie es Lehrkräfte schaffen, effektive, differenzierte und zeitsparende Förder- und Integrationsarbeit in heterogenen Lerngruppen zu leisten. Vieles spricht dafür, lieber mehrere Praktikant/innen zeitgleich in ein und derselben Schule unterzubringen, als sie auf mehrere unterschiedliche Schulen zu verteilen. Die Gruppenbildung begünstigt sowohl die Teamarbeit und Kommunikation der Studierenden als auch eine relativ professionelle Betreuung in der Schule selbst.

Eine größere Praktikantenzahl hat gleich einen doppelten Effekt: Erstens gibt es mehr Stunden zur Entlastung der schulinternen Praktikumsbetreuer. Das erhöht die Attraktivität dieser Serviceaufgabe. Zweitens spielen sich unter den genannten Vorzeichen sehr viel schneller professionelle Betreuungs-, Beratungs-, Hospitations-, Dokumentations- und Auswertungsverfahren ein, die letztlich allen Beteiligten zugutekommen. Dieses Plädoyer für mehr Lernschulen mit dem Schwerpunkt »Umgang mit Heterogenität« gilt selbstverständlich auch für den schulischen Einsatz der Referendarinnen und Referendare während der zweiten Phase der Lehrerausbildung. Auch in der zweiten Phase bietet es sich förmlich an, durch eine entsprechende Konzentration der Referendar/innen an wenigen Schwerpunktschulen dafür zu sorgen, dass sie eine relativ überzeugende konzertierte Innovationsarbeit erfahren und auch selbst praktizieren können. Das setzt zwar einiges an Kooperations- und Abstimmungsarbeiten zwischen den betreffenden Universitäten, Studienseminaren und Schulen voraus. Doch dieser Aufwand lohnt gewiss. Die Bildungspolitik tut gut daran, entsprechende Weichenstellungen vorzunehmen.

2.7 Innovative Evaluationsmaßnahmen

Die Realisierung der skizzierten Lern- und Förderkultur verlangt neue Evaluationsverfahren auf verschiedenen Ebenen. Das betrifft die Lehrproben und sonstigen Prüfungsverfahren im Rahmen der Lehrerausbildung genauso wie die kompetenzorientierten Prüfungen in den Schulen oder auch die unterrichtszentrierten Schulinspektionen, wie sie seit einigen Jahren in den meisten Bundesländern durchgeführt werden. Fest steht: Wenn den angeführten Lern-, Förder- und Integrationsverfahren der nötige Nachdruck verliehen werden soll, dann müssen die Weichen in den verschiedenen Bildungseinrichtungen entsprechend gestellt werden. Andernfalls kehren nur zu schnell Unverbindlichkeit und Beliebigkeit ein. Was nicht klar definiert ist, wird leicht vergessen. Was nicht angemessen bewertet und beurteilt wird, verliert leicht an Bedeutung. Das gilt nicht zuletzt für die hier in Rede stehenden Lern- und Fördermethoden. Innovative Methoden brauchen innovative Evaluationsverfahren. Darauf kann und muss die Bildungspolitik insistieren.

Zunächst zur Lehrerausbildung: Wenn der Umgang mit heterogenen Lerngruppen ein Studienschwerpunkt sein muss, weil der Lehrerberuf stark davon überlagert wird, dann müssen auch entsprechende Prüfungsschwerpunkte gesetzt werden. Das gilt sowohl für die Kolloquien und Präsentationsprüfungen während der universitären Phase als auch für die gängigen Prüfungen in den Studienseminaren. Grundsätzlich lässt sich feststellen, dass gemeinhin viel zu traditionell geprüft wird. Da ist zum einen die klassische Abfrage von Theorie- und Faktenwissen mittels enger Fragen und Impulsen, die insbesondere in den Universitäten anzutreffen ist. Und da sind zum Zweiten die stark lehrerzentrierten Lehrproben in den Studienseminaren, die unverändert am 45-Minuten-Rahmen festhalten sowie daran, dass möglichst perfekte und aufwändige Stunden gezeigt werden. Die Crux dieser Prüfungspraxis ist, dass sie letztlich nur das bestärkt, was die Lehramtsanwärter/innen bereits vergleichsweise gut können, nämlich sich selbst in Szene setzen.

Die unterrichtspraktische Umsetzung des »Theoriewissens« dagegen spielt eine eher nachgeordnete Rolle. Das gilt vor allem im Hinblick auf die Anwendung moderner Lern-, Förder- und Integrationsmethoden, wie sie in diesem Buch vorgestellt werden. Das theoretische wie praktische Experimentieren mit diesen Methoden bleibt eher die Ausnahme. Die Folge ist, dass über das pädagogisch-methodische Können der jungen Leute relativ wenig in Erfahrung zu bringen ist. Studienstoff zu reproduzieren ist nun einmal etwas anderes, als praktische Transferfähigkeiten nachzuweisen. Stringente Lehrproben zu planen und zu inszenieren ist etwas anderes, als sensible Förder- und Integrationsarbeit in einer Klase zu leisten bzw. korrespondierende Prüfungsgespräche zu führen. Wer innovativen Unterricht unterstützen will, der muss in den gängigen Prüfungsverfahren genau diese Innovationskompetenz checken. Alles andere führt zur Ablenkung und Festigung des Gewohnten.

In der zweiten Phase der Lehrerausbildung tut sich zwar einiges, gleichwohl steht die angekündigte neue Prüfungskultur vielerorts noch aus. Am deutlichsten sind die Reformbemühungen im Grundschulbereich. Hier wird dem offenen Lernen seit Jahren wachsende Aufmerksamkeit geschenkt – nicht zuletzt in Prüfungen und Lehrproben. Manche Referendar/innen gehen in ihren Lehrproben sogar so weit, fast nur noch auf freies Arbeiten und vordergründiges selbsttätiges Lernen zu setzen. Das ist blauäugig. Weder Gruppenarbeit noch eigenverantwortliches Lernen funktionieren bei den meisten Schüler/innen aus sich selbst heraus. Das ist in diesem Buch unmissverständlich deutlich gemacht worden. Fundierte Teamarbeit und versierte Selbststeuerung verlangen in der Regel gründliche Methodentrainings und kleinschrittige Vorgehensweisen. Das gilt für den Grundschulbereich wie für die Sekundarschulen. Dieser enge Zusammenhang zwischen Lernkompetenzerweiterung, Kooperationsförderung und sukzessiver Erweiterung des eigenverantwortlichen Arbeitens und Lernens der Schüler/innen wird bislang viel zu wenig bedacht – bei der Unterrichtsvorbereitung wie bei gängigen Lehramtsprüfungen.

Bedenklich ist, dass besonders im Sekundarbereich nach wie vor sehr stark daran festgehalten wird, klassische Unterrichtsstunden mit ausgeprägter Fach- und Lehrerzentrierung zu erwarten. Stunden also, die nur sehr begrenzt darüber Aufschluss geben können, wie kompetent es die jeweilige Lehrperson versteht, die Schüler/innen in der Breite anzusprechen und einzubinden, zu ermutigen und zu vernetzen, zu aktivieren und zu qualifizieren. Natürlich ist es mittels geschickter Impulsgebung immer möglich, die Schüler/innen im Rahmen lehrergelenkter Unterrichtsgespräche zu Beiträgen zu provozieren, die funktional zu dem passen, was die Lehrkraft laut Plan erreichen möchte. Nur, oft ist das Ganze nichts anderes als üble Suggestivpädagogik mit wenig Nachhaltigkeit und Breitenwirksamkeit auf Schülerseite. Die hier anvisierten Prüfungsanforderungen und Prüfungsprozeduren wirken diesem »Missverständnis« entgegen. Danach ist vor allem das zu prüfen, was die konkrete Förder-, Moderations- und Integrationskompetenz der angehenden Lehrkräfte spiegelt, d. h. ihre Fähigkeiten und Fertigkeiten, die vielfältigen Begabungen, Interessen, Problemlagen und sonstigen Eigenheiten der Schüler/innen konstruktiv zu nutzen.

Bislang gehen viele Lehrproben allerdings noch immer in eine deutlich andere Richtung. Die betreffenden Referendar/innen organisieren kurzzeitig Stillarbeit, Brainstorming, Tandem- und/oder Gruppenarbeit und vielleicht auch noch die eine oder andere kleine Schülerpräsentation; ansonsten aber achten sie vornehmlich darauf, dass sie selbst gebührend in Erscheinung treten – durch Tafelbildarbeit und lehrergelenktes Unterrichtsgespräch, durch gezielte Schülerkontrollen und offensive Beratung, durch klare Arbeitsaufträge und konsequente Ergebnissicherung. Wer eine gute Stundenbeurteilung erreichen will, der zeigt am besten von allem ein bisschen: z. B. drei Minuten Brainstorming, fünf Minuten Lehrervortrag, zehn Minuten Stillarbeit, zehn Minuten Gruppenarbeit, zehn Minuten Auswertungsgespräch und sieben Minuten Ergebnissicherung. Transferleistungen werden aus Zeitersparnisgründen in die Hausaufgabe verlagert. Dieses lehrerzentrierte Grundmuster durchzieht bis heute viele Lehrproben – vornehmlich im Sekundarbereich.

An dieser Prüfungspraxis muss sich dringlich etwas ändern, sollen die angehenden Lehrkräfte mit mehr Nachdruck zu dem ermutigt und veranlasst werden, was in der Schule von heute und morgen verlangt wird, nämlich Kompetenzvermittlung und Förderarbeit, Differenzierung und Schülerintegration, Lernmoderation und Lernberatung. Zwar versuchen viele Lehrerausbilder/innen in Studienseminaren und Universitäten, diese Umbruchsituation im Prüfungswesen positiv mitzugehen und neue Wege der Lehrerbeurteilung zu kultivieren, doch die bisherigen Fortschritte sind eher bescheiden. Was nicht ist, kann freilich noch werden. Vieles spricht derzeit dafür, dass die neuen Bedingungen und Anforderungen, denen sich Lehrkräfte heutzutage stellen müssen, nicht nur zu neuen Studien, Theorien und Lehrprobenvorbereitungen führen werden, sondern auch und nicht zuletzt dazu, einer veränderten – sprich zeitgemäßeren – Prüfungs- und Beurteilungspraxis Raum zu geben.

Letzteres gilt nicht minder für die Schülerbeurteilung. Lern- und Leistungsevaluationen, die den Erfolg oder Misserfolg des durchgeführten Unterrichts spiegeln sollen, müssen selbstverständlich dezidiert kompetenzorientiert angelegt sein. Das heißt, sie müssen verstärkt Auskunft darüber geben, ob und inwieweit die Schüler/innen themen- und aufgabenbezogen zu recherchieren, zu konstruieren, zu analysieren, zu visualisieren, zu kommunizieren, zu kooperieren, zu präsentieren, zu reflektieren und Probleme zu lösen verstehen – um nur einige der gängigen Schlüsselkompetenzen zu nennen. Von daher verbieten sich vordergründige Wissensabfragen der traditionellen Art. Sie sind nicht aussagekräftig genug. Zeitgemäße Prüfungen müssen anspruchsvoller und vielseitiger werden. Natürlich sollten sie auch Reproduktionsaufgaben beinhalten, aber eben auch viele andere Anforderungen und Leistungsbereiche ansprechen. Projektprüfungen, Präsentationsprüfungen, Portfolios und breiter angelegte Klassenarbeiten nach PISA-Art sind Prüfungsverfahren, die in die richtige Richtung weisen (vgl. dazu auch Abschnitt II.5.9).

Die Bildungspolitik muss entsprechende Prüfungsordnungen und Prüfungsstrategien gewährleisten. Mit der Entwicklung zentraler Bildungsstandards und Prüfungsaufgaben ist ein guter Anfang gemacht. Nur sollte die weitere Implementierungsarbeit mit dem gleichen Nachdruck wie die Entwicklungsarbeit verfolgt werden. Andernfalls werden die geltenden Prüfungsstandards sehr schnell beiseitegeschoben und nicht wirklich umgesetzt. Einschlägige Sanktions- und Belohnungssysteme müssen hinzukommen, wenn der neuen Prüfungskultur zum wirksamen Durchbruch verholfen werden soll. Das gilt für die Lehrerausbildungseinrichtungen genauso wie für die Schulen selbst. Entsprechende Rechenschaftslegung ist nötig. Dazu tragen zum einen die für die Schulen geltenden Zentralprüfungen und sonstigen Leistungsvergleichsstudien bei. Dazu dienen zum anderen aber auch die unterrichtszentrierten Schulinspektionen, wie sie seit einigen Jahren realisiert werden. Diese Evaluationsverfahren sind vom Ansatz her nicht nur richtig und hilfreich; sie sind für die schulischen Akteure auch höchst wegweisend.

Die gängigen Schulinspektionen richten die Lupe ganz bewusst auf die Lehr- und Lernkultur in den Schulen. Sie nehmen zwar auch noch andere Indikatoren von Schulqualität in den Blick; das Hauptaugenmerk gilt jedoch ganz eindeutig der Unterrichtsqualität (vgl. u.a. Ministerium Rheinland-Pfalz 2007; AQS Rheinland-Pfalz 2008; Helmke 2009, S. 168 ff.). Indikatoren wie Klassenmanagement, Umgang mit Heterogenität, Differenzierung, Klarheit, Kompetenzorientierung, Unterrichtsklima, Motivierung, Schülerorientierung, Aktivierung, Methodenvariation und Nachhaltigkeit bestätigen, dass die in diesem Buch vorgestellten Förder- und Unterrichtsentwicklungsansätze richtige und wichtige Arbeitsperspektiven bieten. Indem die Evaluationsagenturen der einzelnen Bundesländer alle drei bis fünf Jahre checken, wie es um die Erfüllung der genannten Qualitätsmerkmale bestellt ist, tragen sie maßgeblich dazu bei, dass der intendierten Unterrichtsentwicklung in den Schulen erhöhte Schubkraft verliehen wird. Detaillierte Vorgespräche, Materialien, Evaluationsberichte und Auswertungsgespräche sorgen zudem für ein relativ solides Prozedere sowie dafür, dass der systematischen Modernisierung und Weiterentwicklung des Unterrichts der gebührende Stellenwert zukommt.

Gewiss, gut gemeinte Schulinspektionen sichern noch lange keine tatkräftige Unterrichtsentwicklung im Sinne dieses Buches. Sie sind ein notwendige und hilfreiche Voraussetzung für eine verstärkte Förder- und Integrationsarbeit in den Schulen, aber noch längst keine hinreichende. Die Gretchenfrage ist nämlich: Was geschieht mit den Evaluationsberichten, wenn sie den Schulkollegien vorgestellt worden sind? In den meisten Schulen ist das bislang die Sollbruchstelle, da den kritischen Befunden der Schulevaluation nur zu oft keine adäquaten Fortbildungs- und Unterstützungsangebote zur Seite gestellt werden. Die Folge dieses Ungleichgewichts zwischen Kritik und Unterstützung ist, dass viele Kollegien erst mal auf Abwarten schalten und sich damit der angezeigten Unterrichtsentwicklung mehr oder weniger strikt verschließen. Evaluation ohne Qualifikation führt nun einmal selten zu einer wirksamen Innovation. Dieser Kausalzusammenhang wird von vielen Bildungspolitikern viel zu wenig bedacht. Von daher ist es wichtig, dass die verschiedenen Maßnahmen und Ebenen verstärkt ineinandergreifen. Die Bildungsverantwortlichen hierzulande können und müssen dazu beitragen.

2.8 Fazit: Gute Bildung darf etwas kosten!

Die implizite Aussage, die in vielen der vorstehend skizzierten Empfehlungen zum schulpolitischen Innovationsmanagement steckt, ist klar und eindeutig: Der erfolgreiche Umgang mit der wachsenden Heterogenität in den Schulen ist mit pädagogischem Idealismus und selbstloser Kärrnerarbeit einzelner Lehrkräfte nicht zu gewährleisten. Hinzu kommen müssen auch und nicht zuletzt kräftige Finanzspritzen der Bildungsministerien. Das bundesdeutsche Bildungswesen ist zwar nicht unterfinanziert, wohl aber fehlt es in zahlreichen Bereichen an den nötigen finanziellen Ressourcen für die aufzubauende Lern- und Förderkultur. Zusätzliches Personal, verbesserte Sachmittelausstattung, zeitgemäßere Lehrerausbildung, mehr Sprachförderkurse, forcierte Lehrerfortbildung ..., das alles kostet auch und nicht zuletzt Geld. Zwar bedeutet mehr Geld noch nicht, dass sich die skizzierten schulischen Problem- und Bedarfslagen tatsächlich erledigen. Gleichwohl hat der Bildungsetat einen nicht unerheblichen Einfluss auf den Innovationsgeist in den Kollegien, und zwar vorrangig in negativer Hinsicht. Fehlen nämlich die nötigen Finanzmittel, so wird das nur zu oft als Beleg und Argument genutzt, dass die eigenen Innovationsbemühungen eh nicht so wichtig sind. Das liegt weder im Interesse der Schüler noch der Eltern noch der Lehrkräfte noch der staatlichen Bildungspolitik.

Nachhaltige Unterrichtsentwicklung im Sinne dieses Buches verlangt zwingend nach steigenden Bildungsausgaben. Das lässt sich nicht zuletzt aus der Praxis in anderen OECD-Ländern ableiten. Überall dort, wo ausgeprägte Förder- und Integrationsarbeit auf dem Plan steht, weil die Schüler/innen bis zur neunten oder zehnten Klasse beisammengehalten werden, liegt der Anteil der Bildungsausgaben am Bruttoinlandsprodukt vergleichsweise hoch. Systematische Förderarbeit kostet eben einiges – eine Grunderkenntnis, die inzwischen auch in Deutschland angekommen sein sollte, da die schulartspezifische Trennung der Kinder immer weniger Perspektiven bietet. Die aktuellen Schulstrukturreformen (Gemeinschaftsschule etc.) machen deutlich, dass die Bandbreite der Schülerbegabungen mittlerweile ein solches Ausmaß erreicht hat, dass verstärkte Differenzierungs- und Fördermaßnahmen nachgerade zwingend sind. Dazu braucht es unter anderem Personal und Sachmittel. Beides lässt sich aber nur dann gewährleisten, wenn die Bildungsetats von Bund, Ländern und Gemeinden gezielt aufgestockt werden.

Stattdessen wird hierzulande eher gespart als investiert. Das bestätigt der Bildungsbericht 2006 mit den Worten: »Der Anteil der Bildungsausgaben am Bruttoinlandsprodukt ist seit Jahren rückläufig.« (Bildungsbericht 2006, S. 197). Dieses Faktum ist angesichts der beschriebenen Problemlagen und Herausforderungen im Bildungsbereich ziemlich unlogisch. Es kommt sogar noch schlimmer: Im OECD-Vergleich rangiert Deutschland seit Langem im unteren Mittelfeld – deutlich hinter Ländern wie der Schweiz, den USA, Norwegen, Dänemark, Österreich und Schweden. Dazu heißt es im Bildungsbericht 2008: »Gemessen an der wirtschaftlichen Leistung gab Deutschland 2004 mit einem BIP-Anteil von 5,2 % weniger für Bildungseinrichtungen aus als andere OECD-Staaten (OECD-Mittel 5,8 %) ... Die absoluten Bildungsausgaben pro Teilnehmer vom Primar- bis Tertiärbereich lagen 2004 in Deutschland kaufkraftbereinigt mit 7 800 US-Dollar über dem OEDC-Mittel (7 100 US-Dollar). Allerdings bestanden zwischen den Bildungsbereichen deutliche Unterschiede. Die Ausgaben je Teilnehmer im Primarbereich und im allgemeinbildenden Sekundarbereich I und II waren niedriger als das OECD-Mittel, während in den beruflichen Bildungsgängen und im Tertiärbereich je Bildungsteilnehmer in Deutschland mehr ausgegeben wurde« (Bildungsbericht 2008, S. 34).

Besonders problematisch ist die Ausgabensituation im Primar- und im Sekundarschulbereich I. Dort also, wo die Weichen in Sachen Förderung und Integration von Kindern und Jugendlichen ganz vorrangig gestellt werden, gibt Deutschland vergleichsweise wenig Geld aus. Das lässt sich aus Abbildung 49 ersehen. Deutschland wandte im Jahr 2002 in der Sekundarstufe I pro Schüler/in gerade mal 21 Prozent des Bruttoinlandsprodukts pro Kopf auf, während Länder wie Finnland, Frankreich, Österreich, Korea, Island und die Schweiz deutlich mehr, nämlich zwischen 27 Prozent und 29 Prozent ausgaben (vgl. Abb. 49). Auch Australien, Japan, die Niederlande, die USA und die skandinavischen Länder liegen mit 24 und mehr Prozent über der bundesdeutschen Quote. Lediglich Ungarn, Mexiko, Island und die Slowakische Republik sind noch sparsamer als die Deutschen. Ähnlich unterfinanziert ist der Primarbereich. Auch hier erreicht Deutschland mit einer Ausgabenquote von gerade mal 17 Prozent nur einen der hinteren Plätze in der Rangskala der OECD-Länder. Ganz anders dagegen sieht das Bild im Sekundarbereich II aus, dort also, wo die berufliche

Jährliche Ausgaben für Bildungseinrichtungen pro Schüler im Verhältnis zum BIP pro Kopf (2002)

OECD-Länder *)	Elementarbereich (>3)	Primarbereich	Sekundarbereich		
			I	II	insges.
Australien	–	19	25	29	27
Österreich	20	23	29	30	30
Dänemark	16	26	26	27	27
Finnland	14	18	29	23	26
Frankreich	16	18	28	34	31
Deutschland	**19**	**17**	**21**	**37**	**26**
Ungarn	24	21	20	25	22
Island	–	25	27	25	25
Japan	14	22	24	27	26
Korea	14	19	27	37	32
Mexiko	18	16	16	25	19
Niederlande	16	19	24	21	23
Slowakische Rep.	17	12	14	21	17
Schweden	15	25	25	27	26
Schweiz	11	24	28	45	37
Verein. Staaten	22	22	24	27	25

*) Einige OECD-Länder wurden aufgrund fehlender oder wenig aussagekräftiger Daten weggelassen (Quelle: OECD-Bericht 2005, S. 192)

Abb. 49

Bildung mit zu Buche schlägt. Dort nimmt Deutschland im Jahr 2002 einen der Spitzenplätze ein (vgl. Abb. 49). Es geht also doch. Die Frage ist nur, welche bildungspolitischen Prioritäten gesetzt werden.

Ob die gesetzten Prioritäten die richtigen sind, ist freilich eine ganz andere Frage. Die eklatanten Lern-, Förder- und Integrationsdefizite, die den deutschen Sekundarschulen u. a. durch die diversen PISA-Studien attestiert werden, sprechen eindeutig dafür, dass im Sekundarbereich deutlich größere Anstrengungen unternommen werden müssen – in pädagogischer wie in finanzieller Hinsicht. Zwar haben die meisten OECD-Länder ihre Bildungsausgaben während der letzten Jahre erhöht, einen echten »Quantensprung« hat es hierzulande bislang jedoch nicht gegeben. Von 2011 an wollen Bund und Länder 18 Milliarden Euro zusätzlich in Bildung und Forschung investieren (vgl. »Die Zeit« vom 16.7.2009, S. 31), doch das ist derzeit nur Zukunftsmusik, geknüpft an verschiedene politische und ökonomische Vorbehalte, die alle Planungen ganz schnell wieder über den Haufen werfen können.

Entgegen den dramatischen Kommentaren zur ungewöhnlich hohen Quote der 15-Jährigen, die als »funktionale Analphabeten« gelten, sind die Ausgabenzuwächse im Bildungsbereich eher moderat geblieben. Wenn hierzulande acht Prozent der 15- bis 17-Jährigen ohne Hauptschulabschluss von der Schule abgehen (vgl. Bildungsbericht 2008, S. 88) und wenn für knapp ein Viertel der 15-jährigen festgestellt wird, dass sie aufgrund miserabler Kompetenzerreichung als nicht ausbildungsreif einzustufen sind (vgl. Bildungsbericht 2002, S. 67), dann ist das alarmierend und wegweisend zugleich. Alarmierend, weil die gesellschaftlichen Folgekosten dieser Misere immens sind und langfristig wahrscheinlich deutlich über dem liegen, was eine großzügigere Bildungsfinanzierung kosten würde. Wegweisend, weil deutlich wird, dass vor allem dort investiert werden muss, wo die Bildungsbiografien vorentschieden werden, nämlich in den Primarschulen sowie im Sekundarbereich I. Hier braucht es dringend eine neue Lern- und Förderkultur, wie sie in diesem Buch umrissen wird. Die hiesige Bildungspolitik ist gefordert, die finanziellen Rahmenbedingungen für die entsprechende Schul- und Unterrichtsentwicklung kräftig zu verbessern.

Glossar

Hinweis zur Verwendung des Glossars: Es werden wichtige Begrifflichkeiten des Bandes kurz und bündig erläutert. Diese »Schlüsselbegriffe« sind Eckpunkte des vorgestellten Förder- und Integrationsprogramms und werden daher zur besseren Verständlichkeit nochmals knapp definiert. Ein Anspruch auf Vollständigkeit verbindet sich damit indes nicht. Nötigenfalls empfiehlt es sich, die ausführlichen Erläuterungen an der betreffenden Stelle im Buch nachzulesen und/oder vertiefend in den im nachfolgenden Literaturverzeichnis angeführten Büchern und Aufsätzen weiterzulesen.

- **Anschlussfähigkeit:** Gewährleistung von Lernsituationen und Lernanforderungen, die sicherstellen, dass die unterschiedlich begabten Schüler/innen im Unterricht immer wieder Anschluss finden bzw. Anschluss halten können. Das verlangt nach konsequenter Schülerkooperation sowie nach einem möglichst breiten Spektrum an Lerntätigkeiten im Lernprozess. Je vielfältiger die Schüler/innen gefordert und gefördert werden, desto größer ist die Chance, dass keine/r von ihnen ins Abseits gerät.

- **Alltagstauglichkeit:** Praktikabilität der Innovationsmaßnahmen. Die Vorbereitung und Durchführung der ins Auge gefassten Lehr- und Lernverfahren müssen machbar sein und auf längere Sicht durchgehalten werden können. Das schließt Zeit- und *Arbeitsökonomie* mit ein. Andernfalls werden neue Unterrichtsmethoden sehr schnell wieder aufgegeben bzw. abgelehnt. Die Ansätze und Vorschläge im vorliegenden Buch folgen dieser Maxime.

- **Arbeitsökonomie:** Sicherstellung eines günstigen Aufwand-Ertrags-Verhältnisses. Das inspiriert und ermutigt die meisten Lehrkräfte zum Mitmachen. Im Rahmen des skizzierten Reformprogramms sorgen Kleinschrittigkeit und Arbeitsteilung, Pragmatismus und gezielte *Lehrerkooperation*, konzertiertes Vorgehen und geschickte Materialarchivierung dafür, dass ein überzeugendes Aufwand-Ertrags-Verhältnis entsteht.

- **Arbeitsunterricht:** Ermöglichung vielseitiger Lernarbeit der Schülerinnen und Schüler. Arbeiten ist die Quelle des Könnens und der Erkenntnis – und damit auch der *Lerneffizienz*. Je breiter die Lerntätigkeiten der Schüler/innen gestreut sind, desto größer ist ihre Chance, dass sie sich an der einen oder anderen Stelle einklinken können. Das steigert ihre Motivation und ihre *Anschlussfähigkeit*. Das im Buch vorgestellte Programm steht für die Betonung und den Ausbau der Lerntätigkeiten im Unterricht.

■ **Aufgabendifferenzierung:** Das Angebot unterschiedlicher Aufgabenstellungen für die Schüler/innen. Vorrangig geht es dabei um niveaudifferenzierte Aufgaben zum gleichen Thema (*Arbeitsökonomie!*). Dabei lässt sich zwischen Pflichtaufgaben und Wahlaufgaben unterscheiden. Die Pflichtaufgaben sind auf unterem und mittlerem Niveau angesiedelt und müssen von allen Schüler/innen bearbeitet werden. Die Wahlaufgaben sind in der Regel kniffliger und dienen der »Befriedigung« der leistungsstärkeren Schüler/innen.

■ **Begabungsförderung:** Differenzierte Ansprache und Mobilisierung der unterschiedlichen Schülertalente. Dass die Schule traditionell sehr einseitig auf die logisch-mathematische Begabung abstellt und die verbal-abstrakten Lerner über alle Maßen bevorzugt, ist in höchstem Maße fragwürdig. Chancengerechtigkeit verlangt anderes, nämlich eine breit angelegte Lernarbeit mit möglichst unterschiedlichen Lernanforderungen und Lerntätigkeiten, Sozialformen und Kooperationsgelegenheiten.

■ **Bildungsfinanzen:** Die Ausgaben von Bund, Ländern und Gemeinden für die schulische Bildungsarbeit. Der erfolgreiche Umgang mit *Heterogenität* braucht nicht nur neue Ideen und Strategien der Lehrkräfte, sondern auch erweiterte Budgets für die Finanzierung der nötigen Arbeitsmittel, Lehrpersonen und Arbeitsbedingungen im pädagogischen Feld. Differenzierte *Begabungsförderung* erfordert auch und nicht zuletzt zusätzliche Finanzmittel. Im OECD-Vergleich sind die Deutschen relativ »knauserig«.

■ **Bildungsstandards:** Von der Kultusministerkonferenz verabschiedete Kompetenzstandards für einzelne Fächer. Definiert wird, was die Schüler/innen am Ende bestimmter Bildungsabschnitte können sollten. Die Bildungsstandards unterscheiden drei Anforderungsbereiche (Wissen wiedergeben; Wissen verarbeiten/anwenden; Wissen analysieren/reflektieren/beurteilen) sowie mehrere Kompetenzstufen mit spezifischen Kompetenzbeschreibungen.

■ **Differenzierung:** Die Eröffnung unterschiedlicher Lernzugänge für die Schüler/innen. Zu unterscheiden ist zwischen äußerer und innerer Differenzierung. Äußere Differenzierung meint die Zuweisung der Schüler/innen zu unterschiedlichen Schularten oder Leistungsgruppen. Innere Differenzierung zielt auf differenzierte Lernanforderungen innerhalb einer bestimmten Klasse. Diese Binnendifferenzierung kann inhaltlicher oder methodischer Art sein. Im vorliegenden Buch wird für differenzierte Lernanforderungen und Lerntätigkeiten bei gleichem Thema plädiert. Das reduziert den Vorbereitungsaufwand der Lehrkräfte.

■ **Doppelstunden:** Erweiterung der Unterrichtseinheiten von den gängigen 45 auf 90 Minuten. Der traditionelle Zeittakt ist bis heute die 45-Minuten-Einheit – zumindest in den Sekundarschulen. Das führt dazu, dass die Lernarbeit der Schüler/innen in der Regel viel zu flach und invariant verläuft. Nachhaltige Kompetenzvermittlung verlangt zwingend nach erweiterten Zeittakten und gestuften Lerntätigkeiten, nach selbstständiger Wissenserarbeitung und vielseitiger Wissensanwendung. Das erfordert Doppelstunden und erweiterte Zeittakte, damit intensivere und vielseitigere Arbeitsprozesse möglich werden.

■ **Dreigliedrigkeit:** Die schulartspezifische Aufteilung der Schüler/innen nach der vierten Klasse. Traditionell werden die Schüler/innen nach der Grundschule Hauptschulen, Realschulen oder Gymnasien zugewiesen, um möglichst homogene und lerneffiziente Leistungsgruppen zu erreichen. Diese Effizienzthese ist spätestens seit *PISA* brüchig geworden. Voll integrierte Systeme, wie sie in fast allen OECD-Ländern bis Klasse neun oder zehn üblich sind, sind dem gegliederten deutschen Schulwesen in der Regel nicht nur ebenbürtig, sondern oft sogar überlegen. Quellen dieser Erfolge sind u. a. eine üppige Personalausstattung sowie ausgefeilte Differenzierungs- und Fördermaßnahmen.

■ **Evaluation:** Überprüfung der Ergebnisse der laufenden *Unterrichtsentwicklung*. Evaluiert werden kann durch Befragungen, leitfadengestützte Beobachtungen oder konkrete kompetenzorientierte Leistungstests bzw. Assessments. Das in den Kapiteln II.3 – II.5 vorgestellte Förderprogramm ist in den Bundesländern Hessen, Nordrhein-Westfalen und Rheinland-Pfalz einschlägig evaluiert worden, und zwar mit ausgesprochen positiven Ergebnissen.

■ **Elternarbeit:** Die gezielte Einbindung der Eltern in den schulinternen Reformprozess. Methodenzentrierte Elternabende, Elternseminare und Elternhospitationen haben sich außerordentlich bewährt. Durch praxisnahes und handlungsorientiertes Vorgehen (Learning by Doing) können Eltern sehr konkrete Einblicke in die im Buch vorgestellten Lehr-, Lern- und Trainingsverfahren gewinnen. Das begünstigt eine breite Akzeptanz.

■ **Enrichment:** Die Anreicherung des Lern- und Leistungsvermögens der Schüler/innen durch breit gefächerte Lernangebote und Lernverfahren. Gefördert werden nicht nur kognitive Leistungen, sondern auch und zugleich soziale, praktische, emotionale, kreative, sprachliche und musisch-künstlerische Begabungen. Enrichment steht für einen erweiterten *Lernbegriff*, der unterschiedlichen Intelligenzbereichen Rechnung trägt.

■ **Erfahrungslernen:** Die Betonung des »Learning by Doing« bei der Einführung neuer Lehr- und Lernverfahren. Neue Methoden des Lehrens und Lernens müssen erfahren bzw. erlebt werden, wenn sie tiefer gehend begriffen und bejaht werden sollen. Dieses »Learning by Doing« durchzieht das vorliegende Buch in allen Teilen – angefangen bei der *Lehrerfortbildung* über die schulinternen Workshops und Hospitationen bis hin zur differenzierten Lernarbeit im Unterricht selbst.

■ **Glühwürmcheneffekt:** Das schnelle Verpuffen unterrichtlicher Reformbemühungen. Viele Reformaktivitäten der Lehrkräfte erfolgen zu punktuell, unverbindlich, abstrakt und/oder aufwändig und »erlöschen« deshalb schon bald wieder. Es kommt zu keiner hinreichenden Konsolidierung. Was fehlt, ist das konkrete Ansetzen beim unterrichtlichen Kerngeschäft – gepaart mit konsequenter *Lehrerkooperation*, praxisbezogenem *Erfahrungslernen* und verbindlichen Umsetzungs- und Evaluationsmaßnahmen. Das Buch setzt neue Akzente.

■ **Gruppenunterricht:** Das Zusammenarbeiten der Schüler/innen in kleineren oder größeren Gruppen – Partnerarbeit eingeschlossen. Gute Gruppenarbeit setzt ein erhebliches Maße an Kommunikations- und Teamfähigkeit voraus. Durch entsprechende *Trainingstage* und gelegentliche Feedback- und Reflexionsphasen wird daran gearbeitet, dass die anvisierte Gruppenarbeit möglichst konstruktiv und regelgebunden verläuft. Die daraus erwachsende *Lehrerentlastung* ist beträchtlich.

■ **Helfersystem:** Wechselseitige Hilfe, Kontrolle, Erziehung und Beratung der Schüler/innen im Zuge der Lernprozesse. Durch Zufallsprinzip und *Setzverfahren* werden die Schüler/innen so zusammengeführt, dass genügend Potenzial für die wechselseitige »Hilfe zur Selbsthilfe« vorhanden ist. Das begünstigt selbstständiges Lernen und wirksame Schülermitwirkung. Gruppenregeln, Gruppenarbeitsfahrpläne und kooperative Präsentationen tragen dazu bei, dass sich die Schüler/innen unterstützend verhalten.

■ **Heterogenität:** Vielfalt im Klassenzimmer. Die Schüler/innen unterscheiden sich nach Intellekt und Verhalten, Alter und Geschlecht, Sprache und Kultur, Interesse und Gesundheit. Heterogenität ist aber auch eine wichtige Triebfeder erfolgreichen Lernens im Unterricht. Voneinander- und Miteinanderlernen setzen Unterschiedlichkeit voraus und werden im Buch besonders betont. Dementsprechend wird Heterogenität mittels Zufallsprinzip ganz bewusst hergestellt. So entstehen tragfähige Helfer- und Erziehungssysteme, die Lehrkräften beträchtliche Entlastungseffekte bescheren.

■ **Individualisierung:** Die Bereitstellung individueller Lernaufgaben, -materialien und -beratungen durch die Lehrpersonen. Individualisierung setzt intensive Schülerbeobachtung, Potenzialdiagnosen, Förderplanungen und Materialentwicklungsarbeiten voraus. Da die meisten Lehrkräfte dazu weder die Zeit noch die Muße haben, sind der Individualisierung de facto recht enge Grenzen gesetzt. Vielerorts verflacht der faktische Individualisierungsanspruch zur vordergründigen Bearbeitung irgendwelcher Arbeitsblätter.

■ **Inklusion:** Die Aufnahme aller Schüler/innen in einen Klassenverbund. Inklusion im strengen Sinne zielt auf eine idealtypische Einheits- bzw. Gemeinschaftsschule, die offen ist für Schüler/innen mit ganz unterschiedlichen Begabungen und sonstigen persönlichen Lernvoraussetzungen. Inklusion in diesem Sinne setzt massive Förder- und Binnendifferenzierungsmaßnahmen voraus, von denen man derzeit in Deutschland allerdings nur träumen kann.

■ **Innovationsmanagement:** Innerschulische Steuerung der *Unterrichtsentwicklung*. Das erfolgreiche Arbeiten mit heterogenen Lerngruppen setzt strategisch kluge und zielführende Innovations- und Qualifizierungsmaßnahmen voraus. Das beginnt bei der systematischen Lehrer- und Schulleiterfortbildung und reicht über die Forcierung der innerschulischen Teamarbeit und Arbeitsteilung bis hin zur vertrauensbildenden Eltern- und Öffentlichkeitsarbeit.

■ **Integration:** Die Einbindung unterschiedlich begabter bzw. disponierter Schüler/innen in den unterrichtlichen Lernprozess. Das betrifft sowohl gesundheitlich beeinträchtigte Kinder als auch all jene, die aus irgendwelchen anderen Gründen (Verhalten, Leistungsfähigkeit, familiärer und kultureller Background etc.) in die Außenseiterrolle zu geraten drohen. Sie alle müssen Anschluss finden bzw. Anschluss halten können. Das Buch zeigt, wie das gehen kann.

■ **Intelligenzspanne:** Die Vielfalt der Schülerintelligenzen. Die Intelligenzforschung macht deutlich, dass es weder den intelligenten Schüler noch den Intelligenztest als solchen gibt. Intelligenzen gibt es viele – angefangen bei der logisch-mathematischen und der sprachlich-linguistischen Intelligenz über intrapersonale und interpersonale Intelligenzen bis hin zu praktisch-körperlichen und künstlerisch-musischen Intelligenzen. Guter Unterricht muss daher möglichst breit und variabel angelegt sein.

■ **Kerncurriculum:** Orientierungsrahmen für Lehrkräfte. Das Kerncurriculum umfasst Kernthemen und Kernkompetenzen, die im jeweiligen Fach realisiert werden sollen. Kerncurricula machen wesentlich weniger Detailvorgaben als die früheren Lehrpläne. Sie sind vergleichsweise offen gehalten und lassen den Lehrkräften beträchtliche Spielräume für eigene didaktische und methodische Akzentsetzungen im Unterricht.

■ **Kompetenzcheck:** Bilanzphase zur Ermittlung der Kompetenzbeherrschung der einzelnen Schüler/innen. Dabei werden nicht nur die inhaltlich-fachlichen Kompetenzen sondiert, sondern auch überfachliche Kompetenzen wie Methodenbeherrschung, Kommunikationsfähigkeit und Teamfähigkeit. Gecheckt werden kann von Lehrer- wie von Schülerseite. Grundlage der betreffenden Diagnosearbeit sind spezifische Kompetenzraster mit konkreten Angaben zu den typischen Teilleistungen. Gezielte Reflexionen in Gruppen runden die Checkphasen ab.

■ **Kommunikationstraining:** *Trainingstage* zur Vermittlung und Klärung elementarer Kommunikations- und Präsentationsstrategien. Das beginnt mit Methoden des freien Redens und Argumentierens und reicht über aktives Zuhören und Miteinanderreden bis hin zu anspruchsvollen Interaktions- und Präsentationsverfahren (Hearing, Planspiel etc.). Kommunikationskompetenz ist eine wichtige Voraussetzung für effektives Lernen.

■ **Kompetenzmotivation:** Motivation aus dem Gefühl und der Erfahrung heraus, dass bestimmte Arbeitsweisen vertraut sind und mit hoher Wahrscheinlichkeit Erfolg bringen werden. *Methodentraining* und *Methodenpflege* dienen diesem Aufbau von Kompetenz- bzw. Erfolgsmotivation durch sukzessives Üben und Anwenden bestimmter Operationen. Je versierter die Schüler/innen sind, desto ausgeprägter fällt ihre Kompetenzmotivation aus.

■ **Konzertierte Aktion:** Planvolles Zusammenwirken mehrerer Lehrkräfte auf Klassen-, Fach- und/oder Jahrgangsebene. Durch dieses konzertierte Arbeiten wird gewährleistet, dass ein abgestimmtes Fordern und Fördern der Schüler/innen Platz greift. Die Lehrkräfte unterstützen und ergänzen sich wechselseitig. Das begünstigt ihre *Routinebildung*, erhöht ihre Durchschlagskraft und trägt nicht zuletzt dazu bei, dass sie Entlastung erfahren.

■ **Kooperatives Lernen:** Das Voneinander- und Miteinanderlernen der Schüler/innen. Kooperatives Lernen bedarf der Grundlegung sowie der geschickten Organisation und Moderation durch die Lehrkräfte. *Zufallsgruppen*, Teamtraining, Regelentwicklung, *Regelwächter*, Reflexionsphasen, Teambewertung und vielfältige teamorientierte Lernarrangements in den Fächern sorgen dafür, dass die Schülerkooperation zunehmend effektiv verläuft.

■ **Lehrerausbildung:** Die Vorbereitung der Lehrkräfte auf ihre spätere Unterrichtstätigkeit. Im Unterschied zur bisherigen Praxis ist es dringend vonnöten, die jungen Leute verstärkt mit neuen Methoden des Lehrens und Lernens vertraut zu machen, wie sie im vorliegenden Buch vorgestellt werden. Das verlangt nach Teamarbeit und vielseitigem Erfahrungslernen, damit die neuen Lehr- und Lernverfahren möglichst nachhaltig begriffen werden können.

■ **Lehrerentlastung:** Zentrale Voraussetzung für nachhaltige Innovationserfolge. Lehrerentlastung kann seitens der Bildungspolitik bewirkt werden. Lehrerentlastung ist aber auch höchst wirksam in der Einzelschule zu organisieren – im Unterricht wie auf der Ebene des Schulmanagements. Das beginnt bei verstärkter Teamarbeit und reicht über die systematische Schülerqualifizierung bis hin zu gezielten Unterstützungsmaßnahmen seitens der Schulleitungen.

■ **Lehrerfortbildung:** Qualifizierungsmaßnahmen zur Vermittlung bzw. Generierung innovativen Know-hows in der Schule. Die Lehrerfortbildung richtet sich an »etablierte Lehrkräfte« und umfasst unterschiedliche Veranstaltungen: Methodenseminare, fachspezifische Workshops, Hospitationen, Teambesprechungen sowie spezifische Seminare zum *Innovationsmanagement* für die pädagogischen Führungskräfte.

- **Lehrerkooperation:** Das konstruktive Zusammenarbeiten der Lehrkräfte in der Schule. Die Kooperation der Lehrkräfte ist das A und O einer erfolgreichen Innovationsarbeit. Das gilt auf Klassen- wie auf Fachebene, auf Jahrgangs- wie auf Schulebene. Je besser die Kooperation und Arbeitsteilung der Lehrkräfte funktionieren, desto wirksamer und überzeugender lassen sich Entlastungseffekte erzielen. Das macht Mut, spart Zeit und mehrt die Erfolgschancen der pädagogischen Akteure.

- **Lehrerlenkung:** Rahmenlenkung durch die Lehrpersonen. Viele Schüler/innen brauchen gezielte Rahmenregelungen und Impulse ihrer Lehrkräfte, wenn sie zielstrebig zu Werke gehen sollen. Gelenkt wird primär über Zeit-, Produkt-, Material-, Gruppenbildungs- und sonstige Rahmenvorgaben, weniger hingegen über direktive Unterrichtsgespräche und/oder Ergebnisdarbietungen. Je versierter die Schüler/innen sind, desto zurückhaltender wird gelenkt.

- **Lehrerrolle:** Das Funktionsverständnis der Lehrkräfte. Die Lehrerrolle wandelt sich. Indem das eigenverantwortliche Arbeiten und Lernen der Schüler/innen forciert wird, rücken die Lehrkräfte zunehmend in den Hintergrund. Sie übernehmen verstärkt Aufgaben der Lernorganisation, Lernmoderation und Lernberatung. Je versierter die Schüler/innen sind, desto defensiver können sich die Lehrkräfte verhalten. Das entlastet und erweitert die Möglichkeiten zur gezielten Schülerbeobachtung.

- **Lehrervortrag:** Lehrervorträge und sonstige Lehrerinstruktionen sind nötig, damit das Lernen der Schüler/innen Nahrung erhält. So kann ein Lehrervortrag oder eine Lehrererzählung z. B. Ausgangspunkt einzelner *Lernspiralen* sein. Auch das Tafelbild des Lehrers kann als ergiebiger Arbeitsgegenstand der Schüler/innen dienen. Wichtig ist nur, dass die Schüler/innen den jeweiligen Lehrerinput mehrstufig bearbeiten und verarbeiten.

- **Lehrmittel:** Lern- und Arbeitsmittel zur Förderung eines modernen, kompetenzorientierten Unterrichts. Das beginnt bei lernrelevanten Arbeitsblättern, Arbeitsaufgaben und Arbeitsheften und reicht über die Bereitstellung einschlägiger Medien und Nachschlagewerke bis hin zu Arbeitsmitteln wie Stiften, Scheren, Plakaten, Folien, Pinnwand, Beamer, Computer, OH-Projektor, Whiteboard etc. Auch Unterrichtshilfen für die Hand des Lehrers gehören dazu.

- **Leistungsbewertung:** Die Bewertung der von den Schüler/innen erreichten Kompetenzen. Kompetenzerfassung statt Wissensabfragen, das ist die neue Perspektive. Kompetenzen können durch veränderte Klassenarbeiten, durch kompetenzorientierte Schülerbeobachtung und/oder durch spezielle Prüfungen wie Präsentationsprüfungen oder Projektprüfungen festgestellt werden. Die traditionelle Leistungsbewertung stellt vorrangig auf die Reproduktion des Fachwissens ab. Dieser Leistungsbegriff ist entschieden zu eng gefasst.

■ **Lernbegriff:** Dimensionen des Lernens. Wichtig für eine zeitgemäße Bildungs- und Erziehungsarbeit ist ein erweiterter Lernbegriff, der über das kognitiv-rezeptive Lernen deutlich hinausweist. Produktion und Konstruktion, Kommunikation und Kooperation, Präsentation und Reflexion, Organisation und Improvisation müssen zwingend hinzukommen, wenn die Schüler/innen ihre Potenziale angemessen freisetzen sollen.

■ **Lerneffizienz:** Lerneffekte auf Schülerseite. Nachhaltiges Lernen setzt vielseitige Lernaktivitäten voraus. Je mehr Sinne ins Spiel gebracht werden und je konsequenter die Schüler/innen an und mit dem jeweiligen Lernstoff arbeiten, desto nachhaltiger bauen sie das betreffende Wissen und Können in ihren eigenen Köpfen auf. Es entstehen konsolidierte Wissensstrukturen, die langfristig genutzt werden können.

■ **Lernkompetenz:** Oberbegriff für eine Reihe von Teilkompetenzen, die über den Lernerfolg der Schülerinnen und Schüler entscheiden. Lernkompetenz im weiteren Sinne umfasst neben dem fachlichen Sachverstand auch und zugleich Methodenkompetenz, Sozialkompetenz, affektive Kompetenz und Selbstkompetenz im Sinne von Selbstmotivation, Ausdauer, Eigeninitiative, Frustrationstoleranz etc. Dieser erweiterte Kompetenzbegriff findet im vorliegenden Buch seinen konkreten Niederschlag.

■ **Lernen durch Lehren:** Lerneffekte im Rahmen von Partner- und Gruppenarbeit. Schüler/innen, die anderen etwas erklären oder berichten, profitieren hochgradig für sich selbst. Das zeigt die Lernforschung. Dabei schadet es nichts, wenn gleiche oder ähnliche Sachverhalte mehrfach gegenüber schwächeren Mitschüler/innen erklärt werden. Inhaltlich führt das zu mehr Souveränität; in methodischer, sozialer und motivationaler Hinsicht entstehen ebenfalls beträchtliche Positiveffekte. Schülerkooperation nützt letztlich allen!

■ **Lernkorridor:** Verantwortungs- und Gestaltungsspielraum der Schüler/innen im Rahmen eines unterrichtlichen Arbeitsprozesses. Der Lernkorridor wird von Lehrerseite abgesteckt. Je älter und/oder methodisch versierter die Schüler/innen sind, desto breiter kann der jeweilige Lernkorridor ausfallen. Eine *Lernspirale* repräsentiert einen Lernkorridor. Kennzeichen eines Lernkorridors ist die gezielte *Lehrerlenkung* und -unterstützung.

■ **Lernspirale:** Die mehrstufige Erarbeitung eines bestimmten fachlichen Lerngegenstandes bzw. Lehrerinputs durch die Schüler/innen. Die Lerner bohren sich in den jeweiligen Fachinhalt hinein. Sie durchlaufen mehrere Arbeitsschritte und praktizieren dabei unterschiedliche Lerntätigkeiten. Je versierter die Schüler/innen sind, desto anspruchsvoller werden die Lernspiralen bzw. Arbeitsschritte konzipiert. Typisch für den Erarbeitungsprozess ist der konsequente Wechsel von Einzel-, Partner-, Gruppen- und Plenararbeit. Eine Lernspirale erstreckt sich in der Regel über ein bis zwei Unterrichtsstunden.

- **Lernwerkstatt:** Breites Angebot an Lern- und Arbeitsmitteln für die Schüler/innen. Der im Buch vorgestellte *Arbeitsunterricht* verlangt vielfältige Lern- und Arbeitsmittel, damit die Schüler/innen selbstständig und kooperativ tätig werden können. Die Lernwerkstatt kann ein spezieller Fachraum sein (Musikraum etc.) oder auch ein mit Regalen, Nachschlagewerken, Freiarbeitsmaterialien und sonstigen Arbeitsmitteln ausgestatteter Klassenraum.

- **Methodencurriculum:** Die Zuordnung der zu lernenden Methoden zu einzelnen Jahrgangsstufen. Das Methodencurriculum wird in der Regel schulintern definiert und macht für Schüler/innen, Lehrer/innen und Eltern transparent, wann welche Methoden schwerpunktmäßig trainiert und angewandt werden sollen. Das ausgefüllte Raster wird allen Lehrkräften zugänglich gemacht und als Grundlage für spätere Evaluationen benutzt.

- **Methodenfeld:** In praxi werden drei große Methodenfelder unterschieden, die im Zentrum der schulinternen Methodenschulung stehen, nämlich (a) elementare Lern- und Arbeitstechniken, (b) grundlegende Kommunikations- und Präsentationstechniken sowie (c) *Teamentwicklung* im Klassenraum. Zu jedem Methodenfeld gibt es separate *Trainingstage*.

- **Methodenheft:** Spezielles Heft zum Eintragen bzw. Abheften methodenzentrierter Lernergebnisse. Das Heft wird von den Schülern geführt und insbesondere während der jeweiligen *Trainingstage* genutzt, um wichtige Materialien, Merksätze und *Regelwerke* darin festzuhalten. Günstiger als ein Methodenheft ist unter Umständen eine Mappe zum Abheften.

- **Methodenpflege:** Die Anwendung der eingeübten Methoden im Fachunterricht – einschließlich Reflexion und Methodenkritik. Die Methodenpflege ergänzt und vertieft das *Methodentraining* und trägt entscheidend dazu bei, dass die Schüler/innen die betreffenden Methoden zunehmend besser beherrschen und anwenden lernen. Ohne konsequente Methodenpflege in den Fächern werden die eingeübten Methoden rasch wieder verlernt.

- **Methodentraining:** Das Einüben und Klären grundlegender Lernmethoden. Methodentraining im engeren Sinne meint das Training elementarer Lern- und Arbeitstechniken. Methodentraining im weiteren Sinne schließt auch und zugleich Kommunikations-, Präsentations- und Teamtraining mit ein. Typisch für das Methodentraining ist, dass die jeweilige Methode im Zentrum steht und die Inhalte floaten, während im Fachunterricht üblicherweise die Inhalte fix sind und die Methoden wechseln. Das Training erstreckt sich pro Schuljahr auf längstens ein bis zwei Wochen.

- **Methodenvielfalt:** Der Einsatz unterschiedlicher Lehr- und Lernmethoden im Unterricht. Die Lehrmethoden beginnen bei Gruppenarbeit und Rollenspielen und reichen über Lernkarteiarbeit, Textarbeit, Fallstudie, Hearing und Stationenarbeit bis hin zu Gruppenrallye, Gruppenpuzzle u. a. Arrangements der Lehrkräfte. Die Lernmethoden der Schüler/innen betreffen z. B. das konkrete Ausschneiden, Aufkleben, Abheften, Markieren, Nachschlagen, Visualisieren, Strukturieren, Erzählen, Interviewen, Vortragen, Diskutieren und Kooperieren im Unterricht. Je breiter die Methodenvielfalt, desto eher finden die Schüler/innen Anschluss.

- **Minimax-Prinzip:** Die Ausrichtung der Reformarbeit auf ein günstiges Aufwand-Ertrags-Verhältnis. Das vorliegende Buch folgt diesem Anspruch. Es zeigt praktikable Mittel und Wege auf, wie sich mit einem minimalen Vorbereitungsaufwand ein Maximum an intelligenter Lernorganisation und Lernarbeit der Schüler/innen erreichen lässt. Das begünstigt die *Alltagstauglichkeit* der neuen Lehr- und Lernverfahren.

- **Netzplan:** Instrument zur Planung und Organisation systematischer *Unterrichtsentwicklung*. Der Netzplan legt mithilfe von Netzplankarten fest, was zu tun ist, wann und wo es geschieht und wer für welche Maßnahmen zuständig bzw. verantwortlich ist. Die Netzplanerstellung erfolgt durch das *Steuerungsteam* der jeweiligen Schule und ist ein fester Bestandteil des schulinternen Innovationsmanagements.

- **Offener Unterricht:** Unterrichtsarrangements mit hohen Selbstständigkeitsanforderungen an die Schüler/innen. Freiarbeit, Wochenplan, Lernzirkel und Projektarbeit bilden Hochformen des offenen Unterrichts. Offenes Lernen ist in der Regel sehr material- und vorbereitungsintensiv. Außerdem ist es voraussetzungsreich, d. h. die Schüler/innen müssen bereit und in der Lage sein, die eingeräumten Freiheitsgrade selbstständig und verantwortungsbewusst auszufüllen. Diese Voraussetzung erfüllen viele Schüler/innen (noch) nicht.

- **PASS-Programm:** Programm zur Ausbildung von Schlüsselkompetenzen und *Schülerselbsttätigkeit* (»Klippert-Programm«). Dieses Programm zielt auf differenzierte Methodenschulung und möglichst systematisches *Innovationsmanagement* in Schule und Unterricht. Die Gründe für die verstärkte Kompetenzförderung: neue *Bildungsstandards*, neue Prüfungsverfahren, schlechtes Abschneiden bei *PISA*, wachsende Lehrerbelastung im Unterricht, unterrichtszentrierte Schulinspektionen etc.

- **PISA:** Programme for International Student Assessment. Die PISA-Studien überprüfen, wie gut die Schüler/innen in der Lage sind, neue Informationen zu erfassen, zu verarbeiten und anzuwenden (literacy-concept). Dabei geht es sowohl um Textinformationen als auch um das Lesen und Auswerten von Grafiken, Tabellen und Schaubildern. Die Ansätze in diesem Buch reagieren auf die kritischen PISA-Befunde und sehen entsprechende Fördermaßnahmen vor.

- **Portfolio:** Breit gefächerte Dokumentation der Lernarbeit der Schüler/innen. Das Portfolio richtet sich gegen den verengten Lern- und Leistungsbegriff, wie er in den gängigen Tests und Klassenarbeiten seinen Niederschlag findet. Je breiter die Lern- und Leistungsergebnisse der Schüler/innen erfasst werden, desto gerechter und aussagekräftiger sind sie. Die Kehrseite der Portfolios: Den Lehrkräften droht ein hoher Vorbereitungs- und Bewertungsaufwand.

- **Progressionsprinzip:** Die sukzessive Steigerung der methodischen und inhaltlichen Anforderungen im Lernprozess. Anspruchsvolle Projektarbeit z. B. können die Schüler/innen nur dann bewältigen, wenn sie die entsprechenden methodischen »skills« in vielen kleinen vorgelagerten Übungs-, Reflexions- und Anwendungsschritten aufgebaut haben. So gesehen braucht es Aufgaben- und Methodenprogression, sollen die Schüler/innen vor der drohenden Überforderung bewahrt werden.

- **Regelwächter:** Aufpasser zur Sicherstellung der Regeleinhaltung. Regelwächter braucht man sowohl in Lehrergruppen als auch und besonders in Schülergruppen, damit die gängigen Regelverstöße eingedämmt werden. Voraussetzung für die Regelüberwachung sind klare Regelvereinbarungen und Regelplakate. Die Funktion des Regelwächters rotiert.

- **Regelwerke:** Die Festschreibung bestimmter Regeln zur Verbesserung der alltäglichen Lernarbeit. Regelwerke werden gemeinsam mit den Schüler/innen entwickelt und auf Plakaten und/oder in speziellen Methodenheften festgehalten. Sie betreffen Markierungsregeln, Gesprächsregeln, Präsentationsregeln, Gruppenarbeitsregeln, Planungsregeln und vieles andere mehr. Regelwerke bilden die Basis für die Arbeit der *Regelwächter*.

- **Routinebildung:** Der Aufbau verlässlicher Handlungsschemata durch häufiges Üben, Wiederholen und Anwenden bestimmter Methoden und Lernabläufe. Das gilt sowohl für die Schüler/innen als auch für ihre Lehrkräfte. Der wiederholte Einsatz klar umrissener Lernspiralen, Trainingsspiralen und/oder Gruppenarrangements trägt zur Steigerung der Handlungssicherheit, Motivation und Zielstrebigkeit der pädagogischen Akteure bei.

- **Schlüsselqualifikationen:** Wichtige Fähigkeiten und Fertigkeiten im beruflichen und betrieblichen Bereich. Die Palette der Schlüsselqualifikationen ist groß und reicht von spezifischen fachlichen Kompetenzen wie Rechnen, Schreiben und Lesen bis hin zu vielfältigen überfachlichen Kompetenzen im methodischen, kommunikativen, kooperativen und persönlichen Bereich (Teamfähigkeit, Kritikfähigkeit, Zuverlässigkeit, Kreativität, Motivation etc.)

■ **Schülerselbsttätigkeit:** Lernen der Schüler/innen in eigener Regie. Die Schülerselbsttätigkeit ist umso ausgeprägter und anspruchsvoller, je besser die Schüler/innen in der Lage sind, ihren eigenen Lernprozess zu steuern und erfolgreich zu managen. *Methodentraining* und *Methodenpflege* bilden eine wichtige Grundlage dafür, dass die Schüler/innen zunehmend selbstständig und arbeitsfähig werden.

■ **Schulentwicklung:** Innovationsprozess einer Schule. Schulentwicklung ist zuallererst *Unterrichtsentwicklung*. Wichtig ist, dass der Schulentwicklungsprozess so angelegt wird, dass er für die betreffenden Akteure machbar und nützlich ist. Daher muss er dort ansetzen, wo die Einzelnen der Schuh drückt. Und das ist erwiesenermaßen der Unterricht mit seinen vielfältigen Herausforderungen und Belastungen. Hier setzt das vorliegende Buch an.

■ **Schulstruktur:** Aufbau und Gliederung des Schulwesens. Die Schulstrukturen befinden sich in vielen Bundesländern im Umbruch. Die Hauptschulen werden mehr und mehr aufgelöst und mit den Realschulen »verschmolzen«. Die Tendenz geht in Richtung zweigliedriges Schulwesen mit dem Gymnasium auf der einen und speziellen »Sekundarschulen« auf der anderen Seite. Auf OECD-Ebene dominieren vollintegrierte Gesamtschulen.

■ **Selbstgesteuertes Lernen:** Hochform des eigenverantwortlichen Arbeitens und Lernens der Schüler/innen. Selbstgesteuertes Lernen sieht das selbstverantwortliche Planen, Durchführen, Dokumentieren, Präsentieren und Auswerten komplexer Aufgaben (Projekte) vor. So gesehen verlangt Selbststeuerung ein hohes Maß an Selbstvertrauen, Eigninitiative und methodischer Versiertheit. Selbstgesteuertes Lernen ist das Fernziel der *Unterrichtsentwicklung*.

■ **Selbstlernmaterial:** Lern- und Arbeitshilfen zur Sicherstellung selbstständigen Lernens der Schüler/innen. Die gängigen Selbstlernmaterialien bestehen in der Regel aus relativ eng konzipierten Arbeitsblättern – einschließlich etwaiger Selbstkontrollblätter. Die Gefahr dabei: Das Lernen verflacht zur vordergründigen Beschäftigungstherapie ohne ausreichende Anwendungs-, Produktions-, Kontroll- und Reflexionsphasen. Darüber hinaus drohen höchst aufwändige Vorbereitungsarbeiten für die Lehrkräfte. Das vorliegende Buch zeigt alternative Möglichkeiten und Wege auf.

■ **Selektion:** Grundprinzip im Rahmen des gegliederten Schulwesens. Die Schüler-/innen werden am Ende ihrer Grundschulzeit nach verschiedenen Gesichtspunkten »sortiert« und unterschiedlichen Schularten bzw. Niveaugruppen zugeordnet. Angestrebt werden möglichst homogene Lern- und Leistungsgruppen. Diese äußere *Differenzierung* verträgt sich nur sehr eingeschränkt mit den bestehenden Integrationsansprüchen der modernen Gesellschaft.

■ **Setzverfahren:** Verfahren zur Steuerung bzw. Beeinflussung von Gruppenbildungsprozessen. Das Setzverfahren ergänzt das Zufallsprinzip und gibt der Lehrperson die Möglichkeit, für die nötige *Heterogenität* in Gruppen zu sorgen, damit das wechselseitige Helfen und Erziehen hinreichend funktionieren kann. Gesetzt wird z. B. in der Weise, dass leistungsstarke oder auch verhaltensschwierige Schüler/innen durch vorrangiges Verlosen bestimmter Ziffern oder Symbole auf mehrere Tische verteilt werden. Das sichert produktive Heterogenität.

■ **Sockeltraining:** Mehrtägige methodenzentrierte Trainingsphase. Die Schüler/innen klären über mehrere *Trainingstage* hinweg grundlegende Arbeits-, Kommunikations-, Präsentations- oder Kooperationsmethoden. Sie üben und reflektieren, entwickeln Regeln und wenden diese an. Die Sockeltrainings führen zur methodischen Grundlegung des Fachunterrichts, indem die Schüler/innen Gelegenheit erhalten, die betreffenden Methoden so zu trainieren, dass sie routiniert darauf zurückgreifen können.

■ **Sozialformwechsel:** Regelmäßiges Wechselspiel von Einzelarbeit, Partnerarbeit, Gruppenarbeit und Plenarphasen. Dieser Sozialformwechsel gehört zu den zentralen Merkmalen der Lernspiralen und Trainingsspiralen. Auf diese Weise wird sichergestellt, dass die Schüler/innen immer wieder Gelegenheit erhalten, sich mit wechselnden Lernpartnern zu besprechen und dadurch wachsenden persönlichen Durchblick zu erreichen.

■ **Steuerungsteam:** Führungskräfteteam mit besonderer Verantwortung für das *Innovationsmanagement* in Sachen *Unterrichtsentwicklung*. Gesetzte Mitglieder sind der/die Schulleiter/in sowie der/die Stundenplanverantwortliche. Je nach Größe der Schule können weitere interessierte Lehrkräfte hinzukommen, die Führungsverantwortung übernehmen und zum Erfolg der schulinternen Innovationsarbeit beitragen möchten.

■ **Teamarbeit der Lehrer:** Die aufgaben- und regelgebundene Zusammenarbeit der Lehrkräfte im Zuge schulinterner Qualifizierungs- und Innovationsprozesse. Die Lehrkräfte arbeiten in Klassen- und Fachteams zusammen. Sie besuchen gemeinsam Lehrerfortbildungsveranstaltungen, absolvieren zusammen Workshops, Elternveranstaltungen und/oder Hospitationen und werten ihre Teamerfahrungen gelegentlich gemeinsam aus.

■ **Teamentwicklung:** Vermittlung und Kultivierung elementarer Kooperationsmethoden. Das gilt für Schulklassen wie für Kollegien. Die Teamentwicklung beginnt mit der Sensibilisierung für die Relevanz guter Zusammenarbeit und reicht über die Anbahnung und Ausformulierung wichtiger Gruppenregeln bis hin zur Anwendung und Verfeinerung dieser Regeln in komplexeren Gruppenarbeitsphasen. Geklärt und eingeübt wird bei alledem auch die Rolle des Regelwächters.

■ **Trainer/innen:** Erfahrene Unterrichtsentwickler/innen zur Unterstützung der Schulen. Vom Verfasser ausgebildete Trainer/innen gibt es u. a. in Rheinland-Pfalz, Hessen, Berlin, Nordrhein-Westfalen, Niedersachsen, Baden-Württemberg, Bayern sowie in vier österreichischen Bundesländern. Die Trainer/innen arbeiten in der Regel im Tandem und bieten Seminare, Workshops, Materialien etc. an.

■ **Trainingsseminar:** Spezielle Form der *Lehrerfortbildung*. Typisch für die Trainingsseminare ist zum einen ihre dezidierte Methodenorientierung, zum anderen ihre ausgeprägte Betonung des Erfahrungslernens bzw. des »Learning by Doing«. Die Seminarteilnehmer/innen spielen ausgewählte Lernspiralen oder Trainingsspiralen an oder auch durch. Sie erleben die betreffenden Methoden und reflektieren ihre pädagogischen Chancen und Grenzen.

■ **Trainingsspirale:** Die mehrstufige Klärung einer bestimmten Arbeits-, Kommunikations- oder Kooperationsmethode. Im Zentrum der Lernarbeit steht also die jeweilige Methode (z. B. das Mindmapping oder der Doppelkreis), während es bei den Lernspiralen ganz vorrangig darum geht, den jeweiligen Lerninhalt mehrstufig abzuklären und zu sichern. Trainingsspiralen dauern in der Regel drei bis sechs Unterrichtsstunden.

■ **Trainingstage:** Unterrichtstage mit absoluter Vorrangstellung der Methodenklärung. Dabei kann es um *Methodentraining*, *Kommunikationstraining* oder Teamtraining gehen. Mehrere Trainingstage bilden ein *Sockeltraining*. Die Schüler/innen durchlaufen pro Schultag in der Regel ein bis zwei *Trainingsspiralen* z. B. zu den Arbeitstechniken Markieren oder Strukturieren.

■ **Unterrichtsausfall:** Ausfall regulärer Unterrichtsstunden aufgrund von *Lehrerfortbildung* oder fachübergreifenden Trainingstagen in den Klassen. Der Unterrichtsausfall ist zu minimieren, lässt sich aufgrund der notwendigen Teamfortbildungen allerdings nicht völlig vermeiden. Wichtig: *Trainingstage* bedeuten keinen Unterrichtsausfall, sondern Unterricht mit anderem Zuschnitt! Je besser die Schüler/innen das eigenverantwortliche Lernen beherrschen, desto weniger Unterricht muss ausfallen (Mitführung).

■ **Unterrichtsentwicklung:** Gesamtheit aller Maßnahmen zur Weiterentwicklung des Unterrichts in der Einzelschule. Unterrichtsentwicklung ist der Kern der *Schulentwicklung*. Das im Buch vorgestellte Programm zielt auf die systematische Kultivierung neuer Lehr- und Lernverfahren zur Mobilisierung der unterschiedlichen Schülertalente in den Klassen. Das schließt Qualifizierungs-, Motivations- und Organisationsentwicklungsmaßnahmen mit ein.

- **Unterrichtsplanung:** Das Strukturieren und Vorbereiten des Unterrichts. Indem Lehrkräfte die Schüler/innen vorrangig mit dem arbeiten lassen, was an lernrelevanten Medien, Materialien, Lehrervorträgen und sonstigen Lehrerinputs bereits vorliegt, können sie sich eine Menge Vorbereitungsarbeit sparen und dennoch einen höchst effektiven Unterricht sicherstellen. Die Hauptsache ist, dass die Lerner variantenreiche Arbeits- und Kooperationsanlässe vorfinden. Die Unterrichtsplanung muss dementsprechend ausgerichtet und arbeitsökonomisch gestaltet werden – auch und nicht zuletzt im Rahmen der *Lehrerausbildung*.

- **Unterrichtsskript:** Grundstruktur des Unterrichtsablaufs. Das traditionelle Unterrichtsskript ist höchst lehrerzentriert angelegt. Im Mittelpunkt stehen Lehrerinstruktionen und lehrergelenkte Unterrichtsgespräche mit fragend-entwickelndem Zuschnitt. Zeitgemäße Kompetenzvermittlung ist so nicht zu gewährleisten, sondern verlangt nach anderen Anforderungen und Abläufen. Die Lernspiralen im Buch bilden ein alternatives Unterrichtsskript.

- **Unterstützungssystem:** Die Gesamtheit der Unterstützungsmaßnahmen in Sachen *Unterrichtsentwicklung*. Das beginnt mit einschlägigen Fortbildungsangeboten für engagierte Lehrkräfte und reicht über die Bereitstellung bewährter Lehr-, Lern- und Arbeitsmittel bis hin zur gelegentlichen Freistellung engagierter Lehrkräfte für Workshops, Hospitationen, Teamteaching oder sonstige Teamaktivitäten.

- **Wahlunterricht:** Die Eröffnung von Wahlaufgaben und Wahlmöglichkeiten für die Schüler/innen. Freiarbeit, Wochenpläne, Lernzirkel etc. zielen in diese Richtung. Wahlunterricht kann indes auch einfacher und arbeitsökonomischer in die Wege geleitet werden, wie sich aus den im Buch vorgestellten Lernspiralen und Gruppenarrangements ersehen lässt. Die Schüler/innen können verschiedene Tätigkeiten, Methoden, Teilaufgaben etc. wählen, nicht aber unterschiedliche Themen und Materialsets. Das reduziert den Vorbereitungsaufwand der Lehrkräfte und verbessert die Anschlussmöglichkeiten der Schüler/innen.

- **Wechselseitige Erziehung:** Von den Schüler/innen zu leistende Erziehungsarbeit innerhalb wechselnder Kleingruppen. Grundlage dieser Erziehungsarbeit sind *Regelwerke*, Regelplakate, gemeinsame »Produkthaftung« sowie speziell autorisierte *Regelwächter*. Die Gruppenmitglieder erhalten Gelegenheit zum Feedback und zur wechselseitigen Kritik.

- **Wissenserwerb:** Aufbau nachhaltigen Fach-, Sach- und Methodenwissens. Beim Wissensaufbau der Schüler/innen ist zu unterscheiden zwischen intelligentem und trägem Wissen (Weinert) sowie zwischen deklarativem, prozeduralem und situativem Wissen. Die im Buch vorgestellten Lernverfahren zielen auf den Aufbau intelligenten Wissens. Das schließt Methodenwissen (prozedurales Wissen) und Problemlösungswissen (situatives Wissen) mit ein. Je breiter die Wissensanwendung und -verarbeitung, desto nachhaltiger der Lernerfolg.

- **Workshop-Arbeit:** Zusammenkunft von Fachteams oder Klassenteams zur Erstellung von Lernspiralen, Trainingsspiralen oder sonstigen Unterrichtshilfen und -materialien (z. B. Arbeitsblätter, Texte, Lernspiele, Klassenarbeiten etc.). Die gängigen Workshops dauern zwei bis drei Stunden und werden so strukturiert und moderiert, dass am Ende möglichst überzeugende Produkte für den Unterrichtseinsatz herauskommen. Die Produkte werden mittels PC archiviert und allen Beteiligten zur Verfügung gestellt.

- **Zufallsgruppen:** Nach dem Zufallsverfahren zusammengesetzte Arbeitsgruppen. Das gilt sowohl für die Schülerseite als auch für die Lehrerseite. Zufallsgruppen können durch Abzählen oder Losverfahren formiert werden (z. B. Verlosen von Ziffern, Puzzleteilen, Farbpunkten, Symbolen, Komplementärbegriffen etc.). Gruppensprecher, *Regelwächter* und andere Verantwortungsträger werden in der Regel ebenfalls per Los ermittelt.

Literaturverzeichnis

Aebli, H.: Zwölf Grundformen des Lehrens. Eine allgemeine Didaktik auf psychologischer Grundlage. Stuttgart 1983.
AQS Rheinland-Pfalz: Ablauf der externen Evaluation in Rheinland-Pfalz. Leitfaden für Schulen. Veröffentlicht von der Agentur für Qualitätssicherung. Mainz 2008.
Aufschnaiter, S. von: Konstruktivistische Perspektiven zum Physikunterricht. In: Pädagogik, Heft 7–8 1998, S. 52 ff.
Baden-Württembergischer Handwerkstag: Konsequenzen aus PISA. Positionspapier aus der Sicht des Handwerks. Juli 2002.
Barthels, K.: Sind Privatschulen besser? Sieben Antworten auf häufig gestellte Fragen. In: Die Zeit v. 18.10.2007, S. 73.
Bastian, J.; Rolff, H.-G.: Abschlussevaluation des Projektes »Schule & Co.«. Herausgegeben von der Bertelsmann-Stiftung. Gütersloh 2002.
Baumert, J.: KMK-Pressegespräch am 6.3.2003. Zitiert nach v. Saldern, M.: Heterogenität und Schulstruktur, a. a. O, Weinheim und Basel 2007, S. 47.
Baumert, J.: Was wissen wir über die Entwicklung von Schulleistungen? In: Pädagogik, Heft 4/2006, S. 40 ff.
Baumert, J., Lehmann, R.: TIMSS – Mathematisch-naturwissenschaftlicher Unterricht im internationalen Vergleich. Deskriptive Befunde. Opladen 1997.
Bertelsmann-Stiftung: Wir brauchen eine andere Schule! Konsequenzen aus PISA. Positionen der Bertelsmann Stiftung. Gütersloh o. J.
Bielefeldt, H.: Philosophie der Menschenrechte. Grundlage eines weltweiten Freiheitsethos. Darmstadt 1998.
Bildungsbericht 2006: Ein indikatorengestützter Bericht mit einer Analyse zu Bildung und Migration. Hrsg. vom Konsortium Bildungsberichterstattung. Erstellt im Auftrag der KMK. Bielefeld 2006.
Bildungsbericht 2008: Ein indikatorengestützter Bericht mit einer Analyse zu den Übergängen im Anschluss an den Sekundarbereich I. Hrsg. von der Autorengruppe Bildungsberichterstattung. Erstellt im Auftrag der KMK. Bielefeld 2008.
Boller, S. u.a. (Hrsg.): Heterogenität in Schule und Unterricht. Handlungsansätze zum pädagogischen Umgang mit Vielfalt. Weinheim und Basel 2007.
Bosse, D.: Werkstattlernen. In: Heterogenität. Friedrich Jahresheft XXII. Hrsg. von Gerold Becker u.a. Seelze 2004, S. 117 f.
Bräu, K.; Schwerdt, U. (Hrsg.): Heterogenität als Chance. Vom produktiven Umgang mit Gleichheit und Differenz in der Schule. Münster 2005.
Brüning, L.; Saum, R.: Erfolgreich unterrichten durch kooperatives Lernen. Strategien zur Schüleraktivierung. 3. Auflage. Essen 2007.
Bruner, J. S.: Der Akt der Entdeckung. In: Entdeckendes Lernen. Herausgegeben von H. Neber. Weinheim und Basel 1981, S. 15 ff.
Bueb, B.: Lehrer brauchen Führung. Interview mit dem Bildungskritiker Bernhard Bueb. In: Der Spiegel, Heft 37/2008, S. 142 ff.
Buschmann, R.: Beteiligung von Schülern an der Bewertung von Leistungen. In: Pädagogik, Heft 6/2009, S. 22 ff.

Claussen, C.: Unterrichten mit Wochenplänen. Kinder zur Selbstständigkeit begleiten. Weinheim und Basel 1997.
Chroust, P. u.a.: Methode und Inhalt gehören zusammen. Empirische Befunde aus dem Qualifizierungsprogramm zur »Erweiterung der Methodenkompetenz« in Hessen. Typoskript. Frankfurt am Main 2006.
Czerwanski, A. u.a. (Hrsg.): Förderung von Lernkompetenz in der Schule. Recherche und Empfehlungen. Gütersloh 2002.
Dietrich, A.: Klein und schlau. Hochbegabte können schon im Kindergarten gefördert werden. Muss das sein? In: Die Zeit v. 28.9.2006, S. 87.
Dumke, D.; Schäfer, G.: Entwicklung behinderter und nichtbehinderter Schüler in Integrationsklassen. Weinheim 1993.
Endres, W. u.a. (Hrsg.): Das Portfolio in der Unterrichtspraxis. Präsentations-, Lernweg- und Bewerbungsportfolio. Weinheim und Basel 2008.
Fauser, P. u.a.: Lernen mit Kopf und Hand. Berichte und Anstöße zum praktischen Lernen in der Schule. Weinheim und Basel 1983.
Fischer, R.; Graef, R.: Vorwort zum Buch Lernen durch Lehren. Hrsg. von Roland Graef und Rolf-Dieter Preller. Limbach 1994.
Gardner, H.: Der ungeschulte Kopf. Wie Kinder denken. Originalausgabe erschienen unter dem Titel »The Unschooled Mind«. 3. Auflage. Stuttgart 1996.
Geist, S.: Viele Wege führen nach Ägypten. Über gemeinsames und individuelles Lernen an einem Projekt. In: Pädagogik. Heft 12/2007, S. 18 ff.
Gemmer, B. u.a.: Mind Mapping, Reden und präsentieren. Lizenzausgabe für den Ernst-Klett-Verlag Stuttgart. Offenbach 2004.
Gillies, R. M.: Structuring cooperative group work in classrooms. International Journal of Educational Research. Heft 39/2003, S. 35–49.
Glasersfeld, E. von: Was heißt Lernen aus konstruktivistischer Sicht? In: Reinhard Voß (Hrsg.), a.a.O., Neuwied 2002, S. 213 ff.
Goddar, J.: Der Hauptschule bricht der Boden weg. Rheinland-Pfalz ist das zehnte Bundesland, das sich von der »Restschule« trennt. In: Die Rheinpfalz v. 2.11.2007, S. 14.
Graumann, O.: Gemeinsamer Unterricht in heterogenen Gruppen. Von lernbehindert bis hochbegabt. Bad Heilbrunn 2002.
Green, N.; Green, K.: Kooperatives Lernen im Klassenraum und im Kollegium. Das Trainingsbuch. Seelze-Velber 2005.
Haag, L.: Gruppenunterricht erfolgreich organisieren. Forschungsergebnisse zum effektiven Lehrerhandeln. In: Individuell lernen – kooperativ arbeiten. Friedrich Jahresheft XXVI. Hrsg. von Christine Biermann u.a., Seelze 2008, S. 50 ff.
Haas, A.: Unterrichtsplanung im Alltag. Eine empirische Untersuchung zum Planungshandeln von Hauptschul-, Realschul- und Gymnasiallehrern. Regensburg 1998.
Hage, K. u.a.: Das Methodenrepertoire von Lehrern. Eine Untersuchung zum Schulalltag in der Sekundarstufe I. Opladen 1985.
Hänze, M.: Was bringen kooperative Lernformen? Ergebnisse aus der empirischen Lehr-Lern-Forschung. In: Individuell Lernen – kooperativ arbeiten. Friedrich Jahresheft XXVI. Hrsg. von Christine Biermann u.a., Seelze 2008, S. 24 ff.
Hecker, U.: Freie Arbeit. Schritt für Schritt. 5. Auflage. Mülheim 1989.
Hegele, I. (Hrsg.): Lernziel: Stationenarbeit. Eine neue Form des offenen Unterrichts. 2. Auflage. Weinheim und Basel 1997.
Heinemann, K.-H.: Sprung ins Unternehmertum. Die Phorms-School fördert als Aktiengesellschaft wirtschaftliches Denken. In: Frankfurter Rundschau v. 24.8.2007, S. 14.
Helmke, A.: Vibrierende Pädagogen. Interview über die Klischees des Lehrens. In: Die Zeit vom 21.7.2005, S. 29.

Helmke, A.: Was wissen wir über guten Unterricht? Serie Bildungsforschung und Schule. In: Pädagogik, Heft 2/2006, S. 42 ff.
Helmke, A.: Die pädagogische Diagnostik führt ein Schattendasein. In: Frankfurter Allgemeine Zeitung v. 8.1.2009, S. 8 f.
Helmke, A.: Unterrichtsqualität und Lehrerprofessionalität. Diagnose, Evaluation und Verbesserung des Unterrichts. Seelze 2009.
Hepting, R.: Schüler lernen von Schülern. Das Konzept des »Wechselseitigen Lehrens und Lernens«. In: Rainer Lehberger und Uwe Sandfuchs (Hrsg.), a.a.O., Bad Heilbrunn 2008, S. 202 ff.
Herrmann, U.: Wie lernen Lehrer ihren Beruf? Empirische Befunde und praktische Vorschläge. Weinheim und Basel 2002.
Höfer, C.; Madelung, P.: Lehren und Lernen für die Zukunft. Unterrichtsentwicklung in selbstständigen Schulen. Troisdorf 2006.
Hoffmann, K.-W.: Fördern und Fordern in den Naturwissenschaften. In: Praxis Schule 5 – 10, Heft 1/2009, S. 13 ff.
Holtappels, H. G.; Leffelsend, S.: Entwicklung überfachlicher Kompetenzen durch Schülertrainings und Unterrichtsentwicklung. Ergebnisse einer Schülerbefragung. Herausgegeben von der Bertelsmann-Stiftung. Gütersloh 2003.
Huber, A.; Konrad, K.; Wahl, D.: Lernen durch wechselseitiges Lehren. In: Pädagogisches Handeln, Heft 2/2001, S. 33 ff.
Huschke, P.: Grundlagen des Wochenplanunterrichts. Von der Entdeckung der Langsamkeit. Weinheim und Basel 1996
IHK Rheinland-Pfalz (Hrsg.): Was erwartet die Wirtschaft von den Schulabgängern? Positionspapier der Industrie- und Handelskammern sowie der Handwerkskammern in Rheinland-Pfalz und im Saarland. Oktober 2002.
Johnson, D.; Johnson R.: Wie kooperatives Lernen funktioniert. Über die Elemente einer pädagogischen Erfolgsgeschichte. In: Friedrich Jahresheft XXIV/2008, S. 16 ff.
Kahl, R.; Otto, J.: Wir gründen eine Schule! Selbstbewusste Eltern machen ihre eigenen Bildungsreformen. In: Die Zeit v. 18.10.2007, S. 71 f.
Kerstan, T.: Unsere Schule ist nicht gerecht. Weder gemeinsames Lernen noch individuelle Förderung führen zu Chancengleichheit in der Bildung. In: Die Zeit v. 12.6.2008, S. 12.
Kirsten, N.: Auf zum Klassenkampf! Pädagogen werden knapp. Doch die Universität bereitet auf den Ernstfall Schule kaum vor. ZeitChancen Nr. 18/2003, S. 20 f.
Kleist, H. von: Über die allmähliche Verfertigung der Gedanken beim Reden. In: Sämtliche Werke. Hrsg. von H. J. Meinerts. Bertelsmann Lesering, o. J., S. 897 ff.
Klemm, K.: Wenn schon kein Umbau, dann auch keine Rolle rückwärts. Die empirischen Belege für riesige Ungerechtigkeiten und das Vergeuden von Begabungen im deutschen Schulsystem sind erdrückend. In: Frankfurter Rundschau v. 28./29.3.2002, S. 15.
Klieme, E. u. a.: Zur Entwicklung nationaler Bildungsstandards. Eine Expertise. Hrsg. vom Bildungsministerium für Bildung und Forschung. Berlin 2003.
Klippert, H.: Wirtschaftslehre mit Pfiff. Lehrerinformation zur dreibändigen Reihe »Arbeitsblätter für einen produktiven Unterricht«. Stuttgart 1999.
Klippert, H.: Methoden-Training. Übungsbausteine für den Unterricht. Weinheim und Basel 1994 (19. Auflage 2010).
Klippert, H.: Kommunikationstraining. Übungsbausteine für den Unterricht. Weinheim und Basel 1995 (11. Auflage 2007).
Klippert, H.: Planspiele. Spielvorlagen zum sozialen, politischen und methodischen Lernen in Gruppen. Weinheim und Basel 1996 (5. Auflage 2008).
Klippert, H.: Teamentwicklung im Klassenraum. Übungsbausteine für den Unterricht. Weinheim und Basel 1998 (9. Auflage 2010).
Klippert, H.: Eigenverantwortliches Arbeiten und Lernen. Bausteine für den Fachunterricht. Weinheim und Basel 2001 (5. Auflage 2007).

Klippert, H.; Müller, F.: Methodenlernen in der Grundschule. Bausteine für den Unterricht. Weinheim und Basel 2003 (3. Auflage 2007).
Klippert, H.: Lehrerentlastung. Strategien zur wirksamen Arbeitserleichterung in Schule und Unterricht. Weinheim und Basel 2006 (3. Aufl. 2008).
Klippert, H.: Besser lernen. Kompetenzvermittlung und Schüleraktivierung im Schulalltag. Stuttgart u. a. 2008.
Klippert, H.: Lehrmittelreihe »Klippert bei Klett« für die Fächer Deutsch, Mathematik, Englisch und Sachunterricht. Stuttgart 2007 ff.
KMK: Bildungsstandards im Fach Mathematik für den Mittleren Bildungsabschluss. Beschluss der Kultusministerkonferenz vom 4.12.2003. München 2004.
KMK-Kommission: Perspektiven der Lehrerbildung in Deutschland. Abschlussbericht der von der Kultusministerkonferenz eingesetzten Kommission. Weinheim und Basel 2000.
Knopf, D.: Mama hört zu! Kleine Kinder lernen besser, wenn sie jemandem von ihren Aufgaben erzählen können. In: Psychologie heute, Heft Juni 2008, S. 17.
Koch-Priewe, B.: »We celebrate difference«. Eindrücke und Erfahrungen aus Kanada. In: Heterogenität. Friedrich Jahresheft XXII. Hrsg. von Gerold Becker u. a. Seelze 2004, S. 79 f.
Kreutzner, S.: Die Lernspirale als Methode zum Erlernen der Proteinbiosynthese in der Jahrgangsstufe 12. Schriftliche Hausarbeit für das Lehramt an Gymnasien. Köln 2006.
Krohne, J.; Meier, U.: Sitzenbleiben, Geschlecht und Migration. In: Gundel Schümer u. a. (Hrsg.), a. a. O., Wiesbaden 2004, S. 117 ff.
Kunze, I.; Solzbacher, C. (Hrsg.): Individuelle Förderung in der Sekundarstufe I und II. Hohengehren 2008.
Lehberger, R.; Sandfuchs, U.: Heterogenität in Schule und Unterricht. In: Dieselben (Hrsg.), a. a. O., Bad Heilbrunn, S. 9 ff.
Lehberger, R.; Sandfuchs, U. (Hrsg.): Schüler fallen auf. Heterogene Lerngruppen in Schule und Unterricht. Bad Heilbrunn 2008.
Matthes, W.: Methoden für den Unterricht. 75 kompakte Übersichten für Lehrende und Lernende. Paderborn 2002.
Meyer, H.: UnterrichtsMethoden II. Praxisband. 2. Auflage. Frankfurt am Main 1989.
Meyer, H.: Schulpädagogik. Band II für Fortgeschrittene. Berlin 1997.
Meyer, H.: Türklinkendidaktik. Aufsätze zur Didaktik, Methodik und Schulentwicklung. Berlin 2001.
Meyer, H.: Was ist guter Unterricht? Berlin 2004.
Meyer, M.; Heckt, D.: Individuelles Lernen und kooperatives Arbeiten. Über das enge Verhältnis scheinbar widersprüchlicher Ansätze. In: Friedrich Jahresheft XXIV/2008, S. 7 ff.
Michalsen-Burkardt, U.: Portfolioarbeit, Leistungsbewertung und Schulentwicklung. Gespräch mit Felix Winter. In: Pädagogik, Heft 6/2009, S. 18 ff.
Ministerium Rheinland-Pfalz (Hrsg.): Orientierungsrahmen Schulqualität für Rheinland-Pfalz. Herausgegeben vom Ministerium für Bildung, Wissenschaft, Jugend und Kultur. Mainz 2007.
Müller, F.: Selbstständigkeit fördern und fordern. Handlungsorientierte Methoden – praxiserprobt. Weinheim und Basel 2004.
OECD 2005: Bildung auf einen Blick. OECD-Indikatoren 2005. Deutsche Fassung hrsg. vom Bundesministerium für Bildung und Forschung. Bielefeld 2005.
Oswald, E.: Gemeinsam statt einsam. Arbeitsplatzbezogene Lehrer/innenfortbildung. Kriens in der Schweiz 1990.
Paradies, L.: Leistungsheterogenität in der Sekundarstufe I. Anregungen zur Differenzierung im Unterricht. In: Pädagogik, Heft 9/2003, S. 20 ff.
Paradies, L. u. a.: Diagnostizieren, Fordern und Fördern. Berlin 2007.
Piaget, J.: Psychologie der Intelligenz. München 1976 (Original: Paris 1947).
PISA 2000 – Basiskompetenzen von Schülerinnen und Schülerin im internationalen Vergleich. Hrsg. vom deutschen PISA-Konsortium. Opladen 2001.

Prengel, A.: Heterogenität in der Bildung – Rückblick und Ausblick. In: Karin Bräu und Ulrich Schwerdt (Hrsg.), a.a.O., S. 19 ff.
Prenzel, M.: Warum Sitzenbleiben nicht hilft. Ein Gespräch mit Manfred Prenzel, Leiter der deutschen Pisa-Studie. In: Die Zeit v. 10.11.2005, S. 81.
Prenzel, M. u.a. (Hrsg.): PISA 2003. Der Bildungsstand der Jugendlichen in Deutschland – Ergebnisse des zweiten internationalen Vergleichs. Münster u.a. 2004.
Ratzki, A.: Chancen der Vielfalt. Wie Schülerinnen und Schüler in Europa erfolgreich lernen. In: Sebastian Boller u.a. (Hrsg.), a.a.O., Weinheim und Basel 2007, S. 66 ff.
Ratzki, A.: Pädagogik der Vielfalt im Licht internationaler Schulerfahrungen. In: Karin Bräu und Ulrich Schwerdt (Hrsg.): a.a.O., Münster 2005, S. 37 ff.
Reich, K.: Konstruktivistische Didaktik. Lehren und Lernen aus interaktionistischer Sicht. Neuwied und Kriftel 2002.
Reich, K.: Thesen zur konstruktivistischen Didaktik. In: Pädagogik, Heft 7–8 1998, S. 43 ff.
Reiff, R.: Das Lernen selbst überprüfen und steuern mithilfe von Lernstandsbogen. In: Praxis Schule 5–10. Heft 1/2009, S. 28 ff.
Renzulli, J. u.a.: Das Schulische Enrichment Modell SEM. Begabungsförderung ohne Elitebildung. Aarau/Schweiz 2001.
Roeder, P.: Binnendifferenzierung im Unterricht von Gesamtschullehrern. In: Zeitschrift für Pädagogik, Heft 2/1997, S. 241 ff.
Rolff, H.-G. u.a.: Manual Schulentwicklung. Handlungskonzept zur pädagogischen Schulentwicklungsberatung. Weinheim und Basel 1998.
Rösner, E.: Interview mit dem Dortmunder Bildungsforscher, der einen Nachruf auf die Hauptschule geschrieben hat. In: Die Zeit v. 4.10.2007, S. 78.
Rumpf, H.: Belebungsversuche. Ausgrabungen gegen die Verödung der Lernkultur. Weinheim und München 1987.
Saldern, M. von: Heterogenität und Schulstruktur. Ein Blick auf Restriktionen und Selbstrestriktionen des deutschen Schulsystems. In: Sebastian Boller u.a. (Hrsg.), a.a.O., Weinheim und Basel 2007, S. 42 ff.
Schaarschmidt, U.; Kieschke, U. (Hrsg.): Gerüstet für den Schulalltag. Psychologische Unterstützungsangebote für Lehrerinnen und Lehrer. Weinheim und Basel 2007.
Schleicher, A.: Interview über Versäumnisse nach PISA und Fehler eines Zwei-Säulen-Schulmodells. In: Frankfurter Rundschau vom 21.5.2003.
Schlotmann, F.-J.; Sprenger, U.: Vielgliedrigkeit kontra Einheitsschule. Ergebnisse der Schul- und Bildungsforschung zum Fördereffekt der Schulformen. In: Profil, Juni 2008, S. 14 ff.
Schulze, H.: »Und morgen fangen wir an!« Bausteine für Freiarbeit und offenen Unterricht in der Sekundarstufe. Lichtenau 1993.
Schümer, G. u.a. (Hrsg.): Die Institution Schule und die Lebenswelt der Schüler. Vertiefende Analysen der PISA-2000-Daten zum Kontext von Schülerleistungen. Wiesbaden 2004.
Schümer, G.: Zur doppelten Benachteiligung von Schülern aus unterprivilegierten Gesellschaftsschichten im deutschen Schulwesen. In: Gundel Schümer u.a. (Hrsg.), a.a.O., Wiesbaden 2004, S. 73 ff.
Siebert, H.: Pädagogischer Konstruktivismus. Lernen als Konstruktion von Wirklichkeit. 2. Auflage. München 2003.
Solzbacher, C.: Was denken Lehrerinnen und Lehrer über individuelle Förderung? Eine Studie zu Positionen von Lehrkräften in der Sekundarstufe I. In: Pädagogik, Heft 3/2008, S. 38 ff.
Spiewak, M.: Die beste Zeit des Lebens. Keine andere Schulform ist moderner und kinderfreundlicher als die Grundschule. In: Die Zeit v. 7.8.2008, S. 27.
Spitzer, M.: Lernen. Gehirnforschung und die Schule des Lebens. Heidelberg und Berlin 2003.
Sternberg, R.J.: Erfolgsintelligenz – Warum wir mehr brauchen als EQ und IQ. Lichtenberg 1998.
Tenorth, H.-E.: Priorität für die Sorgenkinder. Interview mit Heinz-Elmar Tenorth. In: Erziehung und Wissenschaft, Heft 9/2008, S. 10 ff.

Terhart, E.: Lehrerberuf und Lehrerbildung. Forschungsbefunde, Problemanalysen, Reformkonzepte. Weinheim und Basel 2001.

Tillmann, K-J.: System jagt Fiktion. Die Homogene Lerngruppe. In: Heterogenität. Friedrich Jahresheft XXII. Hrsg. von Gerold Becker u. a. Seelze 2004, S. 6 ff.

Vaupel, D.: Das Wochenplanbuch für die Sekundarstufe. Schritte zum selbstständigen Lernen. Weinheim und Basel 1995.

Vereinigung der Bayerischen Wirtschaft (Hrsg.): Bildung neu denken! Das Zukunftsprojekt. Opladen 2003.

Vester, F.: Denken, Lernen, Vergessen. Was geht in unserem Kopf vor, wie lernt das Gehirn, und wann lässt es uns im Stich? München 2000.

Vogelsaenger, S. und W.: Teamentwicklung als Schulprinzip. Schüler und Lehrer arbeiten konsequent im Team. In: Pädagogik, Heft 9/2008, S. 22 ff.

Vogelsaenger, W.: Leistungsbewertung im Dialog. Feedback und Beratungsgespräche. In: Pädagogik, Heft 6/2009, S. 10 ff.

Volkholz, S.: Chancengleichheit oder Umgang mit Gleichheit und Differenz. Was kann vom Ausland gelernt werden? In: Reiner Lehberger und Uwe Sandfuchs (Hrsg) a. a. O., Bad Heilbrunn 2008, S. 79 ff.

Vollstädt, W.: Diagnostizieren und individuell fördern. Basisartikel. In: Praxis Schule 5–10, Heft 1/2009, S. 8 ff.

Voß. R. (Hrsg.): Unterricht aus konstruktivistischer Sicht. Die Welten in den Köpfen der Kinder. Neuwied und Kriftel 2002.

Weinert, F. E.: Die fünf Irrtümer der Schulreformer. In: Psychologie heute, Heft Juli 1999, S. 28 ff.

Weinert, F. E.: Lehren und Lernen für die Zukunft. Manuskript eines Vortrags. Hrsg. vom Pädagogischen Zentrum. Bad Kreuznach 2000.

Weinert, F. E.: Vergleichende Leistungsmessung in Schulen – eine umstrittene Selbstverständlichkeit. In: Derselbe (Hrsg.): Leistungsmessung in Schulen. Weinheim und Basel 2001, S. 17 ff.

Weiß, M.; Preuschoff, C.: Schülerleistungen in staatlichen und privaten Schulen im Vergleich. In: Gundel Schümer u. a. (Hrsg.), a. a. O., Wiesbaden 2004, S. 39 ff.

Wenning, N.: Heterogenität als Dilemma für Bildungseinrichtungen. In: Sebastian Boller u. a. (Hrsg.), a. a. O., Weinheim und Basel 2007, S. 21 ff.

Wischer, B.: Heterogenität als komplexe Anforderung an das Lehrerhandeln. In: Sebastian Boller u. a. (Hrsg.), a. a. O., Weinheim und Basel 2007, S. 32 ff.

Witzenbacher, K.: Handlungsorientiertes Lernen in der Hauptschule. Anregungen und Beispiele für einen hauptschulgemäßen Unterricht. Ansbach 1985.

Wolf, H.-U.: Projektprüfung. Handlungskompetenz statt Buchwissen. In: Wirtschaftsspiegel. Hrsg. vom Deutschen Sparkassenverlag. Heft 2/2004, S. 20 ff.

Ziegler, A.: Wir dachten, die Ampel zeigt Rot! Oder: Auf dem Weg zu einer veränderten Unterrichtskultur. In: Pädagogik, Heft 7–8/2000, S. 17 ff.

Schulentwicklung konkret – das Standardwerk

Heinz Klippert
Pädagogische Schulentwicklung
Planungs- und Arbeitshilfen zur
Förderung einer neuen Lernkultur
3. Auflage 2008. 320 Seiten.
Broschiert.
ISBN 978-3-407-62590-8

Schulentwicklung tut Not – sonst lassen sich wachsende Schulautonomie, zukunftsgerechtere Schulprogramme, Qualitätssicherung und Evaluation nicht realisieren.

Aber Schulentwicklung muss konkret ansetzen und so akzentuiert werden, dass sie vom Gros der Lehrkräfte als praktikabel, überschaubar, plausibel und lohnend wahrgenommen und mitgetragen wird.

Deswegen gilt: Kern der Schulentwicklung ist die Unterrichtsentwicklung. Dieses Buch zeigt anhand von vielfältigen Beispielen, Abbildungen und Erfahrungsberichten, wie die Unterrichtsarbeit zeitgemäß weiterentwickelt und zum Vorteil von Schüler/innen und Lehrer/innen verändert werden kann.

Angestrebt wird zum einen, den Schüler/innen zeitgemäße Schlüsselqualifikationen zu vermitteln, zum anderen, die Lehrkräfte mittels neuer Methoden und Trainingsverfahren zu entlasten.

»Klippert ist ein Handwerker der Bildungsreform, kein Theoretiker. Genau deshalb könnte er für den nötigen Quantensprung im deutschen Bildungswesen sorgen.«
Stern 52/2003

Beltz Verlag · Weinheim und Basel · www.beltz.de

Teamfähigkeit als Schlüsselqualifikation

Heinz Klippert
Teamentwicklung im Klassenraum
Übungsbausteine für den Unterricht
10. Auflage 2012. 293 Seiten.
Broschiert.
ISBN 978-3-407-62722-3

Der Band zeigt, wie eine systematische Teamentwicklung im Klassenraum erfolgen kann. Dokumentiert werden rund 70 bewährte Trainingsbausteine mit allen zugehörigen Materialien und Umsetzungshinweisen. Beschrieben wird ferner eine komplette Trainingswoche zum Thema »Teamentwicklung«.

Teamarbeit wird in den letzten Jahren immer nachdrücklicher gefordert und angestrebt – von der Wirtschaft genauso wie von zahlreichen Praktikern, die auf offenes, eigenverantwortliches Arbeiten und Lernen setzen. Denn Teamarbeit

- steigert das Problemlösungsvermögen der Schüler/innen,
- intensiviert die fachliche Auseinandersetzung,
- sichert wirksame Helfersysteme im Unterricht,
- fördert Kreativität und Ideenreichtum,
- stärkt die Mitverantwortung und Motivation der Gruppenmitglieder,
- begünstigt vielseitiges soziales und kommunikatives Lernen,
- bahnt berufliche Schlüsselqualifikationen an und
- eröffnet nicht zuletzt beträchtliche Entlastungsperspektiven für die betreffenden Lehrkräfte, die verstärkt auf Teamarbeit und Teamentwicklung setzen.

Beltz Verlag · Weinheim und Basel · www.beltz.de